Auf Gedeih und Verderb

Günter Friedrichs
Adam Schaff
(Hrsg.)

Auf Gedeih und Verderb

Mikroelektronik und Gesellschaft

Bericht an den Club of Rome

Europaverlag
Wien · München · Zürich

Titel des englischen Originals
FOR BETTER OR FOR WORSE

Übersetzt von Heinrich Jelinek und Josef Brainin

Umschlag von Wilhelm Kögl

Medieninhaber Europa Verlag GesmbH Wien

Hersteller Elbemühl Graphische Industrie GesmbH Wien
Verlags- und Herstellungsort Wien
Printed in Austria
ISBN 3-203-50799-4

Inhalt

Vorwort der Herausgeber

Der Club of Rome hat es sich zur Aufgabe gemacht, über die Gefährdungen nachzudenken, denen die Menschheit heute ausgesetzt ist, und Möglichkeiten aufzuzeigen, wie diesen stärker werdenden Gefahren zu begegnen ist. Allen bereits vorliegenden Berichten des Club of Rome, angefangen mit den *Grenzen des Wachstums,* ging es um diese Problematik. Dieses Buch stellt keine Ausnahme dar. Es beschäftigt sich mit einem neuen Phänomen, das unser Leben bereits nachhaltig beeinflußt und es in absehbarer Zukunft in noch stärkerem Maße prägen wird: nämlich mit Techniken, die auf der Mikroelektronik beruhen. Durch Miniaturisierung, Automatisierung, Computerisierung und Robotisierung wird die Mikroelektronik unser Leben grundlegend verändern und sich in nahezu allen Lebensbereichen auswirken: am Arbeitsplatz, im Privatbereich, in Politik und Wissenschaft, im Krieg und im Frieden.

Angesichts der Bedeutung dieser Entwicklung bat der Club of Rome die Herausgeber dieses Buches um eine Dokumentation, welche die Herausforderungen, Möglichkeiten und Probleme, die ein solcher Wandel mit sich bringt, so klar wie möglich darstellt. Sie soll einer breiten Öffentlichkeit verdeutlichen, was die Entwicklung der Mikroelektronik für sie bedeutet. Damit soll eine durch Sachkenntnis geprägte Diskussion darüber angeregt werden, welche Wege einzuschlagen sind, damit diese neue Technik der Menschheit Vorteile und nicht etwa Nachteile bringt.

Das Thema ist komplex und vielgestaltig. Das vorliegende Buch versucht daher, die verschiedenen Aspekte des Problems zu beleuchten. Es beginnt mit einer allgemeinen Einführung, in der es vor allem um die Frage geht, ob wir es lediglich mit einer neuen Technologie zu tun haben oder ob wir vor einer neuen industriellen Revolution stehen. Ihr folgt ein Kapitel über die rein technischen Aspekte, das einen generellen Überblick über die Entwicklung der Mikroelektronik und der ihr zugrundeliegenden Technologie gibt. Dem folgt eine Erläuterung der spezifischen Anwendungen, die bereits existieren oder in Entwicklung sind. Die Autoren der Kapitel, die sich mit der Technologie und ihren Anwendungsgebieten befassen, haben bewußt jede Spekulation über langfristige Entwicklungen vermieden und sich auf die gegenwärtig stattfindenden Innovationen konzentriert. Diese sind verblüffend genug. Drei weitere Kapitel befassen sich mit den wirtschaftlichen und gesellschaftlichen Aspekten dieser Innovationen, zunächst allgemein und dann aus der Sicht des Managements und der Arbeitnehmer. Von entscheidender Bedeutung sind hier Fragen der Auswirkung auf die Beschäftigung, der Führung von Unternehmen und die Frage, welche Arbeitsplätze durch diese Veränderungen entstehen. Danach befaßt sich der Bericht mit einer Reihe weiterer wichtiger Fragen. Wie wird sich diese Entwicklung in der dritten Welt auswirken, wo arbeitsintensive Industrien durch sie bedroht werden? Wie wird die Kriegführung aussehen, wenn die Mikroelektronik zum Kernstück der neuen Waffensysteme wird? Welche Folgen werden sich für die Informationstechniken ergeben, die der Lebensnerv unserer Verwaltungen sind: kommt es zu einer stärkeren Beteiligung der Öffentlichkeit oder zu noch mehr zentraler Kontrolle? Und was bedeutet all dies für die globale politische Entwicklung in einer Welt, die sich in zunehmendem Maße als interdependent erweist? Es geht hier um entscheidende Fragen, für die Antworten gefunden werden müssen. Und wenn dieser Bericht auch keine Rezepte verschreiben soll, wird im letzten Kapitel nach einem denkbaren Weg gesucht, durch den die Kernfrage, welche Auswirkungen diese Entwicklung auf die Arbeit hat – die Existenzgrundlage für viele Menschen und Gesellschaften –, vielleicht gelöst werden könnte.

Schon diese kurze Übersicht zeigt dem Leser, welch eine Fülle von Fragen die Mikroelektronik für die Gesellschaft aufwirft. Daher ist es nicht nötig, das Buch systematisch von Anfang bis zu Ende durchzulesen. Der Leser tut vielleicht besser daran, sich zunächst einmal auf die Gegenstände und Themen zu konzentrieren, die ihn am meisten herausfordern.

Die Ausarbeitung dieses Berichts für den Club of Rome dauerte nur achtzehn Monate. Von Anfang an war den Herausgebern klar, daß eine international und interdisziplinär zusammengesetzte Gruppe von Autoren kurzfristig keinen integrierten Bericht verfassen konnte, zumal die Zusammenarbeit große räumliche Entfernungen überbrücken mußte. Andererseits sollte dieses Buch auch mehr sein als eine bloße Sammlung von Aufsätzen. Der vorliegende Text kommt nun einem integrierten Bericht nahe, denn die Autoren konnten einige Male zusammenkommen und ihre Entwürfe nach kritischen Diskussionen überarbeiten. Es wurde jedoch nicht versucht, die einzelnen Kapitel zu vereinheitlichen. Gerade diese Uneinheitlichkeit aber vermittelt dem Leser vielleicht die Verschiedenheit der Perspektiven und Denkansätze.

Die Herausgeber und Autoren sind vielen Persönlichkeiten und Institutionen zu Dank verpflichtet, allen voran dem Präsidenten des Club of Rome, Dr. Aurelio Peccei. Er war es, der die Anregung zu einer Auseinandersetzung mit dieser Problematik gab, die sich um eine der entscheidenden Entwicklungen unserer Zeit dreht. Und er war es auch, der uns während der ganzen Arbeit ermutigte. Dr. Peccei wie seine Mitstreiter im Club of Rome sind sich bewußt, daß der Einsatz der Mikroelektronik große Möglichkeiten und Gefahren mit sich bringt und daß es gilt, diese Möglichkeiten unverzüglich den Bedürfnissen der Menschen anzupassen, ehe die Chance vertan wird, die Mikroelektronik zum Wohl der Menschen zu verwenden.

Ferner haben wir den Autoren zu danken, die ihrer Aufgabe unter denkbar schwierigen Bedingungen nachgekommen sind, konnten sie doch nur dreimal zusammentreffen. Wir können nur hoffen, daß diese Arbeit für sie ebenso anregend und befriedigend gewesen ist wie für uns.

Drittens möchten wir Stephen C. Mills danken, der als Koordinator des gesamten Projekts tätig war und gemeinsam mit Peter Tamasi die Textredaktion der englischen Originalfassung hatte. Mit ihren Kollegen vom Koordinationszentrum für sozialwissenschaftliche Forschung und Dokumentation in Wien haben sie entscheidend dazu beigetragen, dieses Unternehmen zusammenzuhalten. Ohne ihren Einsatz wäre das Buch niemals fertiggestellt worden. Für die redaktionelle Überarbeitung der deutschen Übersetzung danken wir Dora Fischer-Barnicol.

Schließlich gilt unser besonderer Dank denen, die geholfen haben, dieses Projekt zu finanzieren. Ihre Unterstützung machte die Verwirklichung und Vollendung unseres Vorhabens möglich. An erster Stelle ist hier die freundliche Hilfe und Förderung der Volkswagen-Stiftung in Hannover zu nennen. Diese sorgte für die Grundfinanzierung des Vorhabens. Drei weitere Organisationen ermöglichten die Zusammenkünfte der Autoren: die Friedrich-Ebert-Stiftung in Bonn, die Duttweiler-Stiftung in Zürich und die Deutsche Gesellschaft für Internationale Entwicklung in Berlin, die außerdem eine Zusammenkunft mit Fachleuten aus verschiedenen Ländern und Erdteilen ermöglichte.

Abschließend möchten wir den Leser noch einmal darauf hinweisen, daß wir mit diesem ersten komprimierten Überblick über die gesellschaftlichen Auswirkungen der Mikroelektronik die öffentliche Diskussion in Gang bringen wollen. Und auch wenn diese sich kritisch mit unserem Bericht auseinandersetzt, könnte eine Debatte dazu beitragen, den Menschen die Problematik, um die es hier geht, bewußtzumachen. Vielleicht gelingt es auf diesem Weg, gesellschaftlich sinnvolle Strategien zu erarbeiten.

Günter Friedrichs *Adam Schaff*

Alexander King

Einleitung: Eine neue industrielle Revolution oder bloß eine neue Technologie?

Warum machen die Zeitungen soviel Aufhebens von der Mikroelektronik, und warum meinen einige durchaus nüchterne und zuverlässige Leute, mit ihr werde eine neue industrielle Revolution eingeleitet? Schließlich kennt der Durchschnittsmensch heute nur eine begrenzte Zahl von Geräten, deren mikroelektronische Merkmale direkt erkennbar sind: die Digitaluhr, der Taschenrechner sowie eine Menge elektronischer Spiele, die um die Weihnachtszeit in den Geschäften auftauchen. Er hat natürlich Anzeigen für Textverarbeitungsgeräte gesehen, die eine neue und sehr kostspielige Art von Schreibmaschinen zu sein scheinen, aber wahrscheinlich hat er noch keine Gelegenheit gehabt, ein solches Gerät auszuprobieren. Ferner weiß er natürlich von dem geheimnisumwitterten Computer und erkennt, daß dieser in sein Leben einzugreifen beginnt, wenn er die seltsamen elektronischen Buchstaben auf seinem Bankauszug, seiner Stromrechnung oder seinem Flugschein sieht. Aber all dies scheinen ihm oder ihr kaum welterschütternde Innovationen zu sein, die ernstzunehmende Auswirkungen auf seinen oder ihren Lebensstil haben könnten.

Die vergangenen zwei Jahrhunderte brachten eine steigende Flut von Erfindungen und Entdeckungen, die füreinander fruchtbar waren und zu neuen Produkten, neuen Produktionsverfahren und neuen Industrien geführt haben, welche ohne die Entdeckungen in den Laboratorien der Grundlagenforschung nicht möglich gewesen wären. Tatsächlich verdanken wir ihnen das heutige relativ hohe Niveau industrieller Produktivität und den Wohlstand der Industriestaaten. Technologische Innovation führt zur Steigerung der Arbeitsproduktivität, zu niedrigeren Preisen und höheren Löhnen, was wiederum größere Märkte und zusätzliche Arbeitsplätze schafft. Die Folge war eine ständige Ausweitung des Weltmarkts und damit des Wirtschaftswachstums. Damit wurden die Befürchtungen der Ludditen und Maschinenstürmer des späten 18. Jahrhunderts Lügen gestraft, denn sie sahen weitverbreitete

Arbeitslosigkeit und Elend auf sich zukommen, wenn der Mensch von der Maschine verdrängt würde. In Wirklichkeit ist genau das Gegenteil eingetreten. Warum also sollte es mit der Entwicklung der Mikroelektronik anders sein? Wird sie nicht ebenfalls neuen Wohlstand bringen und damit neue Industrien, neue Märkte und neue Arbeitsplätze schaffen?

Was hat eine so illustre Körperschaft wie die *National Academy of Sciences* in Washington dazu veranlaßt, in einem kürzlich veröffentlichten Bericht *(Microstructure Science; Engineering and Technology,* National Academy of Science, Washington 1979) festzustellen: »Die moderne Ära der Elektronik hat eine zweite industrielle Revolution eingeleitet . . . ihre Auswirkungen auf die Gesellschaft könnten noch umfassender sein als die der ersten industriellen Revolution.« Sinn und Zweck des vorliegenden Buches ist es, diese aufregende Entwicklung mit all den Chancen für eine Verbesserung der Gesellschaft zu untersuchen, aber auch auf die ihr innewohnenden Gefahren aufmerksam zu machen und zumindest einige Hinweise auf die damit verbundenen Probleme zu geben.

In Wirklichkeit hat die Mikroelektronik in Wirtschaft und Gesellschaft bereits stillschweigend Einzug gehalten, auch wenn die Öffentlichkeit dies nicht immer bemerkt: Roboter in den Werkshallen, zwar noch nicht viele, die meisten in Japan; Automation der Büroarbeit; elektronische Systeme im Bankwesen; zahlreiche umfassende und hochentwickelte Steuerungssysteme im militärischen Bereich, im defensiven ebenso wie im offensiven; neue Konsumgüter und selbstverständlich überall Computer. Sollte es tatsächlich zu einer neuen Revolution in Wirtschaft und Gesellschaft kommen, dann haben ihre Agenten bereits in allen Bereichen der Wirtschaft und Gesellschaft ihre Zellen etabliert; immer noch unauffällig, unterwandern sie die gesamte Gesellschaftsstruktur. Es liegt auf der Hand, daß eine große neue Informationsindustrie entstanden ist und daß sie bedeutende Auswirkungen auf unsere Lebensweise haben wird. In der Vergangenheit hat es jedoch auch andere dramatische Entwicklungen gegeben – Luftfahrt, Kernwaffen und Kernenergie –, und vielleicht wird es auch bei der Anwendung biologischer Entdeckungen, etwa durch genetische Manipulation, zu gewaltigen Veränderungen kommen. Es fragt sich, ob der Unterschied zwischen diesen Entwicklungen und der Mikroelektronik lediglich ein qualitativer ist oder ob er einer anderen Größenordnung angehört.

Ehe wir einige der unmittelbar wichtigen Anwendungsbereiche der Mikroelektronik beschreiben, ist es wohl angebracht, einige Worte über die Geschichte ihrer Entwicklung zu sagen. Noch vor etwa dreißig Jahren waren elektronische Geräte, einschließlich der ersten Computer, auf Vakuumröhren angewiesen, verhältnismäßig große und energiefressende Komponenten. Dann kam als Produkt der Festkörperphysik der Transistor, ein Gerät, das sich die Eigenschaften der Halbleiter zunutze machte. Die Transistoren bestehen heute meist aus Silizium, einem nichtmetallischen Element, das in Form von Kieselerde oder Quarz in der Erde vorkommt und dem in bestimmten Abschnitten winzige Mengen von »Unreinheiten« wie Bor oder Phosphor beigefügt werden, was seine elektrischen Eigenschaften verändert. Die Halbleiter fungieren als winzige elektronische Schalter, die den Fluß der Elektronen sperren oder durchlassen. Der Transistor, der wesentlich kleiner ist als die Vakuumröhre, ersetzte diese bald in allen elektronischen Geräten, mit dem Ergebnis, daß die neue Generation elektronischer Geräte, wie Computer, Fernseh- und Rundfunkgeräte, immer kompakter wurden. Außerdem bescherte er uns die zweifelhaften Segnungen des Transistorradios. Allerdings mußten Transistoren und andere Komponenten immer noch verdrahtet werden, und da ein einziges Gerät Tausende solcher Komponenten aufweisen konnte, die miteinander verbunden werden mußten, blieb die Erzeugung elektronischer Geräte immer noch eine komplizierte und kostspielige Sache, und die Produkte waren immer noch recht unhandlich. Die weitere Miniaturisierung der Schaltkreise ergab sich aus den technischen Erfordernissen in der Rüstung der Vereinigten Staaten, denn bestimmte Entwicklungen machten eine Verringerung von Gewicht und Umfang erforderlich. Militärische Forschungsaufträge an die Forschungslaboratorien der Industrie führten 1959 mit der Entwicklung des integrierten Schaltkreises zum Durchbruch. Bis dahin hatte man die Transistoren in Schichten von dünnen Siliziumplättchen hergestellt, die in separate Einheiten zerschnitten und später mit anderen Komponenten verdrahtet wurden. Beim integrierten Schaltkreis wurden die Transistoren noch im Siliziumplättchen miteinander verbunden, wozu man anfangs noch Drähte verwendete, bald aber eine neue Methode anwandte, bei der die Drähte durch winzige Aluminiumleiter ersetzt wurden, die direkt auf dem Silizium angebracht wurden. Dies waren die ersten integrierten Schaltkreise; sie waren anfangs noch verhältnismäßig einfach, wurden aber mit der Weiterentwicklung der Technik bald kleiner und viel komplexer. Heute gibt es extrem kleine integrierte Schaltkreise, die nicht nur Transistoren, sondern auch andere Komponenten wie Widerstände und Dioden umfassen und fast 100.000 Elemente auf einem Chip von fünf Millimeter Durchmesser enthalten, wobei die Aluminiumverbindungen etwa dreißigmal dünner sind als das Haar eines Menschen. Im *Worldwatch Paper (Microelectronics at Work; Productivity and Jobs in the World Economy; Worldwatch Paper,* 39, Washington, Oktober 1980) heißt es: »Innerhalb von drei Jahrzehnten wurde ein ganzes Zimmer voller Elektronenröhren und anderen Komponenten auf die Größe einer Maisflocke reduziert.« Dabei ist der Miniaturisierungsprozeß noch keineswegs abgeschlossen; man ist sich ziemlich sicher, daß es gegen Ende dieses Jahrzehnts Chips mit mindestens einer Million Elemente geben wird.

Eine weitere Folge dieser erstaunlichen Entwicklung ist die Kostensenkung durch die Massenfertigung. Während 1960 ein einzelner Transistor noch etwa zehn Dollar kostete, zahlt man heute für einen Transistor in einem integrierten Schaltkreis den Bruchteil eines Cents.

Weitere Entwicklungen ermöglichten die Herstellung spezieller integrierter Schaltkreise, bei denen die zentrale Recheneinheit eines Computers (CPU – *central processing unit*) auf *einem* Siliziumchip untergebracht ist und für komplexe Funktionen programmiert werden kann. Es handelt sich dabei um den Mikroprozessor, im wesentlichen ein winziges, aus Siliziumchips bestehendes Gerät zur Verarbeitung eingespeister Daten.

Das wichtigste Element der mikroelektronischen Revolution, wenn es sich um eine Revolution handelt, ist also der winzige Siliziumchip-Mikroprozessor. Das bedeutet faktisch, daß jedes vom Menschen entwickelte Gerät mit einem winzigen Rechner und einem ebenso winzigen Speicher ausgerüstet werden kann, und zwar zu einem bescheidenen Preis.

Die Konsequenzen dieser bemerkenswerten Entwicklung lassen sich anhand der Computerentwicklung veranschaulichen. Die ersten, gegen Ende des Zweiten Weltkriegs gebauten elektronischen Digitalcomputer waren umfangreiche Anlagen mit bis zu 7500 Relais und Schalteinheiten, 18.000 Vakuumröhren und 7,000.000 Widerständen. Die Generation der transistorisierten Computer war bereits wesentlich kleiner, und die heutige, mit Siliziumchips ausgestattete Generation ist 300.000mal kleiner, aber 10.000mal schneller, wirtschaftlicher im Stromverbrauch und zugleich wesentlich zuverlässiger. Diese Tendenz wird andauern, bis Heimcomputer praktisch für jeden erschwinglich sein werden.

Die Entwicklung des Mikroprozessors ist in zweifacher Hinsicht bedeutsam. Erstens hat sie in einer Zeit wirtschaftlicher Rezession eine neue, wichtige und äußerst schnell expandierende Industrie entstehen lassen. Zweitens können die jeweiligen Produkte in fast allen Bereichen der Wirtschaft und der Gesellschaft eingesetzt werden und dienen der Steigerung der industriellen Produktivität, der Verringerung stumpfsinniger und schmutziger Arbeiten und der Schaffung neuen Wohlstands. Es ist der zweite Aspekt, mit dem wir uns in diesem Buch vor allem befassen werden.

Die folgende Übersicht über die bereits in Entwicklung befindlichen Anwendungsbereiche soll das breite Spektrum der Möglichkeiten aufzeigen, die schon in dieser frühen Phase erkennbar geworden sind (viele von ihnen werden in späteren Kapiteln ausführlicher behandelt):

- die elektronische Uhr und der elektronische Rechner;
- der Mikrocomputer für den Privatgebrauch;
- Verbesserung des Verbrennungsmotors;
- verbesserte Brennstoffausnutzung;
- Haushaltsgeräte verschiedenster Art, wie programmierte Waschmaschinen und Geschirrspüler, Nähmaschinen und womöglich einmal der Heimroboter;
- Auswahl und Wiederauffinden von Information;
- automatische Übersetzung und Interpretation;
- neuartige Verkehrskontrollsysteme;
- neue öffentliche Verkehrssysteme;
- computerisierte Konstruktions- und Designverfahren;
- computergesteuerte Mehrzweck-Werkzeugmaschinen;
- Zentralsteuerung von großen Industrieanlagen (Ölraffinerien, chemischen Anlagen und Stahlwerken);
- die automatisierte Fabrik;
- das automatisierte Büro;
- neue Systeme in den Bereichen Bankwesen, Geldüberweisung, Versicherung, usw.;
- Überwachung der Umwelt;
- Optimierung der landwirtschaftlichen Erträge durch computerisierte Analyse der das Wachstum beeinflussenden Faktoren;
- elektronische Post;
- neue Informations- und Kommunikationssysteme;
- Stimmidentifikation und -synthese;
- Tele-Video-Konferenzen;
- medizinische Diagnose und Prothesen;
- computerisierte Unterrichtssysteme.

Hier sei noch darauf hingewiesen, daß viele dieser Anwendungsbereiche neben der Mikroelektronik auch andere neue technische Entwicklungen einschließen; Techniken wie die Holographie, die Nutzung von Satelliten und die Glasfiberoptik lassen sich gut mit der Mikroelektronik verbinden.

In diesem Einführungskapitel beschränken wir uns auf die Betrachtung der Auswirkungen der integrierten Schaltkreise auf einige spezifische Bereiche.

Mikroelektronik im Haushalt

Mikroelektronisch gesteuerte Bauteile werden bereits in zunehmendem Maße in Haushaltsgeräten verwendet. So ist die Mehrzahl der in den Vereinigten Staaten angebotenen Mikrowellenherde bereits mit mikroelektronischen Zeituhren ausgestattet, und man beginnt ähnliche Schaltungen in Waschmaschinen einzubauen, wo sie einen Teil der störanfälligen mechanischen und elektromechanischen Steuerelemente ersetzen. Bei Nähmaschinen ergeben sich durch die Vielseitigkeit der Mikroprozessoren, verglichen mit den herkömmlichen mechanischen Methoden, noch größere Möglichkeiten, während die Abnahme der Anzahl von beweglichen Teilen zu beträchtlichen Einsparungen bei der Herstellung führt. Bei einer Nähmaschine steuert nur ein einziger integrierter Schaltkreis das Stichmuster, anstelle von etwa 350 mechanischen Teilen bei einem alten Modell. Der Einbau von Mikroprozessoren in konventionelle Haushaltsgeräte hat nicht nur den Vorteil, daß diese flexibler und zuverlässiger werden, sondern ermöglicht auch, daß sie weitere Aufgaben und Funktionen erfüllen können.

Derartige Neuerungen werden indessen kaum als revolutionär angesehen, und die neuen Verbesserungen in bezug auf Leistung, Wirtschaftlichkeit und geringere Reparaturanfälligkeit werden wohl nicht immer der Mikroelektronik zugeschrieben. Es stehen uns jedoch noch viel verblüffendere Innovationen bevor, die in den nächsten Jahrzehnten immer mehr Verbreitung finden werden. Nehmen wir z. B. den Heimcomputer. Noch vor nicht allzulanger Zeit mußte man mit etwa 100.000 Dollar oder mehr für den billigsten Computer rechnen. Heute sind kompakte Heimcomputer schon für 1000 Dollar erhältlich, und der Preisrückgang hat noch keineswegs sein Ende erreicht. Die durch die integrierten Schaltkreise bewirkte Miniaturisierung hat es ermöglicht, daß sie als handliche Tischgeräte geliefert werden können. Derzeit findet man solche Geräte für den Heimgebrauch nur auf den Tischen einiger weniger Enthusiasten, die sie für Berechnungen, lokale Problemlösungen und Kommunikation mit Kollegen benutzen. Ihre Verwendung wird jedoch bald erheblich zunehmen, wenn die Anschaffungskosten weiter sinken, neue Verbindungen zu anderen Systemen hergestellt werden und äußere Zwänge den Wert der herkömmlichen Kommunikations- und Informationsdienste mindern. Man kann sich sehr gut vorstellen, daß die Tischkonsole des Heimcomputers, verbunden mit einem Fernsehschirm, in Zukunft eine selbständige und zentrale Einrichtung in den meisten Haushalten der Industrieländer sein wird. Mit Hilfe dieser Anlage kann die Familie ihre Rechnungen bezahlen, nachdem sie ihren Kontoauszug bei der Bank abgerufen hat, sie kann beim Frühstück die im Lauf der Nacht eingegangene elektronische Post durchsehen sowie die verschiedenen, von der Familie abonnierten Zeitungen und Zeitschriften überfliegen oder lesen. Die Anlage wird Zugang zu Datenbanken und damit gleichsam zum »Gesamtwissen« der Menschheit ermöglichen. Sie wird eine breite Palette von Unterrichtsmöglichkeiten und handwerkliche und künstlerische Ausbildungskurse anbieten und von den Kindern bei der Erledigung ihrer Hausaufgaben benützt werden. Ist ein Familienmitglied mit Forschungsaufgaben befaßt, ermöglicht der Computer den Kontakt mit Kollegen und Dialoge über anstehende Probleme. Als Unterhaltungseinrichtung gibt er nicht nur die regulären Fernsehprogramme wieder und stellt ein Repertoire musikalischer Angebote zur Verfügung, sondern auch Computerspiele aller Art oder Schachpartien mit nahen oder fernen Freunden. Die Hausfrau wird, wenn sie dies wünscht, in der Lage sein, ihre Einkäufe mit Hilfe des Computers zu tätigen, indem er ihr Einblick in die Regale des Supermarktes verschafft, um die gewünschten Waren auszuwählen, und gleichzeitig die Rechnung direkt und sichtbar von ihrem Familienkonto abbucht. Allerdings ist es ungewiß, ob sie jeden Tag von dieser Möglichkeit Gebrauch machen wird, anstatt weiterhin »live« einzukaufen. Die Konzentration um den Computer wird vielleicht zu einer Lähmung des Familienlebens führen, so wie dies heute in vielen Fällen durch das Fernsehen geschieht. Das wird die Hausfrau veranlassen, mehr menschliche Kontakte außerhalb des Hauses zu suchen, indem sie auf die herkömmliche Weise einkaufen geht. Dieses Bild ist eine Vision der »verdrahteten Gesellschaft«, der »bargeldlosen Gesellschaft«, aber hoffentlich nicht einer »entfremdeten Gesellschaft«, in der die Stimmabgabe bei Wahlen und die Möglichkeit der kollektiven Entscheidungsfindung zu Hause vom Lehnstuhl aus möglich sind – aber nicht genutzt werden.

Die automatisierte Fabrik

Die Mechanisierung der Industrieproduktion hat seit dem Beginn der industriellen Revolution allmähliche Fortschritte gemacht. In den fünfziger Jahren wurde mit der Entwicklung des Computers, obwohl er damals noch sehr kostspielig war, das Interesse an der Möglichkeit einer teilweisen oder vollständigen Automatisierung geweckt. Trotz mancher Entwicklungen im Bereich der numerisch gesteuerten Werkzeugmaschinen zeigte sich im folgenden Jahrzehnt eine nur geringe Beschleunigung der Automatisierungstendenz. Erst als billige und kompakte integrierte Schaltkreise allgemein erhältlich waren, konnte ein wirklicher Fortschritt erzielt werden. Die erste industrielle Revolution beruhte im wesentlichen darauf, daß Muskelkraft zunächst durch die Dampfmaschine und später durch elektrisch angetriebene Maschinen ersetzt wurde; die zweite industrielle Revolution besteht in der Bestückung von Maschinen und Produktionssystemen mit Information und computerisierter Intelligenz.

Die Entwicklung zur Automation geht gleichzeitig auf mehreren Wegen vor sich: 1. Verfahrenssteuerung durch mikroelektronische Steuerung großer, integrierter Industrieanlagen mit Dauerbetrieb wie Ölraffinierien, chemische Werke, Zellstoff- und Papierindustrie sowie Elektrizitätswerke; 2. die Bestückung von Verarbeitungs-, Übertragungs- und Montagemaschinen mit Computerintelligenz durch den Mikroprozessor; und 3. die Integration der letzteren zur vollautomatisierten Fabrik.

In Anlagen mit Dauerbetrieb werden große Mengen von Rohstoffen oder chemischen Zwischenprodukten kontinuierlich einer Reihe von Veränderungen unterworfen. Dabei ist die Aufrechterhaltung bestimmter Bedingungen wie Temperatur, Druck und Laufgeschwindigkeit von entscheidender Bedeutung. Dies ist lange Zeit hindurch weitgehend mit Hilfe mechanischer oder makroelektronischer Geräte bewerkstelligt worden. Die Einführung von Mikroprozessoren ermöglicht nun eine umfassendere und integrierte Überwachung. Mikroprozessoren sind nun in die Meßinstrumente selbst eingebaut; die von ihnen aufgenommenen Meßwerte werden in elektronische Signale umgewandelt und an einen Zentralcomputer übermittelt, der imstande ist, die Daten auszuwerten sowie Ventile, Heiz- und Kühlanlagen usw. einzustellen und jeden einzelnen Abschnitt des Produktionsprozesses entsprechend dem Computerprogramm zu steuern. Mehr noch: die große Flexibilität solcher Steuerungssysteme erlaubt die Umstellung auf andere Produkte oder Produktgemische. Solche Verfahren waren schon früher verhältnismäßig hoch automatisiert und benötigen nur wenig Arbeitskräfte; daher werden die aufgezeigten Verbesserungen kaum Auswirkungen auf die Beschäftigung haben.

Die größten Auswirkungen sind auf dem zweiten Weg zur Automatisierung zu erwarten, bei dem mikroelektronische Geräte in die einzelnen Maschinen eingebaut sind. Die computergesteuerten Schneide-, Schleif- und Bohrmaschinen der fünfziger Jahre arbeiteten nach den codierten Instruktionen des Computers und bewährten sich vor allem bei repetitiven Arbeitsgängen. Die Einführung der Mikroprozessoren hat die Vielseitigkeit dieser Maschinen wesentlich vergrößert. Durch Änderung der Computerdaten können sie verhältnismäßig leicht für neue Aufgaben umprogrammiert werden. Dadurch werden kurze Produktionszeiten und sogar Einzelprodukte mit begrenzten Stückzahlen wirtschaftlich tragbar und die Möglichkeiten der automatisierten Werkzeugmaschinen enorm erweitert.

Vielleicht noch aufsehenerregender sind die Industrieroboter. Das äußerliche Erscheinungsbild dieser Maschinen hat kaum etwas mit jenen humanoiden Automaten aus Čapeks Theaterstück *RUR* zu tun, aus dem das Wort »Roboter« in unserem Wortschatz stammt, und auch nichts mit den »Androiden« im *Krieg der Sterne*. Sie bestehen hauptsächlich aus computergesteuerten, mit Gelenken ausgestatteten Greifarmen, die verschiedene Werkzeuge wie Bohrer, Schraubenschlüssel, Farbspritzdüsen und Schweißgeräte halten können. Durch den Einsatz solcher Roboter wird die computergesteuerte Automation auf die Montagephase ausgedehnt. Bisher hat man diese Roboter wegen ihrer relativ geringen Sensitivität bloß in beschränktem Maße für repetitive Arbeitsgänge am Fließband verwenden können. Sie erweisen sich als äußerst wertvoll beim Karosserieschweißen, Spritzlackieren und dem Auftragen von Beschichtungen und anderen unangenehmen oder gefährlichen Arbeitsvorgängen.

Primitive Roboter der gegenwärtigen Generation kosten etwa 35.000 Dollar und können für verschiedene Tätigkeiten programmiert werden. Offenbar sind sie bei diesem Preis durchaus wirtschaftlich, vor allem, weil Löhne für die durch sie ersetzten menschlichen Arbeitskräfte eingespart werden. Es wird geschätzt (Peter Marsh, *New Scientist*, 24. April 1980), daß der durchschnittliche, sechzehn Stunden pro Tag arbeitende Roboter etwa 4,80 Dollar pro Stunde kostet, also weniger als die Hälfte dessen, was ein Fließbandarbeiter verdient. Es ist nicht genau bekannt, wie viele Roboter bereits im Einsatz sind. Die meisten sind angeblich in Japan in Betrieb. Man erwartet jedoch, daß ihre Zahl erheblich zunehmen wird.

Allerdings sehen wir heute lediglich die erste Generation der Roboter, die noch blind und verhältnismäßig grobschlächtig sind. Die Entwicklung beschäftigt sich heute intensiv mit der Herstellung von Robotern, die »sehen« und »fühlen« können. Es gibt bereits Prototypen, deren Wahrnehmungsfähigkeit ausreicht, um kleine Geräte wie Elektromotoren oder Taschenrechner zusammenzubauen. Von großer Bedeutung wäre es, wenn riesige Elektronikkonzerne wie IBM oder Texas Instruments in die Konstruktion von Robotern einsteigen würden. Ein zusätzlicher »Gesichts-« und »Tastsinn« und die durch die Entwicklung der integrierten Schaltkreise immer größer werdende Intelligenzkapazität der neuen Roboter wird uns die Robotergeneration von heute bald als äußerst primitiv erscheinen lassen. Die Anzahl der Verrichtungen, die sie ausführen können, und der Schwierigkeitsgrad der ihnen gestellten Aufgaben wird ihre Einsatzmöglichkeiten sehr schnell ausweiten. Die Fähigkeit des »Sehens« und »Tastens« wird die Anschaffungskosten sicherlich beträchtlich erhöhen, aber die Kostensenkung durch die Produktionssteigerung wird sich schließlich auch hier niederschlagen. Der Einsatz verbesserter Roboter in der Industrie wird schnell zunehmen, sofern soziale Hindernisse überwunden werden können. Es ist im jetzigen Stadium noch nicht abzusehen, welche Auswirkungen die Einführung von tastenden, sehenden und »denkenden« Robotern auf den Arbeitsmarkt haben wird, aber wir müssen darauf gefaßt sein, daß sie in vielen Industriezweigen in zunehmendem Maße die Fließbandarbeit übernehmen und damit erhebliche Auswirkungen auf die Beschäftigung haben werden.

Abgesehen von der Steuerung kontinuierlicher Produktionsverfahren geht die Entwicklung in Richtung auf die Automation schrittweise vor sich, wobei jene Teilbereiche des Herstellungsprozesses, die ganz offensichtlich für die Einführung von Mikroprozessoren geeignet sind, als erste automatisiert werden und der Rest auf herkömmliche Weise behandelt wird. Die logische Entwicklung wird auf eine Integration der Einzeltätigkeiten in der hochautomatisierten Fabrik hinauslaufen. Bis dahin mag es noch ein langer Weg sein, aber die notwendigen Schritte dazu sind bereits eingeleitet. In einer solchen Fabrik würde man zunächst den computerunterstützten Entwurf der Endprodukte und ihrer Bestandteile einführen, danach die computerisierte Entwicklung einer automatisierten Werkshalle, deren Zentralcomputer die Arbeitsgänge der einzelnen Minicomputer und Mikroprozessoren steuert und synchronisiert, welche für Ausarbeitung und Zusammenbau des Endprodukts erforderlich sind. Dieses wiederum würde einer computerisierten Endkontrolle unterzogen werden. Es ist durchaus möglich, daß der Industriezweig, der als erster diese Art integrierter Automation einführt, die Industrie zur Erzeugung integrierter Schaltkreise selber ist.

Das automatisierte Büro

Grundlage unserer heutigen Wirtschaft ist im wesentlichen die ständig zunehmende Produktivität des Produktionsprozesses, sei es in der Landwirtschaft oder der Industrie, und zu diesem Zweck waren zuerst die Mechanisierung und dann die elektronische Steuerung außerordentlich erfolgreich und führten gleichzeitig zu einer Ausdehnung der Märkte. Bis in die jüngste Zeit hatte die industrielle Revolution jedoch nur geringfügige Auswirkungen auf den tertiären, den Dienstleistungssektor. In den meisten Fällen wird die Produktivität in diesem Sektor nicht gemessen oder überwacht; in Bereichen wie dem Unterrichtswesen und anderen öffentlichen Diensten ist sie praktisch nicht meßbar. Ein Bereich allerdings ist in zunehmendem Maße reif für die Automation und damit für eine Produktivitätssteigerung, nämlich die Büroarbeit in Handel, Bank- und Versicherungswesen sowie im öffentlichen Dienst, also in Bereichen, die in den letzten Jahrzehnten erheblich an Umfang zugenommen haben.

Büroarbeit besteht im wesentlichen aus der Verarbeitung von Information und deren Archivierung, Wiederauffindung und Weiterleitung. Jahrhundertelang tat man dies mit Papier, Feder und Tinte, durch Boten oder die Post. In neuerer Zeit sind Schreibmaschine und Telefon hinzugekommen, dann konnten Kopiergerät und Fernschreiber in diesen weitgehend von Papier beherrschten Bereich eindringen. Zur gleichen Zeit ist jedoch das Volumen der verfügbaren Information und der zu verarbeitenden Daten enorm angewachsen. Es überrascht daher nicht, daß die Informationsgesellschaft, zu der nur wir uns durch die Möglichkeiten der Mikroelektronik entwickeln, radikale Veränderungen der Büroarbeit mit sich bringen wird. Der Pro-Kopf-Kapitalaufwand für Büroarbeit beträgt weniger als ein Zehntel dessen, was pro Arbeitnehmer in der Industrie aufgewendet werden muß, aber dies wird sich durch die Umstellung von Papier auf Elektronik ändern. Allerdings muß schon von allem Anfang an festgestellt werden, daß die zunehmende Kapitalintensität der Büroarbeit, infolge deren die Einführung von Textverarbeitungsgeräten, Faksimilegeräten, Minicomputern, Büromaschinen verschiedener Art und computerisierten Telefonterminals nur dann wirtschaftlich sinnvoll sein wird, wenn sie, ebenso wie die fortschreitende Automation der Industrie, zu einer einschneidenden Verringerung an Arbeitskräften führt. In der Industrie wurden die durch die Mechanisierung freigesetzten Arbeitskräfte durch die Ausdehnung des Marktes und des Tertiärsektors aufgefangen. Es ist jedoch nicht klar, wo die vielen überflüssig werdenden Bürokräfte eine andere Beschäftigung finden werden. Auch ist zu bedenken, daß es viele sehr kleine und unterkapitalisierte kommerzielle Bürobetriebe gibt, deren Automation den Eigentümern kaum erstrebenswert erscheinen wird, zumindest nicht bei dem derzeitigen Kostenniveau elektronischer Büromaschinen. Es wird geschätzt, daß in Großbritannien derzeit nur einer von vier Bürobetrieben über ein Fotokopiergerät verfügt, einer von zehn über ein Datenverarbeitungsgerät und nur einer von vierzig über ein Textverarbeitungsgerät. Tatsächlich wird häufig die Auffassung vertreten, daß es noch geraume Zeit dauern wird, ehe die neuen mikroelektronischen Geräte, trotz ihrer großartigen Leistungsfähigkeit, sich als ebenso effektiv erweisen werden wie die herkömmlichen Methoden der Benützung von Schreibmaschinen, Kohlepapier, Aktenschränken und Telefonen, die leicht zu handhaben sind und eine gewisse Kameraderie im Büro ermöglichen.

Dennoch ist der Einzug des Mikroprozessors ins Büro unausweichlich. Frühere Computergenererationen waren groß und kostspielig und daher nur für größere Unternehmen erschwinglich; die Miniaturisierung und die niedrigen Kosten der neuen Geräte vergrößern deren Einsatzmöglichkeiten erheblich. Man schätzt, daß die Umsätze von Minicomputern für Büroarbeit sich Mitte dieses Jahrzehnts einer halben Million Stück pro Jahr nähern werden, was in krassem Gegensatz zu der Tatsache steht, daß noch vor zehn Jahren die Gesamtzahl der Computer auf der ganzen Welt bloß etwa 100.000 Stück betrug. Es ist sehr wahrscheinlich, daß große Bürobetriebe, wie Gesundheits- und Arbeitsvermittlungsdienst, Banken, Versicherungsgesellschaften und Großunternehmen, die Automation ziemlich schnell durchführen und damit einen modernen Büroarbeitssektor schaffen werden.

Wir wollen hier nicht weiter auf die vielen mikroelektronischen Neuerungen im Bereich Büroautomation eingehen; einige davon werden später beschrieben. Hier mag der Hinweis genügen, daß Ausmaß, Vielfalt, Flexibilität und die Möglichkeit des Zusammenwirkens der neuen Geräte das automatisierte Büro schon in naher Zukunft realisierbar erscheinen lassen. Das wird bedeutende Auswirkungen auf Struktur und Organisation der Bürotätigkeit haben.

Noch vor kurzem dienten die meisten Büromaschinen der Mechanisierung herkömmlicher Routinearbeiten. Die neuen mikroelektronischen Geräte werden den Charakter dieser Tätigkeiten erheblich verändern und radikale Umstellungen im Arbeitsprozeß erforderlich machen. Dies wird nicht nur die Eliminierung eines großen Teils der bestehenden Arbeitsplätze zur Folge haben – was sich besonders ungünstig auf die Beschäftigung von Frauen auswirken wird –, sondern auch völlig neue berufliche Qualifikationen erfordern. Die Leitung eines automatisierten Büros wird sich von der eines heutigen merklich unterscheiden. Alles in allem lassen diese Umstellung, die Notwendigkeit neuer beruflicher Qualifikationen und dafür erforderlich werdender Ausbildungsstätten viele Schwierigkeiten erwarten.

Die fortschreitende Automation stößt auf zwei Hindernisse: erstens die Kapitalintensivität des Vorgangs als solchen; künftig könnte es wegen der notwendigen Umstellung und Erneuerung eines Großteils der bestehenden Systeme zur Energieerzeugung auf der Welt und der notwendigen Schaffung einer Infrastruktur für die enorm angewachsene Weltbevölkerung zu einem harten Konkurrenzkampf auf dem Kapitalmarkt kommen. Noch problematischer werden wohl die Anpassungsprobleme der Gesellschaft in den hochentwickelten Industriestaaten in bezug auf »mehr Wachstum ohne mehr Arbeitsplätze« sein, die später besprochen werden. Der Druck des internationalen Wettbewerbs zwischen den führenden Insustriestaaten zur Ausnutzung dieser neuen Welle der Entwicklung wird jedoch wahrscheinlich jeden einzelnen dazu zwingen, die neue Phase der produktivitätsintensiven Industrie so schnell wie möglich einzuleiten.

Wenden wir uns nochmals der vielleicht eher theoretischen Frage zu, ob wir heute am Anfang einer zweiten industriellen Revolution stehen oder ob es sich bloß um eine weitere technische Entwicklung handelt, die gewiß bedeutsam ist, die aber reibungslos von unserer Gesellschaftsstruktur absorbiert werden kann. Ob man hier von Revolution oder Evolution spricht, ist weitgehend eine Frage der Semantik. Immerhin brauchte schon die erste industrielle Revolution mehrere Jahrzehnte, bis sie voll in Gang kam, und konnte daher kaum als revolutionär im politischen Sinn bezeichnet werden. Allerdings führte sie zu einer plötzlichen Unterbrechung der Evolution von Wirtschaft und Gesellschaft, zu einer Art Mutationssprung als Folge der zu einem günstigen Zeitpunkt stattfindenden Verbesserung der Dampfmaschine. Dadurch konnte sie schnell und wirtschaftlich in einer Vielzahl industrieller Produktionsverfahren eingesetzt werden. Daher müssen wir die Frage anders formulieren: Ist der enorme Aufschwung der Mikroelektronik und ihrer Anwendungsmöglichkeiten Auslöser einer neuen großen Diskontinuität in der wirtschaftlichen und daher auch in der sozialen Entwicklung, oder handelt es sich bloß um den gewöhnlichen weiteren Fortschritt der technologischen Entwicklung von heute aufgrund wissenschaftlicher Erfindungen? Es gibt Vertreter beider Auffassungen, und eine der Aufgaben dieses Buches besteht ja darin, der Diskussion darüber Nahrung zu geben. Denn sollte sich der revolutionäre Charakter der Mikroelektronik als Realität herausstellen, müßte die Gesellschaft sich zumindest so weit über die Konsequenzen im klaren sein, daß sie in der Lage ist, diese Entwicklung zum Nutzen der Menschheit zu steuern.

Wir neigen zu der Auffassung, daß die Auswirkungen des integrierten Schaltkreises in der Tat revolutionär sind. Keine andere Erfindung oder Entdeckung seit der Dampfmaschine hatte so weitgehende Auswirkungen auf alle Bereiche der Wirtschaft. Selbst der Einsatz von elektrischer Energie stellte lediglich einen zusätzlichen, wenn auch mächtigen Impuls für die von der Dampfkraft eingeleitete Mechanisierung dar. Die Auswirkungen fast aller anderen großen Innovationen auf die Schaffung neuer Produkte und neuer Industrien waren nur sektoral oder vertikal. Die Mikroelektronik hingegen wird mit Sicherheit nicht nur viele der traditionellen Tätigkeiten in Landwirtschaft, Industrie und Dienstleistungen verändern, sondern durch Einbeziehung von »Gehirn« und »Gedächtnis« zusätzlich zur physischen Kraft auch Wesen und Richtung der Entwicklung verändern. Die erste industrielle Revolution führte innerhalb der Produktion zu einer gewaltigen Verstärkung der geringen Muskelkraft von Mensch und Tier; ähnlich wird die zweite industrielle Revolution die intellektuelle Kapazität des Menschen in einem Maß erweitern, das wir uns heute kaum vorstellen können.

Es gibt aber auch noch zusätzliche Gründe für die außerordentliche Bedeutung dieser Entwicklung und ihrer wahrscheinlichen sozialen Konsequenzen. Diese ergeben sich vor allem aus dem Zeitpunkt, zu dem diese Entwicklung eintritt. Wir scheinen in eine Periode der wirtschaftlichen Schwierigkeiten eingetreten zu sein, eine Periode langsamen und unsicheren Wachstums nach einer beispiellosen Konjunktur und Expansion der Weltmärkte in den fünfziger und sechziger Jahren. Hinzu kommt die Beunruhigung der Industriestaaten durch die steigenden Ölpreise; das Gefühl der Verwundbarkeit hinsichtlich der Versorgung mit Energie und mineralischen Rohstoffen, von denen ihr Wohlstand abhängt und die aus Gegenden kommen, über die sie keine Kontrolle haben; die Besorgnis angesichts der zunehmenden qualitativen Verschlechterung der Umwelt. Hier nun tritt mit einem Male das Potential der Mikroelektronik auf den Plan. Als Industriezweig hat sie keinen großen Rohstoff- und Energiebedarf, außerdem ist sie umweltfreundlich. Niemand glaubt ernstlich, daß die Mikroelektronik, zusammen mit anderen spitzentechnologischen Entwicklungen, zu einer Wiederkehr der guten alten Zeiten des schnellen Wirtschaftswachstums und jener Marktexpansion führen wird, die ein hohes Nachfrageniveau bei Gütern und Dienstleistungen brachte und Vollbeschäftigung ermöglichte. Sie ist sicherlich kein Allheilmittel für die derzeitige wirtschaftliche Malaise, aber doch einer der wenigen Lichtblicke im Bereich der Wirtschaft, und sie bietet einigermaßen günstige Aussichten. Daher greifen alle hochentwickelten Industriestaaten nach dieser vielversprechenden Industrie, fördern die technologische Entwicklung und hoffen auf einen entsprechenden Marktanteil für die Erzeugnisse dieser neuen und wachsenden Industrie, oder sie befürchten, daß sie, wenn sie dies versäumen, aus dem Rennen um das industrielle Überleben ausscheiden würden.

Noch wichtiger sind natürlich die Aussichten, die sich aus den Anwendungsmöglichkeiten der Mikroprozessoren ergeben. Sie werden wohl erst allmählich sichtbar, könnten sich aber zu einer umfassenden industriellen Revolution auswachsen. Diese Aussichten bestehen nicht nur für die hochentwickelten, wissenschaftlich fundierten Industrien; durch die Anwendung der neuen Methoden in traditionellen Produktionszweigen wie Textil- und Autoindustrie könnten diese Industriezweige auch neue Kraft und Konkurrenzfähigkeit für diesen modernen Sektor gewinnen.

Heutige Perspektiven

Ehe wir uns den wahrscheinlichen Folgen der Einführung der Mikroelektronik zuwenden, müssen einige andere Aspekte der heutigen Entwicklung erörtert werden, in deren Rahmen diese neue Technologie wirksam wird. Ihre Auswirkung auf Wirtschaft und Gesellschaft wird in der Tat erheblich sein, ist aber nur eine von mehreren auffallenden und anhaltenden Tendenzen der Evolution der heutigen Gesellschaft und muß daher zusammen mit diesen betrachtet werden.

Eines der zentralen Anliegen des Club of Rome ist es, größere Einsicht in die Zusammenhänge zwischen den verschiedenen Problemen und Tendenzen zu ermöglichen, die das komplizierte Geflecht von Fragen ausmachen, welche der Club als »Weltproblematik« bezeichnet. Wenn man die jeweiligen Schwierigkeiten und die neuen Fortschrittstendenzen nur einzeln und isoliert betrachtet – was bei den vertikalen und sektoralen Betrachtungsweisen fast aller Regierungen in ihrer nationalen Politik unvermeidlich ist –, dann führt dies zu einem begrenzten und oft irreführenden Verständnis der an sich komplexen Situation. Die Mikroelektronik ist mit ziemlicher Sicherheit die stärkste und weitestreichende der heute stattfindenden technologischen Entwicklungen. Aber wenn sie auch wichtige Merkmale aufweist, die sie von allen anderen großen technologischen Fortschritten unterscheidet, muß man sie doch im Zusammenhang mit anderen Entwicklungen sehen und, was noch wichtiger ist, im Lichte der herkömmlichen Auffassung von technologischer Entwicklung im allgemeinen.

Die politischen Folgen technischer Entwicklung

Immer in der Geschichte der Menschheit hatten technische Entwicklungen entscheidenden Einfluß auf die gesellschaftliche Entwicklung. Die Herstellung primitiver Werkzeuge und die Entdeckung des Feuers waren die frühesten technischen Errungenschaften des *homo sapiens;* die Domestizierung von Tieren und die Entdeckungen, die seßhaften Ackerbau ermöglichten, bewirkten die erste große gesellschaftliche Umwälzung. Entdeckungen in der Metallurgie, die zum Bronze- und dann zum Eisenzeitalter führten, bereiteten neuen Zivilisationen den Weg und führten zu Verschiebungen der Machtverhältnisse. Die Auswirkungen der Technik zeigten sich indessen am deutlichsten auf militärischem und wirtschaftlichem Gebiet. Als der Langbogen durch die Armbrust ersetzt wurde, schilderte eine zeitgenössische päpstliche Enzyklika dieses Ereignis in den düstersten Weltuntergangsfarben, die genau den Ängsten und Besorgnissen entsprechen, die nach der Explosion der ersten Atombombe auftraten. Nach der ersten militärischen Verwendung des Schießpulvers brachte der rasche Fortschritt der Militärtechnik denen, die über sie verfügten, große, wenn auch oft nur zeitweilige Vorteile. Das erfüllte die Herzen ihrer Feinde mit Schrecken und veränderte die globalen Machtverhältnisse. Die militärischen Anwendungsmöglichkeiten der Mikroelektronik haben sich, wie wir noch sehen werden, bereits als wichtiger Faktor in der hochentwickelten Militärtechnologie erwiesen und werden dies auch weiterhin tun.

Eine wichtige wirtschaftliche Folge der technologischen Entwicklungen ist der Einfluß, den sie nachweislich auf die internationale Arbeitsteilung haben. Die in der ersten industriellen Revolution eingeführten dampfgetriebenen Spinnereimaschinen und Webstühle hatten zur Folge, daß die handbetriebenen Textilindustrien der asiatischen Länder auf den Weltmärkten nicht mehr konkurrenzfähig waren; die Entdeckung der Anilinfarben bedeutete das Ende der indischen Indigoindustrie; das Haber-Verfahren zur Erzeugung chemischen Kunstdüngers ruinierte die chilenische Salpeterindustrie, und in unseren Tagen hat die mikroelektronische Digitaluhr die Schweizer Uhrenindustrie zugunsten Japans und der Vereinigten Staaten zurückgedrängt.

Doch trotz derartiger Einflüsse und trotz der Entstehung großer neuer chemischer, pharmazeutischer und elektronischer Industrien, die ohne die Entdeckungen in den Laboratorien der Grundlagenforschung nicht möglich gewesen wäre, unterschätzten oder ignorierten die meisten Nationalökonomen die Rolle der Wissenschaft als autonome Kraft der industriellen und wirtschaftlichen Entwicklung, welche völlig neue Technologien hervorbrachte. Häufig war man der Ansicht, daß sich die technologische Entwicklung aus dem Zusammenspiel der ökonomischen Kräfte ergebe und daß dementsprechend neue Verfahren und Produkte gleichsam wie von »unsichtbarer Hand« gelenkt in Erscheinung träten. Dies ist die Folge einer Theorie, die behauptet, für jedes wirtschaftliche Problem gebe es die entsprechende technologische Lösung. Diese Auffassungen haben sich in der Vergangenheit bis zu einem gewissen Grad bewahrheitet, als technologische Neuerungen mehr die Folge von Erfindungen als von wissenschaftlichen Entdeckungen waren. Diese Situtation hat sich jedoch insofern grundsätzlich geändert, als nahezu die gesamte neue Technologie von heute das Ergebnis systematischer Forschungsprogramme der Industrie ist, unterstützt von »zielgerichteter« Grundlagenforschung, die wiederum vor allem von staatlicher Seite finanziert wird, um neue Erkenntnisse zu gewinnen, die den technologischen Fortschritt direkt oder indirekt sicherstellen. Die Auswertung solcher Entdeckungen hängt natürlich von günstigen wirtschaftlichen Bedingungen ab, wird aber nur indirekt von diesen hervorgerufen. Viele der heutigen Technologien, wie Kernenergieerzeugung, Lasergeräte und Glasfaseroptik, Tiefsttemperaturtechnik und vor allem die Mikroelektronik, gehören dazu, und ihre wirtschaftlichen und politischen Folgen müssen anders gesehen werden, als man dies in der Vergangenheit getan hat. Angesichts der verhältnismäßig langen Zeitspanne von der Entdeckung im Laboratorium bis zur Großproduktion müssen vor allem in Zeiten schneller wirtschaftlicher Veränderungen die Technologien lange vorausgeplant werden, ehe sie ökonomisch wirksam werden. In der Wissenschaft wird mit ganz anderen Zeitmaßen gerechnet als in der Politik. Die Zeit ist zu knapp, als daß die ökonomischen Kräfte die Schaffung neuer Technologien nennenswert beeinflussen könnten. Zu großes Vertrauen auf die rechtzeitige Rettung durch die Technologie könnte verhängnisvoll sein.

Die Erfahrungen der Vergangenheit lehren, daß die Auswirkungen künftiger technologischer Entwicklungen weiterhin eher politischer Natur sein werden, besonders wegen ihrer militärischen Anwendungsmöglichkeiten und der Veränderungen im Muster von Industrialisierung und Handel. Nachdem wissenschaftliche und technische Innovation sich erfolgreich auf den Ausgang des Zweiten Weltkriegs ausgewirkt hatten, haben in den Nachkriegsjahrzehnten alle Industriestaaten in großem Umfang in die wissenschaftliche Forschung und die technologische Entwicklung investiert. Man kann sagen, daß die Aktivitäten in dieser Zeit alles in der Menschheitsgeschichte Dagewesene übertroffen haben und daß wir, angesichts der erwähnten langen Zeitspanne von der Entdeckung bis zur Produktion, eben erst beginnen, die Ernte einzubringen. Allerdings werden mehr als neunzig Prozent der Forschungen, vielleicht sogar fünfundneunzig Prozent, in den wenigen hochindustrialisierten Ländern durchgeführt, während die Entwicklungsländer nur am Rande beteiligt sind, wodurch die Überlegenheit der ersteren noch verstärkt wird. Besondere Aufmerksamkeit wird man daher den Auswirkungen der laufenden technologischen Entwicklungen – unter denen die Mikroelektronik wahrscheinlich die bedeutsamste, aber keineswegs die einzige der großen Neuerungen ist – der Nord-Süd-Frage schenken müssen. Die Bedeutung der Interdependenz der Nationen wird in zunehmendem Maße erkannt. Sie beruht nicht zuletzt auf der Verwundbarkeit vieler Industriestaaten durch ihre Abhängigkeit von Rohstofflieferungen aus dem Ausland. Die Ölkrisen in jüngerer Zeit sind ein beredtes Beispiel. Wir haben es hier mit einem Sachverhalt zu tun, der für alle Länder von entscheidender Bedeutung ist.

In den vergangenen Jahrzehnten ist die Höhe der Budgetmittel für Forschung und Entwicklung in den Industriestaaten mit drei Zielsetzungen gerechtfertigt worden: Verteidigung, Wirtschaftswachstum und nationales Prestige. Nur verhältnismäßig geringe Mittel sind für die Lösung sozialer Aufgaben bereitgestellt worden, und auch den sozialen, kulturellen und politischen Konsequenzen der technologischen Entwicklung wurde nur wenig Aufmerksamkeit geschenkt. Das Auftreten unerwünschter und unvorhergesehener Nebenwirkungen wie Umweltschäden, schwindende Zufriedenheit am Arbeitsplatz und die Entfremdung des einzelnen von der Gesellschaft haben nachträglich viel Besorgnis ausgelöst. Nun wird deutlich, daß man sich beizeiten um die soziokulturellen Folgen der nächsten Welle technologischer Neuerungen wird kümmern müssen, ehe sie über unsere Gesellschaften hereinbrechen.

Das Spektrum der Entwicklung

Die ungleiche Verteilung der Ressourcen auf der Welt ist augenfällig. Energiequellen, Mineralvorkommen, landwirtschaftliche Nutzflächen, klimatische Bedingungen und dergleichen sind sehr unterschiedlich verteilt, was sich wiederum auf den Grad und die Art der Entwicklung in den verschiedenen Regionen auswirkt.

Dies wird weiter durch die Tatsache kompliziert, daß die Verteilung der Bevölkerung aus historischen und kulturellen Gründen keineswegs mit derjenigen der Ressourcen übereinstimmt. Somit gibt es sehr unterschiedliche Entwicklungsniveaus in verschiedenen Gegenden, die sich nicht auf irgendeinen einzelnen natürlichen Faktor zurückführen lassen.

Es ist üblich geworden, von »entwickelten« und »sich entwikkelnden« Ländern zu sprechen. Diese Unterscheidung ist auch Grundlage des sogenannten Nord-Süd-Dialoges geworden. Verallgemeinerungen auf der Grundlage dieses unklaren und allzu vereinfachten Begriffs können jedoch äußerst irreführend sein, wenn man sie auf Probleme wie die der Folgen künftiger technologischer Entwicklungen anwendet, denn weder die entwickelten noch die sich entwickelnden Länder können auch nur im entferntesten als homogene Gruppen angesehen werden. In Wirklichkeit gibt es ein abgestuftes Spektrum der Situation in den einzelnen Ländern, je nach Wirtschaftsleistung, Verfügbarkeit von natürlichen Rohstoffen, Bodenqualität und landwirtschaftlichem Potential, Klima, Umweltbeschaffenheit, Kapitalakkumulation, Erziehungs- und Ausbildungsniveau, technischen und Führungskapazitäten, nationaler und politischer Willensbildung, kulturspezifischen Gegebenheiten und einer ganzen Reihe anderer Elemente.

Am einen Ende des Spektrums finden wir nur wenige Länder wie die Vereinigten Staaten, die Sowjetunion, Kanada, Australien und Südafrika, die mit Mineralien und Energieressourcen ebenso gut ausgestattet sind wie mit Kapital, technischen Fachkräften und Führungspersonal, die führende Nahrungsmittelproduzenten sind und verhältnismäßig stabile politische Systeme aufweisen. Ihnen folgen die anderen Industriestaaten der Welt, darunter die von Ost- und Westeuropa sowie Japan, die ebenfalls reich an Kapital und qualifizierten Arbeitskräften sind, denen es aber an natürlichen Rohstoffen mangelt. Auf diesem Spektrum gelangen wir weiter zu jenen Ländern, die über reiche Mineral- und Energievorkommen verfügen, aber erst teilweise entwickelt sind; zu ihnen zählen die Ölstaaten des Nahen Ostens sowie Venezuela und Mexiko; dann kommen die Erzproduzenten wie Sambia und Zaire mit ihren Kupfervorkommen, die potentiell reich sind, aber erst am Anfang ihrer Entwicklung stehen. Einige wenige Länder aus diesen Gruppen, wie Brasilien und Mexiko, entwickeln sich rasch zu wohlhabenden und gut etablierten Staaten. Ihnen folgen Länder, wie die des indischen Subkontinents und Indonesien, mit riesigen Bevölkerungen, einigen natürlichen Ressourcen und beträchtlichen landwirtschaftlichen Möglichkeiten sowie mit starken intellektuellen Eliten. Trotzdem werden diese Länder immer noch von Armut und Hunger geplagt. Am anderen Ende des Spektrums finden wir, wiederum je nach Entwicklungsstand und Rohstoffvorkommen, schließlich die Ärmsten der Armen mit nur geringen Aussichten auf eine Verbesserung.

Die Einteilung der Staaten dieser Erde in die herkömmlichen drei Welten: die der Marktwirtschaft, die der Staatswirtschaft und die »dritte Welt« der Entwicklungsländer, hat sich aus politischen Gründen als nützlich erwiesen, wie der prekäre Zusammenhalt der »Gruppe der 77« gezeigt hat, aber sie ist völlig ungeeignet für das Gespräch über künftige Entwicklungen und das Vordringen neuer Technologien. Diese Fragen erfordern eine wesentlich differenziertere Betrachtungsweise. Unter den entwickelten Ländern zum Beispiel wird es für die europäischen Staaten und Japan angesichts ihrer Abhängigkeit von ausländischen Energie- und Rohstofflieferungen einen größeren Anreiz darstellen als für die USA oder die UdSSR, sich auf technologische Innovationen zu konzentrieren und damit den Wertzuwachs der importierten Rohstoffe zu maximieren. So werden sie sich vielleicht genötigt sehen, neue Bündnisse mit anderen, rohstoffreichen Regionen zu suchen, um ihre Interdependenz politisch abzusichern.

Innerhalb der sogenannten »dritten Welt« der weniger entwikkelten Länder sind die Unterschiede der Lebensverhältnisse noch größer, was besonders in bezug auf ihre Fähigkeit zum Ausdruck kommt, sich neue Technologien anzueignen. Bei der Betrachtung der Auswirkungen der Mikroelektronik auf verschiedene Arten der Gesellschaft, können Verallgemeinerungen, wie sie der Terminus »dritte Welt« impliziert, äußerst irreführend sein. Daher müssen wir zum Beispiel unterscheiden zwischen den Möglichkeiten der reichen ölproduzierenden Staaten, zwischen Staaten wie Indien oder Brasilien, die über Facharbeiter und Infrastrukturen verfügen, und den neu industrialisierten Ländern Südostasiens sowie anderen, die sich in frühen Entwicklungsstadien befinden.

Die bevorstehenden Jahrzehnte des Überganges

Es ist bereits betont worden, wie notwendig es ist, die neuen technologischen Entwicklungen im Zusammenhang mit den größeren weltweiten Entwicklungen zu betrachten. Es gilt nicht nur zu prüfen, in welchem Maße die Mikroelektronik die zukünftigen

Gesellschaften prägen wird, sondern zugleich ihren Zusammenhang mit anderen großen Veränderungsfaktoren zu bedenken. Betrachtet man einige Haupttendenzen der heutigen Gesellschaft, die wohl anhalten werden, so darf man annehmen, daß wir in eine bedeutsame Übergangsperiode eintreten, die dreißig bis fünfzig Jahre dauern kann, ehe sie in einen völlig andersartigen Typus der Weltgesellschaft mündet, eine Weltgesellschaft mit viel mehr Menschen, veränderten Werten, neuen politischen und administrativen Strukturen, völlig neuartigen Formen institutionellen Verhaltens und einer technologischen Basis, die völlig anders sein wird als die uns heute vertraute und den Lebensstil aller Nationen und Kulturen von Grund auf beeinflussen wird.

Diese Übergangsperiode wird der Gesellschaft durch eine Reihe von Ursachen aufgezwungen, von denen wir hier nur drei betrachten wollen, allerdings wohl die wichtigsten: Es sind dies das Bevölkerungswachstum auf der Welt, das praktisch unaufhaltsam ist, es sei denn, es kommt zu Kernenergie- oder beispiellosen Naturkatastrophen; die Notwendigkeit einer vollkommenen Erneuerung des Systems der Energieerzeugung auf diesem Planeten; die Auswirkungen der neuen Technologien, insbesondere derjenigen, die auf der Mikroelektronik beruhen. Es ist zu bezweifeln, ob man diesen großen Bewegungen und den damit einhergehenden Veränderungen der Machtstrukturen mit den heutigen nationalen und internationalen Institutionen, mit dem gegenwärtigen Wirtschaftssystem oder gar mit den herkömmlichen politischen Ideologien begegnen kann.

Wir können hier nur kurz auf die Bedeutung dieser Tendenzen hinweisen. Was den Zuwachs der Weltbevölkerung betrifft, so ist er in jüngerer Zeit deutlich rückläufig. Absolut gesehen, wird aber trotz zurückgehender Geburtenraten die Weltbevölkerung in den nächsten fünfzig Jahren wesentlich zunehmen. Im Jahr 2000 werden etwa 6,2 Milliarden Menschen leben (Durchschnittsschätzung der Vereinten Nationen), verglichen mit 4,4 Milliarden Menschen im Jahr 1980. Zahlenmäßig wird die Weltbevölkerung im Jahr 2000 schneller anwachsen als heute, nämlich um etwa 100 Millionen Menschen pro Jahr gegenüber 75 Millionen im Jahr 1975. Etwa 90 Prozent dieses Wachstums wird in den ärmsten Ländern stattfinden. Im Jahr 2025, so schätzt man, wird die Weltbevölkerung 9,4 Milliarden erreichen, ehe sie sich um 2074 bei etwa 10 bis 12 Milliarden einpendeln wird. Diese Zahlen sind, vor allem was die späteren Jahre betrifft, selbstverständlich ungesichert, da sie eine jähe Unterbrechung der gegenwärtigen Tendenzen durch dramatische Änderungen der Lebenseinstellung oder durch Katastrophen großen Ausmaßes nicht berücksichtigen können.

Das Ausmaß dieser Veränderungen wird sich von Region zu Region stark unterscheiden. Nach den Schätzungen der Vereinten Nationen wird die Weltbevölkerung gegen Ende des Jahrhunderts um etwa 40 Prozent, aber die Bevölkerung Afrikas um 75 Prozent, die von Lateinamerika um 65 Prozent, die von Südasien um 55 Prozent, die von Ostasien um 24 Prozent, die der USA und der UdSSR um 17 bis 18 Prozent und die Europas nur um 7 Prozent zugenommen haben. Um die Jahrhundertwende wird der Anteil der Weltbevölkerung, der in den heutigen Industriestaaten lebt, nur noch 20 Prozent ausmachen, es sei denn, es käme inzwischen zu einer Masseneinwanderung. Bis zum Jahr 2050 könnte der Anteil sogar auf 15 Prozent absinken. Das zahlenmäßige Übergewicht der Menschen in der dritten Welt wird das Nord-Süd-Verhältnis erheblich verändern. Diese Erkenntnis sollte einige Länder dazu ermutigen, sich um eine neue internationale Ordnung zu bemühen.

Gegen Ende des Jahrhunderts wird auch die altersmäßige Zusammensetzung der Bevölkerung in den einzelnen Ländern ziemlich unterschiedlich sein. In vielen Ländern Afrikas und Lateinamerikas wird die Hälfte der Bevölkerung 15 Jahre oder jünger sein. Damit kommt eine gewaltige Belastung auf das Erziehungssystem zu. In allen Entwicklungsländern wird die Zunahme der arbeitsfähigen Personen (im Alter von 15 bis 64 Jahren) relativ größer sein als die der Gesamtbevölkerung, während in einigen Ländern wie Mexiko, Pakistan, Bangladesch und Brasilien die Zahl der zusätzlichen Arbeitssuchenden extrem hoch sein wird. Ein derartig großer Zuwachs der Zahl der Arbeitskräfte stellt zugleich eine enorme Zunahme des Produktivpotentials dieser Länder dar; allerdings leiden schon heute viele dieser Länder an hohen Arbeitslosenraten und an Unterbeschäftigung. Daher wird hier nach der Nahrungsmittel- und Wasserversorgung die Arbeitsplatzbeschaffung vorrangig sein. Diese Situation gilt es also bei Entscheidungen hinsichtlich der industriellen Entwicklungspolitik zu bedenken. Hier erscheint die Einführung von arbeitsintensiven Technologien notwendig. Ein Großteil der aus den Industriestaaten eingeführten Technologien ist jedoch kapitalintensiv und schafft, gemessen am investierten Kapital, nur wenig Arbeitsplätze. Diese Situation wird sich zweifellos auch darauf auswirken, in welchem Ausmaß die Mikroelektronik und automatisierte Industrien eingeführt werden.

Der zweite Hauptfaktor in dieser Übergangszeit ist die Notwendigkeit einer mehr oder weniger umfassenden Erneuerung des globalen Energieversorgungssystems, da Erdöl immer knapper und teurer wird. Diese grundlegende Umformung wird mit jenem großen Anwachsen der Weltbevölkerung zusammenfallen und ebenfalls große Kapitalinvestitionen erfordern. Das neue Energiesystem wird eine größere Anzahl von Energiequellen umfassen als bisher, wobei eine anfangs langsame, später aber immer schnellere Tendenz zur Verwendung erneuerbarer Ressourcen auftreten wird. In bezug auf eine stärkere Entwicklung solcher neuen Energiequellen bestehen noch große Ungewißheiten. Die Kernfusion ist sehr vielversprechend, wird aber innerhalb der nächsten fünfzig Jahre wohl kaum in größerem Umfang zur Verfügung stehen. Die verschiedenen Methoden der Gewinnung von Sonnenenergie werden langfristig sicherlich sehr wichtig werden; die Nutzung der Sonneneinstrahlung in den tropischen Ländern könnte diese einmal an die erste Stelle der Energielieferanten treten lassen. In der Zwischenzeit könnte die Verwertung von Bioenergie in vielen Entwicklungsländern von großem Nutzen sein. Die große Frage in bezug auf die Weltenergiesituation ist, ob Forschung, Entwicklung, Kapitalakkumulation und Bauarbeiten abgeschlossen sind, ehe größere Knappheit und steigende Kosten für herkömmliche Brennstoffe zu gravierenden wirtschaftlichen und sozialen Schwierigkeiten führen.

Die Mikroelektronik könnte durch die neuen Informationstechnologien und die Mikroprozessoren sehr zur Einsparung von Energie beitragen. Diese Techniken erfordern wesentlich weniger Energie als die herkömmlichen und heute noch gängigen. Ferner könnte ihr Einsatz, zum Beispiel beim Betrieb von Verbrennungsmotoren und anderen Motoren, aber auch durch die Entwicklung neuer und effizienter öffentlicher Transportsysteme, Energie einsparen. Die neuen Informationsgeräte werden viele Reisen überflüssig machen – die Abhaltung von Videokonferenzen könnte sogar die Gewinne der Fluglinien gefährden.

Das dritte Element der Übergangsperiode werden wahrscheinlich die Auswirkungen der neuen Technologien sein, besonders der auf Mikroelektronik und genetischer Manipulation durch Änderung der DNS-Strukturen beruhenden. Erstere ist Thema dieses Buches. An dieser Stelle soll lediglich betont werden, daß sich ihre Entwicklung Hand in Hand mit den beiden anderen erwähnten Trends vollziehen wird, daß sie, wie diese, einen massiven Kapitaleinsatz erforderlich macht, daß sie alle einander beeinflussen und hoffentlich eines Tages Wohlstand und sozialen Nutzen bringen werden. Es wird nicht leicht sein, diese Übergangsperiode zu bewältigen. Die heutigen Regierungsstrukturen, beruhend auf vertikalen, sektoralen Arbeitsweisen und kurzfristigen Zielsetzungen – eine Folge der in kurzen Abständen stattfindenden Wahlen –, sind dafür nicht geeignet. Die heutige Organisationsstruktur des akademischen Betriebs und der Forschung, die ebenfalls auf einer vertikalen Fachspezialisierung beruht, ist sicherlich notwendig, reicht aber nicht aus, um die vielfältigen Probleme zu bewältigen. Eine Wirtschaftspolitik, die auf quantitativem Wachstum durch Ankurbelung des Konsums beruht, wird sich in einer Ära der begrenzten Ressourcen kaum bewähren. Die Soziologien, die eher hinter der technologischen Revolution nachhinken, statt ihr voranzugehen, werden auch nicht für einen reibungslosen Übergang sorgen. Vor allem aber sind all diejenigen internationalen Lösungsversuche zum Scheitern verurteilt, die die Realität der Interdependenz der Nationen nicht berücksichtigen und nicht den erforderlichen Ausgleich herbeiführen. Der Übergang ist also im wesentlichen eine Frage der Politik, auch wenn er durch andere Faktoren verursacht wurde, und erfordert viel Verständnis zwischen den Völkern sowie ein Höchstmaß an Phantasie im Hinblick auf soziale und institutionelle Innovationen.

Das wissenschaftliche und technologische Leistungsvermögen der einzelnen Länder

In dieser Periode des Übergangs wird das Nord-Süd-Problem wahrscheinlich immer dringender werden, nicht nur wegen des Bevölkerungsgefälles, sondern auch wegen der sehr unterschiedlichen Fähigkeiten, sich neue Technologien anzueignen. Untersuchungen der OECD weisen darauf hin, daß sich oberhalb eines bestimmten technologischen Niveaus die Verbreitung neuer Methoden über Staatsgrenzen hinweg verhältnismäßig glatt, ja geradezu spontan vollzieht und daß der Umfang technologischer Innovationen nicht in direktem Zusammenhang mit den Forschungsleistungen in dem jeweiligen Land steht, obwohl ein gewisses Maß an eigenständiger Innovation wünschenswert ist, wenn die weltweit vorliegende Forschung und Entwicklung nutzbar gemacht werden soll. So gibt es für die OECD-Länder gleichsam ein gemeinsames technologisches System, von dem alle profitieren. Es ist ein System, das im wesentlichen über den Mechanismus des freien Marktes funktioniert, innerhalb dessen neue Technologien und Fachwissen in der Tat normale Handelsobjekte sind und den üblichen kommerziellen Erwägungen unterliegen. Das Erreichen dieser Schwelle technologischer Kompetenz ist sozusagen die Eintrittskarte zu diesem System.

Diese Kompetenz ist ein aus vielen Faktoren bestehender Komplex, der nicht nur umfangreiche Tätigkeit in der Grundlagenforschung wie in der angewandten Forschung umfaßt, sondern auch die Fähigkeit, Versuchsanlagen und technische Prototypen herzustellen, ferner das Vorhandensein und die erforderliche Verbreitung von Fachkenntnissen, zu denen auch Management und Marketing sowie das technische Know-how gehören.

Die größte wissenschaftliche und technologische Kapazität der Welt befindet sich in den Industriestaaten, während die Länder der dritten Welt, mit Ausnahme von Indien, Mexiko und Brasilien, unterhalb der kritischen Technologieschwelle liegen. Das ist der Grund, weshalb die Aneignung der eingeführten Technologie und deren Modifizierung für den eigenen Bedarf unter Ausnutzung der jeweils vorhandenen Materialien so schwierig ist. Daher besteht ein großer Teil der aus Industriestaaten in Entwicklungsländer transferierten Technologie aus kompletten Produktionsverfahren, die vor allem von den internationalen Konzernen importiert werden und zwangsläufig den konsumintensiven Volkswirtschaften des Nordens angepaßt sind. Mangels solider technologischer Infrastrukturen können solche importierte Verfahren im Wirtschaftsorganismus der Empfängerländer nur schwer Wurzeln schlagen, auch wenn sie unter günstigen Bedingungen die einheimische Kapazität fördern können.

Die Betonung des Begriffs der »eigenständigen Leistung« war eines der wichtigsten Ergebnisse der UN-Konferenz für Wissenschaft und Technologie im Entwicklungsbereich von 1979 und wird sicherlich im kommenden Jahrzehnt einen wesentlichen Aspekt der Entwicklungsaktivitäten bilden. Dabei geht es nicht nur darum, Forschungsinstitute zu gründen, Forschungsprogramme zu entwerfen und die nötigen Fachleute auszubilden, sondern darum, nationale Maßnahmen zu ergreifen und durchzuführen, und zwar unter Mitwirkung von Regierung, Industrie, Landwirtschaft sowie dem Schul- und Universitätsbereich, um das ganze Spektrum von Forschung, Entwicklung, Produktion, Industrieplanung, Ausbildung von Fachkräften und Marketing einzubeziehen; sonst wird es den Entwicklungsländern kaum möglich sein, Technologien zu entwickeln, die ihren eigenen Bedürfnissen entsprechen, so daß sie weiter hinter den Ländern des Nordens zurückbleiben und immer abhängiger werden, je höher sich die globale Technologie entwickelt. Auf allen Ebenen mag die Technologie eine autonome Kraft in der Entwicklung sein, Grundlage einer autonomen Politik ist sie jedoch nicht.

Eines der Hauptanliegen des vorliegenden Buches ist die Frage, ob die Länder der dritten Welt, denen es bis heute nicht gelungen ist, die Möglichkeiten der ersten industriellen Revolution auszunutzen, imstande sein werden, aus einer zweiten und noch komplexeren Phase der Technologie – der Mikroelektronik – Nutzen zu ziehen.

Langfristige Chancen und Risken der Mikroelektronik

Wenn wir uns nun von den allgemeinen Merkmalen der Veränderungen den spezifischen Auswirkungen der Mikroelektronik zuwenden, gilt es, die dieser neuen Technologie innewohnenden Vorteile zu betonen. Sie sind so gewaltig, daß gar nicht zur Debatte steht, ob ihre Einführung zu verhindern oder zu verlangsamen wäre. Gerade wegen des Umfangs und des Ausmaßes der langfristig zu erwartenden Vorteile und wegen der Veränderungen, die sie in der Gesellschaft hervorrufen werden, wenn sie zum Wohle aller genützt werden sollen, gilt es, den Blick über das gegenwärtige Jahrzehnt hinaus zu richten. Geschieht dies nicht und werden die Entwicklungen bloß im Hinblick auf mittelfristige Gewinne und vom Standpunkt engstirniger Interessen aus geplant, dann werden die Regierungen zwangsläufig versuchen, die sozialen und anderen Folgen durch marginale Korrekturen der bestehenden sozialen Modelle und Vorgangsweisen aufzufangen. Das Ergebnis wären gegen Ende des Jahrhunderts eine zunehmende Erstarrung und Verzerrungen, die es immer schwieriger machen würden, zu jenen fundamentalen Umstrukturierungen zu gelangen, die der optimale Einsatz der Mikroelektronik nahelegt. Die voraussichtlichen gesellschaftlichen Veränderungen werden radikal sein, und sie werden nicht einfach die Rückkehr zum »Normalzustand«, zu Vollbeschäftigung und schnellem Wirtschaftswachstum zulassen, wie wir sie einst gekannt haben. Die grundlegende Frage besteht darin, ob die Regierungen, mit Unterstützung einer informierten öffentlichen Meinung, imstande sein werden, die neuen Möglichkeiten der Mikroelektronik bewußt und gewissenhaft zur Schaffung einer besseren Gesellschaft einzusetzen und sich nicht bloß passiv an ihren jeweiligen Auswirkungen zu beteiligen.

Es läßt sich wohl nicht leugnen, daß die Technik den Lebensstil der heutigen materiell erfolgreichen Gesellschaften weitgehend beeinflußt hat. Die Vor- und Nachteile technischer Entwicklung wurden jedoch nicht vorausgesehen – sie kamen einfach zum Vorschein. In der Tat haben wir oft erst nachträglich die unerwünschten, oft unerwarteten Konsequenzen derartiger Entwicklung bzw. die zunehmende Bedeutung von Symptomen erkannt, die bis dahin geringfügig und akzeptabel erschienen. Dazu gehören die Gefahren für Umwelt und Klima, die schleichende Versteppung in vielen Teilen der Welt, die Bevölkerungsexplosion, die Probleme des Lebens in den Großstädten und ihren gesichtslosen Vororten, die schwindende Zufriedenheit am Arbeitsplatz, die Selbstentfremdung, die Zunahme der Kriminalität und viele andere Schwierigkeiten. Eine weitere massive Entwicklung der Technik, insbesondere die neue Welle von Entwicklungen aufgrund der Mikroelektronik, könnten diese Probleme noch verschärfen und den Zusammenbruch der Gesellschaft beschleunigen. Wenn man anderseits diese Entwicklung positiv lenkt und sie als Instrument zur Schaffung besserer Gesellschaftsformen einsetzt, dann könnte der gegenteilige Effekt eintreten. Die Entscheidungen, vor denen wir hier stehen, sind für die Zukunft des Menschen von entscheidender Bedeutung.

Betrachten wir zunächst einmal die positiven Aspekte. Der Mikroprozessor ist vielversprechend, weil er sich überall in der Automation in Industrie und im Tertiärsektor einsetzen läßt und damit die Produktivität in einem Maß gesteigert werden kann, daß es möglich sein sollte, alles, was ein Land braucht – Verteidigung, Gesundheits- und Erziehungswesen, Ernährung und Wohlfahrt –, bereitzustellen und jedermann einen einigermaßen hohen Lebensstandard zu gewährleisten, ohne die Ressourcen unseres Planeten zu erschöpfen oder zu vermindern; und all das mit einem Bruchteil der heute aufgewendeten physischen Arbeitsleistung. Anfangs wird es um die Eliminierung schmutziger, stumpfsinniger, repetitiver und gefährlicher Arbeiten gehen sowie um die Einführung kürzerer Wochen- und Lebensarbeitszeit. Später dann könnte sich der Weg zu einer Gesellschaft auftun, in der der einzelne Zeit, Mittel und Möglichkeiten hat, seinen spezifischen Interessen nachzugehen und Erfüllung darin zu finden: in Kunst, Wissenschaft, Handwerk, Erziehung, Sport oder auf anderen Gebieten. Dies könnte zur faktischen Abschaffung der Armut und der Tyrannei der Arbeit führen. Der Mikroprozessor könnte tatsächlich der Schlüssel zu Utopia werden. Aber wie in den alten Märchen ist auch hier der Weg von allen möglichen Hindernissen verstellt; einige sind real, andere eingebildet und im Wesen der heutigen Gesellschaft verborgen.

In dieser Frühphase der Entwicklung zur Mikroprozessoren- und Informationsgesellschaft ist es ebenso schwierig, die Auswirkungen auf den einzelnen und die Gemeinschaft vorauszusehen, wie dies zu Beginn des Jahrhunderts in bezug auf die Auswirkungen des Autos der Fall war, das zunächst einmal die Existenz von Pferden und Schweinen zu bedrohen schien und außerdem die

Möglichkeit von Hirnschädigungen nicht ausschloß, wenn der Mensch mit der schreckenerregenden Geschwindigkeit von dreißig Stundenkilometern über die Landstraßen raste. Es zeichnen sich jedoch bereits Tendenzen ab, die eine nähere Betrachtung erfordern. So wird beispielsweise durch die sofortige Verfügbarkeit von Informationen die Interdependenz von Einzelpersonen und Nationen erheblich zunehmen. Es wird zu einer größeren Komplexität von Institutionen und Gesellschaftsstrukturen kommen, die bereits heute so komplex sind, daß sie eigentlich nicht mehr überschaubar sind. Diese Entwicklung könnte eine größere Dezentralisierung ermöglichen, was sehr wünschenswert wäre, aber sie könnte ebenso leicht von skrupellosen Politikern dazu benützt werden, die zentralisierte Macht zu verstärken und zu konsolidieren. Bald werden die technischen Mittel für eine elektronische Überwachung der Tätigkeiten und vielleicht sogar der Gedanken jedes einzelnen durch den »Großen Bruder«, sprich Diktatoren und Gesellschaft, zur Verfügung stehen. Die wachsende Besorgnis hinsichtlich der Geheimhaltung von Daten in einer Welt, wo persönliche Daten in vollem Umfang in Datenbanken gespeichert sind, deren Computer unausgesetzt miteinander kommunizieren, stellt die gesunde Erkenntnis einer hoffentlich nie eintretenden Gefahr dar. Sie wird die Gesellschaft zerbrechlicher und verwundbarer machen. Sogar beim heutigen Niveau der Technik hängt das reibungslose Funktionieren der Städte und Gesellschaften von technischen Geräten ab. Sie sind daher außerordentlich empfindlich für Funktionsstörungen oder Sabotage. Die Folgen von Stromausfällen in Riesenstädten wie New York sind erschreckend. Wenn das Leben der Menschen noch umfassender computerisiert ist, könnten diese Gefahren ungeahnte Dimensionen annehmen. Kraftwerke, Kernreaktoren, Ölraffinerien, Kommunikationssysteme und Datenbanken, sie alle haben empfindliche Nervenzentren, die durch Sabotageakte und politische Gewalttätigkeit verwundet werden können und deren Zerstörung die Gesellschaft mit einem Schlag lähmen könnte. In Zukunft könnte sich die Kriegsführung sehr wohl zu einem Kampf um Computer oder gar zwischen Computern entwickeln. Dies könnte sich selbst für die Machtbesessenen als Argument zugunsten einer radikalen Dezentralisierung erweisen.

Wesentlich subtiler und schwieriger zu erkennen sind jedoch die sozialen und individuellen Auswirkungen der mikroelektronischen Revolution. In einer stark technologieorientierten Zivilisation ist stets eine Dichotomie vorhanden zwischen jenen, die Wesen und Funktion der Technik begreifen, und denen, die bloß auf die Knöpfe drücken. Zugegeben, man braucht nicht die Theorie der Elektronik zu verstehen, um das Fernsehen zu genießen, aber wenn die Mikroprozessoren erst einmal so weit verbreitet sind, daß sie fast alle Geräte und Gebrauchsgegenstände des täglichen Lebens in »schwarze Kästen« verwandelt haben, und wenn das technologische Niveau derjenigen, die diese Geräte erfinden und konstruieren, das Begriffsvermögen der vielen, die sie benutzen, übersteigt, dann könnte eine Situation eintreten, in der wir nicht mehr vor der oben erwähnten Dichotomie stehen, sondern vor einer scharfen Scheidung zwischen wenigen Wissenden und vielen Unwissenden. Eine Priesterkaste von Technologen und Technokraten ist gewiß nicht wünschenswert. Eine derartige Entwicklung ist keineswegs unumgänglich, aber wenn sie vermieden werden soll, muß man diese Möglichkeit in Betracht ziehen.

Wesentlich ernster ist jedoch die drohende Isolation und Selbstentfremdung, die in einer von Mikroelektronik bestimmten Zivilisation entstehen könnte. Wir kennen bereits die hypnotische Macht des Fernsehgeräts, die die Menschen stundenlang fesselt, die Kinder dazu verleitet, sich in die Phantasie anderer hineinzuleben, und zwar auf Kosten ihrer eigenen Phantasie. Die bargeldlose, arbeitsfreie Informationsgesellschaft könnte diese Wirkung durchaus noch verstärken.

Die Konzentration der Informationseingänge auf einen einzigen Raum, die Bündelung der Kommunikationsmöglichkeiten, viele davon unpersönlich und weit entfernt, die Dichte der Ausbildungs- und Unterhaltungsnetze, diese und viele andere Faktoren könnten die Familie von menschlichen Kontakten mit der Außenwelt isolieren. Dies könnte nur allzuleicht zu einer schleichenden Selbstentfremdung des einzelnen führen; nicht zum aktiven Rückzug in eine Gegenkultur, wie wir es heute sehen, sondern zu einer passiven und heimtückischen Selbstentfremdung, die verbunden ist mit einem Verlust an Menschenwürde und Selbstachtung. Um es noch drastischer auszudrücken: Wird die Automation weiter Bereiche der menschlichen Tätigkeiten eines Tages zur Automatisierung der Menschheit führen? Die Antwort lautet, daß dies sehr wohl der Fall sein könnte. Richtig verstanden und vorbereitet, könnte allerdings auch genau das Gegenteil bewirkt werden. Und mit dieser These wollen wir uns im letzten Teil dieses Kapitels befassen.

Die Beschäftigungslage und die Wiedergeburt der Gesellschaft

Die Frage der Beschäftigung ist die Kernfrage schlechthin. Wir behaupten hier, daß die Auswirkungen der Mikroelektronik auf die Beschäftigungslage entweder zu einem verhängnisvollen Konflikt oder aber zur Herausbildung einer neuen und besseren Gesellschaft führen könnte. Gerade in bezug auf die Beschäftigung kommen die Gegensätzlichkeiten zwischen Evolutionisten und Revolutionisten in der Frage der Mikroelektronik besonders deutlich zu Ausdruck. Erstere stehen auf dem Standpunkt, daß die Mikroelektronik, so wie alle früheren technologischen Entwicklungen, wohl anfangs ein gewisses Maß an vorübergehender Arbeitslosigkeit mit sich bringen, aber schließlich zu gesteigerter Nachfrage, zur Erschließung neuer Märkte und zur Schaffung neuer Arbeitsplätze führen werde. So sei es doch in der Vergangenheit immer gewesen, und warum sollte es diesmal nicht so sein? Eine etwaige strukturelle Arbeitslosigkeit würde durch Arbeitsplatzwechsel und Umschulung überwunden werden, wobei allerdings kein Hinweis darauf gegeben wird, wo diese neuen Arbeitsplätze zu finden sein sollen. Im Gegensatz dazu meinen die Revolutionisten, daß die Auswirkungen der Mikroelektronik auf alle Sektoren der Wirtschaft die Produktivität wesentlich erhöhen und zugleich Arbeitsplätze in allen Bereichen beseitigen werden, so daß die traditionellen Methoden der Arbeitslosigkeitsbekämpfung keinen oder nur geringen Erfolg haben würden. Zum gegenwärtigen Zeitpunkt ist es unmöglich, eindeutig zu sagen, welche dieser beiden Auffassungen die richtige sein wird; die künftige Realität wird wohl irgendwo zwischen diesen beiden Extremen liegen. Es ist natürlich klar, daß die mikroelektronischen Technologien in jenen Industriezweigen Arbeitsplätze schaffen werden, in denen die neuen elektronischen Produkte erzeugt werden, vor allem im Bereich der integrierten Schaltkreise selber. Es bestehen auch Wachstumsmöglichkeiten in der Herstellung von neuartigen Produkten wie elektronischen Spielen, aber dadurch werden wohl kaum Arbeitskräfte in größerer Zahl geschaffen, und der Markt dafür wird bald gesättigt sein. Die Verbreitung der Computer wiederum wird einen starken Bedarf an Programmierern und Software-Herstellern mit sich bringen; tatsächlich übersteigt diese Nachfrage das Angebot in solchem Maß, daß dies die Verbreitung der Mikrocomputer durchaus verlangsamen könnte. Alles in allem gesehen, sind allerdings so viele Industriezweige und so viele Bereiche des tertiären Sektors reif für die Automation, daß der Nettoverlust an Arbeitsplätzen wahrscheinlich ziemlich hoch sein wird.

Ein beträchtlicher Teil der heutigen verhältnismäßig hohen Arbeitslosigkeit ist wohl bereits auf die Automation von Fabriken zurückzuführen, doch ist dies nicht eindeutig nachgewiesen.

Ein hervorragendes Beispiel für Produktivitätssteigerungen großen Ausmaßes war im vorigen Jahrhundert die Landwirtschaft. Zusammen mit sozialem und ökonomischem Druck führte hier der technische Fortschritt zu einer starken Verringerung der Arbeitskräfte, zugleich aber auch zu so großen Produktionssteigerungen, daß heute in keinem westlichen Land mehr als zehn Prozent der beruflich aktiven Bevölkerung in der Landwirtschaft arbeiten, in manchen Ländern sogar nur vier Prozent. Freigestellte landwirtschaftliche Arbeitskräfte konnten ohne besondere Schwierigkeiten von den Wachstumsindustrien absorbiert werden, nachdem sie vom Land abgewandert waren. Viele glauben, daß dieses Phänomen eines Wachstums ohne zusätzliche Arbeitsplätze sich in der Industrie wiederholen kann und daß die überflüssigen Arbeitskräfte vom Tertiärsektor aufgenommen werden. Historische Analogien allerdings können irreführen, besonders wenn die Umstände sich nicht gleichen – und das ist hier keineswegs der Fall, *weil der sekundäre und der tertiäre Sektor gleichzeitig automatisiert werden.* Es ist daher unwahrscheinlich, daß die von der Industrie entlassenen Arbeitskräfte durch eine Ausweitung des Dienstleistungssektors, zumindest im traditionellen Sinn, aufgenommen werden können. Doch könnte dieses Problem, wie wir noch zeigen werden, durch die Schaffung neuer Formen erweiterter Dienstleistungen bewältigt werden, an denen wir alle, zumindest zeitweilig, beteiligt sein werden.

Jedenfalls ist der Dienstleistungssektor in den letzten Jahren angewachsen, allerdings nicht in erster Linie aufgrund der Kaufentscheidungen einzelner, sondern aufgrund staatlicher Beschlüsse, die diese Expansion stützten, vor allem in den Bereichen Unterricht, Gesundheitswesen, Arbeitslosenversicherung und dergleichen und in den kapitalistischen Staaten auch durch das Steuerwesen. Die damit verbundenen großen bürokratischen Apparate, die im übrigen zu den nächsten Kandidaten der Automation zählen, sind auf jeden Fall allgemein unbeliebt bei der Bevölkerung, von der sie als kalt, unpersönlich und ineffizient erachtet werden. Man wird sie wahrscheinlich durch kleinere, teilautomatisierte Einheiten von größerer Effizienz ersetzen. Auch die Beschäftigung im Verkehrswesen, im Kommunikationsbereich und in großen Teilen des öffentlichen Dienstes wird wohl von der Automation erfaßt werden, sofern man die Produktivität in diesen Sektoren nicht künstlich niedrig hält, um Arbeitsplätze zu erhalten, was allerdings Schwierigkeiten mit sich bringen wird, wenn die Wirtschaft effizient und konkurrenzfähig sein soll.

In jenem Teil des Dienstleistungssektors, der überwiegend von Einzelkunden beansprucht wird, ist die Lage völlig anders. Mit steigendem Wohlstand tendierten die Konsumenten zu größeren Ausgaben für den Urlaub, vor allem für Auslandsreisen, zum allgemeinen Vorteil des Fremdenverkehrsgewerbes vieler Staaten. Ferner wurde mehr Geld für die private medizinische Versorgung und für Erziehung und Ausbildung ausgegeben, weil man den Eindruck hatte, daß die einschlägigen, vom Staat zur Verfügung gestellten Dienstleistungen minderer Qualität seien. Verbesserungen durch Mikroprozessoren werden die Beschäftigungssituation in diesen Bereichen kaum beeinflussen.

Die Ausgaben für persönliche Dienstleistungen sind nicht gestiegen. Die Konsumenten sind zwar wohlhabender geworden, haben aber, anders als erwartet, keineswegs einen höheren Anteil ihres Einkommens für »Dienstleistungen« als für »Waren« ausgegeben. In Wirklichkeit hat der hohe Preis für persönliche Dienstleistungen den Trend in die umgekehrte Richtung, nämlich zu Dienstleistungsprodukten hin, gelenkt. In der Praxis kauft der Verbraucher mehr und größere Autos, zum Nachteil des öffentlichen Transportwesens; er kauft mehr Haushaltsgeräte, um auf diese Weise das immer seltener und kostspieliger werdende Hauspersonal zu ersetzen; er kauft mehr Hi-Fi-, Fernseh- und Videogeräte, anstatt ins Konzert, Theater oder Kino zu gehen. Mit anderen Worten, die arbeitsintensiven Dienstleistungen werden in zunehmendem Maß durch kapitalintensive mechanische und elektrische Geräte ersetzt. Es ist dies ein Aspekt der Automation des Dienstleistungssektors, der selten als solcher erkannt wird.

Die eine große Hoffnung auf die Verringerung der hohen Arbeitslosenzahlen von heute ist eine massive und schnelle Expansion der Weltmärkte. Einige aktuelle Trends weisen darauf hin, daß es schwierig sein wird, zu den hohen Wachstumsraten der letzten Jahrzehnte zurückzukehren; Verknappung und hohe Kosten bei Energie und importierten Rohstoffen, Umweltschutzbestimmungen, die in einigen Ländern sichtbar werdende Sättigung der Nachfrage nach Verbrauchsgütern und dauerhaften Konsumgütern sowie einige andere Faktoren scheinen sich allesamt in diesem Sinn auszuwirken. Die einzige Hoffnung auf eine zumindest zeitweilige Rückkehr zu hohen Wachstumsraten richtet sich auf die Zunahme der Prosperität in den weniger entwickelten Ländern, die zu bedeutenden Abnehmern von Konsum- und Investitionsgütern werden könnten. Allerdings werden die Vorteile einer solchen Entwicklung für die Industriestaaten noch nicht ausreichend erkannt, und angesichts ihrer zögernden Haltung hinsichtlich einer neuen internationalen Wirtschaftsordnung bleibt dies wohl nur eine entfernte Möglichkeit. Bestenfalls findet eine langsame Entwicklung statt. Sie würde eine erhebliche Umschichtung der internationalen Industrie- und Arbeitsverteilung voraussetzen. Allerdings scheint die Einführung des Mikroprozessors in umgekehrter Richtung zu wirken, wie noch zu zeigen sein wird.

Es besteht somit begründeter Anlaß zur Sorge, daß wir einer langanhaltenden Periode umfangreicher und wahrscheinlich endemischer Arbeitslosigkeit entgegengehen, die zu einem großen Teil die Folge der durch die Mikroelektronik ermöglichten Automation sein wird. Man kann nun mit Recht fragen, weshalb die Staaten angesichts dieser Eventualitäten nicht das Tempo der Einführung dieser neuen Verfahren bremsen, um der Wirtschaft und dem Arbeitsmarkt eine schrittweise Anpassung zu ermöglichen. Die einfache Antwort lautet, daß dies unmöglich ist. Die gerade beschriebene ökonomische Malaise wird vielmehr dazu führen, daß jedes einzelne Land versuchen wird, sich durch Innovationen einen Wettbewerbsvorteil auf neuen Märkten zu verschaffen.

Ein längerfristiger und tieferer Grund liegt darin, daß die Mikroprozessor-Revolution letztlich so gewaltige Aussichten auf eine Vermehrung des Wohlstands, eine bessere Nutzung der Ressourcen und eine allgemeine Verbesserung der Lebensqualität bietet, daß es unmöglich ist, sie zurückzuweisen. In den Anfangsjahren wird es zweifellos einen Konflikt zwischen der Notwendigkeit von Innovation und Produktivitätssteigerung einerseits und der Erhaltung eines hohen Beschäftigungsniveaus anderseits kommen, aber, wie ein Gewerkschaftsfunktionär es ausdrückte: »Wir wissen, daß der Mikroprozessor Arbeitsplätze vernichtet, aber wenn wir ihn nicht akzeptieren, dann wird es für niemanden Arbeitsplätze geben.«

Die Ära der Mikroprozessoren hat bereits begonnen, auf Gedeih und Verderb. Das wichtigste ist nun, in die Zukunft zu blikken, zu prüfen, welche Risken und Chancen sich für jeden einzelnen Sektor und für die Gesamtheit aller Bereiche ergeben, und rechtzeitig die sozialen Veränderungen vorzunehmen, die nötig sind, um die Vorteile voll auszunützen.

Im letzten Abschnitt dieses Kapitels wollen wir den Marschplan eines möglichen Weges skizzieren. Es mag noch andere Wege geben, die man sinnvollerweise gehen könnte, aber dieser eine wird aufgrund einer optimistischen Haltung in bezug auf die Möglichkeiten vorgeschlagen, welche die mikroelektronische Revolution für die Umwandlung der Gesellschaft verspricht. Die Vision einer Welt, frei von Armut und weitgehend befreit von der Mühsal physischer Arbeit, ist kein neuer Traum; das hatten die Väter der ersten industriellen Revolution bereits vor zwei Jahrhunderten im Sinn. Damals war der Traum verfrüht; heute aber ist er zumindest technisch machbar, auch wenn seine Verwirklichung noch recht ungewiß ist. Seine Verwirklichung verlangt von den führenden Politikern Verständnis und Voraussicht, Weisheit und Realismus, von Regierungen, Management, Gewerkschaften und Wissenschaft eine kreative Partnerschaft auf der Grundlage des gemeinsamen Eigeninteresses und von der breiten Öffentlichkeit ein höheres Maß an Bewußtsein dessen, was auf dem Spiel steht. Die Entscheidung wird, wenn überhaupt, innerhalb der nächsten zwei Jahrzehnte fallen müssen; entweder nutzen wir diese Chance, die uns der Fortschritt der Wissenschaft bietet, und werden mit den sich daraus ergebenden sozialen Umstrukturierungen fertig, oder unsere Industriegesellschaften werden infolge von Trägheit, sozialen Schwierigkeiten und vor allem Mangel an Mut degenerieren.

Im Mittelpunkt des ganzen steht die Frage der Arbeitsplätze. Die Begriffe Beschäftigung, Unterbeschäftigung, Arbeitslosigkeit und Freizeit sind stark mit ethischen und historischen Wertvorstellungen besetzt, manche im negativen Sinn. In einer Situation, in der eine große Anzahl von Menschen in der Industrie nicht mehr benötigt wird, und zwar nicht infolge zyklischer Schwankungen, sondern weil die Gesellschaft eine sehr hohe Arbeitsproduktivität verlangt und die Technologie sie ermöglicht, haben diese Wertvorstellungen keine Bedeutung mehr, und diese Worte verlieren ihren Sinn. Vermutlich wird das Hauptanliegen des einzelnen in Zukunft weniger die Arbeit sein, wie wir sie heute kennen, sondern Beschäftigung in einem weiteren Sinn, die sicherlich auch die Zeit mit einschließt, die aufgewandt wird, um einen Beitrag zu den ökonomischen Erfordernissen der Gesellschaft zu leisten, und für die man bezahlt wird, aber auch jene selbstgewählten Tätigkeiten, die persönliche Erfüllung versprechen. Damit wird der einzelne zwar noch einen Teil seiner Tätigkeit auf die produktive Beschäftigung im herkömmlichen Sinn verwenden. Wahrscheinlich aber wird sie einen viel geringeren Teil seines Lebens beanspruchen (späterer Eintritt ins Arbeitsleben nach längerer Ausbildung, kürzere Arbeitszeit, früherer Ruhestand, arbeitsfreie Abschnitte zwecks weiterer Bildung oder Ausbildung), neben einer oder mehreren sekundären Tätigkeiten handwerklicher, künstlerischer oder erzieherischer Art, zusätzlich zur Freizeit im herkömmlichen Sinn. Das »ökonomisch produktive« Element würde dann in Fortbildung und Vertiefung der Nebenbeschäftigungen in der durch Lehrer vermittelten Aneignung von Techniken und Erfahrungen bestehen, für die der einzelne freigestellt wird. Die Sekundärbeschäftigungen würden auf lokaler Ebene organisiert, unterstützt und zugänglich gemacht werden. Werkzeuge und Einführungskurse auf freiwilliger Basis würden selbstverständlich indirekt vom Staat zur Verfügung gestellt werden, da es schließlich im Interesse der gesamten Gesellschaft liegt, daß ein breites Spektrum interessanter und konstruktiver Alternativen zur Befriedigung der vielfältigen Bedürfnisse des Menschen zur Verfügung steht und daß jene Selbstentfremdung vermieden wird, die sich aus übergroßer Isolation vor Fernsehschirm und Tischcomputer ergeben könnte.

Das Bildungswesen müßte weitgehend modifiziert werden, nämlich in Richtung auf eine grundsätzliche Lernfähigkeit und nicht so sehr auf den Erwerb von Informationen, die ja dank den neuen Medien ohnehin immer zur Verfügung stünden. Die späteren Phasen der vorgeschriebenen Ausbildung müßten sich vor allem um das Verständnis und die intellektuellen Fähigkeiten bemühen, die für die Errichtung, Erhaltung und Weiterentwicklung der automatisierten Industrien notwendig sind, welche die für die Erhaltung des ganzen Systems erforderlichen Mittel liefern. Arbeitslosigkeit mit ihrem negativen und demoralisierenden Image, wie wir sie heute kennen, würde verschwinden.

Die Einführung einer solchen Sozialpolitik würde ein grundsätzliches Umdenken des Arbeitsethos erfordern, auf dem der materielle Wohlstand der heutigen Industriestaaten beruht. Das wird aber ohnehin der Fall sein, wenn die Mikroprozessorengesellschaft massive Dauerarbeitslosigkeit hervorruft. Außerdem hätte dies tiefreichende Rückwirkungen auf die politischen Systeme und ihre Ideologien.

Dieses Szenarium ist nicht so radikal oder so unwahrscheinlich, wie es im ersten Augenblick erscheinen mag. Wenn die Entwicklung der Mikroelektronik durch die Beschleunigung der Automation von Industrie- und Büroarbeit tatsächlich große und unlösbare Arbeitslosenprobleme schafft und wenn die Gewerkschaften einsehen, daß sie aus Gründen des längerfristigen Eigeninteresses den Prozeß der Automation nicht ablehnen können, dann wird es zu Verhandlungen kommen, an denen Staat, Gewerkschaften und Unternehmer beteiligt sein werden, um eine gerechtere Verteilung der Arbeit durch Verkürzung der Arbeitszeit, Senkung des Pensionsalters und andere Maßnahmen herbeizuführen und dadurch eine unerträgliche Dauerarbeitslosigkeit zu verhindern. Zusätzlich zu kürzeren Arbeitszeiten für alle und angesichts der Notwendigkeit, der Demoralisierung von permanent Arbeitslosen entgegenzuwirken, müßten die Menschen sich mühelos sozial betätigen können, um ihre längere Freizeit kreativ und befriedigend zu gestalten. Solche naheliegenden Maßnahmen könnten sehr wohl zu einer neuen Art von »Betätigungs«-Gesellschaft führen, wie wir sie oben skizziert haben. Außerdem aber wird man noch viel Nachdenken auf die Schaffung einer breit angelegten Politik der Einkommensverteilung verwenden müssen.

In einer letzten und kontroversen Schlußwendung soll nicht unerwähnt bleiben, daß angesichts der beschriebenen sozialen Situation die Lösung einer Reihe von Problemen stets zur Entstehung neuer und anderer Probleme führen wird. Selbst in Utopia wird es angesichts der Beharrlichkeit der menschlichen Natur nicht ohne Schwierigkeiten und Konflikte abgehen. Hinter der keineswegs unmöglichen Vision einer neuen Gesellschaft, wie sie hier geschildert wurde, taucht allerdings die Frage auf, ob der Mensch, gemeinsam mit der anderen Spezies der Schöpfung, ohne Existenzkampf und ohne die Notwendigkeit, arbeiten zu müssen, weiter gedeihen und der Degeneration und Verkümmerung widerstehen könnte.

Es erschien uns nützlich, die unmittelbaren Schwierigkeiten und Vorzüge der Entwicklung der Mikroelektronik im Rahmen längerfristiger Perspektiven zu betrachten. Viele der angeschnittenen Themen werden in den folgenden Kapiteln im einzelnen behandelt und umfassender untersucht.

Der erste Teil enthält ein Kapitel von Ranald Ide über *Die Technologie* der Mikroelektronik, gefolgt von einem Beitrag von Raymond Curnow und Susan Curran mit dem Titel *Anwendung der Technologie.* Der zweite Teil über die sozioökonomischen Aspekte enthält drei Kapitel: Bruno Lamborghini, *Auswirkungen auf das Unternehmen,* John Evans, *Arbeitnehmer und Arbeitsplatz*, und schließlich das Kapitel *Mikroelektronik und Makroökonomik* von Günter Friedrichs. Es folgt ein Kapitel von Juan Rada mit dem Titel *Aussichten für die dritte Welt.* Viele Leser sind vielleicht der Ansicht, dieses Buch spiegele allzusehr die Probleme der Industriestaaten der ersten Welt wider. Das ist bis zu einem gewissen Grad unvermeidlich, da die Entwicklung der Mikroelektonik im wesentlichen in diesen Ländern stattgefunden hat und deren Auswirkungen dort auch zuerst spürbar sein werden. In ihren Diskussionen haben sich die Autoren des Buches eingehend mit den wahrscheinlichen Auswirkungen dieser Entwicklung auf die weniger entwickelten Staaten befaßt. Der ausführlichen Behandlung dieses Aspekts wird große Bedeutung beigemessen.

Das Kapitel von Frank Barnaby, *Mikroelektronik im Krieg,* ist nach Auffassung der Autoren wesentlich, wenn es darum geht, die Anwendung der Mikroelektronik voll zu ermessen. Es unterstreicht die negativen Möglichkeiten des Einsatzes dieser und anderer wissenschaftlicher Entwicklungen und betont die Notwendigkeit einer Gesamtschau bei der politischen Aufarbeitung dieses Bereichs.

Im nächsten Kapitel, das sich mit Aspekten der Mikroelektronik bei der Entwicklung der »Informationsgesellschaft« auseinandersetzt, stammt von Klaus Lenk und trägt den Titel *Informationstechnik und Gesellschaft.* In dem Kapitel *Mikroelektronik und globale Interdependenz* von Alexander King kehren wir zu den weltweiten politischen Perspektiven zurück, in denen noch einmal Nord-Süd-Probleme angesprochen werden, ehe wir zum Nachwort von Adam Schaff kommen, der sich unter dem Titel *Beschäftigung kontra Arbeit* eingehend mit einigen der zu Anfang vorgebrachten Gedanken befaßt.

Thomas Ranald Ide

Die Technologie

1. Information als Charakteristikum der modernen Gesellschaft

Daß eine Beziehung zwischen Information, Computer und Mikroelektronik besteht, wird oft als selbstverständlich angesehen; besonders von denen, die ständig mit technologischen Entwicklungen im Kommunikationswesen zu tun haben. Information im weitesten Sinn bezieht sich selbstverständlich auf alle Fakten, die übermittelt, erfahren oder gespeichert werden können. Präziser ist hier bereits der Begriff »Informationstheorie«, der sich auf der Verarbeitung und Speicherung von Daten bezieht. In der Informationstechnologie hingegen geht es um die Mittel, mit denen Information gehandhabt werden kann. In Frankreich bezog sich das Wort »informatique« ursprünglich auf die Informationswissenschaft, wegen des engen Zusammenhanges mit dem Computerwesen versteht man darunter jedoch heute die Wissenschaft, die sich mit Informationsverarbeitung und -speicherung beschäftigt.

Der Bedarf an mehr Information, besonders an höchst komplexer Information hat wegen der hohen Kosten nichtelektronischer Gewinnung und Verarbeitung von Information eine Nachfrage geschaffen, die den aus den Entwicklungen der Computertechnik sich ergebenden Anstoß noch verstärkte. Der Vorstoß der Mikroelektronik in diese Bereiche ist das direkte Ergebnis dieses Prozesses.

Die industrialisierte Welt wird in zunehmendem Maße zu einer Informationsgesellschaft. Diese Gesellschaft basiert auf einer mikroelektronischen Technologie, die Kapital und Arbeitskraft sparen hilft. Diese und andere verwandte Technologien sollen im folgenden näher untersucht werden.

2. Die Kunst des Rechnens

Seit Beginn der Zivilisation beschäftigte sich der Mensch mit Rechenhilfsmitteln. Die Pyramiden und Stonehenge z. B. sind noch heute imposante Denkmäler für die Fähigkeiten der Mathematiker vergangener Zeiten. Die Systeme, die sie verwendeten, waren entweder *analog* oder *digital.* Das erste beruht, wie der Name sagt, auf Analogien. Ein erstklassiges Beispiel dafür ist das Thermometer, bei dem die Temperaturveränderung durch entsprechende Längenveränderung einer Quecksilbersäule angezeigt wird. Auch der Rechenschieber ist ein analoges Gerät, bei dem Produkte und Quotienten analogen Längen auf dem Schieber entsprechen. Digitale Hilfsmittel hingegen beruhen auf dem Zählen von Zahlen. Das gebräuchlichste, nämlich das Dezimalsystem, basiert auf 10 Ziffern. Es hat seinen Ursprung wahrscheinlich darin, daß der Mensch zum Zählen die Finger benützte. Aber so wie ein System auf der Basis 10 arithmetisch fungieren kann, kann es auch auf jeder anderen Zahl aufbauen.

Das binäre System erfordert nur zwei Symbole, nämlich 0 und 1. Es bildet die Grundvoraussetzung für den modernen Computer. Diese Symbole beschränken sich nicht auf Zahlen. Werden sie für »an« oder »aus« verwendet, stehen sie für die beiden Positionen eines elektrischen Schalters. Ebensogut können sie für andere Alternativen stehen: »ja« und »nein«, »und« und »oder« usw. Als George Bool eine Algebra entwickelte, mit der die Relation einer großen Anzahl von Elementen durch Wiederholung von Relationen zwischen einer Reihe von zwei Elementen ausgedrückt werden konnte, war der Grundstein für die heutigen Fortschritte auf dem Gebiet der modernen Mikroelektronik gelegt.

Eine genaue historische Übersicht über die Entwicklung von Rechnern und Übermittlungsgeräten würde hier zu weit führen. Aber auch ein kurzer Überblick gewährt bereits Aufschluß über das moderne Computerwesen und über das Tempo der vergangenen und gegenwärtigen Entwicklungen. Zugleich mag sie auch dazu dienen, Prozesse zu entmystifizieren, die, wenn auch nicht gerade einfach, doch nur Produkte der Neugier und des Erfindungsreichtums des Menschen sind.

3. Geschichtlicher Überblick

Frühe Entwicklungen

Die erste digitale Rechenmaschine, der Abakus (siehe Abbildung 1), geht mindestens bis auf das Jahr 3000 v. Chr. zurück und wird noch heute in vielen Teilen der Welt verwendet. Er blieb die einzig nennenswerte Erfindung bis zum Jahr 1642, als in Frankreich Blaise Pascal mit 19 Jahren die erste einfache Rechenmaschine baute, die addieren und subtrahieren konnte. 1672 kon-

Abb. 1

struierte dann Wilhelm von Leibniz eine Maschine, die nicht nur addieren und subtrahieren, sondern auch multiplizieren und dividieren und Quadratwurzel ziehen konnte. Mehr als 150 Jahre später, im Jahre 1835, entwarf der Mathematiker Charles Babbage aus Cambridge eine Maschine, die ihm, obwohl sie nie gebaut wurde, den Ruhm eintrug, der Vater des modernen Computers zu sein. Diese Maschine sah bereits Ein- und Ausgabegeräte vor, die mit Lochkarten arbeiteten, wie z. B. der Jacquard-Webstuhl (Abb. 2) zur Herstellung bestimmter Muster. Zusätzlich entwarf Babbage einen Speicher und ein Rechenwerk, die ebenfalls durch Karten gesteuert werden sollten, auf denen Befehle numerisch kodiert und gespeichert waren, bis das Rechenwerk sie benötigte.

Analoge und digitale mechanische Rechner

1915 kombinierte der Spanier Leonardo Torres die elektromechanischen Rechentechniken mit Prinzipien des Programmierens. Er führte die erste Maschine vor, die selber Entscheidungen treffen konnte, und demonstrierte ihre Vielseitigkeit, indem er sie einfache Schachprobleme lösen ließ. Sechzehn Jahre später entwarf der Amerikaner Vannevar Bush einen Analogrechner, den er Differentialanalysator nannte. Dies war der erste Rechner, der in der

Abb. 2

Lage war, Gleichungen zu lösen. Zwei Jahre später bauten Douglas Hartree und Arthur Porter in Großbritannien einen Analogrechner aus Meccano-Baukastenteilen im Wert von 20 Pfund Sterling. Hartree sollte der erste Wissenschaftler werden, der einen Rechner zur Lösung von Problemen in der Atomphysik einsetzte. Etwa um dieselbe Zeit, 1936, entwickelte der Deutsche Konrad Zuse erste grundlegende Vorstellungen vom automatischen Rechnen, indem er bereits das Binärsystem und die Gleitkommaarithmetik verwendete. 1941 hatte er die Arbeiten an den Relaisrechnern Z 2 und Z 3 abgeschlossen und die algorithmische Sprache PK, ein Vorläufer von PL/1 und ALGOL 68, entwickelt.

Im Jahre 1937 erfanden in den USA Claude Shannon und George Stibitz unabhängig voneinander elektrische Schaltkreise, die nach den Booleschen Prinzipien arbeiteten. Dies war ein entscheidender Fortschritt in der Computertechnologie.

Sieben Jahre später wurde der *Harvard Mark 1 Calculator* vorgestellt. Dieser erste universale Digitalcomputer war in gemeinsamer Arbeit von Howard Aiken, Clair Lake, Francis Hamilton und Benjamin Durfee im Harvard-Computerlaboratorium mit Unterstützung von IBM entwickelt worden.

Die Ära der Röhre

In den frühen vierziger Jahren begann man mit der Verwendung der Vakuumröhre, die von Fessenden, DeForest und anderen um 1900 zur Steuerung elektrischer Ströme entwickelt worden war, im Computerbau. Der gebürtige Ungar John von Neuman entwickelte 1945 in den USA das Konzept des gespeicherten Programms, womit Befehle im Computer in numerischer Form aufbewahrt werden konnte. Dadurch konnte die Maschine selbst logische Entscheidungen treffen und Befehle während des Rechenvorgangs modifizieren. Dieser entscheidende Schritt hatte der hundert Jahre zurückliegenden Arbeit von Babbage viel zu verdanken und führte 1949 zu EDVAC (Electronic Discrete Variable Automatic Computer) in Princeton, ENIAC (Electronic Numerical Integrator and Calculator) in Pennsylvania und EDSAC (Electronic Delay Storage Automatic Calculator) in Cambridge. ENIAC war der erste vollelektronische Computer. Von John Mauchly und Prosper Eckert entworfen und im Jahre 1946 fertiggestellt, soll dieser Computer fast 10 Millionen Dollar gekostet haben. Er enthielt 18.000 Röhren und war rund 30 Tonnen schwer (Abb. 3).

Neue und immer ausgereiftere Computer folgten. 1948 konnte »Poppa« von IBM die Steuerung bedingt transferieren, und 1949 war EDSAC der erste Computer mit einem schnellen Speicher, der binäre Zahlen verwendete. Mit SSEC, EDVAC, ILLIAC, MANIAC, »Whirlwind«, MADM und UNIVAC war Mitte der fünfziger Jahre die Entwicklung dieser extrem großen und teuren Maschinen beendet.

Transistoren und integrierte Schaltungen

Bis zu diesem Zeitpunkt waren nur vergleichsweise langsame Fortschritte zu verzeichnen gewesen. Computer waren nicht nur kostspielig, sondern beanspruchten auch viel Platz und erforderten großen technischen Aufwand. Mit der Erfindung eines kleinen Transistorgeräts hingegen sollte sich das grundlegend ändern.

John Bardeen, Walter Brattain und William Shockely entwikkelten 1948 in den Bell-Laboratorien in den USA den Transistor, der durch geringe Größe, Zuverlässigkeit und niedrigen Energiebedarf der integrierten Schaltung den Weg bahnte und damit das mikroelektronische Zeitalter heraufführte.

1951 entwickelten amerikanische Wissenschaftler bei Western Electric den ersten transistorisierten Verstärker, den *Spitzentransistor.*

1958 baute die Firma Fairchild in den USA einen Planartransistor, bei dem Siliziumdioxyd als Isolator verwendet wurde. 1959 entwickelte sowohl Texas Instruments als auch Fairchild Halbleiterelemente mit zwei oder mehreren Transistoren pro Siliziumsockel. Dadurch wurden die Kosten erheblich gesenkt, und der Weg zu sehr viel höheren Komponentendichten pro Siliziumstück war frei. 1964 schätzte Gordon Moore,damals Forschungsdirektor bei Fairchild, daß sich die Integrationsdichte[1] mit jedem Jahr verdoppeln werde. Nach sechzehn Jahren läßt sich sagen, daß diese Vorhersage annähernd zutreffend war, allmählich jedoch beginnen sich Änderungen dieser Wachstumsrate abzuzeichnen.

1971 wurde von Intel in den USA, heute ein führender Hersteller integrierter Schaltungen, der erste Mikroprozessor entwickelt, d. h. ein zentrales Rechenwerk (CPU: central processing unit), mit dem logische und arithmetische Operationen auf einem einzigen Siliziumchip von weniger als 0,5 qcm Seitenlänge durchgeführt werden können. 1975 ist es diesem Hersteller gelungen, einen ganzen Computer auf einer einzigen gedruckten Leiterplatte un-

1 Integrationsdichte bezeichnet die Anzahl der Transistoren pro Flächeneinheit Silizium. Im Computerjargon wird es von den Wissenschaftlern oft als »Grundbesitz« bezeichnet.

terzubringen. Ein Jahr später gab er die Produktion eines Acht-Bit-Computers bekannt, der aus 20.000 Transistoren auf einem einzigen Siliziumchip bestand.

4. Prinzipien der mikroelektronischen Technik

Allgemeines

Ein Großteil dieses Buches befaßt sich mit den Auswirkungen, die Computer und Kommunikationsmedien haben und in Zukunft noch haben dürften. Computer, Satelliten, Glasfasern und ihre Anwendungen in Fabriken, Büros und im Haushalt sind die sichtbaren Elemente, die wir in allen Bereichen nutzen werden. Was diese Entwicklung vorantreibt, ist ein kleines, äußerst billiges Massenprodukt, das wenig Energie verbraucht und sehr leistungsfähig ist: der Mikroprozessor. Dieser und die mit ihm einhergehende Technologie werden allgemein unter dem Begriff »Mikroelektronik« zusammengefaßt. Die Prinzipien, auf denen sie beruht, sind zwar nicht einfach, aber auch keineswegs unverständlich. Sie basieren auf elementarer Elektronik, dem Binärsystem und der Booleschen Algebra.

Mikroelektronik

Die Mikroelektronik ist ein Teilgebiet der Elektronik, einer angewandten Wissenschaft, die sich mit den Bewegungen sehr kleiner, negativ geladener subatomarer Teilchen, den sogenannten Elektronen, und ihrem Verhalten in Gasen, im Vakuum, in elektrisch leitfähigen Körpern und in Halbleitern befaßt. Elektronen bewegen sich in einem elektronischen Feld und bilden so einen Strom. Die Stromkreise, in denen sie sich bewegen, enthalten entweder aktive Komponenten (Transistoren) oder passive (Widerstände, Kondensatoren, Induktoren).

Die ungewöhnlich rasche Ausbreitung der Mikroelektronik wäre ohne die Entwicklung des Transistors nicht möglich gewesen. Indem die große und wenig effiziente Vakuumröhre ersetzt werden konnte, war der Weg zur Miniaturisierung des Computers frei. Dies kam dem Bedürfnis nach Speicherung komplexer Programme, einem kennzeichnenden Erfordernis des Weltraumzeitalters, entgegen, in dem Abmessungen, Zuverlässigkeit und minimaler Energiebedarf von ausschlaggebender Bedeutung sind.

Die Integration mehrerer Transistoren und passiver Baule-

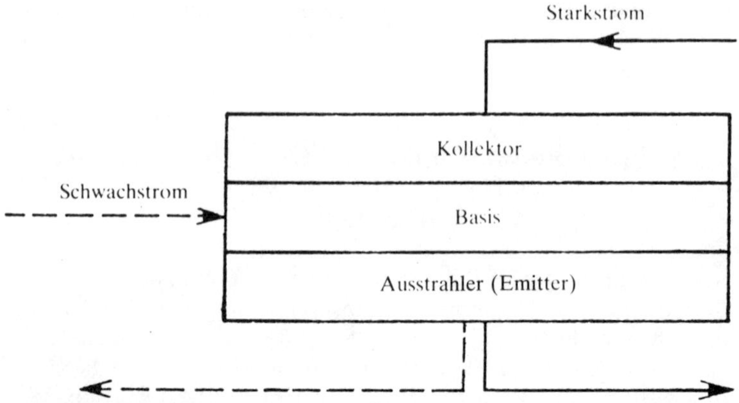

Abb. 4

mente, wie Widerstände, wäre immer schon möglich gewesen, hing aber von der Möglichkeit der Herstellung von Silizium höchster Reinheit ab sowie von Techniken, die es erlaubten, »Unreinheiten« schichtweise in den Siliziumkristall zu implantieren. Diese Unreinheiten nämlich bilden die einzelnen Komponenten. Die Schaltpläne werden auf die übereinanderliegenden Schichten übertragen, wobei man sich schablonenartiger Masken bedient, die zuerst im großen Maßstab gezeichnet und dann photographisch verkleinert werden. Fortschritte in der Photolithographie[2] und andere Miniaturisierungstechniken führten schließlich zur Produktionsreife.

Als diese Techniken entwickelt waren, konnten mehrere identische integrierte Schaltungen auf dünne Scheiben bzw. »Oblaten« eines Siliziumkristalls aufgedruckt werden. Diese »Oblaten« oder »Waffeln« von mehreren Zentimetern Durchmesser wurden dann in kleine rechteckige Stücke, genannt »Chips«, von etwa 5 mm Seitenlänge geschnitten. Jedes dieser Chips enthält eine integrierte Schaltung, den Grundbaustein der mikroelektronischen Technik.

Einen Transistor kann man mit einem Lichtschalter vergleichen, den man ein- und ausschalten kann. Bei digitaler Anwendung arbeitet er wie ein einfacher elektrischer Schalter, der entweder »an« oder »aus« oder, in logischer Terminologie, im Einsoder im Nullzustand ist.

2 Bei der Photolithographie wird mit Hilfe ultravioletten Lichts durch eine Schablone das Schaltkreismuster auf eine mit Polymer beschichtete Siliziumscheibe abgebildet. Dann kann das so projizierte Muster mit Säure eingeätzt werden, wobei je nach Bedarf Metalle oder die erwähnten »Unreinheiten« implantiert werden können.

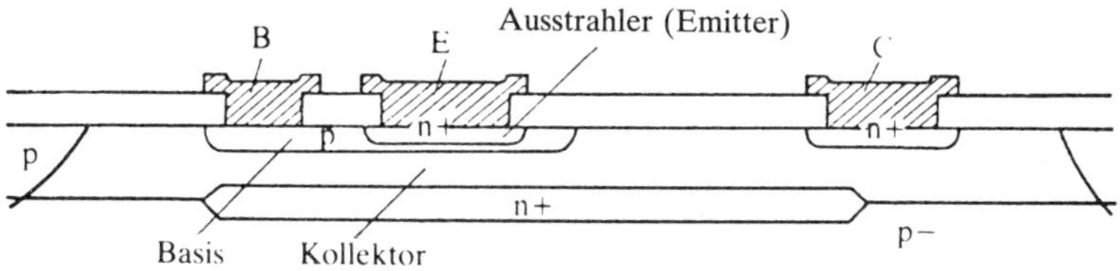

Abb. 5

Ein integrierter Schaltkreis ist mit einer elektrischen Steuerschalttafel vergleichbar, auf der alle Schalter sowie andere Schaltkreiskomponenten, wie Widerstände und Kondensatoren, kompakt und hochorganisiert montiert sind. Die Schalttafel wird dann von der Größe einer Schreibtischplatte etwa auf den Bruchteil einer Briefmarke verkleinert, so daß jeder Schalter nur wenige Tausendstel Millimeter beansprucht. Die Verbindungen zwischen ihnen werden in zwei oder mehreren Ebenen in die Isolierschicht des Mini-Schaltbretts eingeritzt. Natürlich sind noch Anschlüsse für Stromnetz und Erdung sowie für Eingabe- und Ausgabeleitungen erforderlich.

Ein Transistor besteht aus drei Elementen: Basis, Kollektor und Emitter. Ein schwacher Strom, der in die Basis und aus dem Emitter (Abb. 4) fließt, steuert einen viel stärkeren Stromzufluß zwischen dem Kollektor und dem Emitter, wodurch der Strom verstärkt wird. Die Schichten kommen durch Implantation von »Unreinheiten« in reines Silizium zustande. Die Art der Unreinheit ist in jeder Schicht verschieden. Phosphor zum Beispiel gibt Elektronen ab und ist daher negativ (n), das Element Bor absorbiert Elektronen und bildet so eine positive (p) Schicht. Auf diese Weise wird die Leitfähigkeit gesteuert und entschieden, in welche Richtung der Strom fließt. Dieser Vorgang sorgt für die Schaltfähigkeit des Transistors.

Die Mehrzahl der heutigen Transistoren besteht aus einem Paar gekoppelter Dioden (»back-to-back diodes«), die sowohl positive als auch negative Elektroden enthalten. Der elektrische Schaltvorgang wird ausgelöst durch einen elektrischen Impuls an die Schnittstelle der beiden Dioden. In einer der beiden häufigsten Transistorarten, der bipolaren (Abb. 5), wird in der Basis ein Widerstand aufgebaut, und die vom Emitter einfließenden Elektronen werden zu den umgekehrt geladenen Basiskollektoren wei-

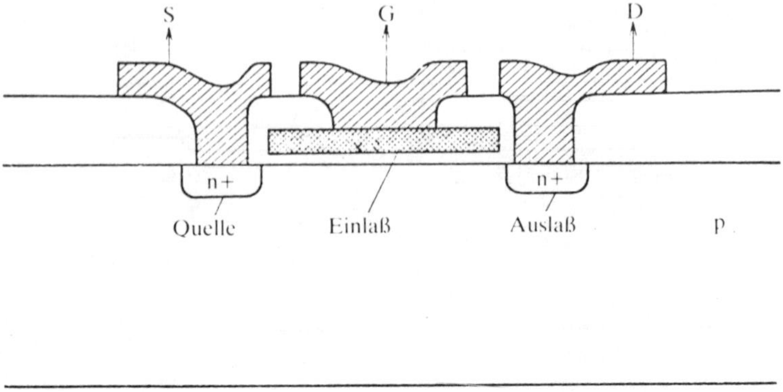

Abb. 6

tergeleitet. Ein solcher Transistor kann als hochgradiger Verstärker fungieren oder als »Ein-Aus«-Schalter.

Die zweite Transistorart (Abb. 6) ist der Metall-Oxyd-Silizium-Feldeffekttransistor mit Metall-Oxyd-Halbleiteraufbau (MOSFET). Hier wird zusätzlich ein gut leitendes Plättchen über der Schicht angebracht, die das Verknüpfungsglied bedeckt. Wird es elektrisch geladen, dann fließt Strom. Dieser Transistor ist ein sehr wirksamer Verstärker und kann leicht als Schalter für die logischen Elemente der Booleschen Algebra verwendet werden. Er ist energiesparend, weil Strom nur dann fließt, wenn der Schalter auf »ein« gestellt ist. Dieses vorgestellte Prinzip ist Grundlage für den Komplementär-Metall-Oxyd-Halbleiter Silizium (CMOS), der nach den heutigen Erkenntnissen in den Entwicklungen des nächsten Jahrzehnts eine wesentliche Rolle in spielen wird.

Der Transistor, Hauptbestandteil der integrierten Schaltungen, kann somit Signale verstärken sowie Ströme ein- oder ausschalten.

Die Anzahl der Komponenten, die auf einem einzigen Chip untergebracht werden können, ist exponentiell angewachsen. 1965 betrug sie noch etwa zehn. Im Jahre 1980 war der 10.000-Transistor-Chip bereits etwas Alltägliches. Andere Bauelemente, nämlich Widerstände, Kondensatoren und Dioden, werden ebenfalls auf dem Chip untergebracht, und die Anzahl dieser Teile, einschließlich der Transistoren, erreicht heute knapp 100.000 pro Chip. Die Integrationsdichte ist also ein geeigneter Maßstab für Leistungskraft und Kapazität eines Chips.

Je nach der Anzahl der logischen Verknüpfungsglieder (»logic gates«) und somit der Anzahl der möglichen Funktionen werden integrierte Halbleiterschaltungen folgendermaßen klassifiziert: klein (SSI: small scale integration) bei etwa zehn Komponenten, mittelgroß (MSI: medium scale integration) bei 64 bis 1024, groß (LSI: large scale integration) bei 1024 bis 262.144 und sehr groß (VLSI: very large scale integration) bei mehr als 262.144 Komponenten.

Das Binärsystem, Boolesche Algebra, »Bits«, »Bytes«, »Baud« und Speicher

Die Anzahl von Ziffern, die man benötigt, um eine Zahl darzustellen, ist die Anzahl von Einheiten in der Basis. Das Binärsystem arbeitet lediglich mit zwei Ziffern, nämlich 0 und 1. Im Sechsersystem sind es sechs Ziffern, d. h. 0, 1, 2, 3, 4 und 5, und im Dezimalsystem zehn. Die Ziffern 0, 1, 2, 3, 4, 5, 6, 7, 8 und 9 zum Beispiel werden im Binärsystem folgendermaßen gebildet: 0, 1, 10, 11, 100, 101, 110, 111, 1000 und 1001. Mit Hilfe dieses Zählsystems kann jede beliebige Zahl als Aneinanderreihung von Einsen und Nullen dargestellt und jede arithmetische Funktion auf Operationen mit Einsen und Nullen reduziert werden.

Durch Anwendung der von Georg Boole entwickelten Prinzipien können binäre Zahlen auch dazu verwendet werden, Aussagen mittels Symbollogik zu machen. Ein Problem wird analysiert, indem Aussagen gemacht werden, die, ähnlich wie bei einem Ratespiel, entweder »richtig« oder »falsch« sind. Bei elektronischen Schaltungen werden zwei Aussagen, die entweder »richtig« oder »falsch«, aber nicht beides zugleich sind, jeweils Schaltelementen zugeordnet, die man »logische Gatter« oder »Verknüpfungsglieder« nennt. Sie schließen sich, wenn die Aussage richtig ist und öffnen sich, wenn sie falsch ist. So ist eine Vielzahl von Funktionen möglich, die sich auf die Operationen »und«, »oder« oder »nicht« beziehen. Wie das Wort besagt, negiert »nicht« die Aussage. Wenn z. B. zwei Aussagen, P und Q, gegeben sind, dann ist »P *und* Q« nur dann richtig, wenn P und Q beide richtig sind, während »P *oder* Q« richtig ist, wenn entweder P oder Q richtig ist. Da manche Operationen oder Funktionen kompliziert sind, erfordert dies auch einen komplexen Schaltungsaufbau, wobei in manchen Fällen Tausende logischer Verknüpfungsglieder benötigt werden.

Die Grundeinheiten der Information werden »Bits« genannt. Sie entsprechen »1« und »0« der binären Arithmetik bzw. dem »richtig« und »falsch« der Booleschen Algebra. Ferner können Bits dazu verwendet werden, Buchstaben, Zeichen, Wörter und Laute darzustellen. Man braucht 8 Bits oder ein »Byte«, um ein Zeichen darzustellen, denn 8 Bits beinhalten $2^8 = 256$ verschiedene Möglichkeiten. Das reicht aus für das lateinische Alphabet, die Ziffern Null bis Neun und die gebräuchlichen Satzzeichen.

Alle Wörter im üblichen Sinn können (im Englischen, Übers.) in 40 Grundlaute zerlegt werden, die man »Phoneme« nennt. Jedes Phonem setzt sich aus einer Reihe von Frequenzen in bestimmter Reihenfolge zusammen und wird elektronisch als eine Abfolge von Einsen und Nullen dargestellt.

Die Speicherkapazität eines Computers wird gewöhnlich in »Bytes« berechnet. Der Begriff »Baud« wird benutzt, um die Datenübertragungsgeschwindigkeit über einen Fernmeldekanal auszudrücken, und entspricht normalerweise »Bits pro Sekunde«. Byte und Baud sind Fachausdrücke der Computertechnik. Bit hingegen, als Informationsgrundeinheit, hat sich allgemein durchgesetzt. Wenn nicht anders vermerkt, wird es im Verlauf dieses Kapitels in diesem Sinn verwendet.

Die Anatomie des Computers

Auch wenn die Computer seit der Erfindung der »Differenziermaschine« durch Babbage immer leistungsfähiger geworden sind, haben sich die dort verwendeten Grundelemente kaum verändert: Z. B. benötigt man nach wie vor ein *Programm,* das die Maschine anweist, welche Operationen sie ausführen soll; ferner *Eingabevorrichtungen,* wie Karten, Bänder, Tastaturen, Mikrophone und elektronische Lesegeräte, mittels deren der Computer mit dem Programm und anderen Anweisungen »gefüttert« wird; *interne* und *externe* Speicherkapazität, die je nach Wunsch Befehle und andere Informationen entgegennehmen und speichern kann; weiterhin ein *zentrales Rechenwerk* (CPU), das die Befehle ausführt, die vom Speicher geliefert werden, und eine *Ausgabe- oder Anzeigevorrichtung,* wie etwa einen Bildschirm, Drucker oder Lautsprecher. Es gibt noch weitere Elemente, aber sie alle hängen mit den oben beschriebenen Funktionen zusammen.

Speicher – Kernspeicher

Die Fortschritte in der Mikroelektronik hatten dramatische Auswirkungen auf die Speicherkapazität des Computers der achtziger Jahre. Bis zum Ende des Jahrzehnts wird man aller Wahrscheinlichkeit nach in der Lage sein, den Inhalt Tausender Bücher auf einer einzigen mit Laser abtastbaren Platte zu speichern.

Die Hilfsmittel, mit denen Information gespeichert und wieder zugänglich gemacht wird, werden als primär und sekundär charakterisiert. Primärsysteme sind Transistor-Halbleitergeräte, d. h. Speicherchips. Obwohl ihre Speicherkapazität vergleichsweise begrenzt ist, haben sie den Vorteil, daß der Zugriff auf die gespeicherte Information im Bruchteil einer Millionstelsekunde möglich ist. Außerdem sind sie klein und daher ideal innerhalb des Computers anzuwenden. Sekundärsysteme bestehen aus externen Magnetscheiben, die große Mengen von Information speichern können.

Man unterscheidet zwei Arten von Scheiben, starre (rigid) und biegsame (floppy). Die starren sind teurer, aber ihre Kapazität ist bedeutend größer – bis zu einer Million Bits pro Quadratzoll gegenüber 300.000 bis 400.000 bei den »floppy disks«. Zudem sind sie schneller, mit Übertragungsgeschwindigkeiten von bis zu zehn Millionen Bits pro Sekunde gegenüber 200.000 bis 300.000 bei den Floppies. Magnetbänder sind billig, aber ihre Kapazität liegt unter 100.000 Bits pro Kassette, und die Zugriffszeit ist lang, etwa 4000 Bits pro Sekunde.

Während bisher die magnetischen Systeme den Markt beherrscht haben, werden neuerdings optische Systeme entwickelt, bei denen die Information auf Platten gespeichert und mittels Laser abgerufen wird. Dadurch sind Kapazitäten in den Bereich des Möglichen gerückt, die ihre Vorgänger um das Tausendfache oder mehr übertreffen. Darüber hinaus können Analogsignale, die akustisch oder durch Bilder erzeugt werden, auch in digitale Daten umgewandelt werden, so daß man sie optisch speichern und abrufen kann. Der Vorteil liegt nicht nur in der größeren Kapazität, sondern auch in der praktisch irrtumsfreien Natur des optischen Prozesses.

Speicher werden auch nach der Art des Zugriffs auf die Information klassifiziert. Ein *Read Only Memory* (ROM) wird mit der Information, die er erhält, vorprogrammiert. Diese läßt sich lediglich ablesen, aber nicht verändern. Dieser Speicher ist für gewisse Anwendungsbereiche ideal, weil er nicht gelöscht werden kann. Die im ROM enthaltene Information ist für die Operationen des Computers unbedingt erforderlich. Speicher mit wahlfreiem Zugriff (RAM: Random Access Memory) sind sehr flexibel, weil die Information geändert oder »umschrieben« werden kann. Leider wird die Information bei Stromausfall automatisch gelöscht. PROMs (programmierbare ROMs) sind eine weitere Form von Speicherchips und können, anders als ROMs, vom Benutzer programmiert werden. Eine weitere Verbesserung sind lösch- und programmierbare ROMs (EPROM: Erase Programmable Read Only Memories). Hier behält der Benützer die Möglichkeit, die Information nach Belieben abzuändern oder auszuwechseln.

Obwohl sie bereits 1966 in den Bell-Laboratorien erfunden wurden, haben jüngste Verbesserungen das Interesse an den sogenannten Blasenspeichern neu geweckt. Es handelt sich dabei um Halbleiter, die in ein magnetisches Feld gebracht werden, wodurch Hunderttausende winzige Kreise (Bläschen) entstehen, deren Vorhandensein »1« und deren Fehlen »0« darstellt. Im Grunde handelt es sich um Halbleiter, die einem Sekundärsystem entsprechen, jedoch billiger zu werden versprechen als jede Mechanik. In einem Laborexperiment brachte man es auf eine Speicherkapazität von einer Million Bits auf einem Brettchen von 15 x 18 cm mit einer Übertragungsgeschwindigkeit von 100.000 Bits pro Sekunde. Heute werden bereits Produkte auf den Markt gebracht, die eine Million solcher Bläschen innerhalb eines Films auf der Oberfläche eines Chips von weniger als einem Quadratzentimeter speichern und bewegen. In Zukunft könnte diese Kapazität bei Verwendung von magnetischem Granatfilm um das Vier- bis Fünffache gesteigert werden.

In Konkurrenz zu den Magnetblasen-Speichern stehen die sogenannten Teilchenspeicher (CCD: charge-couple devices), die binär codierte Information in Form gedrängter elektrischer Ladungen speichern und verarbeiten. Diese Speicher sind langsamer, einfacher und billiger als die herkömmlichen Transistor-Halbleiter-Standard-Speicherchips. Wie die Magnetblasen-Speicher haben sie keine beweglichen Teile und sind daher zuverlässiger und robuster als Platten oder Bänder.

Die Leistungsfähigkeit der Chips wird häufig nach ihrer RAM-Kapazität bemessen. Die Zahl der gespeicherten Bits entspricht ungefähr doppelt so vielen Schaltkreiskomponenten, d. h. ein RAM-Chip, das 65.536 Bits[3] speichern kann, benötigt ungefähr 128.000 Bauelemente. Wegen der Höhe der hier auftauchenden Zahlen, und weil die integrierten Schaltkreise mit binären Zahlen arbeiten müssen, wurde das »Kilobit« (1 K) als Grundeinheit eingeführt, wobei 1 K der Zahl 2^{10} oder 1024 Bits entspricht. Im Jahr 1980 haben einige Firmen bereits 64 K RAM-Chips produziert. Ein 256-K-Chip dürfte bereits in naher Zukunft in das Teststadium treten. Es wird also zu einer entsprechenden Steigerung der Integrationsdichte kommen. Damit bricht das Zeitalter der »Very Large Scale Integration« (VLSI) an.

Mikroprozessoren und der Mikrocomputer

Die arithmetischen und logischen Steueroperationen werden im zentralen Rechenwerk (CPU) eines Computers durchgeführt. Im Zeitalter der Mikroelektronik ist dieses CPU ein Mikroprozessor geworden, dessen Komponenten auf einem einzigen Chip unter-

3 Die Zahlen sind alle Potenzen von 2. 8, 16, und 32 Bit Mikroprozessoren: $2^8 = 256$, $2^{16} = 65.536$ und $2^{32} = 4295 \times 10^9$.

gebracht sind. Die Teile müssen miteinander in Verbindung stehen, und das wird durch einen sogenannten »Bus« bewerkstelligt, eine Anzahl von parallelen leitenden Verbindungslinien, die nicht nur das interne Kommunikationssystem bilden, sondern durch Verbindungsstifte auch zu einem System paralleler Leiter außerhalb des Chips führen. Ferner enthält der Mikroprozessor Einheiten, welche die Anweisungen aus dem gespeicherten Programm interpretieren, um die Steuereinheit mit der Information zu versorgen, die sie benötigt, um Befehle abzurufen und Daten auszugeben.

Zum Unterschied vom Mikroprozessor ist der Mikrocomputer praktisch ein in sich geschlossenes System. Zusätzlich zu den Funktionen des Mikroprozessors hat der Mikrocomputer Steuerungschips, die dafür sorgen, daß die elektronischen Signale in der richtigen Reihenfolge unbehindert durch die komplexen Schaltkreise fließen. Andere Chips decken den Bedarf des Primärspeichers und sind für die Eingabe-Ausgabe-Funktionen zuständig. Mikrocomputer sind gewöhnlich auf einer Fläche von 20 x 30 cm untergebracht. Ein kompletter Mikrocomputer auf einem einzigen Chip wurde aber erst Wirklichkeit, als es Intel 1976 gelang, 20.000 Transistoren auf einem Chip mit einer Kapazität von 8 Bit unterzubringen.

Mikroprozessoren und Mikrocomputer werden nach der Anzahl der Bits in der verarbeiteten Information eingestuft. Die Limitation eines 8-Bit-Mikroprozessors z. B. ergibt sich aus der Informationsmenge, die er in einem gegebenen Befehlszyklus verarbeiten kann, das sind Zahlen bis 256 oder Daten vergleichbarer Größenordnung. Ein 16-Bit-Mikroprozessor hingegen hat eine viel größere Leistung und kann Zahlen bis rund 65.000 innerhalb derselben Zeiteinheit bewältigen, benötigt dafür aber auch ungefähr zehnmal so viele Bauelemente pro Chip, also fast 100.000 gegenüber 10.000 bei dem kleineren. Das Verhältnis zwischen Integrationsdichte, RAM und Wortlänge bei Mikrocomputern wird in Abb. 7 dargestellt.

Mikroprozessoren werden auch nach der Geschwindigkeit der Informationsverarbeitung eingestuft. Die Maßeinheit ist der Sekundenbruchteil, der zur Durchführung der einfachsten Operation benötigt wird. Je kürzer die Distanz ist, die das Signal zurücklegen muß, desto kürzer ist die dafür benötigte Zeit. Ein wichtiger Faktor ist die Zugriffszeit auf die gespeicherte Information. Somit hängt die Beschleunigung der Operationen mit der Steigerung der Integrationsdichte auf einem bestimmten Chip zusammen. Sekundärspeichergeräte, wie Platten und Bänder, sind trotz ihrer langen Zugriffszeit zur Speicherung von Programmen und Daten geeignet, weil ihre Kapazität groß ist. Auch große, teure Compu-

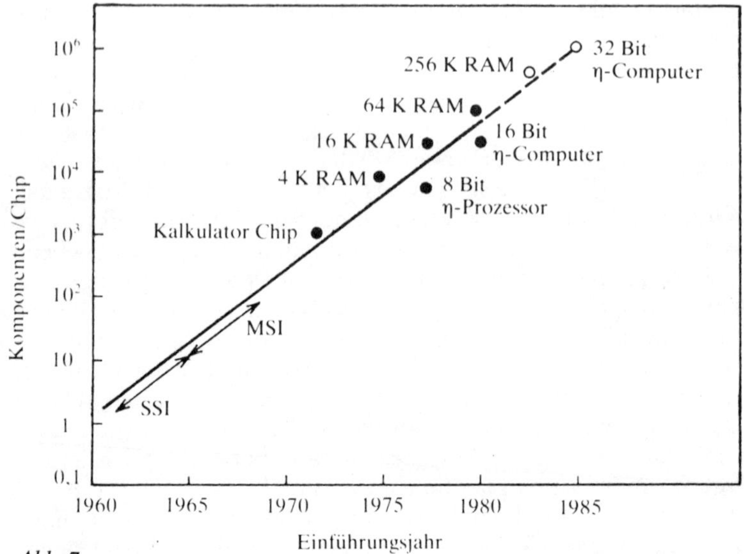

Abb. 7

ter, die manchmal als »Mainframes« bezeichnet werden, sind von der Miniaturisierung betroffen, da auch sie in steigendem Maße aus Mikroprozessorgruppen aufgebaut werden. Ihre Kapazität wird dadurch erhöht, ihr Energiebedarf gesenkt, und die Datenausgabe wird auf bequem erreichbare Benutzerterminals verteilt.

Die Unterscheidung zwischen Mini- und Mikrocomputern wird immer schwieriger, da mehr und mehr periphere und modulare Zusatzgeräte für Mikrocomputer gebaut werden. Gleichzeitig werden immer bessere Methoden entwickelt, um die beiden Computerarten miteinander zu koppeln. Wenn überhaupt unterschieden werden soll, kann man sagen, daß der Minicomputer ein kleines Hochleistungsgerät mit Massenspeicherkapazität und speziellen Verwendungsmöglichkeiten ist, der 25.000 Dollar (1980) oder mehr kostet.

Im Vergleich dazu hat der Mikrocomputer weniger eingebaute Speicherkapazität und ist daher billiger. Einige Typen kosten nur knapp 500 Dollar (1980). Die Grundeinheit besteht aus einer enggepackten gedruckten Schaltung, einem Mikroprozessor, einigen Speicherchips und Input/Output-Anschlüssen. Die gängigen Periphergeräte sind eine Eingabetastatur, ein Bildschirm und ein Bandgerät zu Speicherzwecken. Das Interesse an den verschiedenen Verwendungsmöglichkeiten hat so zugenommen, daß weitere Zusatzgeräte angeboten werden, darunter Drucker, Faksimile-

Maschinen, Modeme[4], Stimmen- und Musik-Digitalsynthesizer und Plattengeräte, für Floppies wie für harte Platten, für zusätzliche Speicherung und Software. Je nach dem Umfang des Systems kann der Preis auf mehr als 15.000 Dollar (1980) ansteigen. Wenn Mikroprozessoren so verbunden werden, daß sie miteinander und mit anderen Datenbanken kommunizieren können, sind den Verwendungsmöglichkeiten des Mikrocomputers fast keine Grenzen mehr gesetzt.

Software und Programmiersprachen

Der Terminus »Software« wird zuweilen mißverstanden. Computer und andere Geräte werden häufig als »Hardware« bezeichnet. So könnte man meinen, der Begriff »Software« stehe für »Inhalt«. In einem begrenzten Sinn ist das sogar richtig. Aber für den Computerfachmann bedeutet Software das Betriebsprogramm. Diese langen Listen von Befehlen oder Anweisungen, die dem Computer sagen, was er tun soll, werden entweder vom Hersteller oder von einem Spezialisten für solche Programme erstellt. Die Anweisungen müssen präzise sein und sorgfältig auf jedes Detail eingehen, wenn der Computer richtig funktionieren soll.

»Firmware« ist ein weiterer Terminus, der im Fachjargon auftaucht. Er bezeichnet die vom Hersteller fest in das Gerät eingebauten Programme. Da Software immer teurer wird, steigen der Bedarf an und der Wert von Firmware.

Die Programmiersprachen hingegen schreiben die Art und Weise der Kommunikation mit dem Computer vor. Die Maschinensprachen beruhen auf dem binären System, das der Computer versteht. Solche Sprachen aber sind für den Menschen unverständlich. Software wird oft auch in »Assemblersprachen« geschrieben, die der Maschinensprache relativ nahe sind, und mit Hilfe eines als »Assembler« bekannten Programms in Maschinensprache übersetzt. Der typische Benutzer findet sich jedoch leichter mit Sprachen zurecht, die seiner eigenen ähnlich sind. Es sind mehrere solcher Sprachen entwickelt worden. Sie werden »höhere« Sprachen oder »Hochsprachen« genannt. Als Übersetzer fungiert in diesem Falle ein Programm, das man »Compiler« (Befehlsumsetzer) nennt. Höhere Programmiersprachen sind problemorientiert. Dazu gehört FORTRAN, COBOL, BASIC und auch PEARL, eine für Echtzeit-Prozeßsteuerung entwickelte Sprache, die in der Bundesrepublik in zunehmendem Maße Verwendung findet.

4 Ein Modem (Modulator-Demodulator) verschlüsselt und entschlüsselt Information als hörbare Töne, die telefonisch direkt übermittelt werden können.

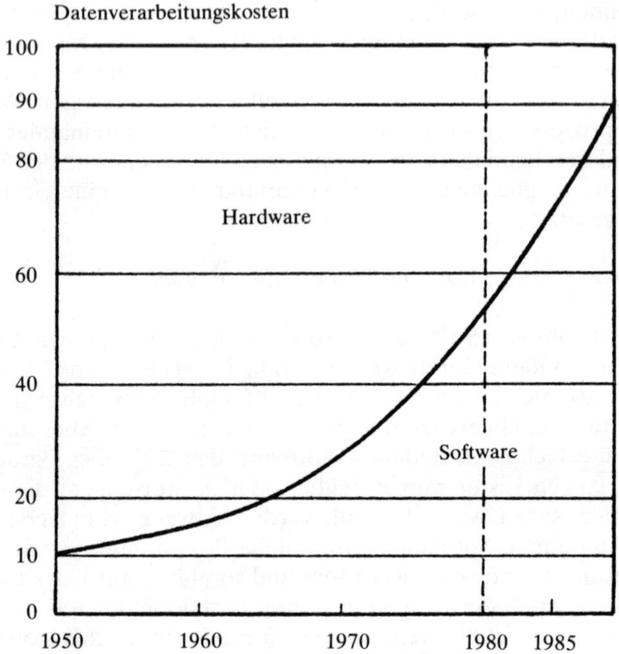

Abb. 8

Software bezeichnet also den Befehlsvorrat, den man selbst entwerfen oder erwerben kann. Die Bandbreite reicht von Programmen für Medizin oder Landvermessung bis zu Programmen für Lagerhaltung und Lohnbuchhaltung. Die Entwicklung bei der Hardware hat schnellere Fortschritte gemacht als bei der Software, denn die Herstellung von Software ist ausgesprochen arbeitsintensiv. Daher herrscht überall auf der Welt ein Mangel an Software. Abb. 8 zeigt das anhand einer Analyse der Datenverarbeitungskosten. Die Entwicklung von Firmware sollte bei der Überwindung dieses Engpasses helfen und hat dies auch bis zu einem gewissen Grad getan, jedoch nicht in dem erhofften Ausmaß. Ein weiterer Versuch, dem Problem beizukommen, bestand darin, den Einsatz höherer Programmiersprachen bei der Softwareentwicklung zu fördern, aber auch das reichte nicht aus, die Nachfrage zu befriedigen.

Programmiersprachen sind das Kommunikationsmedium zwischen Benutzer und Maschine. Als niedrige Programmiersprachen werden diejenigen bezeichnet, die der Computer selbst verwendet, während höhere Sprachen denen des Benutzers so ähnlich wie möglich sind.

Ein Problem, das fast ebenso schnell gewachsen ist wie die Computertechnik selbst, ist die mangelnde Kompatibilität der Computer. Die wachsende Anzahl von Programmiersprachen macht einen wesentlichen Teil dieses Problems aus. Ohne entsprechende Software – ein sogenanntes Interface-(Schnittstellen-) Programm – wird es für den Benutzer immer schwieriger, sich der großen Menge nützlicher Information zu bedienen, die in den Datenbanken der verschiedenen Computersysteme gespeichert ist. Selbst dort, wo Interface-Programme existieren, ist es manchmal schwierig, volle Kompatibilität zu erreichen. Es wäre auch von Vorteil, wenn die Maschinen selbst kompatibel wären. Einige Hersteller bewegen sich, wenn auch sehr langsam, in diese Richtung.

Die Mikroelektronik und der Kostenfaktor

Ein OECD-Bericht aus dem Jahre 1979 bezeichnete die Einführung der Mikroelektronik als qualitative Veränderung und

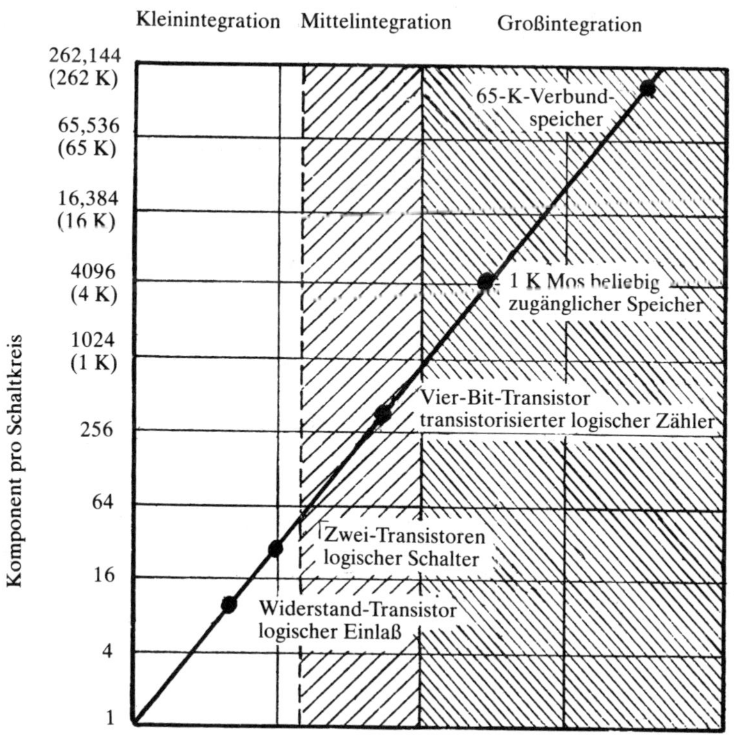

Abb. 9

stellt fest, daß die Elektronik und ihre Anwendung im Mittelpunkt der Reorganisation stehen, die zwangsläufig in den Produktionsstrukturen der fortgeschrittenen Industriegesellschaften stattfinden wird. Diese Aussage stützt sich nicht nur auf die Produktivitätssteigerungen, die eher der Elektronik als neuen Maschinen zu verdanken sind, sondern auch auf die rapide sinkenden Kosten für mikroelektronische Bauteile. Computer werden nicht nur immer kleiner und leistungsfähiger, sondern auch billiger.

Wie gesagt, hat die Leistungsfähigkeit der Computer in den letzten fünfzehn Jahren fast um das Zehntausendfache zugenommen, während der Preis pro Leistungseinheit auf ein Hunderttausendstel gefallen ist. 1963 benötigte jeder Computer noch Zehntausende von handgefertigten Steckverbindungen, von denen jede einzelne defekt werden konnte. Heute bestehen die großen inte-

Abb. 10

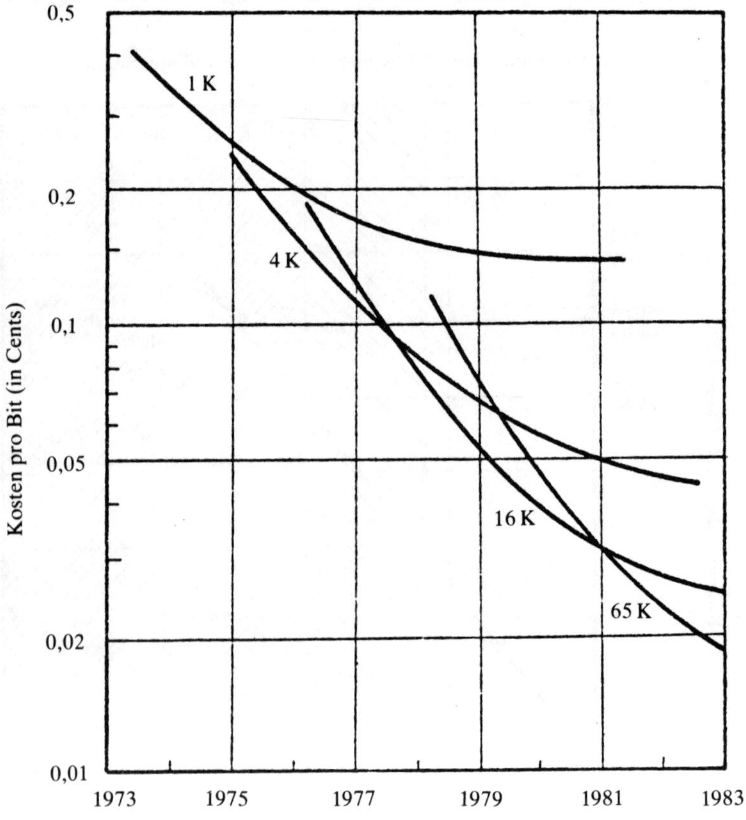

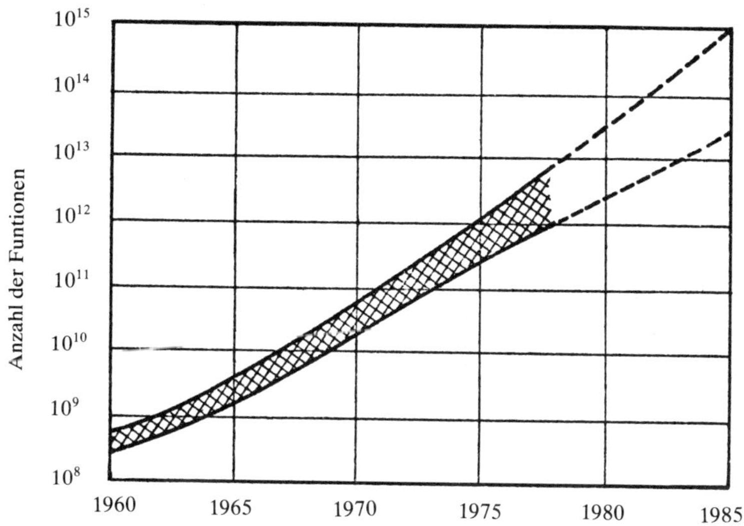

Abb. 11

grierten Schaltungen aus weniger als zehn Elementen. Daß dieser Trend weitergeht, ist aus Abbildung 9 ersichtlich.

Abb. 9 zeigt die Wachstumsrate der Anzahl elektronischer Bestandteile auf einem Mikrochip, der Anzahl von Bits, die auf RAM-Chips gespeichert sind, und der Wortlänge (in Bit) bei Mikrocomputern. Interessant ist, daß die Anzahl von Komponenten

Abb. 12

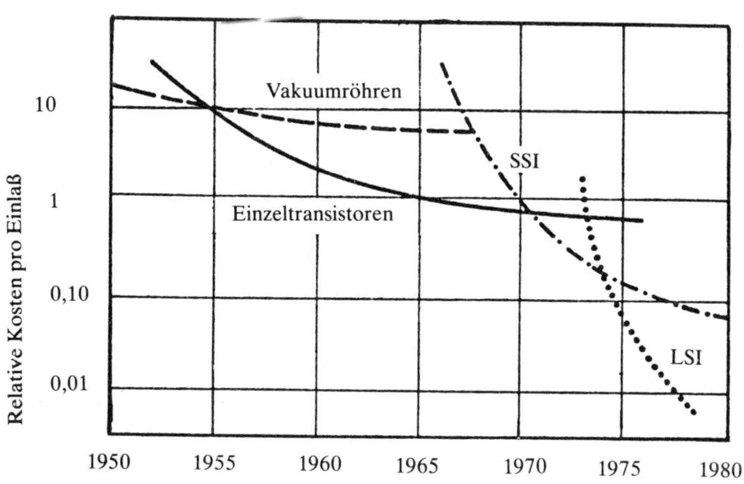

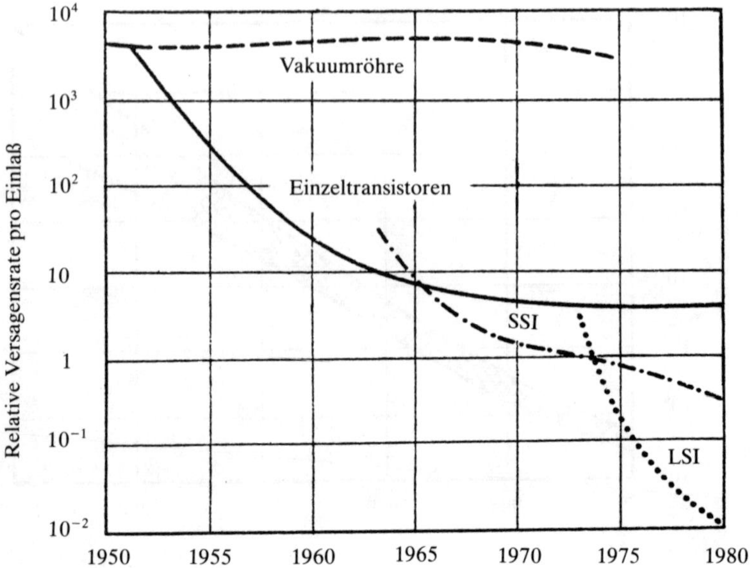

Abb. 13

pro Schaltkreis (256 Mitte der sechziger Jahre) sich innerhalb von zehn Jahren vertausendfacht hat.

Abb. 10 zeigt den Rückgang der Kosten pro gespeichertem Bit in aufeinanderfolgenden Generationen von RAM-Speicherschaltungen, während Abb. 11 zeigt, wie viele elektronische Funktionen jährlich genutzt werden. Bis 1985 dürfte diese Zahl noch um das Zweitausendfache wachsen. Der Kostenrückgang bei logischen Verknüpfungsgliedern, also Röhren, Einzeltransistoren, SSI und LSI ist Abb. 12 zu entnehmen, während Abb. 13 die zunehmende Zuverlässigkeit dieser Komponenten zeigt.

Weil Computer Kosten sparen und Aufgaben bewältigen können, die noch vor wenigen Jahren unlösbar schienen, hat ihre Verbreitung in erstaunlichem Maße zugenommen. Daran wird sich wohl auch nichts ändern. Im Gegenteil, die immer kleineren und billigeren Computer werden immer zahlreicher werden und den menschlichen Alltag mehr und mehr bestimmen. Je »klüger« und schneller sie werden, desto mehr Entscheidungen werden sie übernehmen, die die Menschen bisher selbst getroffen haben.

5. Mikroelektronik und Kommunikationswesen

Die digitale Gleichung

Nicht nur in der Computertechnik sind die Kosten so rasch gesunken und ist die Kapazität so rasch gestiegen. Ähnliche Trends kennzeichneten das Kommunikationswesen. Als es wirtschaftlich wurde, große Mengen alphanumerischer Daten (Buchstaben und Zahlen) in digitaler Form zu übermitteln, begannen die beiden Technologien einander zu ergänzen.

Digitale Information bietet auch in bezug auf Betriebskosten und Leistungszuverlässigkeit erhebliche Vorteile. Da alle Information – ganz gleich ob Ton, Video oder Daten – nur als eine Reihe von Bits erscheint, ist die Art, wie Information verwendet, übermittelt oder geschaltet wird, unabhängig von der ursprünglichen Quelle oder Form. Ferner sind digitale Signale eher gegen Qualitätsverlust geschützt.

Digitale Techniken ermöglichen auch das »time-sharing« (Leitmultiplexbetrieb) auf Telefonleitungen. Die sogenannte TASI-Methode (Time-assignment speech interpolation) macht es möglich, die natürlichen Sprechpausen zur Übermittlung anderer Daten auszunützen. TASI funktioniert so unauffällig, daß, wenn die Sprache in die analoge Form zurückübersetzt wird, beim Empfänger keine Unterbrechungen oder Störungen wahrgenommen werden. Die Integration von Stimme und Daten in ein einziges System ermöglichte die Kopplung mit verschiedenen Computernetzen. Die Leistungsfähigkeit wurde gesteigert, und damit sanken die Kosten.

»Paketschaltsysteme« verdanken ihre Entwicklung ebenfalls der digitalen Methode. Der Steuercomputer identifiziert die Übermittlungskanäle, in denen der Verkehr relativ gering ist, und dirigiert auch bei größerer Entfernung vom Bestimmungsort Datenpakete dorthin. Wie bei TASI wird die Information erst nach der Übermittlung wieder umgewandelt. Die bessere Ausnutzung der Datenleitungen bedeutet billigeren und schnelleren Service.

Der Hauptvorteil der Digitalmethode liegt in ihrer Kompatibilität mit integrierten Schaltungen und Mikroprozessoren. Geringe Größe und kleines Gewicht sind bei Kommunikationsgeräten besonders wichtig. Ohne die mit der Mikroelektronik einhergehenden Volumen- und Gewichtsvorteile wären die Nachrichtensatelliten des Weltraumzeitalters undenkbar.

Diese Anwendungsmöglichkeiten der Kommunikationstechnik bewirkten natürlich einen Multiplikationseffekt in der Mikroelektronikindustrie. Entwicklungen auf einem Gebiet lösten Entwicklungen in anderen Bereichen aus.

Sprachsynthese

Wir haben bereits von Phonemen gesprochen und davon, wie sie zur Umwandlung von Audio in digitale Daten benutzt werden. Vor einigen Jahren brachte eine Firma ein Spiel heraus, mit dem Kindern das Buchstabieren beigebracht werden sollte. Der verwendete Wortschatz war zwar klein, aber das Gerät demonstrierte überzeugend, daß ein Computer auch sprechen kann. Rasch setzten Verbesserungen ein, und heute gibt es bereits einen Computer, die »Kurzweil Reading Machine« (KRM), der Bücher laut vorlesen kann. Andere können einem vergeßlichen Autofahrer gesprochene Anweisungen geben und werden allmählich imstande sein, Diktate aufzunehmen und innerhalb weniger Sekunden einen getippten Text zu liefern.

Die Stimmenerkennung bringt weitaus schwierigere Probleme. Die Stimmwiedergabe ist relativ einfach. Bei der Erkennung gibt es zwei Methoden. Die eine besteht darin, die Tätigkeit der Sprechwerkzeuge, d. h. nicht nur die Charakteristika der Stimmbänder, sondern auch die der Hauch- und Lippenlaute zu simulieren. Bei dieser Methode sind die Grundelemente sogenannte »formants«, d. h. nach resonanten Frequenzen und relativen Amplituden geordnete Laute.

Das andere System (LPC) (Linear Predictive Coding) beruht darauf, daß man ein Modell der menschlichen Stimme nachbildet und eine entsprechende Technik entwickelt, um sie zu beschreiben. Etwa zwölf Stimmproben werden genommen. Da die Sprechstimme sich in einigermaßen vorhersehbarer Weise verhält, läßt sich ein Stimm-Modell herstellen. In diesem Falle sind die Grundeinheiten Phoneme, von denen jedes einen typischen Laut darstellt. Mit Hilfe eines Digital/Analog-Umwandlers werden die erforderlichen Laute produziert.

Für die Sprachwiedergabe gibt es 1-Kilobit-Mikroprozessoren, die Sprache guter Qualität erzeugen, wobei das Vokabular praktisch unbegrenzt ist. Einschränkungen sind lediglich durch die Zeit gegeben, die zur Verarbeitung der Daten benötigt wird. Mitte der siebziger Jahre dauerte es Minuten, eine Sekunde Sprechtext zu verarbeiten. Bis zum Ende des Jahrzehnts hatte sich die nötige Zeit auf 15 Sekunden verringert. Die Wörter selbst werden in Standard-Speicherchips gespeichert, und ihre Zahl wird nur durch Kapazität und Anzahl der Chips begrenzt.

Die Spracherkennung wurde Ende der siebziger Jahre für begrenzte Vokabulare von einigen hundert Wörtern und eine begrenzte Anzahl von Stimmen erreicht. Die Entwicklung ging jedoch rasch vorwärts. Man fand die nötigen Algorithmen, d. h. Methoden zur Beschreibung der Schritte, die der Mikroprozessor durchführen muß, um die Vielfalt der Stimmschwankungen zu identifizieren, die mündliche Kommunikation kennzeichnen.

Das Haupthindernis war die enorme Computerkapazität, die für diese Algorithmen benötigt wird. Mit dem 32-Bit-Chip, das 1983 oder 1984 auf dem Markt sein dürfte, sollte es aber erheblich leichter sein, die Hürde zu nehmen, die Umfang und Komplexität von Mitteilungen bislang darstellen.

Bis Mitte der achtziger Jahre sollte die vergrößerte Computerkapazität unverzügliche mündliche Reservierungen und Bestätigungen bei Fluggesellschaften, Bahnen, Hotels usw. ermöglichen. So könnte man Ende des Jahrhunderts durchaus in der Lage sein, sehr komplexe Daten direkt in eine elektronische Schreibmaschine zu diktieren und einen fehlerfreien, mit den richtigen Satzzeichen versehenen Text zu erhalten.

Satelliten

Satelliten sind ein Beispiel dafür, wie Entwicklungen im Fernmeldewesen Entwicklungen in der Mikroelektronik angeregt haben. 1965 übertrug ein Satellit 240 Telefonverbindungen. 1980 wurden mit einem Satelliten moderner Bauart 12.000 Telefonverbindungen übertragen. 1965 betrugen die anteiligen Kosten eines Telefonschaltkreises 22.000 Dollar jährlich. Heute sind es 800 Dollar. Bis 1985 dürfte es eine weitere Generation von Fernmeldesatelliten geben, die an die 100.000 Telefonschaltkreise haben werden. Das wird die jährlichen Kosten auf 30 Dollar senken. Eine ähnliche Entwicklung gibt es bei den Kosten für die Satelliten-Bodenstationen. 1965 kostete eine Sende- und Empfangsstation an die zehn Millionen Dollar. Heute kostet die größte Station weniger als 300.000 Dollar, während kleine Parabolantennen (nur Empfang) heute in Japan schon für etwa 200 Dollar zu haben sind[5].

Die sinkenden Kosten für Bodenstationen haben erhebliche

5 Die oben genannten Zahlen gelten für nationale Satelliten, wie sie von Indonesien, Kanada und den USA betrieben werden. Intelsat, ein renommiertes internationales Konsortium, bietet seine Dienste für weltweite Verbindungen an, denn es hat seine Satelliten über dem Ozean stehen. Das abgegebene Signal ist daher viel schwächer. Folglich werden größere und entsprechend teurere Bodenstationen benötigt.

Auswirkungen auf die Verbreitung von Information und Unterhaltungsprogrammen. Die Kosten für Satelliten werden durch die Entfernung praktisch nicht beeinflußt, so daß Menschen in entlegenen oder ländlichen Gebieten gesendetes Material zum selben Preis empfangen können wie die Stadtbewohner der Industriestaaten. Durch Verkleinerung, große Kapazität und geringen Energiebedarf hat die Mikroelektronik entscheidend zu dieser Entwicklung beigetragen. Allgemein läßt sich sagen, daß bei größerer Leistungsfähigkeit des Satelliten und höheren Frequenzen die relativen Kosten sinken und die Bodenstationen kleiner werden. Solche Satelliten werden gewöhnlich als Direktsendesatelliten (DBS: direct broadcast satellites) bezeichnet. Immer mehr Privatpersonen versorgen sich inzwischen mit eigenen Parabolantennen. Japan war das erste Land, das sie installierte, um auf diese Weise den Bewohnern der nördlichen Gebiete den Empfang zu ermöglichen. Auch Kanada war in dieser Hinsicht aktiv, um den Bedarf der kleinen Bevölkerung in seinen riesigen Nordprovinzen zu decken.

Seit die UdSSR im Jahre 1957 als erste einen künstlichen Erdsatelliten auf eine Umlaufbahn brachte, haben mehrere Länder unterschiedliche Weltraumflugkörper gestartet. 1980 gab es bereits Hunderte solcher Satelliten, einschließlich der geostationären[6], die Nachrichtenverbindungen mit Bodenstationen unterhalten.

Neben der Nachrichtenübermittlung dienen sie der Untersuchung der Atmosphäre, dem Aufspüren von Bodenschätzen, der Hilfe bei Such- und Rettungsaktionen, der meteorologischen Datenerfassung und der militärischen wie der nichtmilitärischen Überwachung.

Es gibt technische Entwicklungen, die neue Möglichkeiten des Zugangs zu Informationen eröffnen. Einige dieser Neuerungen, wie der grenzüberschreitende Datenfluß, berühren Fragen wie die der wirtschaftlichen Integrität, der nationalen Souveränität und des Rechts auf eine Privatsphäre (darüber mehr im Kapitel »Information, Technik und Gesellschaft«); andere sind service-orientiert, wie z. B. die geplanten erweiterten Netzwerke.

Wahrscheinlich werden in den achtziger Jahren in den USA ein oder alle der Satelliten-Business-Systeme (SBS) von IBM, Comsat und Aetna Life and Casualty Co., Xerox (XTEN: Xerox Telecommunications Network) und Bell (ACS: Advanced Communications Service) auch dazu verwendet, um Daten, Faksimiles und elektronische Poststücke zu übermitteln, Buchprüfungs- und

6 Die Anzahl von »Parkplätzen« für geostationäre Satelliten ist begrenzt und könnte 1983 bereits erschöpft sein.

Buchhaltungsdienste sowie Audio- und Video-Konferenzmöglichkeiten anzubieten. Die Sendegeschwindigkeit wird vermutlich 50 bis 100 Seiten Material pro Minute erreichen und daher aller Wahrscheinlichkeit nach für Wirtschaft und Industrie besonders attraktiv sein.

Innerhalb dieser erweiterten Netzwerke sind Anschlüsse an die verschiedenen Fernmeldemethoden unter Einsatz von Satelliten, Glasfasern und anderer bestehender und künftiger Technologien geplant. Der Benutzer wird ein und dasselbe Terminal verwenden, um Information zu senden und zu empfangen. Die Terminals werden an Dachantennen angeschlossen sein, die ihrerseits die Daten von einer Zentrale empfangen und Daten an sie abgeben. Diese Zentrale wiederum verfügt über die Verbindung zu einem Satelliten, der selbst wieder mit anderen Computerzentren in einer Wechselbeziehung steht. Damit sind die Abonnenten untereinander so gut verbunden wie heutzutage durch das Telefon, genießen zusätzlich aber all die Vorteile, die der Anschluß an den gemeinsamen Weltraum mit sich bringt. Berichte könnten im Echtzeitverfahren editiert, Konstruktionspläne aus der Entfernung geändert, Dokumente ausgetauscht werden, und viele Geschäftsreisen könnten entfallen.

Die Glasfaser

Die Mikroelektronik und das von ihr verwendete Digitalsystem waren ausschlaggebend für die Entwicklung eines leistungsfähigen Kommunikationsträgers. Die Verwendung von optischen Fasern zur Übermittlung von Information hat dem Nachrichtenwesen eine Technik von nahezu unbegrenzter Bandbreite zur Verfügung gestellt, ohne daß nennenswerte zusätzliche Kosten entstehen. Diese Glasfasern mit 50 Mikron Durchmesser – nicht dicker als ein Menschenhaar – leiten gebündelte Lichtstrahlen weiter, die von Lichtdioden oder Halbleiterlasern ausgesendet werden[7]. Hinzukommt, daß die Glasfasern durch elektrische Isolierung gegen Geräuschstörungen und Interferenzen nahezu gefeit sind.

Die Bandbreiten sind beeindruckend. Durch eine Glasfaser kann zehntausendmal mehr Information befördert werden als durch eine normale kupferne Telefonleitung. Ein Kabel mit zwölf dieser Fasern, entsprechend geschützt und verstärkt, hat einen

7 Laser (light amplification by stimulated emission of radiation) ist eine Form des Lichts, in dem die Atome synchron und in gleicher Richtung schwingen und »kohärentes Licht« erzeugen. Dadurch wird dieses Licht zu einem außerordentlich schnellen Übertragungsmedium für Informationen.

kleineren Durchmesser als ein normaler Finger. Und doch kann man in solch einem Kabel mehr als 200 Fernsehkanäle sowie einen Kommunikationskanal mit Gegenverkehr unterbringen (s. Abb. 14: Nadel und Glasfaser).

Jahrelang war man sich über die Bandbreitenvorteile der Glasfaser bereits im klaren, dennoch überwogen die Bedenken. Man zweifelte daran, daß die Glasfaser ein Signal ohne beträchtliche Verluste würde weiterleiten können. Die Lebensdauer einer Laser-Lichtquelle erschien problematisch, und schließlich fürchtete

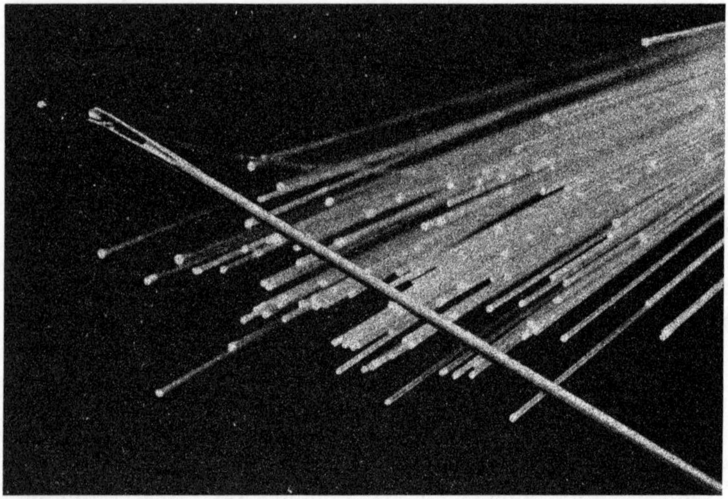

Abb. 14

man, verglichen mit herkömmlichen Kupferdrähten, höhere Kosten. Solange Nachrichten analog übermittelt wurden, konnte sich die Glasfasertechnik nicht entfalten. Erst mit dem Digitalsystem zeigten sich die Vorteile der neuen Technik. Da hier der Energieverlust geringer ist, benötigen die Lichtimpulse weniger Impulsverstärker als andere elektromagnetische Signale. Glasfasern sind nicht nur dauerhafter als Kupferdrähte, denn sie sind nicht korrosionsanfällig; mit Plastik überzogen, sind sie auch ebenso elastisch wie Stahl.

Zusätzlich bieten sie dem Benutzer größeren Schutz gegen ein Anzapfen seiner Leitung. Das ist nur dann möglich, wenn die Leitung durchgeschnitten wird, ein Vorgang, der schwer zu verheimlichen ist.

Die Lebensdauer der Laserlichtquellen hat inzwischen millionenfach zugenommen.

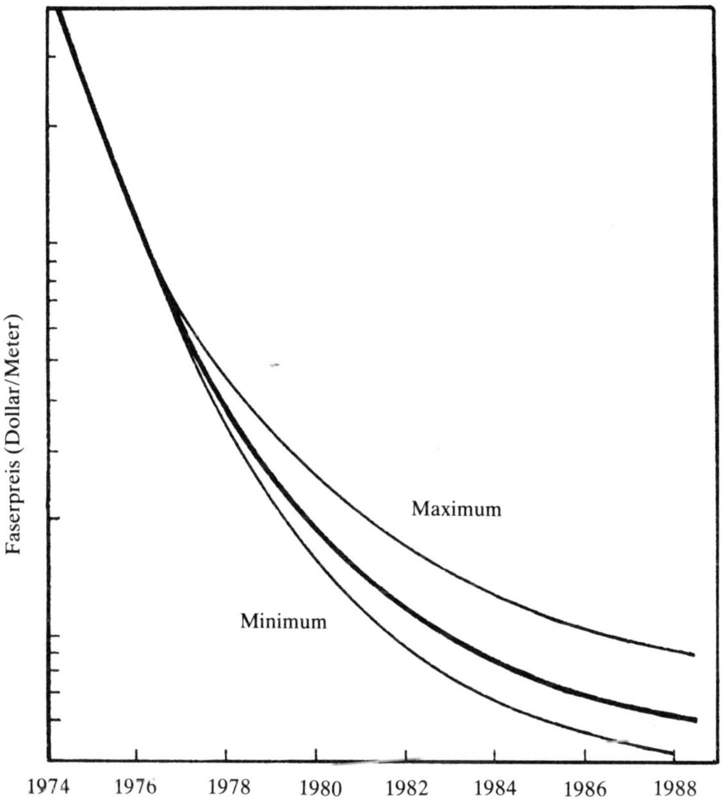

Abb. 15

Während einzelne Fasern immer noch teurer sind als ein Kupferdrahtpaar, ist ihre Kapazität doch so groß, daß bei steigendem Kapazitätsbedarf der Vorteil eindeutig beim Glas liegt. Eine Preisprognose mit Fehlertoleranzen wird in Abb. 15 gegeben und ein Kostenvergleich für jeweils komplette Systeme aus Glasfasern und mehrpaarigen Kabelträgern bei entsprechenden Kapazitäten in Abb. 16. Der Vorteil der Glasfaser im Vergleich zum digitalen Radio wird in Abb. 17 gezeigt.

Vergleichsweise kurze Fernmeldeverbindungen mit dieser neuen Technologie sind in verschiedenen Teilen der Welt bereits in Betrieb, aber die Entscheidung, die den Durchbruch der Fasertechnik brachte, fiel in der kanadischen Provinz Saskatchewan. Bei Northern Telecom wurde ein 3200 Kilometer langes Glasfaserkabelsystem in Auftrag gegeben, das fast alle Gemeinden der Provinz miteinander verbinden sollte. Inzwischen sind bereits we-

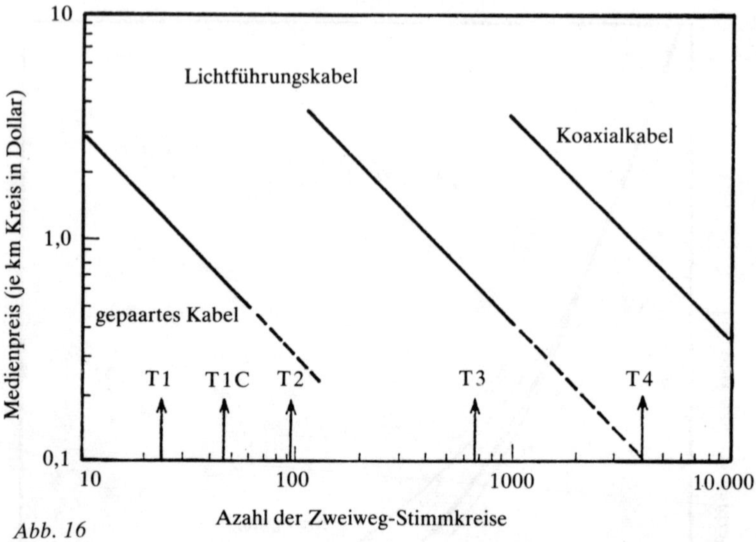

Abb. 16

sentlich längere Verbindungen, darunter ein Glasfaser-Transatlantikkabel, im Gespräch.

Die Bandbreite und die interaktive Kapazität der Glasfasertechnik hat zwei Entwicklungen ausgelöst, die, was Reichweite und Zukunftsperspektiven angeht, große Aufmerksamkeit ver-

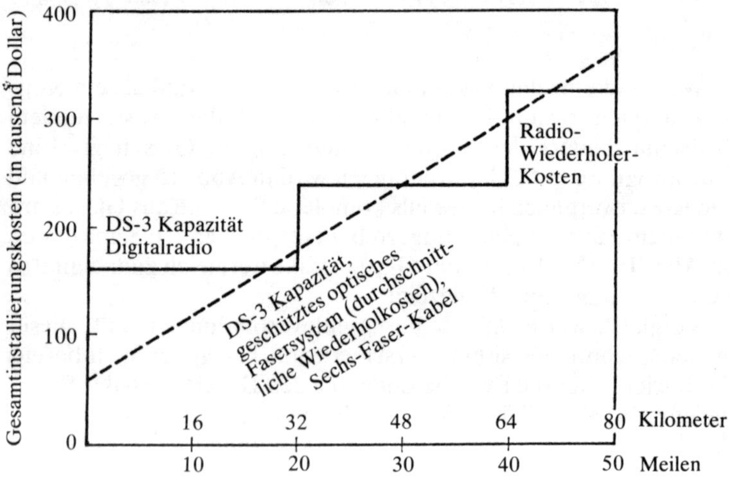

Abb. 17

dienen. In Elie, in der kanadischen Provinz Manitoba, installiert die dortige Telefongesellschaft zusammen mit anderen kanadischen Fernmeldeunternehmen und dem kanadischen Bundespostministerium ein System in einem überwiegend ländlichen Gebiet. Es bietet verschiedene Serviceleistungen, darunter computerisierte Arzt- und Polizeinotrufe, automatische Einbruchsalarmüberwachung, Fernablesung von Gas-, Wasser- und Stromzählern, Energieverbrauchsmanagement, Informationsdienste, Mehrkanalfernsehen sowie Mono- und Stereo-Radioprogramme. In Japan läuft ein vielseitiges Experiment, bei dem 5000 Häuser in Higashi Ikoma mit ähnlichen Diensten versorgt werden: Kostenpunkt sechs Milliarden Yen jährlich. Interessant ist, daß das Publikum im Verhältnis von 4 : 1 dem interaktiven Kommunikationskanal den Vorzug vor dem reinen Empfangskanal gibt.

Eine Reihe anderer Anwendungsbereiche wird zur Zeit von verschiedenen Interessenten geprüft, von der Computer-, Automobil- und Flugzeugindustrie sowie von Elektrizitätsgesellschaften und dem Militär. Geringe Größe, kleines Gewicht, Flexibilität, Widerstandskraft und Zuverlässigkeit machen Glasfasern zu hervorragenden Leitungen für elektronische Steuerungszwecke. Indem die Mikroprozessoren eine immer größere Anzahl von Funktionen übernehmen, wird man wohl auch für die Nachrichtenübertragung in zunehmendem Maße den optischen Weg wählen.

Videotex

Videotex ist ein neuer Service, der mit Hilfe der mikroelektronischen Technik Information für Wirtschaft und Privatgebrauch speichert, verschlüsselt und entschlüsselt. Er wurde in Großbritannien entwickelt und erregte bald schon weltweites Interesse.

Videotex wird vielleicht die einschneidendste und gesellschaftlich relevanteste Technologie der achtziger Jahre werden. Im wesentlichen ist es eine Quelle von Information, die in einem Computer gespeichert wird und über Fernmeldeverbindungen je nach Bedarf abgerufen werden kann.

Die Attraktivität liegt in der Vielfalt der Dienste, die dieses System leisten kann, nämlich fast alle der in den Elie- und Higashi-Experimenten angebotenen und dazu eine Reihe interaktive Funktionen wie Bibliotheksdienste, computerunterstützte Lernsysteme, computerisierte Banktransaktionen, elektronische Postdienste, Tele-Einkauf, Energiemanagement für Haushalte und Fabriken sowie die Möglichkeit der Fernbedienung von Arbeitsplätzen.

Da Videotex auf Computerbasis arbeitet, ist es von entscheidender Bedeutung, daß standardisierte Methoden der Beschreibung und Verteilung von Information eingesetzt werden, damit die sozialen Vorzüge, die der rasche und unkomplizierte Zugang zu Informationen der Öffentlichkeit bringt, nicht verlorengehen. Die vereinbarten Normen müssen dem jeweiligen Seitenformat von Datenbanken und Benutzerterminals entsprechen.

Da diese Terminals aus mikroelektronischen Bestandteilen zusammengesetzt sind, können sie nach Bedarf variiert werden[8].

Dennoch muß immer wieder betont werden, wie wichtig es wäre, daß die Zugriffsvorgänge für alle Datenbanken die gleichen sind. Wichtig ist auch, daß die Terminals so konstruiert sind, daß man mit Zusatzgeräten Information eingeben bzw. mit großen bestehenden Datenbanken interaktiv kommunizieren kann. Einer der interessanten Aspekte dieser Technologie liegt darin, daß auch der »kleine Mann« eigenes Material verteilen und damit die heute noch bestehenden enormen Veröffentlichungskosten und redaktionellen Beschränkungen umgehen könnte.

Das System ist dazu ausgelegt, Information per Funk, Kabel oder Telefon zu übertragen.

Unter Ausnutzung des vertikalen Invervalls, d. h. der nicht benutzten Zeilen des Fernsehbildes, können Hunderte von Seiten gesendet werden, die vom Sender codiert und vom Empfänger durch ein entsprechendes Gerät wieder entschlüsselt werden. Wiewohl teurer als Funk, ermöglicht die zusätzliche Bandbreite des Mehrkanal-Koaxialkabels die Übermittlung einer viel größeren Menge Materials (etwa 5000 bis 10.000 Seiten pro Kanal). Das so geschaltete Telefonsystem gestattet es dem Benutzer ferner, mit dem Material interaktiv umzugehen. Da dieses Material in Computerdatenbanken gespeichert ist, ist die Systemkapazität praktisch unbegrenzt, auch wenn die Anzahl der Telefonleitungen dies nicht ist.

Der internationale Beirat der Internationalen Fernmeldeunion (International Telecommunications Union) hat drei Standardsysteme empfohlen: das britische »Prestel«, das französische »Antiope« (oder »Teletel«) und das kanadische »Telidon«. Prestel hatte nach sechsmonatigem Betrieb 1600 Abonnenten und rech-

8 Ein einfaches Terminal besteht aus einem Decoder, einem Eingabeschaltkreis, einem Mikroprozessor, einem 1-KByte-RAM-Eingabepuffer und Programmvariablen, einem 6-KByte-ROM-Speicher, einem Seitenspeicher (RAM), einer Identifikationseinrichtung, einem 2-KByte-ROM-Speicherblockfür graphische und alphanumerische Zeichen und einen dazugehörigen hardwaremäßigen Zeichenkonvertierer (Groß-Kleinschreibung usw.). Die Kosten für diese Einrichtungen betrugen im Jahr 1980 rund 800 Dollar. Bis 1983 sollten sie unter 60 Dollar sinken.

net bis 1981 mit 100.000. Antiope will kostenlos oder zu geringen Kosten 250.000 Personen Geräte zur Verfügung stellen, die das übliche Telefonbuch und das Branchenverzeichnis ersetzen. Falls die ersten Erfahrungen ermutigend sind, rechnet man bis 1992 mit 30 Millionen angeschlossenen Geräten. In den USA hat eine Fernsehgesellschaft bereits beim Überwachungsausschuß um eine Lizenz für den experimentellen Betrieb von Antiope angesucht. Telidon ist ein alpha-geometrisches[9] und kein Alpha-Mosaik-System, und obwohl es noch nicht rentabel ist, ist es in der graphischen Darstellung so deutlich überlegen, daß die kanadische Regierung es heute als Nachfolgesystem fördert. Im Januar 1980 wurde in Ontario mit der Ausstrahlung begonnen; die Kabel- und Telefonsysteme sollen noch 1981 den Betrieb aufnehmen.

Viele Länder haben großes Interesse für derartige Systeme gezeigt. Westdeutschland, Holland, Schweden, die Schweiz, Japan, die USA und Venezuela führen zur Zeit mit Hilfe eines oder mehrerer der oben beschriebenen Systeme Versuche mit Videotex durch.

6. Mikroelektronik und Information

Die Informationsindustrie

Nicht nur die Übertragungssysteme sind von Bedeutung. Die Information selbst ist zu einer großen, selbständigen Industrie geworden. Millionen von Büchern, Dokumenten und Broschüren werden vorwiegend in der herkömmlichen gedruckten Form in den Bibliotheken der Welt aufbewahrt. Diese Information ist katalogisiert und gespeichert und stellt lediglich einen kleinen Bruchteil der täglich verarbeiteten Information dar.

Es wäre beispielsweise möglich, den Inhalt der US-Kongreßbibliothek in 15 bis 20 Großcomputern zu speichern. Man hat übrigens bereits beschlossen, die Kartei durch ein »on-line«-Zugriffssystem zu ersetzen. Immer mehr Material wird in computerisierten Datenbanken aufbewahrt. Anfang 1980 schätzte man, daß es 525 spezialisierte elektronische Bibliotheken mit 70 Millionen erfaßten Büchern und Artikeln gab. Die Fachgebiete umfassen Erziehung, Medizin, Justiz und Umweltschutz. Die Kosten für den Benutzer liegen zwischen 8 und 125 Dollar pro Stunde, je nach Kom-

9 Ein alpha-geometrisches Kodiersystem ermöglicht die Speicherung von graphischer Information als Vektoren (Linien und Bögen) auf einem Raster von beispielsweise 4096 Spalten mal 4096 Linien.

plexität des gewünschten Materials. Medizinische Information ist teuer, weil das Material von hochqualifizierten Fachkräften gesammelt und geordnet werden muß. Entsprechend billiger sind z. B. biographische Daten. Es handelt sich hier um »marktwirtschaftliche« Preise. In anderen Wirtschaftssystemen könnte man sich entschließen, die Information, ganz oder teilweise, als gesellschaftliches Eigentum zu betrachten und auf Staatskosten zur Verfügung zu stellen.

Schwierigkeiten bei diesen Systemen bereiten Art und Geschwindigkeit des Zugriffs sowie die Komplexität mancher Indexsysteme. Vereinbarte Normen sind hier ebenso dringend erforderlich wie in anderen Bereichen. Der zunehmende private Einsatz von Videotex-Terminals sollte es jedoch erleichtern, das Material in großen Mengen abzusetzen, was auch einen bequemeren Zugriff ermöglichen würde. Wenn gemeinsame Videotex-Normen eingeführt werden, werden auch die Informationslieferanten ihr Material im entsprechenden Format präsentieren.

Eine weitere, nicht so leicht zu behebende Schwierigkeit stellt das Problem der Auswahl dar. Es ist teuer, ganze Datenbanken abzufragen, und der übliche hierarchische Entscheidungsablauf hilft dem Informationssucher wenig dabei, die Qualität des verfügbaren Materials zu beurteilen. Eine Art Bewertungssystem wäre hier angebracht, die Frage aber, wer die Bewertung vornehmen soll, ist schwierig, denn sie ist verquickt mit Aspekten von Ideologie, Ausbildung und Relevanz sowie mit der Lesbarkeit des Textes und schließlich auch mit den Vorurteilen des Bewertenden.

Es wäre falsch, wenn der Eindruck entstünde, die Informationsindustrie bestehe nur aus Bürokratie und Datenbanken. Jede Darstellung, die Verlagstätigkeit, Funk und Fernsehen, Bildungsarbeit und Werbung nicht erwähnt, ist irreführend. Darüber soll an anderer Stelle gesprochen werden; die Technologie der Mikroelektronik aber kann nicht getrennt von der Vielfalt der Funktionen in Gestalt von elektronischer Post, elektronischen Geldüberweisungssystemen und verschiedenen Versionen der elektronischen Zeitung gesehen werden. Man spricht in diesem Zusammenhang zuweilen auch von Mehrfachtechnologien. Sie ergänzen einander, und Investitionen in einem Bereich führen zu zusätzlichem Engagement in anderen.

Textverarbeitung und verwandte Techniken

Die Firma Siemens schätzt, daß 40 Prozent aller Büroarbeit automatisiert werden könnten. Andere Studien bestätigen dieses Urteil. Bei einem vom Science Council of Canada veranstalteten

Seminar kamen Regierungsvertreter, Manager und Gewerkschafter zu dem Schluß, daß zumindest eine zeitweilige Arbeitslosigkeit auf dem Dienstleistungssektor unvermeidlich sein werde.

Verantwortlich dafür sind in erster Linie Textverarbeitungsmaschinen. Allein in den USA dürfte ihr Marktanteil 1980 eine Milliarde Dollar überschritten haben. Während die heutigen Maschinen mit Geschwindigkeiten von 5 bis 100 Zeilen pro Minute drukken, können neue Druckertypen bis zu 18.000 Zeilen pro Minute schaffen.

»Textverarbeitung« beinhaltet mehr als das übliche Tippen und Diktieren. Die Firma Ragan Information Systems behauptet, 250 Ablageschränke für denselben Preis durch einen einzigen Modulterminal ersetzen zu können.

Dieses Verhältnis zwischen aneinandergeschalteten Textverarbeitungsmaschinen und Aktenaufbewahrung unterstreicht die zunehmende Bedeutung der Computertechnik für das automatisierte Büro der Zukunft. Je nach Art der Software können Computer für Diktate, Abschriften, Kopien, Datenverarbeitung, elektronische Post, Faksimiles, Datenübermittlung, Mikrophotographie und Datenbank-Handhabung verwendet werden.

Textverarbeitungsmaschinen werden aus Mikrocomputern gebaut, wobei bestimmte Konstruktionselemente der Hardware sie handhabungsgerechter machen sollten. Die amerikanische ASCII-Tastatur (American standard code für information interchange) wurde so eingerichtet, daß sie fast genauso aussieht wie die einer normalen Schreibmaschine, und es wurden eigens für sie bestimmte »Hochsprachen« entwickelt, die den Übergang von der Umgangsssprache erleichtern sollen.

Die Textverarbeitungs »Ablegemethoden« passen sich zudem den herkömmlichen Katalogisierungsmethoden an. Die meisten Firmen verwenden heute Systeme, die um einen Mikroprozessor, wie den Intel 8080, angeordnet sind und ein eingebautes RAM besitzen, das dem Benutzer den Umgang mit der Maschine erleichtert, indem es die externe Speicherung auf Platten oder Trommeln ermöglicht.

Wie in anderen Bereichen ist die Kompatibilität der verschiedenen Modelle hier eines der Hauptprobleme. Einige Modelle können auf der ersten Ebene miteinander verkehren, im Telex-Terminal-Format. Auf der zweiten Ebene können für die erforderlichen unterschiedlichen Datenformate spezielle Schnittstellenprogramme geschrieben werden, aber selbst dann läßt sich nicht verhindern, daß Teile des übermittelten Materials verlorengehen. Der Versuch der Hersteller, ein einzigartiges System zu entwikkeln, das ihnen den Löwenanteil am Markt sichern würde, ist wohl einer der Gründe für diese Vielfalt und verhindert, daß die Konstrukteure sich auf allgemeingültige Normen einigen.

Es herrscht ein zunehmender Bedarf an integrierten Systemen, aber auch hier stellt die fehlende Kompatibilität das größte Hindernis dar. Drei oder vier Firmen in Europa und Nordamerika haben versucht, Interfaces für Datenverarbeitung, Ablage, Mikrophotographie, Laserdruck und Photosatz zu entwickeln, aber keine konnte bisher den Markt für sich erobern. Die zukünftige Entwicklung wird nicht nur von zweckmäßiger Hardware abhängen, sondern auch von der Herstellung einer Software, die dem durchschnittlichen Benutzer Zugriff auf, Eingriff in und Umgang mit der Datei sowie die Beteiligung an einer wachsenden Anzahl gemeinsamer Systeme ermöglicht.

Die elektronische Post ist für Wirtschaft und private Haushalte gleichermaßen attraktiv. Im Abschnitt über Satelliten haben wir auf »erweiterte Netzwerke« hingewiesen. Die Terminals für solche Netze sollten kompatibel für Text- und Datenverarbeitungsmaschinen sein, um überflüssige Einrichtungen zu vermeiden. Videotex-Terminals, die ursprünglich für den Privathaushalt gedacht waren, haben jetzt viele Anwendungsbereiche in Wirtschaft und Industrie, einschließlich der elektronischen Post. Es werden auch private Netzwerke gegründet. Die »Mailbox« von I. P. Sharp z. B. begann damit, interne Korrespondenzen zwischen den Filialen in Europa, Nordamerika und Japan hin- und herzuschicken. Ähnliche Netzwerke wie Comet, Datapac, Tymnet und Telenet entstanden. Sie alle bieten ihren Abonnenten Zugangsmöglichkeiten zu den anderen Systemen an.

Faksimilie-Übermittlung durch Photokopiergeräte, deren Impulse akustisch umgewandelt und per Telefon übermittelt werden, gibt es schon seit Jahren, aber wegen der relativ geringen Übertragungsgeschwindigkeit stagnierte die Entwicklung. Inzwischen gibt es zwar bereits die schnelle Übermittlung, doch dürfte dieser Service nur eines von vielen Elementen im Rahmen der verfeinerten Systeme werden, die von den erweiterten Netzwerken geplant werden. Sollen jedoch die Vorteile der neuen Technologie zur Geltung kommen, dann ist die Rationalisierung der verschiedenen Formen der elektronischen Post das Gebot der Stunde.

Elektronische Geldüberweisungssysteme

Banken und andere Finanzinstitute mit großem Bargeldumschlag machen immer stärker Gebrauch von Computern und der modernen Kommunikationstechnik. Der Grund dafür liegt auf der Hand. Wie Martin 1978 in seinem Buch *Wired City* (»Die verkabelte Stadt«) schrieb, kostet die Verwendung einer Kreditkarte ungefähr 50 Cents pro Buchung. Würde ein elektronisches Geldüberweisungssystem (EFIS: Electronic funds transfer system) eingesetzt, kostete die Buchung nur 7 Cents. In den USA werden täglich 84 Millionen Schecks über einen Gesamtbetrag von 548 Milliarden Dollar ausgestellt. Würde man alle Buchungen mit EFIS durchführen, würden die Zeiten für Buchung und Überweisung praktisch entfallen.

Ein System besteht aus Zugriffsvorrichtungen, wie codierten Identifizierungskarten, elektronischen Terminals mit Bargeldausgabevorrichtungen und automatischer Kontenüberprüfung. Seit 15 Jahren spielen Kreditkarten in der Industriegesellschaft eine Rolle. Neu ist jedoch, daß sie in zunehmendem Maße in hochentwickelten Geldbewirtschaftungssystemen eingesetzt werden. Aufgrund der Fortschritte in der Mikroelektronik gibt es verschiedene elektronische Terminals. Die ersten wurden Ende der sechziger Jahre eingeführt und dienten den Banken vor allem als Datenverarbeitungsgeräte. In jüngerer Zeit wurden Kundengeräte eingeführt, die, an den Außenmauern der Finanzinstitute angebracht, die Zeiten überbrücken, in denen die Banken geschlossen haben. Diese Bankomaten (ATM: automated teller machines) sind für Bargeldausgabe, Einzahlungen, Überweisungen, Vorschüsse auf Kreditkarte und Zahlungsanweisungen eingerichtet. Heute sind sie nicht mehr allein an der Außenseite von Banken, sondern auch in den Büros großer Unternehmen zu finden.

Auch integrierte Registrierkassen-Terminals (Point-of-Sale Terminals – POS) werden häufiger. Sie sind bei Einzelhandelsmärkten in Betrieb und arbeiten »on line«, d. h. mit direkten Anschluß an das Bankkonto des Kunden. Sie ermöglichen es dem Kunden, Überweisungen direkt an den Kaufmann vorzunehmen.

Überweisungssysteme müssen aber nicht nur Verbindungen zwischen dem Benutzer und seinem Bankkonto herstellen, sondern auch entsprechende Verbindungen zwischen einzelnen Banken. Das heißt automatisches Clearing (automated clearing houses – ACH) und stellt im elektronischen Zeitalter das Äquivalent für die Schecküberprüfung dar. Hardware und Software für diese Systeme kommen von den großen multinationalen Konzernen wie IBM, Olivetti und Philips, und mehrere Länder haben sich bereits festgelegt. Frankreich, Belgien, die USA und Kanada z. B. haben bereits POS-Terminals mit Verbindungen zwischen Bankfilialen in Auftrag gegeben. In der Bundesrepublik Deutschland hat der Zentralbankrat einen Arbeitskreis einberufen, der Richtlinien für ein standardisiertes westdeutsches Bankkartensystem ausarbeitet.

Mit weiterem Wachstum ist zu rechnen. Der amerikanische Kongreß hat darauf hingewiesen, daß die elektronische Geldüberweisung (EFTS) für Verbraucher und Institutionen erhebliche Vorteile mit sich bringt; doch wurde der Sorge Audruck gegeben, daß ». . . die außerordentlichen Eigenschaften dieser Systeme die bestehenden Verbraucherschutzgesetze überfordern und die Rechte und Pflichten der Benutzer undefiniert lassen . . .«. Die Verordnung E, Electronic Funds Transfer 1980, des Zentralbankrats der Vereinigten Staaten, aus der dieses Zitat stammt, sollte dieser Sorge entgegentreten.

Mit dem Einzug von Videotex-Terminals in den Privatbereich und der allgemeinen Verbreitung solcher Systeme müssen die Termini im Zusammenhang mit finanziellen Transaktionen genau definiert werden. Der Schritt zur bargeldlosen Gesellschaft scheint angesichts der durch die Mikroelektronik eingeleiteten Entwicklungen und der erheblichen Kosteneinsparungen bei der elektronischen Geldüberweisung unvermeidlich.

Heimcomputer

Computer zum persönlichen Gebrauch sind Standard-Mikroprozessor-Systeme. Einige dieser Modelle sind ohne größere Programmierkenntnisse zu bedienen. Ihre Zahl ist, insbesondere in den USA, enorm angewachsen. Ursprünglich waren sie für den Freizeitgebrauch gedacht. Inzwischen sind die Anwendungsbereiche so vielfältig, daß die Interessen weit über das der ursprünglichen Zielgruppe hinausgehen. Schon 1979 hatten die Verkaufsziffern eine Viertelmillion Stück erreicht, und für 1980 rechnete man mit weiteren 250.000.

Der erste Heimcomputer, der ALTAIR 8800, wurde 1975 in der Januarnummer der Zeitschrift *Popular Mechanics* vorgestellt. Er sollte als »Baukasten« für weniger als 400 Dollar verkauft werden, und die Firma behauptete, er sei leistungsfähiger als ENIAC. Das traf wohl auch zu, denn sein Speicher war größer, und er war zwanzigmal so schnell.

Von 1975 bis heute waren Verbreitung und Verbesserung der Heimcomputer phänomenal. Immer neue Zeitschriften erschienen, die sich mit kleinen Systemen beschäftigen. Das größte und bisher erfolgreichste Magazin ist *Byte*. Es erscheint monatlich und enthält 300 bis 400 Seiten Inserate für Heimcomputer sowie für alle nur möglichen damit in Zusammenhang stehenden Produkte. Die Zeitschrift ist sowohl in Nordamerika als auch in Europa auf Mikrofilm erhältlich.

Die Kosten in Europa hängen von der Leistungsfähigkeit des

Gerätes ab. 1980 konnte der Anfänger ein System für etwa 500 Dollar kaufen, das einen 4-K-RAM-Speicher, eine Tastatur, einen Bildschirm und ein Bandgerät für externe Programmspeicherung hatte. Anderseits konnte man für den zehn- bis zwanzigfachen Preis bereits ein erstklassiges Gerät mit vielseitigen Anwendungsmöglichkeiten bekommen. Ein Modell, das 4500 Dollar kostete, hatte einen internen Speicher mit 128 K-Bytes und einem zusätzlichen eingebauten 5-Zoll-Floppydisk-Gerät, eine Tastatur wie die einer elektrischen Schreibmaschine, einen geräuschlosen 80-Spalten-Matrix-Drucker[10], einen Schwarzweiß-Monitor und Software-Programme für den Umgang mit finanziellen und allgemeinen Daten.

Dieses Modell war außerdem auf mehrere Programmiersprachen ausgelegt, wobei PASCAL und BASIC zur Grundausrüstung gehörten. Für weitere 3500 Dollar konnte der Käufer ein Textverarbeitungspaket samt der dazugehörigen Software erwerben, einen guten Briefdrucker, ein zusätzliches Plattengerät und einen qualitativ erstklassigen Bildschirm. Die folgende Tabelle vergleicht 15 gängige Modelle.

Zu Beginn bestand die Attraktion dieser Geräte vielleicht in Computerspielen und einfacher Datenverarbeitung, heute ist ihre Verwendungsvielfalt viel größer. Viele Besitzer sind bereits »on line« mit einem oder mehreren der erwähnten Netzwerke und haben somit Zugang zu elektronischen Informationssystemen. Das Spektrum der Interessen ist vom Inhaltsverzeichnis der Zeitschrift *Byte* abzulesen. Hier einige Beispiele: »Einführung in die Anwendung der Kurventheorie«, »Der computergesteuerte Holzofen«, »Programm zur Finanzanalyse«, »Problemlösungen mit Hilfe veränderlicher Flächen«. Heimcomputer werden zu dem Multiplikationseffekt beitragen, der sich aus der Verschmelzung von Text- und Datenverarbeitungstechniken mit Videotex ergibt.

10 Ein Matrix-Drucker ist ein Drucker, bei dem jedes Zeichen durch ein Muster aus Punkten dargestellt wird, die von einem oder mehreren Schreibgeräten erzeugt werden. Andere Drucker wie etwa das »Daisy Wheel« verwenden austauschbare Buchstabenräder und Farbbänder und erreichen damit in der Schrift die Qualität einer elektrischen Schreibmaschine.

Type	Speicher	Preisliste auf Grundlage 1980 (US $) (Prozessor-Speicher)	Wichtigste Programmsprache	Primäre Verwendungen	Anzahl der Geräte
Apple II	16 KB–48 KB RAM; 116 KB–1,6 MB d	$ 1195– $ 1495	BASIC, PASCAL	C/G, P/O, S/B, R, H/H	55.000
Atari 400 & 800	8 KB–16 KB (48 KB) RAM; 92 KB–368 KB d	$ 999.95–$ 1624.96	BASIC, assembler	C/G, P/O, R, H/H, S/B (800)	N/A
Commodore PET	8 KB–32 KB RAM; 360 KB–1,1 MB d	$ 795–$ 1295	BASIC	H/H, WordPro, E, P	107.000
Compucolor II	8 KB–32 KB RAM; 51 KB–204 KB d	$ 1895–$ 2495	BASIC, FORTRAN	C/G, H, P, S/B, E	4.000
Cromemco Z-2	4 KB–64 KB RAM; 92 KB–1 MB d	$ 1290–$ 2780	BASIC, FORTRAN IV, COBOL, Macro-Assembler	H/M, P/O, S/B, C/A	N/A
Exidy Sorcerer	16 KB–48 KB RAM; 616 KB d	$ 1295–$ 1495	BASIC, FORTRAN-80, COBOL-80	E, S/B, H/H	10.000
Heath H 8 & WH 8	8 KB–56 KB RAM; 100 KB–300 KB d	$ 474–$ 1529	BASIC	H/H, E, S/B	12.000
Heath H 88/H 89	16 KB–48 KB RAM; 100 KB d	$ 1295–$ 2895	BASIC	H/H, E, S/B	3.000
Hewlett-Packard 85	16 KB–32 KB RAM; 195 KB–210 KB tape	$ 3250 (complete system)	BASIC	S/E, P, S/B	N/A
Mattel Intellivision	18 KB RAM	$ 300–$ 800	NONE	H, E	2.000
North Star Horizon	32 KB–64 KB RAM; 180 KB–1,44 MB floppy d	$ 2695–$ 4330	BASIC, PASCAL	E, H/H, S/B	12.000
Ohio Scientific Challenger I Series	4 KB–32 KB RAM; 80 KB–160 KB d	$ 279–$ 995	BASIC	E, H/H	8.000
Ohio Scientific Challenger II Series	8 KB–48 KB RAM; 80 KB–74 MB d/disk	$ 698–$ 1695	BASIC	E, H/H, S, S/B	4.000
Radio Shack TRS-80	4 KB–48 KB RAM; 55 KB–310 KB d	$ 499–$1446	BASIC, FORTRAN	H/H, E, P	150.000
Texas Instruments 99/4 (Home Computer)	16 KB RAM; 90 KB–270 KB d	$ 1150	BASIC	C/G, P/O, E, H, S/B	N/A

Abkürzungen:
KB = Kilobytes
MB = Megabytes
RAM = Speicher mit wahlfreiem Zugriff
d = Diskette
C/G = farbgraphische Anwendungen
P/O = Büros
P = professionell
E = Erziehung
H/H = Heim/Hobby
H/M = Haushaltsführung
H = Haushalt
C/A = Kontrolle
S = Wissenschaft
S/E = Technik
N/A = nicht verfügbar

Source: Datapro Research Corporation, May, 1980)

7. Mikroelektronik und Automation

Computerunterstützte Konstruktion und Produktion (CAD/CAM)

Die Kombination der Entwicklungen in Kommunikationstechnik und Mikroelektronik hat die Wachstumsrate automatisierter Produktionstechniken stark beeinflußt. Computerunterstützte Konstruktion (CAD: computer assisted design) und computerunterstützte Produktion (CAM: computer assisted manufacturing) waren ausschlaggebend für die Beschleunigung dieser Entwicklung.

Bei jeder Neuerung spielt die praktische Erprobung eine wichtige Rolle, damit Fehler korrigiert werden können. Durch den Einsatz eines Computers und eines Bildschirms zur graphischen Darstellung haben sich die Versuchsdauer und die für eine Korrektur erforderliche Zeitspanne drastisch verkürzen lassen.

Die Prinzipien, nach denen verfahren wird, sind relativ einfach. Dem Computer wird ein Bildbeschreibungsvorrat (picture decription instructions – PDI) eingegeben, und die Ergebnisse werden auf einen Bildschirm mit großem Auflösungsvermögen projiziert. Eine Konstruktionszeichnung läßt sich dann leicht abändern, und, sobald sie festliegt, kann eine Vielzahl von Konstruktionselementen ermittelt und elektronisch getestet werden.

Im Februar 1980 berichtete der *New Scientist* über das Automationssystem bei Baker Perkins in Großbritannien: Ingenieure beziehen Informationen aus technischen Archiven, um den gewünschten Konstruktionsplan zu zeichnen. Der Produktionsleiter teilte mit, daß etwa die Hälfte der jährlich angefertigten 10.000 Pläne mit HIlfe von CAD entstehen. Die für die Planung eines neuen Verfahrens erforderliche Zeit hat sich dadurch von drei Wochen auf drei Tage reduziert.

Automatische Produktionssteuerung ist nichts Neues. Numerisch codierte Lochstreifen werden seit Jahren für die Programmierung von Werkzeugmaschinen verwendet, wenn es sich um wiederholt vorkommende Arbeitsgänge handelte. Mit der Entwicklung von CAD wurde es jedoch möglich, diese Bänder als Teil des Konstruktionsvorgangs vom Computer herstellen zu lassen. Immer mehr Maschinen arbeiten mit Anweisungen, die vom Computer stammen. Mikrocomputer machen es möglich, daß die Montagewerkzeuge selbst die Testfunktionen übernehmen. In der Regel ist der Steuerungscomputer an eine kleine Fernsehkamera angeschlossen, die den fraglichen Konstruktionsteil prüft und ihrerseits der Werkzeugmaschine die nötigen Anweisungen gibt;

diese enthält einen Mikroprozessor und ändert ihre Arbeitsweise entsprechend. So können Fehler entdeckt werden, ehe das Produkt fertig ist. Der Computer kann auch die Kontrolle von Lagerhaltung, Produktionsterminen und Materialbedarf, von Einkauf, Warenannahme und Produktdokumentation übernehmen.

Die hier erwähnten Techniken werden in zunehmendem Maße eingesetzt und werden durch den Einsatz von Robotern zu einem wichtigen Element in der automatisierten Fabrik.

Roboter

Im allgemeinen Sprachgebrauch bezeichnet der Begriff »*Robotik*«, abgeleitet von dem tschechischen Wort robota = Arbeit, die Wissenschaft, die sich mit programmierbaren Maschinen befaßt, welche unterschiedliche Aufgaben erfüllen sollen. Die ersten Entwicklungsarbeiten wurden in Norwegen geleistet. Es war jedoch die amerikanische Firma Unimation, die als erste Anfang der sechziger Jahre Roboter einführte. Diese Firma ist wohl noch immer der größte Hersteller, wenn auch die Konkurrenz von Firmen in Schweden, Japan, der UdSSR, Italien und Deutschland immer stärker wird.

Die meisten Roboter bestehen aus mechanischen Armen und Händen, die sich aufgrund von Mikroprozessoren- oder Computerbefehlen bewegen. Die neuesten Entwicklungen haben zu Robotern der zweiten Generation geführt. Sie sind mit Sensoren ausgerüstet, die einen gewissen Grad von »Intelligenz« bewirken und dem Steuerungsmechanismus durch den nötigen Feedback von Information erlauben, die ursprünglichen Befehle abzuändern oder gar neue auszugeben.

Kleine Transistorfernsehkameras lassen den Roboter auch »sehen«. Typisch für diese Modelle sind die Roboter der schwedischen Firma ASEA, im Automated Body Institute der Ford-Werke und in anderen Betrieben. Ebenso wurden Tastensensoren entwickelt. ASEA arbeitet auch an Geräten, die von Robotern kontrolliertes Schleifen und Polieren ermöglichen sollen. Der jugoslawische Konstrukteur Tomovic hat eine Handprothese entwickelt, die Sensoren in den Fingerspitzen hat, mit denen sie Gegenstände ertasten kann. In Kanada wurde CANSCAN konstruiert, um die meilenlangen Rohrleitungen eines Kernreaktors untersuchen zu können. Eine pneumatisch betriebene Röhrensonde (»tube walker«) sucht nach Defekten und stellt deren Art und Position fest.

Die Anzahl der eingesetzten Roboter ist nicht genau bekannt. Mehr als 20.000 programmierbare Geräte, 14.000 davon in Japan, sind in Betrieb, jedoch ist nur eine begrenzte Anzahl von ihnen bis zu einem gewissen Grad mit maschineller »Intelligenz« ausgestattet[11]. Die Robotik ist eine im Zuwachs begriffene Industrie, und die führenden Hersteller von Robotern können der steigenden Nachfrage nur schwer nachkommen.

Es wird davon ausgegangen, daß Roboter rentabel sind. Außerdem wird ihre Zuverlässigkeit hoch eingeschätzt. Ein Bericht zeigte, daß die »Benutzungszeit« bei Robotern etwa 98 Prozent betrug, bei Werkzeugmaschinen hingegen nur 90 Prozent. In der Automobilindustrie, einem ihrer Haupteinsatzgebiete, ist die Produktivität mit der allgemeinen Einführung von Robotern um ein Mehrfaches gestiegen. Das belegen die Erfahrungen von Fiat, Volkswagen, Volvo, Mercedes-Benz, Renault, British Leyland, Datsun und Toyota. Roboter sind zudem sicherer, weniger pannenanfällig und imstande, Aufgaben zu übernehmen, die für den Menschen zu gefährlich wären. Sie werden eingesetzt zum Lichtbogen- und Punktschweißen, zum Spritzlackieren großer wie kleiner Stücke und zum Pressen und Biegen von Metallen und Röhren.

Auch in der Raumfahrtindustrie spielen sie in zunehmendem Maße eine wichtige Rolle. Zum Beispiel wird ein von Spar Aerospace hergestellter ferngesteuerter Greifarm Satelliten vom NASA-Space Shuttle aus in die Umlaufbahn befördern, wenn es, wie vorgesehen, 1981 seine Arbeit aufnimmt.

Die Aktivität im Forschungs- und Entwicklungsbereich ist groß. Das schwedische Center for Working Life (Zentrum für das Arbeitsleben) hat ein Modell für eine vollautomatisierte Stahlfabrik entworfen. In Japan, dem anerkanntermaßen führenden Land im Einsatz von Robotern, gibt es ein Sonderprojekt, das sich MUM, Methodology für unmanned manufacturing (Methodologie für unbemannte Fabrikation), nennt. Auch das Institut für Produktionstechnik und Automatisation in Stuttgart ist auf diesem Gebiet tätig. In den USA ist das Institut for Industrial Automation in Stanford führend, MIT betreibt reine Forschung auf dem Robotersektor.

Eines der Hindernisse beim Robotereinsatz ist die Tatsache, daß sie bei Produktionsserien von weniger als tausend Stück noch nicht rentabel sind. Numerisch gesteuerte Maschinen arbeiten in

11 Folgende Zahlen hat das Robot Institute of America für den Mai 1980 bekanntgegeben: Japan 14.000; USA 3255; Bundesrepublik Deutschland 856; Schweden 570; Polen 360; Großbritannien 185; Norwegen 173; Finnland 110; Belgien 18.
Hier ist anzumerken, daß mehr Roboter im Einsatz sind, als in dieser Liste aufgeführt werden.

diesem Bereich noch wesentlich günstiger. Die zunehmende Leistungsfähigkeit der Mikroprozessoren und die Unanfälligkeit neuerer Blasenspeicher gegen Verschmutzung steigern die Flexibilität des Roboters und werden zweifellos bald dazu führen, daß sein Einsatz auch bei immer kleineren Stückzahlen rentabel wird.

Hemmend wirkt sich ferner die konservative Haltung vieler Industriemanager aus, die eher dazu neigen, den Roboter dem traditionellen Produktionsprozeß anzupassen, als diesen Prozeß selbst zu überprüfen und herauszufinden, wie er umgestaltet werden könnte, damit die Fähigkeiten des Roboters ausgenutzt werden, Arbeiten auszuführen, die Genauigkeit, Geduld, Beharrlichkeit und Zuverlässigkeit erfordern.

Auch hier stellen fehlende Normen ein Problem dar, das unnötig hohe Kosten verursacht. Normierung und Hardware im Baukastensystem zusammen mit den entsprechenden Softwarepaketen würde nicht nur die Preise für die Maschinen senken, sondern auch deren Anwendungsbereiche bedeutend erweitern.

Es gibt neue und interessante Entwicklungen. In der UdSSR wurden dreidimensionale Modelle der für den Roboter typischen Umgebung geschaffen, sodann baute man mobile Maschinen, die sich mit Hilfe von Sensoren und Rückkopplungssystemen in dieser verwirrenden Umgebung zurechtfinden. Die Japaner haben viel an visuellen Sensoren gearbeitet und bereits einen entwickelt, der bis zu zehn Farben unterscheiden kann. Eine amerikanische Firma hat Bedeutendes auf dem Gebiet der flexiblen Produktionssysteme geleistet: Der Produktionsprozeß wird so angelegt, daß mehr individueller Spielraum besteht und gleichzeitig Ergänzungen möglich sind. In Italien haben die Sigma-Montageroboter von Olivetti Probleme gelöst, die durch starre Automation nicht zu bewältigen gewesen wären.

Mikroelektronik als Ersatz für mechanische und elektromechanische Geräte

Da integrierte Schaltungen nur sehr wenig Energie benötigen, stellen sie eine Bedrohung für viele konventionelle mechanische und elektromechanische Geräte dar. Die Auswirkungen der Mikroelektronik auf die Uhrenindustrie ist ein klassisches Beispiel für die durch diese relativ neue Technologie hervorgerufenen dramatischen Veränderungen. Vor dem Zweiten Weltkrieg wurden 90 Prozent aller Uhren in der Schweiz hergestellt. 1979 war dieser Prozentsatz auf ein Drittel zurückgegangen, während die Anzahl der Beschäftigten auf die Hälfte gesunken war. Und das trotz der Tatsache, daß die Schweizer selbst schon 1968 einen der ersten Prototypen der elektronischen Quarzuhr entwickelt hatten. Weil die herkömmlichen Methoden so erfolgreich gewesen waren, versäumte es die Industrie, sich auf die neue Technologie umzustellen. Anders in Japan, wo sich die Uhrenindustrie zur Elektronik bekehrte und in der Folge einen großen Marktanteil eroberte. Verspätet erkannte man in der Schweiz die Notwendigkeit einer radikalen Änderung. Ein großer Konzern (Omega, Tissot und Hamilton) nahm die erforderlichen Umstellungen vor, kaufte von Philips integrierte Schaltungen und entwickelte und produzierte selber Quarzkristalle. Heute stellt die Firma zu 50 Prozent elektronische Uhren her.

Elektronische Spiele und Taschenrechner sind heute nichts Besonderes mehr, doch der größte Abnehmer von Mikroprozessoren und Mikrocomputern ist wohl inzwischen die Automobilindustrie. Versuche in bezug auf Schadstoffemission und Treibstoffeinsparung gehen bereits bis ins Jahr 1969 zurück. Aber diese Bemühungen waren nicht systematisch und hatten wenig Auswirkung. Heute werden Temperaturen, Motordrehzahl, Druck und Sauerstoffgehalt der Auspuffgase mit elektronischen Geräten gemessen. Diese Information wird gespeichert und verarbeitet, um Zündung und Ventile einzustellen.

Volkswagen baut ein vollelektronisches Zündungssystem. Mikrochips werden auch bei Antiblockier-Bremssystemen verwendet sowie für digitale Armaturenbretter mit Reisecomputern, die den Benzinverbrauch messen und Reisezeit, geschätzte Ankunftszeit und Durchschnittsgeschwindigkeit anzeigen. Ferner sind bei einigen Modellen Radaufhängung, Türschlösser, Radioantennen und elektrisch verstellbare Sitze elektronisch gesteuert. Der Wert der Halbleiterbauteile, die für Autos verkauft werden, und ihre Hauptanwendungsbereiche werden in Abb. 18 a und b gezeigt.

Andere bereits oder demnächst erhältliche Konsumgüter mit integrierten Schaltungen sind Mikroprozessoren auf Karten und »intelligente« Telefone. Erstere ähneln Kreditkarten, nur enthalten sie einen löschbaren Speicher, der anzeigt, wie hoch der Kredit des Benützers ist. Man kann sie mit einem Bankscheck vergleichen, dessen Wert mit jedem Einkauf oder in Anspruch genommenem Service automatisch abnimmt. Eine dieser Karten, eine italienische Erfindung, die sich X-Karte nennt, enthält einen 136-Bit-Speicher mit zusätzlichen Sicherheits- und Kontrollfunktionen. Eine andere, die CII, von Honeywell-Bull entwickelt und von NCR, Siemens und Schlumberger in Lizenz hergestellt, hat eine größere Kapazität als die X-Karte und enthält sowohl einen Speicher als auch einen Mikroprozessor. Da die Kosten bei den

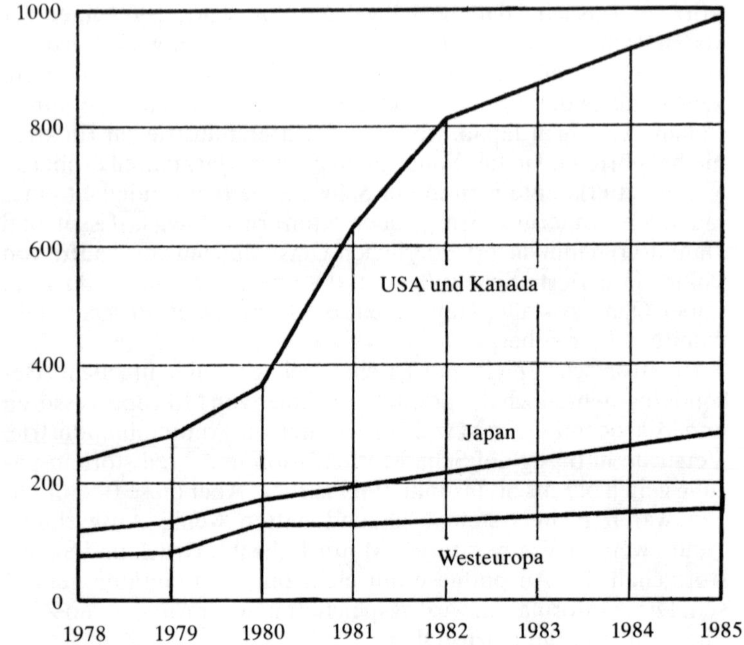

Abb. 18a

üblichen Kreditkarten durch Mißbrauch ständig steigen, wird die neue Form des Vorschusses immer attraktiver.

»Intelligente« Telefone sind mit »intelligenten« Schaltsystemen verbunden. Der digitale Koppelchip (»Crosspoint Chip« [DX]) z. B. ist Grundbestandteil beim SX-2000-System von Mitel. Der DX liefert digitale akustische oder Schaltdaten auf 256 Kanälen und stellt das erste VLSI (very large scale integration) dieser Firma dar. Es besteht aus einem Quadrat von etwa $^1/_4$ Zoll Seitenlänge mit mehr als 36.000 Transistoren. Auf diesem Chip sind sowohl frei zu wählende Logik, Schieberegister sowie eine statische RAM-Speicherschaltung untergebracht. Kleinere Systeme für Büro und Privatgebrauch sind ebenfalls auf dem Markt. Der SX-10 von Mitel ist das erste sprechende Schaltsystem und kann bis zu sechzehn interne Telefone und acht Außenlinien betreuen. Die 25 x 13 Zoll große gedruckte Schaltung (siehe Abbildung 19) verwendet elektronisch digitalisierte Wörter, die, vom Mikroprozessor des Systems gesteuert, zu kurzen Sätzen zusammengefaßt werden. Durch Austauschen des Speicherchips kann jede beliebige Sprache oder jeder Dialekt verwendet werden.

Diese Telefone können als Wecker oder Temperaturregler pro-

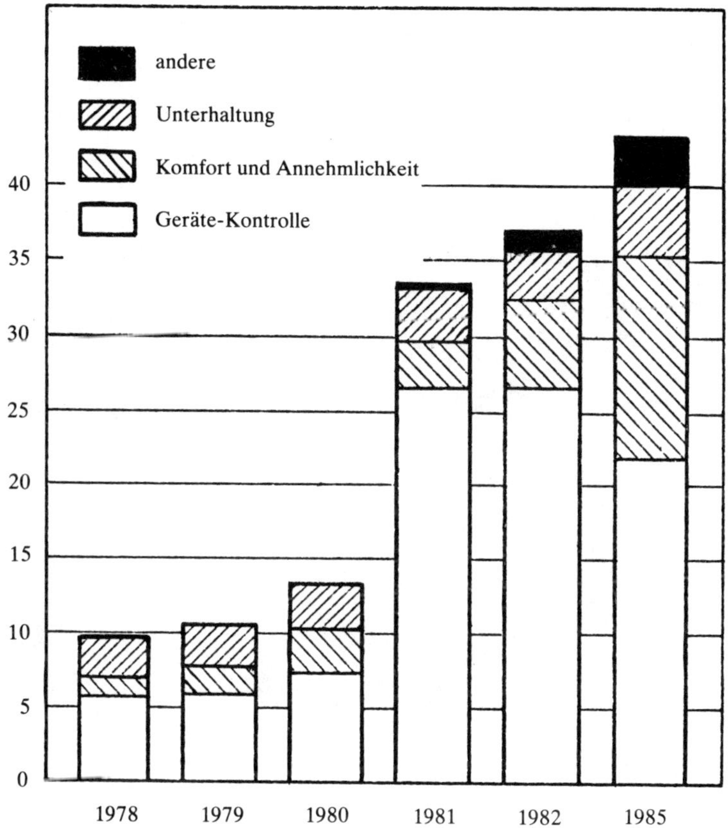

Abb. 18b

grammiert werden, geben unterschiedliche Klingelsignale für interne und externe Anrufe, »merken« sich besetzte Telefonnummern und rufen diese wieder an, sobald die Leitung frei ist, und haben ein Gedächtnis für digital vorcodierte Nummern, die sie auf Verlangen anwählen. Sie suchen die billigste Verbindung für ein Ferngespräch, sofern eine Auswahl möglich ist, und fungieren bei Bedarf als Anrufbeantworter.

Die Mikroelektronik hat eine Reihe mechanischer und elektrischer Geräte ersetzt. Einige Beispiele wurden bereits erwähnt: Textverarbeitung, Videotex, elektronische Geldüberweisung, Uhren, Telefonzentralen, Telefone und Steuervorrichtungen, die beim Auto für mehr Sicherheit und höhere Leistung sorgen. Die Beispiele ließen sich vermehren. Teletexsysteme z. B. sind weitgehend an die Stelle des Telegrafen getreten und erlauben dem

Abb. 19

Benutzer, Nachrichten in einen zentralen Computer zu füttern, der sie entweder direkt weiterleitet oder, wenn der Empfänger besetzt ist, bis zum Freiwerden der Verbindung weiter anruft. Elektronische Schreibmaschinen waren die Vorläufer der Textverarbeitungsgeräte und haben viele elektrische Schreibmaschinen ersetzt, da sie feste Redewendungen speichern und Standardbriefe wiederholen können. Elektronische Taxiuhren ersetzten die mechanischen und ermöglichen zugleich computergesteuerte Kommunikation mit der Zentrale. Mikrocomputer werden auch zu Energiesparzwecken verkauft. Mit Thermostaten kontrollieren sie nach einem vorgewählten Programm Temperatur und Feuchtigkeit und regulieren automatisch Zentralheizungen, Klimaanlagen und Luftbefeucher. Heute werden auch Blende, Entfernung und Belichtungszeit von Kameras mikroelektronisch gesteuert. Das sind nur einige der Anwendungsbereiche, die noch hätten beschrieben werden können. Die Verwendung von Mikrocomputern und Mikroprozessoren bei Massenverkehrsmitteln und in der Medizin wird in den folgenden Abschnitten beschrieben.

Teleinformation für Verkehrssysteme

Bei einem zweijährigen Test in den Vororten von Toronto hat ein Computer überzeugend bewiesen, daß sowohl Volumen als auch Rentabilität des öffentlichen Verkehrssystems sich steigern lassen. Die Fahrtroute der Busse wurde von einem zentralen Computer, der mit einem Stimmensynthesizer und dem Telefonnetz verbunden war, elektronisch verfolgt. Jeder Anrufer, der Auskunft über einen Bus wünschte, wählte eine dreistellige Zahl zusammen mit einer zweistelligen Zahl, welche die gewünschte Bushaltestelle darstellte. Die Antwort erfolgte sofort, und die Ankunftszeiten für die nächsten zwei Busse wurden durchgesagt. Nach dem ersten Jahr wurde auf diesen Routen ein Zuwachs an Fahrgästen von 23 Prozent festgestellt, wobei man 12 Prozent dem neuen System zuschrieb. Dieses computerisierte System ist also nicht nur kostensparend, sondern hat auch eine beträchtliche Energieersparnis zur Folge. Der Erfolg des Experiments hat andere Städte veranlaßt, ähnliche Systeme einzuführen. In der Zukunft könnte Videotex hier sogar die Telefone überflüssig machen.

Mikroelektronik und Medizin

Computer und damit verbundene Kommunikationsgeräte sind Hilfsmittel, die in der Medizin bereits seit mehr als einem Jahrzehnt verwendet werden. Ferndiagnose und -behandlung gab es bereits bei den ersten Versuchen mit Fernmeldesatelliten, und in den meisten Fällen wurden sie den Erwartungen gerecht. Aller Wahrscheinlichkeit nach wird sich dieser Verwendungsbereich in dem Maße erweitern, in dem die Zahl der Direktsendesatelliten zunimmt und die Kosten für Bodenstationen sinken.

Interaktive Datenbanken haben der Medizin bequemen Zugang zu Hunderttausenden fachärztlichen Schriften und Stellenbelege und zu einer immer größeren Zahl detaillierter Krankheitsbeschreibungen verschafft. Seit neuestem sind elektronische Diagnosehilfen integrierender Bestandteil von speziellen Softwareprogrammen. In einem Fall wurden mehr als 3000 Symptome beschrieben und mit 500 möglichen Erkrankungen in Zusammenhang gebracht. In einem anderen Fall wurde das Sprachverhalten von Paranoikern simuliert, um bei der Behandlung zu helfen. In der 1980 erschienenen Januarnummer der Zeitschrift *Information World* beschrieb Belzer ein Experiment, das allgemeines Aufsehen erregte. In dem Experiment sollte durch elektronische Stimulation die Regeneration eines amputierten Gliedes bei einer Ratte

Das Konkurrenzprinzip zur Josephson Junction ist der »optische Computer«. Für die Schaltfunktion sind zwei stabile Arbeitseingeleitet werden. Menschliche Knochen, die nicht wieder zusammenwuchsen, begannen mit Hilfe eines ähnlichen Verfahrens wieder zu heilen.

8. Künftige Entwicklungen

Die Supercomputer

Man hat vorausgesagt, daß die großen Computer von heute, die Hunderttausende von logischen Verknüpfungsgliedern aufweisen und über einen 32-Millionen-Bit-RAM-Speicher verfügen, bis zum Ende des Jahrhunderts in einer Schuhschachtel unterzubringen sein und nur noch 1000 Dollar kosten werden. Wenn diese Voraussage eintreffen soll, müssen gewisse bestehende Grenzen überwunden werden. Dazu gehören die Geschwindigkeit, mit der die Schalter funktionieren, und die Größe der einzelnen Bestandteile. Auf beiden Gebieten werden ständig Fortschritte gemacht. Man arbeitet auch mit neuen Erfolgshoffnungen an der Verwendung von infrarotem Licht als Träger von Information in digitaler Form.

Die Forschung befaßt sich außerdem mit synthetischen Metallen (festen organischen, elektrisch leitfähigen Substanzen) und mit Galliumarsenid. Mit Silizium auf Saphir (SOS) wird versucht, den Energieverlust zu verringern und damit die Transistoren weiter zu verkleinern. Die bekanntesten Experimente betreffen jedoch die sogenannte Josephson Junction.

Josephson Junctions wurde nach einem Absolventen der Universität Cambridge benannt, der entdeckte, daß Strom durch die Kontaktstelle zwischen zwei Supraleitern[12] fließt. So ist die Ansprechzeit eines Gatters unvorstellbar kurz: $^1/_7$ Billiardstel Sekunde. Supraleiter können sehr eng gepackt werden. Ihr Nachteil besteht darin, daß man Temperaturen nahe dem absoluten Nullpunkt erzielen muß, um hochgradige Supraleitfähigkeit zu erreichen. Das bedeutet, daß man die Geräteeinheiten in flüssiges Helium tauchen muß, was nicht gerade ein billiges Verfahren ist. Wenn auf diese Weise aber ein Supercomputer zustande kommt, der fast 100 Millionen Befehle pro Sekunde ausführen kann, sind die Kosten gerechtfertigt.

12 Ein Supraleiter hat gegenüber einem elektrischen Strom einen Widerstand von praktisch Null. Bestimmte Metalle werden supraleitend, wenn man sie bis in die Nähe des aboluten Nullpunktes abkühlt.

zustände erforderlich. Diese Bistabilität wird durch einen optischen Resonator erreicht, Fabry-Perot-Interferometer genannt, der Licht zwischen zwei parallelen Platten reflektiert, um den gewünschten Effekt zu erzielen. Die Anhänger dieser Methode behaupten, daß sie ebenso schnell arbeitet wie die Josephson Junction, aber zusätzlich den Vorteil hat, daß sie mit der Glasfasertechnik kombiniert werden kann.

Auch Laserschaltungen versprechen beschleunigte Schaltgeschwindigkeiten. Laserstrahlen werden in Verbindung mit Antimon verwendet, das die Kraft des Strahls sprunghaft steigert und unglaubliche Schaltgeschwindigkeiten zuläßt.

Infrarotlicht hat sich als taugliches Übertragungsmedium digitalisierter Daten erwiesen. Da es sich wie gewöhnliches Licht verhält, läßt es sich entweder bündeln oder zerstreuen, kann undurchlässiges Material aber nicht durchdringen. Es ist angesichts dieser Charakteristika auf kurze Distanzen sehr wirksam. Das Signal wird von einer lichtemittierenden Diode produziert und von einer Photodiode empfangen. In Europa wurde dieses Prinzip ursprünglich für die Fernsteuerung von Radio- und TV-Apparaten verwendet. Heute findet es zunehmend Anwendung bei Spielzeug und Video-Spielen, bei kabellosen Kopfhörern und kabellosen Telefonen. IBM experimentiert in seinen Züricher Laboratorien mit einem in infrarotes Licht getauchten Raum, der durch ausgeklügelten Einsatz verschiedener Frequenzen Nachrichten zwischen Terminals ohne die Gefahr von Interferenzenbildung hin und her befördern kann. Die kabellose Gesellschaft, so könnte man sagen, bricht an.

Andere Entwicklungen

Es gibt so viele andere Entwicklungen, daß man kaum alle aufzählen kann. Zu den wichtigeren gehören sehr kleine Laser, durch die Computerdaten in Flüssigkristallen, Computersteuerungseinheiten und Blasenspeichersteuerungen gedruckt oder gespeichert werden. Es wird bereits erwogen, kristallisierte Daten bei der Verbesserung computerunterstützter Konstruktionstechniken sowie zur Erhöhung der Wiedergabequalität des Bildtelefons zu verwenden, aber auch zur genauen Betrachtung detaillierter Pläne und Informationstabellen ohne Faksimilereproduktion. Ferner gibt es auch digitale Magnetblasenschaltungen. Mit ihrer Hilfe kann eine große Vielfalt an Information gespeichert werden, einschließlich gesprochener Texte, die ohne bewegliche Teile unverändert wiedergegeben werden können.

Hologramme und selbstprogrammierende Computer sind derzeit Gegenstand der Forschung. Die Zeit von Videokonferenzen mit dreidimensionalen Bildern, die so wirklich aussehen wie das Original, ist vielleicht nicht mehr allzu fern. Noch ist das aber Science Fiction. Die Verwendung von Hologrammen als Speicher hingegen ist schon in greifbare Nähe gerückt und verspricht, der nächste große Durchbruch in Informationsspeicherung und -wiedergewinnung zu werden.

Nachbemerkung

Die Mikroelektronik erlebt so viele Veränderungen, daß es schwer ist, ihren Zustand zu einem bestimmten Zeitpunkt zu beschreiben. Der Verfasser dankt für die Hilfe und den Rat von Wissenschaftlern und anderen Fachleuten des Science Council of Canada, Bell-Northern Research, Northern Telecom, Mitel Corporation, Teleride Corporation of Toronto und der GAMMA-Gruppe von Montreal, ohne deren Hilfe viele der Unterlagen nicht hätten beschafft werden können. Außerdem haben Bell-Northern Research und Mitel die Illustrationen der Glasfasern, der gedruckten Schaltungen, der »intelligenten« Telefone und der VLSI (very large scale integration)-Schaltkreise zur Verfügung gestellt.

IBM hat durch Information und Illustrationen der Entwicklung der Rechentechnik ihrerseits hilfreich zu dieser Arbeit beigetragen. Ein Großteil der Frühgeschichte wurde aus den ausgezeichneten Büchern von B. V. Bowden, *Faster than Thougt,* Pitmon 1953, und G. Fleck, *A Computer Perspective,* Cambridge, Harvard U. P. 1973, bezogen.

Hunderte von Artikeln und Publikationen wurden zu Rate gezogen. Bei Direktzitaten wird die Quelle im Text angegeben. Mehrere Nummern des *Scientific American,* besonders September 1977 und Mai 1980, enthalten jedoch Information über Mikroelektronik, Mikroprozessoren und Speicher, die für jede Arbeit über diese Fachgebiete von grundlegender Bedeutung sind. Ebenso war der *New Scientist* eine wertvolle Informationsquelle über die laufende Entwicklung. *Electronics Journal* und *Canadian Electronics Journal* wurden regelmäßig durchgesehen, und mehrere Artikel, besonders in der Aprilnummer 1979 der ersteren und in der Märznummer 1980 der letzteren, haben nützliches Hintergrundmaterial geliefert. Zu anderen Publikationen, die sich als besonders nützlich erwiesen, zählen *The Industrial Robot* von März und Juni 1980, *Science* vom 23. Mai 1980 und verschiedene Ausgaben von *IEEE Transactions on Computers* von März bis Oktober 1980.

Ray Curnow und Susan Curran

Anwendung der Technologie

Einleitung

Es gibt praktisch keinen Bereich, in dem die Mikroelektronik und die durch sie ermöglichten Techniken heute oder in naher Zukunft nicht angewandt werden können. Diese neue Technologie breitet sich buchstäblich überall aus. Wenn wir uns in den Ausstellungsräumen für neue Produkte umsehen, in zunehmendem Maß auch im Privatbereich, in Büros und Fabriken, in Schulen, Krankenhäusern und im Transportwesen, überall wird der Siliziumchip ein alltäglicher technologischer Baustein. Er mag nicht immer sichtbar in Erscheinung treten und wird häufig in Produktbeschreibungen oder Gebrauchsanweisungen als gegeben hingenommen, doch irgendwo hinter den Schaltern und Hebeln befindet sich immer ein glänzendes Siliziumplättchen!

Das Tempo, mit dem die Mikroelektronik eingeführt wird, schwankt jedoch von einem Anwendungsgebiet zum anderen erheblich. In ähnlicher Weise schwankt auch die Verfügbarkeit der neuen Erzeugnisse und Verfahren von Land zu Land. Der Hauptgrund für die Beschränkung des Tempos ihres Einsatzes liegt nicht etwa darin, daß es schwierig wäre, Bereiche zu finden, in denen die Mikroelektronik nutzbringend wäre, sondern in unserer Fähigkeit, die praktischen Anwendungsmöglichkeiten zu entwicklen und zu nutzen.

Die Handelspolitik und die wirtschaftlichen Verhältnisse jedes einzelnen Landes bestimmen zudem, ob und wann diese neuen Techniken und Produkte zur Verfügung stehen.

Entwicklung von Anwendungsbereichen

In dieser Phase besteht das vorrangige Motiv der Entwicklung von Anwendungsmöglichkeiten nicht so sehr in dem technisch-ökonomischen Vorteil – die Mikroelektronik hat nachweislich sehr große technisch-ökonomische Vorteile in allen möglichen Anwendungsbereichen –, sondern es beruht vielmehr auf dem sogenannten »Imperativ des Notwendigen«. Besonders im militärischen Bereich ist dieser Imperativ die treibende Kraft für eine schnelle Anwendung dieser neuen Technologie.

Eine Analyse des Ausbreitungsmusters früherer und insgesamt weniger wirkungsvoller Technologien zeigt, daß sie im allgemeinen zuerst und vor allem im militärischen Bereich erfolgreich angewendet wurden. Die Suche nach größerer Zuverlässigkeit bei elektronischen Systemen führte zur Entwicklung der ersten integrierten Schaltkreise, und auch die heute möglich gewordene Mikrominiaturisierung ist lediglich ein Ergebnis dieser Suche nach mehr Zuverlässigkeit. Das Kapitel »Mikroelektronik im Krieg« untersucht im einzelnen die Anwendungsweisen und Nutzungsüberlegungen, die diese Brutstätte der beschleunigten technologischen Entwicklung beherrschen.

Eine unvermeidliche Folge dieses Entwicklungsmusters besteht darin, daß die höchsten Kapazitäten im Bereich der Mikroelektronik und deren Anwendung in Ländern zu finden sein werden – und in der Tat bereits zu finden sind –, die sowohl absolut als auch relativ hohe Verteidigungsausgaben haben und über große militärisch orientierte Forschungs- und Entwicklungskapazitäten verfügen. Auch die kommerziellen Forschungs- und Entwicklungsausgaben spielen eine bedeutende Rolle, aber wenn das Forschungsniveau durch die Förderung von militärischer Seite hoch ist, dann wirkt sich dies natürlich auf die Ergebnisse der zivilen Forschungs- und Entwicklungsprogramme aus. Ein Großteil der experimentellen Pionierarbeit ist bereits in diesem ökonomisch gesicherten Bereich durchgeführt worden. Die kommerzielle Entwicklung kann sich nun auf Gebiete konzentrieren, wo erste Ergebnisse vielversprechende Anwendungsmöglichkeiten aufgezeigt haben.

Die Gründer zahlreicher Mikroelektronikunternehmen in *Silicon Valley* in Kalifornien waren früher für die *Fairchild Camera Corporation,* ein führendes Unternehmen der amerikanischen Rüstungsindustrie, tätig, und das ursprüngliche Konzept des integrierten Schaltkreises geht auf das britische *Royal Radar Defence Establishment* vom Jahr 1952 zurück.

Zu den positiven Folgeerscheinungen, die in Form kommerzieller Anwendungsmöglichkeiten indirekt von der militärischen Forschung profitieren, zählen beispielsweise die Luftfahrtmedizin und die Raumforschung. Sie sind von entscheidender Bedeutung etwa bei der Rettung von Tiefseetauchern und bei Dekompressionsproblemen im Tunnelbau. Folgeentwicklungen zeigen sich auch in der Produktion von Materialien mit völlig neuen und nützlichen Eigenschaften. So ist es wahrscheinlich, daß extrem »reine« Substanzen, die als Grundstoffe bei künftigen mikroelektronischen Entwicklungen benötigt werden, unter keimfreien, antimagnetischen und schwerkraftfreien Bedingungen hergestellt werden müssen. Solche Bedingungen sind bis jetzt jedoch nur außerhalb der Erdatmosphäre, im Weltraum, vorhanden.

Wir haben damit bereits zwei Faktoren, welche die Ausbreitung der Mikroelektronik beeinflussen. Erstens die Nähe zum militärischen Forschungsbereich und das Ausmaß, in dem sie von den positiven Folgeentwicklungen profitiert; und zweitens den Rang, den ein bestimmtes Land in Forschung und Entwicklung einnimmt, und zwar sowohl im militärischen als auch im kommerziellen Bereich.

Es ist sicher richtig, daß die OECD-Staaten einschließlich Japans bei der Entwicklung und in der Verwendungsvielfalt der Mikroelektronik wesentlich schnellere Fortschritte machen als der Rest der Welt. Es mag paradox erscheinen, daß Japan, dessen Verteidigungsausgaben im Vergleich zu den USA verschwindend gering sind, jetzt die Vereinigten Staaten in der Mikroelektronik-Branche schwer bedrängt. Das ist allerdings durch die bekannte Fähigkeit der Japaner zu erklären, Neuerungen schnell einzuführen und die moderne Technologie voll zu nutzen.

Selbstverständlich kommt das offene wissenschaftliche Publikationsklima in den USA auch allen OECD-Ländern zugute. Man ist versucht, die langsame Entwicklung der kommerziellen Anwendungsmöglichkeiten in den COMECON-Staaten sowohl der Unbeweglichkeit der Zentralplanung als auch der offensichtlichen Kommunikationslücke zwischen der militärischen und der zivilen Nutzung zuzuschreiben.

Das Tempo der Entwicklung

Jede Betrachtung über das Tempo der künftigen Entwicklung muß die Verhältnisse in den einzelnen Ländern ebenso berücksichtigen wie ihre Position in diesem Bereich der technischen Entwicklung. Viele Länder in der dritten Welt warten noch auf Produkte und Verfahren, die in manchen westlichen Ländern bereits alltäglich sind, und eine Prognose dessen, was in den nächsten zehn Jahren zu erwarten ist, wäre ohne die Berücksichtigung dieser zusätzlichen Dimension sinnlos. Die in der Welt von heute so augenfälligen wirtschaftlichen Mißverhältnisse zwischen einzelnen Ländern werden durch diese Entwicklung sicherlich noch verschärft und stellen ein zusätzliches Hindernis für eine gleichmäßige Ausbreitung von Innovationen dar.

Einige der mikroelektronischen Anwendungsweisen, vor allem im Computerbereich, sind besonders abhängig von weiteren technischen Entwicklungen der Mikroelektronik, zum Beispiel einer

Steigerung der Schaltgeschwindigkeit oder der Integrationsdichte der Komponenten. Das gilt aber nicht für Anwendungsmöglichkeiten in einer Vielzahl anderer Bereiche. Hier liegt das Schwergewicht – etwa bei der Entwicklung von mikroelektronisch gesteuerten Haushaltsgeräten, Unterrichtsmitteln und Behelfen für Körperbehinderte – nicht in der Nutzung der in den nächsten zehn Jahren zu erwartenden Forschungsergebnisse, sondern in der umfassenderen Nutzung der bereits verfügbaren Technologie. Die Entwicklung hinkt hinter der Forschung nach, und der zeitliche Abstand zwischen dem Prototyp im Laboratorium und dem überall in Kaufhäusern und Supermärkten erhältlichen Konsumprodukt wird immer größer.

Anders ausgedrückt, der bestimmende Faktor in dem nun sichtbar werdenden Muster der Ausbreitung der Mikroelektronik ist nicht das, was wir – individuell oder gemeinsam – durchführen *können,* sondern das, was wir durchführen *wollen,* allerdings im Rahmen der ökonomischen Grenzen und Mechanismen unserer Gesellschaft. Im technischen Bereich steht uns bereits eine Vielzahl von Möglichkeiten offen, und nur ganz wenige technisch schwierige Anwendungsmöglichkeiten stoßen noch an technische Grenzen. Letztlich werden die Entscheidungen über Anwendungen im großen Stil nicht nach technischen, sondern nach wirtschaftlichen und sozialen Kriterien getroffen. Die Mikroelektronik wird in den verschiedenen Produkten und Verfahren nicht der aufregenden technischen Aspekte ihrer Konstruktion oder ihrer Ausführungen wegen benutzt, sondern wegen der Vorteile, die sie den Konsumenten und damit den Produzenten bietet. Am schnellsten breiten sich die Verwendungsweisen aus, die wirtschaftlich attraktiv sind.

In diesem Kapitel werden wir uns genauer mit einigen Anwendungsformen der Mikroelektronik befassen, die in gewisser Weise deshalb ausgewählt worden sind, weil sie einige technische und funktionelle Bereiche veranschaulichen, in denen die Mikroelektronik eingesetzt wird. Was aber noch wichtiger ist: sie zeigen die Wege auf, die Gesellschaften mit wettbewerbsorientierter Volkswirtschaft bei ihren Entwicklungsbemühungen einschlagen. Es handelt sich dabei um Erzeugnisse und Dienstleistungen, für die eine nachweisliche oder zu erwartende Nachfrage besteht: und diese Nachfrage ist es, nicht die technische Originalität der Konstruktion, die über den realen Erfolg oder Mißerfolg, über eine weitgehende Aufnahme oder ein schnelles Verschwinden entscheidet. Es gibt keinen Platz für ein Produkt, das vielleicht genial konstruiert ist und ausgezeichnet funktioniert, das aber niemand haben will.

Selbstverständlich gibt es den »Produzentendruck« ebenso wie den »Sog des Marktes«. Angesichts der hohen Investitionen in Forschung und Entwicklung ist es unausweichlich, daß die Halbleiterfirmen sowie die einschlägigen Abteilungen der Gerätefirmen sich alle Mühe geben, neue Märkte zu finden und zu erschließen.

Weiterreichende Auswirkungen

Die Verwendung der Mikroelektronik wirkt sich nicht nur bei spezifischen Produkten aus. Weniger greifbar sind die Auswirkungen der mikroelektronischen Revolution in der sich entwikkelnden Infrastruktur und in den Formen der sozialen Interaktion, dem Lebensstil insgesamt. Sogar die Entwicklung eines Einzelprodukts – beispielsweise des Fernsehens – kann weitreichende Auswirkungen innerhalb der gesamten Gesellschaftsstruktur haben. Eine von der Mikroelektronik beeinflußte Zukunft könnte noch weitergehende Veränderungen bewirken, im Hinblick darauf, wo wir arbeiten, wo und wie wir ausgebildet werden, wie unsere politischen Systeme funktionieren, und so weiter – alles Dinge, die mehr oder weniger von den einfachen technischen Entwicklungen abhängen, welche die Grundlage der Mikroelektronikindustrie bilden.

Bei der detaillierten Untersuchung einiger Anwendungen der Mikroelektronik und mit ihr zusammenhängender Technologien werden wir unser Gebiet in vier Bereiche gliedern, nicht nach technischen Verschiedenheiten, sondern nach dem Umfang der Auswirkungen, die von den mikroelektronischen Anwendungen zu erwarten sind.

Zuerst sehen wir uns die Produkte und die darin befindliche Mikroelektronik an. Zweitens untersuchen wir die Mikroelektronik und ihre Anwendung im Produktionsprozeß. Drittens betrachten wir einige ihrer Auswirkungen auf die ökonomische und soziale Infrastruktur und verschiedene Dienstleistungen. Und viertens prüfen wir die Auswirkungen der Mikroelektronik auf Forschung und Entwicklung. Abschließend werden wir den Versuch machen, zusammenzufassen und einen Überblick zu vermitteln.

Anwendung in Produkten

Bei der Betrachtung des Einsatzes der Mikroelektronik in Fertigwaren muß zwischen bestehenden Erzeugnissen und neuen oder in Entwicklung befindlichen Produkten unterschieden werden. Bei vertrauten, bereits existierenden Produkten ist der Einsatz der Mikroelektronik vor allem eine technische Weiterentwicklung: die neuen mikroelektronischen Schaltkreise treten an die Stelle der früheren Technik und erfüllen im wesentlichen dieselben Aufgaben, nur effizienter. Bei in Entwicklung befindlichen Produkten führt der Einbau von Mikroelektronik zu einem völlig neuartigen Endprodukt. Die Produktdefinition entwickelt sich, wenn sich neue Möglichkeiten zeigen: das Ergebnis ist dann ein von Grund auf anderes Produkt, mit neuen Funktionen oder ganz anderen Funktionskombinationen im Vergleich zur vorausgegangenen Produktgeneration.

Direkte Ersetzung

Die Verwendung mikroelektronischer Schaltkreise anstelle älterer Techniken – elektrischer Schaltkreise auf der Grundlage zusammengelöteter Einzelteile wie Transistoren, Widerstände, Kondensatoren, Relais und so weiter – war die Voraussetzung für die Entwicklung neuer Produkte. Für die vorhandenen Produkte herrscht eine erwiesene und bestimmte Marktnachfrage. Die verbesserten Modelle werden also kaum auf Widerstand bei den Konsumenten stoßen. Hier sind die technisch-ökonomischen Vorteile der Mikroelektronik vielleicht am deutlichsten zu erkennen. Die mikroelektronisch gesteuerten Produkte zeichnen sich dadurch aus, daß sie stärker, zuverlässiger und oft auch kleiner und billiger sind als ihre Vorgänger. Es ist daher nicht erstaunlich, daß sie sich schnell ausbreiten.

Die Entwicklung war besonders schnell in den Bereichen, in denen die Verbesserungsmöglichkeit bestehender Funktionen besonders offensichtlich waren oder in denen aufgrund allgemeiner gesellschaftlicher Entwicklungen zusätzliche Anforderungen an das Produkt gestellt werden. Ein typisches Beispiel dafür ist die Uhrenindustrie. Die neue Technologie erfaßte innerhalb weniger Jahre weltweit mehr als die Hälfte aller Unternehmen. Das ist ein besonders interessanter Fall, da die vier hintereinandergekoppelten Funktionselemente einer Uhr (der periodische Impuls, die Umwandlung dieser Periodizität in menschliche Zeit, die sichtbare oder hörbare Anzeige und die Erneuerung des periodischen Impulses durch eine Energiequelle – beispielsweise eine Solarzelle) alle durch mikroelektronische Substitute verdrängt wurden. Der Übergang ist bereits zu fünfzig Prozent erfolgt, und die Mikroelektronik dringt immer weiter vor. Von den 350 Millionen Uhren, die im Jahre 1981 hergestellt werden, sind sechzig Prozent quarz- oder oszillatorgesteuert.

Ein weiteres Beispiel ist die Autoindustrie. Strengere Begrenzungen der Emissionswerte sowie der wegen der explodierenden Ölpreise notwendige sparsamere Brennstoffverbrauch beschleunigten das Entwicklungstempo für mikroelektronische Geräte zur Steuerung dieser Funktionen. Ein weiterer, wenn auch weniger dramatischer Bereich für den Einsatz mikroelektronischer Steuereinrichtungen sind Waschmaschinen, Kühlschränke, Elektroherde und andere Haushaltsgeräte. Viele neue Elektroherde, die in den westlichen Industriestaaten auf den Markt kommen, rühmen sich bereits dieser technischen Verbesserungen. Und im Büro sind Photokopiergeräte und Verkaufsautomaten Beispiele für Einzelprodukte, mit denen die Benützer relativ unzufrieden waren und bei denen die Anwendung der Mikroelektronik zur Steuerung der üblichen Funktionen Qualität und Zuverlässigkeit verbessert hat.

Weiterentwicklung von Produkten

Das Photokopiergerät ist ein typisches Beispiel für ein »sich entwickelndes« Produkt. Besonders am unteren Ende der Preisskala führt die Anwendung von Mikroelektronik zur Steuerung des Kopiervorgangs einfach zu einem besseren und billigeren Photokopiergerät: es tut das, was auch die früheren Photokopiergeräte taten, aber besser und genauer. Bei den höher entwickelten Produkten führt die Entwicklung integrierter Bürosysteme praktisch zum Verschwinden des großen Hochleistungskopierers als separates Bürogerät. Das sogenannte »intelligente« Kopiergerät kann dem Benützer nicht nur anzeigen und mitteilen, wenn der Vorrat an Papier oder Farbstoff zu Ende geht, sondern stellt auch noch eigenes Fehlverhalten fest, stellt Kopien dort her, wo sie benötigt werden, und/oder sendet elektronische Kopien an anderswo aufgestellte Ausgabegeräte. Kopiergeräte übernehmen Entscheidungsfunktionen, die früher Aufgabe des Computers waren, während die Computer und Textverarbeitungsgeräte ihrerseits Funktionen des Kopierers übernehmen. Der einfache Vorgang der Bildreproduktion ist von dem System, das den Informationsfluß innerhalb des Unternehmens steuert, übernommen worden. Ob das Bild auf Papier oder in elektronischer Form reproduziert wird, ob das Dokument bereits existiert oder erst hergestellt oder geändert werden muß – das sind funktionale Fragen, die das automatisierte Büro auf völlig andere Weise löst.

Ähnlich entwickelt sich die Taschenrechnerindustrie. Der Taschenrechner selber wird häufig als eines der wirklich *neuartigen* Produkte angeführt, die durch mikroelektronische Technik geschaffen worden sind. Die bis dahin existierenden mechanischen, elektrischen und später elektronischen Rechengeräte waren kompliziert und kostspielig, also in ihren Verwendungsmöglichkeiten äußerst begrenzt. Das Auftauchen des Taschenrechners hat einen völlig neuen Markt erschlossen. Diese Geräte werden nun an Menschen verkauft, die früher nie den Kauf eines elektronischen Rechners auch nur erwogen hätten.

Heute hat der Taschenrechner, preislich gesehen, den absoluten Tiefpunkt erreicht und eigentlich schon den Charakter einer Wegwerfware. Viele Menschen im Westen kaufen dieses Produkt sozusagen nebenbei. Und angesichts der Herausforderung, überleben zu müssen, agierte die Industrie mit der Entwicklung neuer Produkte, welche die Rechenfunktionen mit anderen, ebenfalls durch die mikroelektronische Technologie möglich gewordenen Funktionen verbanden. Diese neuen Erzeugnisse reichen von ernsthaften und praktischen Dingen (dem Einbau einer Weck-, oder Stoppuhr; der Ausweitung der Speicherkapazität; der Entwicklung eines programmierbaren »Taschenrechners« mit einem kompletten alphanumerischen Tastenfeld, heute zu dem Preis erhältlich, den man vor fünf Jahren für einen einfachen Taschenrechner bezahlte) bis hin zu Spielereien (Geräten zur Berechnung von Horoskopen, Biorhythmen und so weiter). All dies sind in Entwicklung befindliche Produkte mit neuen Funktionskombinationen, um damit das Interesse eines launenhaften, schnell übersättigten Marktes auf sich zu lenken.

Die durch mikroelektronische Schaltkreise ermöglichte Verkleinerung ist von wesentlicher Bedeutung für diese Funktionserweiterung. Ein neues Produkt mit vier oder fünf verschiedenartigen, miteinander verbundenen Funktionen kann kleiner sein als das bloß eine Funktion erfüllende elektronische Produkt, das es ersetzt. Die geringe Größe mikroelektronischer Steuerelemente bedeutet aber auch, daß sie an Stellen verwendet werden können, wo die früheren elektronischen Schaltkreise zu unförmig gewesen wären. Viele Beispiele sind im paramedizinischen Bereich zu finden. Die vielleicht aufregendste Aussicht ist die Entwicklung und Verfeinerung von Geräten, die Sinneseindrücke – optische oder akustische – in elektronische Impulse umwandeln, die auf das Gehirn übertragen werden können. Mit diesen mikroelektronischen »Augen« und »Ohren« – die sich allerdings erst in Entwicklung befinden – werden Blinde wieder sehen und Taube wieder hören können.

Viele derzeit in Erprobung befindliche paramedizinische Produkte weisen einen bestimmten Grad von »Intelligenz« auf: und gerade in diesem Bereich ist eine zunehmende Weiterentwicklung zu erwarten. Das Wesen des Computers besteht im Gegensatz zum Rechengerät darin, daß er die Ergebnisse vorangegangener Rechenoperation berücksichtigt, ohne daß der Benützer das Zwischenergebnis eingeben muß; das wird auch bei vielen anderen Produkten der Fall sein, die sich mikroelektronische »Intelligenz« zunutze machen.

Im medizinischen Bereich zählen dazu Herzschrittmacher, die sich automatisch an Änderungen des Herzzustandes des Patienten anpassen, sowie »intelligente« Rollstühle, denen man beibringen kann, sich selber zu lenken. Im Haus wird es Klimaregelungsanlagen geben, die auf Umweltbedingungen reagieren und Heizung und Klimaanlage automatisch entsprechend regulieren. »Kluge« Sicherheitssyseme können so »abgerichtet« werden, daß sie nur auf spezifische Signale des befugten Benutzers reagieren, wie beispielsweise Stimme oder Fingerabdrücke oder individuelle Codes. Der Heimcomputer wird selbstverständlich ein allgemein vertrautes Produkt werden, wenn der Preis soweit sinkt, daß das Gerät auch für viele Privatkonsumenten erschwinglich wird.

Das Tempo der Einführung

So wie die bereits existierenden Produkte im großen und ganzen schneller auf Mikroelektronik umgestellt wurden, als die neuen Produkte sich entwickelten, paßte sich auch das Einzelprodukt schneller an als größere, integrierte Systeme. So macht beispielsweise das Telefonsystem große, verhältnismäßig langfristige Kapitalinvestitionen erforderlich, und es ist wohl kaum möglich, ein landesweites System gleichsam über Nacht total auf die mikroelektronische Technologie umzustellen. Die Umstellung muß stufenweise erfolgen, und die neu eingeführten Geräte müssen mit den alten vereinbar sein. So werden Telefonzentralen des neuen Typs in die vorhandenen Systeme integriert.

Die mit Mikroelektronik ausgestatteten Zusatzeinrichtungen und Verbesserungen des Telefonsystems nehmen ebenfalls schnell zu. Dazu gehören Anrufbeantworter, Tastenwahl und Einrichtungen zur Speicherung oder Umlegung ankommender Anrufe.

Ähnliche, das Tempo der Einführung berührende Faktoren sind Konstruktion und Umlauf der Produkte. Bei vielen langlebigen Konsumgütern wie Waschmaschinen, Fernsehgeräten, Kraftfahrzeugen und anderen dürfte der Zeitraum vom Planungsstadium eines neuen Produkts bis zur Massenfertigung sehr lang sein. So hat ein Kraftfahrzeug eine durchschnittliche Entwicklungsphase von sieben Jahren, ehe es zur Produktion kommt, und bei Waschmaschinen dauert es etwa drei Jahre.

Man hätte erwarten können, daß mikroelektronisch verbesserte Modelle dieser Produkte sehr schnell auf dem Markt auftauchen würden. In der Praxis aber hat eben die Lebensdauer des Produkts diese Auswirkungen verzögert. Praktisch alle derzeit im Entwurfsstadium befindlichen Produkte werden die neuen Techniken jedoch enthalten.

Die sofortige Verfügbarkeit bestimmter Komponenten wirkt sich ebenfalls auf das Tempo der Anwendung mikroelektronischer Technologien aus. Der Mikroprozessor, mit seiner bemerkenswerten Fähigkeit, die Funktionen fast jedes elektronischen Schaltkreises zu übernehmen und sich für wechselnde Erfordernisse umprogrammieren zu lassen, wird in Zukunft wahrscheinlich ein Standardbauteil vieler Produkte sein. Andere wichtige Bauteile, wie Anzeigen, Sensoren, Schalter, Verbindungselemente, Tastaturen und so weiter, müssen allerdings ebenfalls berücksichtigt werden. Mit der weiteren Entwicklung des Marktes werden die Lieferschwierigkeiten (in den letzten Jahren ein ernstliches Problem) eine Sache der Vergangenheit werden. Ferner müßten die Hersteller zu einer weitergehenden Einigung über die Normen kommen. Die Funktionen vieler verschiedener Produkte sind identisch, und der Normierungsprozeß wird heute auf dem Markt bereits sichtbar.

Rechenkapazität

Wie groß die Vielfalt der Produkte auch sein mag, bei denen mikroelektronische Bausteine Verwendung finden, der wichtigste Anwendungsbereich – also der Bereich, in dem die größten Fortschritte in bezug auf Kapazität, Vielfalt und Wirkungsgrad erzielt wurden – ist wohl der der Computer. Nicht nur, daß der herkömmliche Hauptrahmencomputer (»mainframe«) die zusätzliche Dichte des Mikrochips voll genutzt hat, es steht nun auch technisch eine unglaubliche Rechenkapazität in Form von Geräten zur Verfügung, die nur wenige hundert Dollar kosten. Gewiß, die Zusatzeinrichtungen für solche Computer sind noch verhältnismäßig kostspielig, da Massenspeicher wie Bänder oder Platten immer noch bewegliche Teile erfordern, ebenso die meisten Drucker. Allerdings gibt es bereits kontaktfreie Drucker (bis zur Massenproduktion allerdings noch zu relativ hohen Preisen) sowie nichtbewegliche Massenspeicher wie etwa die Blasenspeicher.

Diese neue Art von Zusatzeinrichtungen beruht auf verwandten Techniken, die erst durch die Entwicklung der Mikroelektronik ermöglicht wurden, und sie ist ein gutes Beispiel für den Typ des völlig neuen, durch die Mikroelektronik geschaffenen Produkts. Das Farbstrahldruckverfahren, bei dem ein Farbstrahl auf magnetischem Weg so gelenkt wird, daß er Zeichen oder Zeichnungen hervorruft, verdankt seine Existenz den heute zur Verfügung stehenden mikroelektronischen Regeleinrichtungen, die dieses Verfahren technisch ermöglichen und rentabel machen. Auch die laser-xerographische, kontaktfreie Druckstraße ist dadurch möglich geworden. Beide Technologien ermöglichen schriftsatzlose One-Line-Änderungen des Druckformats und sind viel flexibler als die herkömmlichen Druckmethoden.

Auch die Übertragung durch Glasfasern stellt eine wichtige neue Technologie dar, die durch die Verwendung mikroelektronischer Regeleinrichtungen zustande gekommen ist. Diese Technik wird bereits für interne Kommunikationssysteme in Bürohäusern angewandt, aber bei Bedarf auch als Zusatzeinrichtung in Fernmeldewesen.

Anwendung in Produktionsverfahren

Nach der Besprechung der verschiedenen Endprodukte, die unterschiedlich schnell in der ganzen Wirtschaft Verbreitung finden, natürlich auch unterschiedlich schnell in den verschiedenen Gesellschaften, sind nun die verschiedenen Verfahren zu betrachten, mit deren Hilfe sie hergestellt werden, sowie die Auswirkungen der Mikroelektronik auf diese Verfahren. Auch dies wird sich als bedeutender Sektor für die Anwendung der Mikroelektronik erweisen.

Mechanisierung und Automatisierung

Ein wichtiger Aspekt bei der Herstellung von Massengütern im allgemeinen und Massenkonsumgütern im besonderen ist die Tatsache, daß sie stets Produkte der Fertigungsindustrie gewesen sind. Die ständige Weiterentwicklung der Produktionsverfahren hat zu einen ziemlich hohen Grad der Mechanisierung geführt, beispielsweise in der Entwicklung des Fließbandes. Aber genau genommen bildete hier die menschliche Arbeit das Rückgrat dieser Produktionsweise.

Die Einführung mikroelektronischer anstelle elektronischer Schaltkreise und anderer älterer Technologien hat zu einer drastischen Verringerung der Zahl der für ein durchschnittliches Fertigungsprodukt erforderlichen Fertigungsschritte geführt. Dies wiederum eröffnet die Möglichkeit der Vollmechanisierung, ja der

Vollautomation des Fertigungsverfahrens. Durch den Einsatz von Mikroelektronik wird es ferner möglich, für jede Phase des Produktionsprozesses und für die Fertigung jedes Zulieferteils eigene Recheneinheiten einzusetzen. Das Zusammenwirken dieser beiden immer schneller zunehmenden Fähigkeiten hat zur Folge, daß sich die Vollautomation in diesen Produktionszweigen schnell ausbreitet. So werden bereits mehrere Automontageanlagen mit Produktionsrobotern ausgestattet, wodurch verschiedene Modelle auf derselben Taktstraße zusammengesetzt werden können.

Allerdings ist eine allgemeine Feststellung in bezug auf all diese integrierten Produktionssysteme angebracht, bei denen Produktion, Verwaltung und Lagerhaltung einer einzigen, oft zentralisierten Leitungshierarchie unterstehen. Das Hauptproblem bei der Umorganisierung besteht darin, daß die heutigen Formen, Größenordnungen und Methoden dieser Vorgänge den bisher verfügbaren Techniken gemäß entwickelt wurden und daß sich der Vorgang der Computerisierung nicht leicht auf Systeme übertragen läßt, die auf völlig anderen Grundlagen beruhen. Obwohl sich die vollintegrierten Systeme bereits abzeichnen, ist anzunehmen, daß ihre volle und wirtschaftlich optimale Einführung erst nach einer umfassenden Umstrukturierung der Unternehmen möglich sein wird. So wurde die Auffassung geäußert, daß jeweils ein ganzer Wirtschaftssektor ein gemeinsames Produktionszentrum unterhalten wird und daß Wettbewerb der Firmen nur noch im Marketing bzw. im Wartungs- und Dienstleistungssektor stattfinden wird. Ein derartiges Szenarium mag weit hergeholt erscheinen (obwohl es in der Petrochemie bereits Tatsache ist), und so ist es eher wahrscheinlich, daß Branchenneulinge, unbelastet von früheren Fabrikationsentscheidungen, alle Vorteile genießen werden, wenn sie in einer florierenden Wirtschaft Fuß fassen.

Die schnelle Einführung der Vollautomatisierung bei der Erzeugung von Massengütern hat vielleicht die Möglichkeit übersehen lassen, solche flexiblen automatischen Verfahren auch in der Kleinserienproduktion anzuwenden – in Produktionsbereichen, die bisher von der Mechanisierung oft kaum berührt wurden. Diese Automation »im kleinen Maßstab« ist bisher weitgehend begrenzt geblieben auf Produktionsverfahren mit einem sehr hohen Wertzuwachs, wie Computererzeugnisse oder Rüstungsgüter. Sobald das Management die durch die Mikroelektronik mögliche Umorganisierung der Produktionsverfahren voll erkennt, wird wohl angesichts der im Gange befindlichen Vereinfachung der Computerverfahren der größte Teil der maschinell erzeugten Einzelprodukte auf diese Weise hergestellt werden, und zwar weitgehend unabhängig vom Umfang der Produktionsserien. Es gibt auch interessante Möglichkeiten für den Einsatz mikroelektronisch verbesserter Produktionsmethoden in anderen Industriezweigen wie Bekleidungs- und Schuhindustrie, wo schon heute automatisch vorgenommene Größenänderungen die Zuschneidemethoden revolutionieren.

Computerunterstützte Herstellungs- und Konstruktionsmethoden

Die Tendenz zur Integration von computerunterstützter Herstellung (computer aided manufacturing – CAM) und computerunterstützter Konstruktion (computer aided design – CAD) ist ebenfalls steigend. Auch diese Verfahren wurden erstmals in der Rüstungsindustrie bzw. bei hochwertigen Investitionsgütern angewandt, werden aber sicherlich auf die verschiedensten Produktionsbereiche übergreifen.

Computerunterstützte Konstruktion (CAD) ist der ältere Terminus, computerunterstützte Herstellung (CAM) der jüngere. Die CAD-CAM-Kombination ist nicht nur praktikabel, sondern wünschenswert, wobei der Ausstoß der erstgenannten die letztere regelt. Zurzeit sind die Hersteller informationstechnischer Anlagen die wichtigsten Kunden ihrer eigenen Produkte, da sie die führenden CAD-CAM-Benützer sind.

Es ist kein Zufall, daß Fujitsu mit seinen neuesten FAMUM-Systemen zu den führenden CAD-CAM-Lieferanten zählt. Die Verflechtung der japanischen Industriegiganten verstärkt deren innovative Fähigkeiten. Die Anwendung in der Automobilmontage ist bereits erwähnt worden, aber auch im Bereich der Luft- und Raumfahrttechnik, einem repetitiven, aber hochwertigen Montageverfahren, hat das CAD-CAM-System bereits einen sicheren Platz.

Die Metallindustrie, die sowohl die Maschinenbauindustrie als auch die metallverarbeitende Industrie umfaßt, ist für die Vollautomatisierung mehr als reif. Die Auswirkungen werden hier besonders deutlich werden, ebenso die dadurch geschaffenen Chancen für neue Produkte. Es ist interessant, daß bereits die Einzig-Analyse aus dem Jahr 1957 auf die Nachteile der damals aufkommenden Automation hinweist: nämlich auf hohe Kapitalinvestitionen, schnelles Veralten, geringere Auswahl und erhöhte Störanfälligkeit. Nun bietet die Mikroelektronik jene zusätzliche Flexibilität, die diese Nachteile in Vorteile verwandelt. Eine solche Umstrukturierung der Metallindustrie erfordert natürlich große

Anstrengungen, ganz zu schweigen von der damit einhergehenden Umstrukturierung des Arbeitsmarktes.

Zusammenfassend kann man sagen, daß die Fabrik der Zukunft weitgehend automatisiert sein wird. Der Großteil der Arbeit wird von Maschinen verrichtet werden und, was besonders wichtig ist, die Automation wird flexibel sein. Die höchstentwickelte Form der nichtflexiblen Automation ist die Transferstraße. Eine Reihe von Werkzeugmaschinen, jede von Computern gesteuert, bearbeitet ein Werkstück, das sich auf einem Fließband von einer Maschine zur nächsten bewegt. Diese für die Herstellung von Massenprodukten typische Ausrüstung erfordert besonders hohe Investitionen.

Maschinenkomplexe sind numerisch computergesteuerte (computer numerically controlled – CNC) Werkzeugmaschinen, die mehrere oder alle vier wichtigsten Metallbearbeitungsweisen ausführen können, nämlich Walzen, Schleifen, Bohren und Drehen. Sie können mit bis zu vierzig verschiedenen Werkzeugen ausgestattet werden. Während ein Werkzeug in Betrieb ist, wird das nächste bereits automatisch für den folgenden Arbeitsgang vorbereitet.

Flexible Produktionssysteme benutzen Maschinenkomplexe und Industrieroboter, die so miteinander gekoppelt sind, daß sich die zu bearbeitenden Teile in verschiedener Reihenfolge computergesteuert von einem Komplex zum anderen bewegen. Die Maschinenkomplexe und die flexiblen Produktionssysteme ermöglichen die kontinuierliche Herstellung verschiedener Produkte in kleineren Serien.

Der Hinweis erübrigt sich, daß sich auch bei der Herstellung von Massenprodukten wichtige Entwicklungen abzeichnen. Die Bedeutung des flexiblen Produktionssystems liegt darin, daß es die Herstellung maßgeschneiderter Produkte möglich macht. Entscheidend ist dabei das Programm, das das ganze System regelt – mit anderen Worten: die *Software.* Nachdem die Konstruktionsprobleme gelöst sind, und mit zunehmender Wirtschaftlichkeit des computerunterstützten Designs und Entwurfs, wird ein voll integriertes Fabrikationssystem zur Verfügung stehen, in dem Verarbeitung, Lagerhaltung, Managementinformation und Büroarbeit mit computerisierten Anlagen und Geräten durchgeführt werden können.

Verfahrenstechnik

In Industriezweigen, die mit Verfahrenstechniken arbeiten, wie der Erdöl-, Petrochemie-, Plastik- und Glassektor, machen sich die Auswirkungen der Mikroelektronik in Form revolutionärer technischer Neuerungen bei Instrumenten und Regelanlagen bemerkbar. Heute gibt es viele neue Sensoren, die auf angezeigte Veränderungen im Produktionsprozeß direkt elektronisch reagieren. Es gibt bereits Festkörpersensoren, die auf Temperatur, auf Druck oder auf die Konzentration bestimmter einfacher Moleküle reagieren. Vorprogrammierte mikroelektronische Schaltkreise oder gar Mikroprozessoren ermöglichen die Umwandlung von Lokalsignalen in eine für die Zentralregelung geeignete Form. Auf diese Weise konnten die wichtigsten wirtschaftlichen und technischen Hindernisse, die einer kontinuierlichen Steuerung von Verfahrenstechniken im Wege standen, in ähnlicher Weise beseitigt werden, wie dies in der metallverarbeitenden Industrie der Fall war.

Ein weiterer wirtschaftlicher Anreiz für die Automation von Verfahrenstechniken ergibt sich aus der sprunghaft gestiegenen Fähigkeit, auf wesentlich größere Schwankungen der Rohstoffqualität zu reagieren. Auf diese Weise wird in einer petrochemischen oder chemischen Anlage bei leicht unterschiedlichen Eingangssubstanzen die Notwendigkeit der Zumischung verringert; die Fähigkeit, leicht differierende Abfallprodukte für die Wiederaufbereitung zu mischen, nimmt zu. Die Situation bei den Verfahrenstechniken entspricht exakt den zusätzlich möglich gewordenen schrittweisen Verfahren, z. B. bei der Montage in der Metallindustrie. Zulieferteile mit größeren Toleranzen können so ausgewählt werden, daß sich in der Endmontage dieselben oder günstigere Toleranzen als zuvor ergeben. Diese beiden Beispiele verweisen auf eine Eigenschaft all dieser neuen, Mikroelektronik benützenden Techniken: ihre Fähigkeit, logische Vernunft, sogenannte »Intelligenz«, in den Arbeitsbereich einzuführen.

Weitere Anwendungen in laufenden Produktionsverfahren

Die Primärindustrie, vor allem der Bergbau, profitiert bereits von der verstärkten Automation der mechanischen Förderung und der Verarbeitung der gewonnenen Rohstoffe. Verarbeitung an der Abbaustelle ist nunmehr in verschiedenen Erzbergbaubetrieben praktikabel geworden; besonders interessant sind in diesem Zusammenhang groß angelegte Versuche mit Kohleverbrennung im Flöz.

Verschiedentlich befinden sich Erz- und Mineralvorkommen in Gegenden, die für den Einsatz menschlicher Arbeitskraft nicht geeignet sind; aus diesem Grund galten bisher verschiedene Vorkommen als nicht wirtschaftlich abbaubar. Die Automatisierung beseitigt dieses Hindernis und erhöht damit Anzahl und Umfang der nutzbaren Vorkommen erheblich.

Eine weitere, oft übersehene Entwicklung in diesem Bereich ist die zunehmende Fähigkeit von Telesensorgeräten, wirtschaftlich oder strategisch bedeutsame geologische Lagerstätten ausfindig zu machen. Sie können das elektromagnetische Spektrum so abtasten, daß sich feststellen läßt, welche Art von Lagerstätten sich nahe der Oberfläche befindet. So werden immer häufiger kombinierte Boden-, Luft- und Weltraum-Vermessungstechniken angewandt.

Diese Beobachtungstechniken spielen auch eine wichtige Rolle bei der Warnung vor Überschwemmungen, bei der Erdbebenprognose, bei Wetter- und Erntevorhersagen sowie bei anderen räumlichen Faktoren. Die ehemals hohen Kosten für die Beschaffung und Kollaudierung umfangreicher einschlägiger Daten werden immer weiter gesenkt. Gleichzeitig kommt es zu einer grenzüberschreitenden Zusammenarbeit, um auch international einen institutionellen Rahmen für die volle Nutzung dieser neuen Möglichkeit zu schaffen.

In der Landwirtschaft sind gewaltige Vorteile von der Anwendung besserer Sprühmethoden zu erwarten, die mit Hilfe der Mikroelektronik gezielter eingesetzt werden können. Auch die Anbaumethoden werden geändert. Es ist heute bereits möglich, jeden Schößling mit der Dosis an Nährstoffen zu versorgen, die er, je nach Bodenbeschaffenheit, braucht. Sie wird durch elektronische Sensoren zum Zeitpunkt der Anpflanzung gemessen und errechnet.

Ebenso erstaunlich ist die raschere Züchtung neuer Pflanzen- und Tierarten, die dadurch ermöglicht wird, daß den Genetikern größere Rechenkapazitäten zur Verfügung stehen. Sehr wichtig werden auch die weltweit sich ausbreitenden Methoden zum besseren Schutz der Anbauflächen, die in besonderem Maß der Überwachung von Glashäusern und Bewässerungssystemen sowie dem Schutz der eingelagerten Ernten dienen. Die großen Verluste bei Massenfeldfrüchten wie Getreide müßten zurückgehen, sobald die neuen, durch die Mikroelektronik ermöglichten Überwachungsmethoden allgemein eingesetzt werden.

Freilich ist die Verwendung der Mikroelektronik in der Landwirtschaft kostspielig. Sie macht überdies eine Infrastruktur erforderlich, die bei weitem über die der »grünen Revolution« hinausgeht. Die Möglichkeit, hochwertige Ernten außerhalb der Saison zu erzeugen, oder die Notwendigkeit, früher nicht zu bewirtschaftende Anbauflächen landwirtschaftlich zu nutzen, stellen hohe Anforderungen, die zu einem breitgestreuten Einsatz der Mikroelektronik in den fortgeschrittenen Volkswirtschaften führen wird. Gesteigerte Ernteerträge bei Produkten wie Reis, Weizen oder Mais werden zwangsläufig zu Angebots- und Nachfrageproblemen führen und die Aufmerksamkeit auf Fragen der Verteilung und der Kaufkraft lenken.

Auswirkungen auf die Infrastruktur

Wenn wir die Auswirkungen der Mikroelektronik auf die Infrastruktur einer Gesellschaft betrachten, müssen wir praktisch alle Dienstleistungssysteme, die das Skelett des Gesellschaftskörpers bilden, in unsere Überlegungen einbeziehen. Dazu gehören nicht nur der Regierungs- und Verwaltungsapparat auf allen Ebenen, den örtlichen und überregionalen, ja sogar den internationalen, sondern auch die öffentlichen Versorgungsbetriebe, das Finanzsystem sowie die großen Dienstleistungsbetriebe in den Bereichen Verkehr, Energie und so weiter.

Das all diesen verschiedenartigen Bereichen Gemeinsame ist ihre Verflochtenheit: sie alle stellen ein riesiges Unternehmen dar, das einer noch größeren Öffentlichkeit dient. Die Kommunikation innerhalb des Unternehmensnetzes und zwischen Unternehmen und Öffentlichkeit ist entscheidend für ein reibungsloses Funktionieren. Kommunikation beruht auf Information. Es ist daher kein Zufall, daß das Geflecht der Technologien, dessen Zentrum die Mikroelektronik bildet, immer häufiger als Informationstechnologie bezeichnet wird.

Der Informationsfluß

Die Konvergenz von Informationsverarbeitung (die Aufgabe des Computers und des Textverarbeitungsgeräts) und Kommunikationswesen (das zunehmend vom Fernmeldewesen beherrscht wird, welches wiederum ein entscheidender Teil der gesellschaftlichen Infrastruktur ist) hat zu einer revolutionären Veränderung der Qualität des Informationsflusses geführt. Heute steht mehr Information zur Verfügung und kann effizienter und flexibler verarbeitet, schneller übermittelt und verarbeitet werden als je zuvor. Durch die rationellere Gestaltung der »Lebensadern« der gesellschaftlichen Infrastruktur, des Informationsflusses, wird die Mikroelektronik wahrscheinlich zu kumulativen und massiven Veränderungen der Organisation und der Verwaltung in jeder Gesellschaft führen. Auf ein effizienteres Informationssystem gestützt, könnte die vorhandene Bürokratie sicherlich bessere Dienstleistungen für die Öffentlichkeit erbringen. Intern könnte die dem einzelnen zugängliche bessere Information unnötige Mühe ersparen und die bürokratischen Vorgänge durchsichtiger machen. Damit ist nach außen hin der technische Rahmen für eine schnelle und wirksame Kommunikation mit der breiten Öffentlichkeit geschaffen.

Allerdings besteht ein wesentlicher Unterschied zwischen dem, was technisch machbar ist, und dem, was gesellschaftlich und institutionell durchführbar ist. So hat die Informationstechnologie häufig eine dezentralisierende Wirkung und führt zur Einebnung der Machthierarchie. Obwohl das theoretisch wünschenswert erscheinen mag, übersieht man dabei in der Praxis zweierlei: Viele Menschen scheuen die Verantwortung, sei es instinktiv oder weil sie nicht dazu erzogen worden sind. Andere wiederum versuchen, ihre Machtpositionen um jeden Preis aufrechtzuerhalten.

Zwar mag die Verschmelzung einer Post-, Telegraphen- und Fernmeldeverwaltung mit anderen Tätigkeitsbereichen technisch möglich und ökonomisch wünschenswert sein, sie bringt aber so viele juristische, verfassungsrechtliche und administrative Probleme mit sich, daß man hier auf einen langsamen Fortschritt gefaßt sein muß. Dies könnte vor allem dann der Fall sein, wenn Probleme der grenzüberschreitenden Zusammenarbeit auftauchen, wie sie sich bereits in den komplizierten Beziehungen zwischen den einzelnen Post- und Telegraphenverwaltungen und den mit Satelliten arbeitenden Fernmeldeunternehmen abzeichnen. So werden beispielsweise die Einnahmen aus dem Unterseekabel-Fernmeldebetrieb je nach Bau- und Betriebsanteil aufgeteilt, während die Aufteilung der Einnahmen aus einem gemischten Satelliten-Kabel-System wesentlich kompliziertere Preis- und Nutzungsabkommen erfordert.

Staatliche Verwaltungen und öffentliche Dienstleistungsunternehmen sind zunehmend besser geeignet, die Reaktionen der Öffentlichkeit auf geplante Entwicklungen sowie auf bereits ausgeführte Beschlüsse und deren Auswirkungen zu sondieren. Im Extremfall könnte eine solche technische Möglichkeit zur Entwicklung einer Staatsform führen, die auf »Blitzumfragen« beruht, eine Möglichkeit, die das Gesicht der demokratischen Gesellschaften sehr verändern könnte. Ob die Möglichkeit zur sofortigen Abrufung von Reaktionen zu einer Gesellschaft führt, die den Wünschen der an ihr Beteiligten besser entspricht, oder zu einer Reihe dramatischer Fluktuationen, muß sich erst herausstellen. Die in verhältnismäßig kleinem Maßstab durchgeführten Experimente der Meinungsforschung, die in einigen westlichen Ländern durchgeführt werden, könnten zur Beantwortung dieser Frage beitragen.

Der Gedanke der »Blitzumfragen« ist nicht neu, aber die Mikroelektronik bietet jetzt die Möglichkeit, derartige Befragungen umfassender und billiger durchzuführen. Eines der Hauptprobleme besteht darin, daß viele Länder mit hohem Kostenaufwand und über längere Zeiträume verschiedene Kontroll- und Kompensationsmechanismen in die Massenmedien und die staatlich lizenzierten Rundfunkanstalten eingebaut haben. Die technischen Möglichkeiten für neue Medien sind überraschend. Es ist aber keineswegs sicher, daß ein Mißbrauch dieser neuen Medien vermieden werden kann. Die jüngsten Debatten in der UNESCO über die Aufgabe der Presse und anderer Medien zeigen, daß aus staatlicher wie aus kultureller Sicht unterschiedliche Auffassungen in bezug auf die nationalen und internationalen Medien existieren. Da es bald ein Satellitenfernsehen geben wird, das über ganze Kontinente einheitliche Programme ausstrahlt, werden diese Fragen uns noch lange beschäftigen.

Die meisten Medien haben heute einen übergreifenden Charakter, wie etwa Rundfunk und Fernsehen, Zeitungen und Zeitschriften, während die zwischenmenschlichen Medien, wie Post und Telefon, von geringerer Reichweite sind. Billige Terminals mit einfachen Rechenfunktionen machen nun anhand von Telefonsystemen oder Funk interaktive Netzwerke möglich, durch die mehrere Personen direkt miteinander Kontakt aufnehmen können. Die schnelle Verbreitung des öffentlichen Sprechfunks (CB-Funk) im Westen zeigt, daß ein aufgestauter Bedarf nach einer solchen Dienstleistung besteht, und man kann sich sehr wohl einen Textversanddienst vorstellen, der parallel zum Sprechdienst besteht. Bereits weit verbreitet ist eine derartige Verwendung der Heimcomputer, trotz ihrer noch relativ geringen Kapazität. Vielleicht werden solche interaktive Verbundsysteme in Zukunft zu eminenten sozialen Organisationsfaktoren werden. Ob solche Netze zu einer Integration der Sozialstruktur oder zu deren Zersplitterung beitragen, ist eine noch offene, aber wichtige Frage. Aus gesellschaftlicher Sicht besteht hier eine Parallele zu den erweiterten Möglichkeiten staatlicher Zentralisierung bzw. Dezentralisierung. Im Grunde genommen geht es hier um die Frage des Einblicks in das Gesamtgeschehen.

Das mikroelektronisch geregelte informationstechnische Netz kann natürlich nicht nur Informationen übermitteln, sondern z. B. auch für die Überweisung von Geld eingesetzt werden; auch dies würde staatliche Einrichtungen zugute kommen. Das Girosystem für Geldüberweisungen, insbesondere zur Überweisung von

Sozialversicherungsleistungen, das heute in Westeuropa üblich ist, wird durch mikroelektronisch gesteuerte Computersysteme erheblich verbessert. Die Feststellung erübrigt sich, daß diese Systeme auch im kommerziellen und finanziellen Bereich eingesetzt werden können. Die immer häufiger werdende elektronische Geldüberweisung stellt Banken und Geldinstitute heute schon vor große Probleme.

Veränderungen bei der Abwicklung des Geldverkehrs haben große Auswirkungen auf die gesamte Sozialstruktur. Durch die Revolutionierung des Zahlungs- und Kreditwesens wirken sie sich auf den Einzelhandel aus. Bei den Banken beeinflussen sie das empfindliche Gleichgewicht zwischen Operationsspielraum und Einnahmequelle. Sie beeinflussen auch die staatlichen Instrumente der Geldüberwachung. Aus dieser weiteren Sicht ist der elektronische Geldverkehr ein heikles Thema. Die Entwicklung eines umfassenden automatisierten Systems geht verhältnismäßig langsam vor sich, denn man ist sich über Folgen und Nebenwirkungen noch nicht im klaren.

Der Auslastungsfaktor

Es gibt noch einen anderen Aspekt des Informationsflusses, der eine wesentliche Rolle im Transportsektor spielt. Der effiziente Betrieb – zu Lande, zu Wasser oder in der Luft, handle es sich nun um Güter oder Menschen – bedarf ständig aktueller Informationen, damit der Transportplan entsprechend flexibel gestaltet bzw. damit die erforderlichen Transportkapazitäten zeitgerecht zur Verfügung gestellt werden können. Das gesamte Transportgewerbe arbeitet mit langfristigen Kapitalinvestitionen, und mit Ausnahme einzelner Bereiche wirkt dieser Faktor insgesamt einer schnellen Einführung mikroelektronischer Steuer- und Kommunikationssysteme entgegen. Allerdings liefert das computerisierte Buchungssystem beim Personenflugverkehr einen Hinweis auf die wahrscheinliche Entwicklung. Der »Auslastungsfaktor« ist zweifellos das wichtigste Kriterium für Effizienz in allen Bereichen des Transportwesens, besonders in den Bereichen des Lufttransports mit Wertzuwachs und im vereinheitlichten Containerfrachtverkehr. Die mikroelektronische Regelung bietet die Möglichkeit, die Dienstleistung den jeweiligen Anforderungen anzupassen und damit den durchschnittlichen Auslastungsfaktor zu erhöhen. Das ist ein wesentlicher volkswirtschaftlicher Vorteil.

Der Auslastungsfaktor beherrscht auch die finanziellen Kalkulationen anderer Dienstleistungsunternehmen wie der Elektrizitäts-, Gas- und Wasserversorgungsgesellschaften und Fernmeldeunternehmen. Alle diese Betriebe leiden mehr oder weniger darunter, daß sie einer eventuellen extremen Nachfrage gerecht werden müssen, in Zeiten geringer Nachfrage aber zu viel freie Kapazität haben.

Mikroelektronisch geregelte Informationssysteme ermöglichen jedoch eine schnelle Prüfung der Nachfrage und erleichtern damit die Berechnung der Liefermengen; wichtiger noch, sie könnten beim Ausgleich der schwankenden Nachfragewerte eine Rolle spielen. Die Feststellung der Nachfrage könnte zur Einführung eines marginalen Preissystems führen, das wesentlich empfindlicher reagieren könnte als die heute üblichen Tarife. Ungünstige Marginalpreise bei hoher Nachfrage führen zwangsläufig zu einem Rückgang der Nachfrage. Ein adäquates System könnte zu einer Verringerung der erforderlichen Kapitalinvestitionen führen, die lediglich zur Deckung der extremen Nachfrage nötig ist.

Ein besonders gutes Beispiel für die zunehmenden Nutzungsmöglichkeiten in der Mikroelektronik ist die Erzeugung, Verteilung und Verwendung von Energie. Auf jeder Stufe des verzweigten nationalen Energienetzes werden verbesserte Regel- und Kontrollverfahren angewandt – in den Kraftwerken, bei den Verteilerstellen, bei Fernheizanlagen bis hin zu den Haushaltsgeräten. Die in den heutigen Kraftwerken wirtschaftlich möglichen Einsparungen werden vorsichtig auf etwa fünfzehn Prozent geschätzt; die Entwicklung von Wärmepumpen sowie die Nutzung von Sonnen-, Wind- und Wellenenergie wird Einsparungen ähnlicher Größenordnung mit sich bringen.

Erziehung und Ausbildung

Der Erziehungs- und Ausbildungsbereich verlangt eine andere Betrachtungsweise, da er von den durch die Mikroelektronik hervorgerufenen Veränderungen noch stärker betroffen wird als andere Teile der gesellschaftlichen Infrastruktur. Die neue Generation muß sich in einer ganz anderen Welt zurechtfinden, in einer Welt, deren Aussehen wir heute allenfalls ahnen können.

Wieder ist Flexibilität der entscheidende Begriff: Flexibilität sowohl in den Erziehungs- und Ausbildungssystemen wie bei den Menschen, die sie ausbilden. Die Mikroelektronik kann zu dieser Flexibilität beitragen. Der computerunterstützte Unterricht, bei dem ein Lehrstoff individuell mit dem Schüler durchgearbeitet wird, und zwar mit Hilfe eines Computerprogramms, das den Lernprozeß laufend überprüft und das Unterrichtstempo der Fähigkeit des Schülers anpaßt, stellt bereits ein Instrument dar, das durchaus ernst zu nehmen ist. Die Limitationen dieser Entwicklung sind nicht technischer, sondern finanzieller und praktischer Art. Besonders kostspielig und zeitaufwendig ist der Aufbau von entsprechenden Lehrprogrammen.

Der Computer könnte also zur schnelleren Überwindung der Schranken zwischen formeller und informeller Erziehung beitragen. Diese Entwicklung beginnt sich bereits abzuzeichnen. Schon heute ist das Fernsehen ein wichtiges Lehrmittel, das zu Hause ebenso oder gar noch häufiger zur Verfügung steht als in der Schule oder Hochschule. Morgen könnte der Heimcomputer eine ähnliche, vielleicht eine noch größere Rolle spielen, indem er nicht nur die Information liefert, sondern auch mithilft, sie zur Kenntnis zu nehmen und anzuwenden.

Während die soziale Interaktion innerhalb der pädagogischen Anstalt eine wesentliche Rolle im Unterrichtsprozeß spielt – und sicherlich auch weiterhin spielen wird –, stellt das Lernen zu Hause jedoch in immer stärkerem Maße einen wichtigen Aspekt des Unterrichtswesens dar. Wenn sich die globale Energiekrise weiter verschärft, könnte dies ein zusätzlicher Grund dafür sein, zumindest einen Teil des Unterrichtsprogramms von der Schule oder von der Hochschule nach Hause zu verlagern. Auf Universitätsniveau wird die eigene Wohnung bereits weitgehend als Studienplatz benützt. Eine weitere Möglichkeit wäre die deutlichere Unterscheidung der sozialen und ethischen Unterrichtsaspekte von ihren rein berufs- und wissensmäßigen Aspekten. Dies zeichnet sich bereits in Entwicklungen wie der *British Open University* ab, bei der das Heimstudium verbunden ist mit »Sommerkursen«, deren Schwergewicht weitgehend auf sozialer Interaktion liegt.

Das soziale Zusammenwirken ist jedoch nicht der einzige Bereich, in dem der Computer den menschlichen Lehrer nicht völlig ersetzen kann. Wissen ist nicht mit Information gleichzusetzen, und die Umsetzung von reiner Information in Wissen ist eine Aufgabe, die komplexere Fähigkeiten erfordert als die einer bloßen Übertragung. Das Denken geht nicht nur logisch, sondern auch intuitiv vor sich. Der Computer hingegen kümmert sich nicht um Intuition oder Phantasie. Wenn man den Computer als Ersatz für den menschlichen Lehrer betrachtet, könnte dies der Anfang eines Weges sein, auf dem die Phantasie verkümmert. Man sollte also im Computer eher ein Hilfsmittel als einen Ersatz für den Lehrer sehen.

Das eigene Zuhause wird nicht nur Ausbildungsstätte sein, sondern in zunehmendem Maß auch Arbeitsplatz und Freizeitstätte. Die durch Heimcomputer und Fernmeldenetze sich verbreitende Informationstechnologie erweitert den Spielraum der Tätigkeiten, die zu Hause ausgeführt werden können. Manager können über einen Heimterminal ihre Büropost lesen; Hausfrauen können Waren mit Hilfe visueller Datensysteme bestellen; die ganze Familie hat Zugang zu einem breiten Unterhaltungsangebot in jedem nur erdenklichen Medium.

Solche Entwicklungen sind, wie gesagt, nicht von künftigen technologischen Durchbrüchen abhängig, sondern von Anwendung und Auswahlkriterien im Hinblick auf bereits heute vorhandene Technologien. Wenn sie aber stattfinden, dann werden sie ihrerseits weitere Anpassungsmaßnahmen in der sozialen Infrastruktur erforderlich machen. Die Auswirkungen der mikroelektronischen Technologie und ihrer Anwendung können nicht isoliert betrachtet werden: jede Entscheidung und jede Veränderung zieht weitere nach sich.

Mikroelektronik in Forschung und Entwicklung

Wir haben in diesem Kapitel immer wieder festgestellt, daß nur wenige der erwähnten Entwicklungen von künftigen technischen Fortschritten abhängen. Die Technologie der Mikroelektronik ist bereits hoch entwickelt, und wir haben noch einen weiten Weg vor uns, ehe wir all die heute bereits verfügbaren Anwendungsmöglichkeiten ausgeschöpft haben. Eine kleine Anzahl potentieller Anwendungsmöglichkeiten bedarf vielleicht einer weiteren Verfeinerung durch die mikroelektronischen Regelsysteme, aber es sind, wie gesagt, nur wenige. Das, was heute technisch bereits möglich ist, ist mehr als ausreichend, um die Gesellschaft total zu transformieren.

Natürlich gehen Forschung und Entwicklung im Bereich der Mikroelektronik weiter, und die Kurven des projektierten Leistungszuwachses werden in den verbleibenden Jahren des 20. Jahrhunderts weiterhin steil ansteigen. Von größerem Interesse sind jedoch die Auswirkungen, welche die heute schon verfügbare mikroelektronische Technologie auf Forschung und Entwicklung in ganz anderen Bereichen haben wird.

Forschung ist zwangsläufig auch Glückssache. Sowohl die Ausrichtung der Forschung als auch die Auswertung der Ergebnisse sind informationsintensiv. Die Kapazität der Computer kann nun in den Dienst beider Aspekte der Forschungs- und Entwicklungstätigkeit gestellt werden. Die im Aufbau befindlichen globalen Informationssysteme können viel dazu beitragen, daß die Forscher unverzüglich über andernorts stattfindende gleichartige oder ähnliche Projekte informiert werden, und daß dort (wo dem politisch oder ökonomisch nichts entgegensteht) Informationen schnell und umfassend unter den internationalen Forschern ausgetauscht werden. Die Fähigkeit des Computers, gewaltige Datenmengen zu verarbeiten, kann aus scheinbar sinnlosen Forschungsergebnissen Bedeutsames herausfiltern und künftige Forschungen in erfolgversprechende Richtungen lenken.

Selbstverständlich wird die Mikroelektronik auch in vielen der heute sich entwickelnden Wissenschaftsbereiche Anwendung finden: in der Überwachung und Regelung komplizierter und empfindlicher Verfahren, wobei sich ein völlig neuer Bereich praktischer Einsatzmöglichkeiten eröffnet.

Typisch für viele der zu erwartenden neuen Verfahren und Produkte im Zug einer neuen, sehr wirksamen und fast universellen Computerwelle in den Forschungs- und Entwicklungslaboratorien sind die Möglichkeiten für biologische Produktionsverfahren in der chemischen Industrie. Ein Vorteil dieser biologischen Produktionsverfahren – beispielsweise bei Enzymkatalyse, biologischem Leaching (Auslaugung) und biologischer Konzentration – besteht darin, daß es sich um Vorgänge handelt, die unter normalen Temperatur- und Druckverhältnissen durchgeführt werden können. Die Hochdruck- und Hochtemperaturverfahren, die nach dem Zweiten Weltkrieg entwickelt wurden, werden zunehmend durch die ständig steigenden Energiekosten beeinträchtigt und führen oft zu extremen Umweltschädigungen. Zudem stellt das biologische Leaching eine äußerst umweltfreundliche Methode zur Nutzung der vielen Industrieabfälle dar.

Schon heute werden große Mengen von Viehfutter durch bakterielle Fermentation von Futtermitteln zu einzelligem Protein produziert. Obwohl die Umwandlung von Futtermitteln in tierisches Protein zur Ernährung des Menschen immer noch unwirtschaftlich ist, werden durch diese Entwicklung zumindest Bodenflächen zurückgewonnen, auf denen Nahrungsmittel für den menschlichen Konsum produziert werden können. Alle diese Verfahren wären ohne die durch die Entwicklung der Mikroelektronik ermöglichten Steuerungsverfahren undenkbar.

Im Energiebereich ermöglichen die Fortschritte bei der Wärmespeicherung – beispielsweise der Einsatz von Materialien mit sehr hoher Wärmespeicherkapazität, wie Metallhydride – eine bessere Energieausnützung, wie dies bereits bei den ökonomisch nutzbaren Wärmepumpen zur Steigerung der Energieaufnahme der Fall ist. Die unerschöpflichen Energiequellen, wie Wind, Sonne und Gezeiten, können heute leichter erschlossen und genutzt werden, weil die Flexibilität der mikroelektronischen Regelsysteme, sowohl regional als auch im Verbund, deren oft nicht voraussehbare Schwankungen berücksichtigen können.

Auf diese Weise könnte der Ausstoß an brauchbaren Geräten und Verfahren durch das Forschungs- und Entwicklungssystem beschleunigt werden. Da praktisch bald unbegrenzte Computerkapazitäten zur Verfügung stehen werden, ist eine Fülle neuer Entwicklungen zu erwarten, welche die schon heute überwältigenden Leistungen in den Schatten stellen werden.

Die Ausbreitungsgeschwindigkeit

Zwei Faktoren machen heute die Voraussage, in welchem Tempo sich diese aktuellen und potentiellen Anwendungen der Mikroelektronik in der Weltwirtschaft ausbreiten werden, besonders schwierig. Die erste Schwierigkeit liegt ganz einfach darin, daß es sich hier nicht um eine technische, sondern um eine ökonomische Frage handelt. Es geht also nicht um die technische Anwendung der bereits beschriebenen Methoden, sondern darum, ökonomischen Nutzen aus ihnen zu ziehen. Daher ist die Frage der Ausbreitungsgeschwindigkeit dieser Technologie untrennbar verbunden mit der Frage der allgemeinen wirtschaftlichen Zukunft – ein umfassendes und schwer zu durchschauendes Thema.

Zum zweiten ist die Industrie insgesamt immer noch unausgereift. Von einigen Sektoren kann man bereits sagen, daß sie die Reifephase erreicht haben, aber viele befinden sich noch auf dem Weg dorthin. Die Wachstumsraten, die wir bereits erlebt haben, können also nicht unbegrenzt fortgeschrieben werden. Sie liefern jedoch einen allgemeinen Indikator für das Entwicklungsmuster in der Gebrauchsgüterindustrie.

Heutige Wachstumsraten

Die folgende Übersicht zeigt die gegenwärtigen (Januar 1981) Wachstumsraten für mikroelektronische Geräte in verschiedenen Anwendungsbereichen. Der Gesamtwert dieser Geräte beträgt mehrere Milliarden Dollar, doch muß daran erinnert werden, daß der Gesamtwert der mit ihnen ausgerüsteten Anlagen durchschnittlich das Zehnfache beträgt:

	Prozent pro Jahr
Datenverarbeitungssysteme	8
Datenspeichersysteme	12
Zusatzgeräte	18
Bürokopiergeräte	25
Textverarbeitungsgeräte	30
Bürogeräte und andere Geräte	15

Übertragungsbereich: Fernmeldewesen	24
Übertragungsbereich: Rundfunk/Fernsehen	14
Übertragungsbereich: Datenübermittlung	11
Industrielle Steuerungsanlagen	18
Prüf- und Meßanlagen	14
Automobile	22
Medizinische Geräte	15
Andere Regelanlagen	17
Audiogeräte für Konsumenten	4
Heimgeräte	6
Geräte für den persönlichen Gebrauch	8
Videorecorder	9
Spiele usw.	14
Fernsehen	6
Rüstung	28

Die Produktionskapazität der Mikroelektronikindustrie im Bereich der Mikroprozessoren und verhältnismäßig kleiner Speicherchips (bis zu 16.000 Bits) erreichte etwa 1978 den Reifezustand. Interessanterweise wurde von INTEL der erste einfache Mikroprozessor für den ersten japanischen Rechner entworfen. Frühere Überlegungen im Hinblick auf den Massenabsatz hatten sich darauf bezogen, Computer und computerbezogene Bereiche durch den Mikroprozessor zu ersetzen. Auf den schnellen Erfolg des Computerchips folgten eine ähnliche Expansion bei den Schaltkreisen für Digitaluhren und bald darauf weitere »unabhängige« Anwendungsmöglichkeiten wie etwa Fernsehspiele. Man schätzt, daß in den letzten sechs Jahren mehr als eine Milliarde Taschenrechner und an die 700.000 Digitaluhren hergestellt worden sind. Etwa 300.000 Fernsehspiele folgten. In all diesen Bereichen zeigt sich ein rasches Preisgefälle durch die wachsende Preiskonkurrenz. In rascher Folge wurden dann mikroelektronische Bauteile in Konsumgüter wie Waschmaschinen und Kochgeräte oder in Investitionsgüter wie Schreibmaschinen, Textverarbeitungsgeräte oder Werkzeugmaschinen eingebaut. Dort, wo ein bloßes Auswechseln von Teilen oder Verbesserungen ohne größere Konstruktionsänderungen möglich waren, war die Innovation nur zum Teil eingeschränkt durch Produktdesign und Lebensdauer. Wesentlich war das Auftauchen neuer Produkte in den verschiedenen Produktionsbereichen. Diese neuen Produkte stammten oft aus benachbarten Produktionsbereichen, in denen Elektronik und elektronische Kapazitäten schon weiter entwickelt waren.

Eines der angeblichen Haupthindernisse, das zu einer Verlangsamung der Ausbreitung geführt haben mag, ist der Mangel an Elektroniktechnikern sowie ein Mangel an Ausbildungsstellen in dem neuen Bereich der Mikroelektronik. Dieser Mangel wird jedoch einigermaßen übertrieben dargestellt, da vor allem bei jungen Technikern eine verhältnismäßig große Mobilität vorhanden ist, was zu einer vermehrten Aktivität auf dem Arbeitsmarkt führt.

Bei den größeren Investitionsgütern, beispielsweise im Bereich des Fernmeldewesens, führten zwei Faktoren zu einer Verschleierung der hohen latenten Veränderungsrate. In diesem Bereich werden hochspezialisierte Chipschaltkreise benötigt, und erst jetzt ist die Nachfrage groß genug, um die Produktion dieser Spezialerzeugnisse im Gegensatz zu den allgemeiner verwendbaren Mikroprozessoren in großem Maßstab zu rechtfertigen.

Ein zweiter und entscheidender Faktor ist die Notwendigkeit, das übrige Regel- oder Anzeigesystems auf die Erfordernisse der Elektronik einzurichten – ein Faktor, der oft mit der Notwendigkeit verwechselt wird, für die gesamte Industrie und vielleicht sogar weltweit Normenabkommen zu treffen. Jedenfalls ist die Lage Anfang 1981 so, daß die Fernmeldeindustrie und die entsprechenden Gerätehersteller den am schnellsten steigenden Bedarf an mikroelektronischen Produkten haben und damit bald mit der auf Datenverarbeitung beruhenden Rechenindustrie gleichziehen.

Die durch die Mikroelektronik sich eröffnenden Möglichkeiten unterstreichen auch die Forderung nach einer anderen Handhabung der traditionell von der öffentlichen Hand kontrollierten Post-, Telefon- und Telegraphen-Monopolanstalten. Die verschwimmenden Grenzen zwischen öffentlichem Fernmeldewesen, Rundfunk und CB-Funk, zwischen der Übertragung elektronischer Bilder in Büros, Organisationen und EDV-Diensten hat dazu geführt, daß viele kleine Firmen hier die Chance von Marktlücken, die bei den Erzeugnissen herkömmlicher Lieferanten zutage getreten sind, auszunutzen. Viele dieser Firmen kaufen Bauteile und Gehäuse und sind dann imstande, neue Produkte schneller auf den Markt zu bringen als größere Unternehmen. Diese neuen Firmen werden oft von Unternehmern gegründet, die aus größeren Firmen abgewandert sind, ein Mechanismus, der die Anfänge der Halbleiterindustrie selbst widerspiegelt. Das ganze Ausmaß dieser Tendenz zur Innovation zeigt sich darin, daß allein in Westeuropa und den USA täglich 30 bis 40 neue Elektronikfirmen registriert werden. Derzeitige Schätzungen besagen, daß nur etwa die Hälfte davon länger als drei Jahre existieren wird, aber die eine oder andere wird sich zum Mittelbetrieb entwickeln.

Schlußfolgerungen

Dieser notgedrungen kurze Überblick über die Anwendung der Mikroelektronik mag vielleicht das Bild einer verwirrenden Vielfalt ohne erkennbares Muster bieten. Ein solcher Eindruck wäre jedoch irreführend. All diese Anwendungsmöglichkeiten haben ein gemeinsames Merkmal. Die Mikroelektronik führt in allen Bereichen der Kommunikation, Instrumententechnik und Automation zu wesentlichen Verbesserungen. Überall zeigt sich der Trend zu einer Entwicklung, die zuweilen als das Zeitalter der Regeltechnik bezeichnet worden ist.

Auch die künftigen Formen der Anwendung werden diesem Muster folgen, wobei jegliche produktive Aktivität wiederum zu prüfen sein und man sich zu fragen haben wird, wie sie gesteuert werden kann, um sie noch effizienter zu machen. In den elektronischen Medien kann der Inhalt aus Daten, gesprochenem Wort, Telex, Text oder Bild bestehen; für das weltweite Kommunikationsnetz sind Entfernung und Zeit zusammengeschrumpft. Für jegliches Problem und zu jeglichem Thema steht Fachwissen zur Verfügung, und wenn das Muster häufig genug wiederkehrt, dann kann sogar ein automatisches Gerät die Beantwortung von Fragen übernehmen.

Keine der von uns beschriebenen Entwicklungen ist technisch unwahrscheinlich. Die meisten sind bereits heute technisch möglich, und viele einschlägige Produkte und Verfahren sind schon vorhanden. Die Geschwindigkeit, mit der diese Anwendungsformen sich ausbreiten, hängt primär nicht von technischen, sondern von ökonomischen und sozialen Faktoren ab. Die Frage ist nicht, was vom technischen Standpunkt aus machbar ist, sondern was wir eigentlich wollen und in welcher Weise die neuen technischen Mittel zur Befriedigung unserer Bedürfnisse eingesetzt werden können. Die größten Hindernisse werden im institutionellen Bereich auftauchen. Es wird daher zum Konflikt zwischen den Visionen derjenigen kommen, die erkennen, wie diese Bedürfnisse zu befriedigen wären, und den Visionen beziehungsweise dem Mangel an Visionen derer, die unsere Institutionen bevölkern.

Zwangsläufig haben manche der bereits vorhandenen Anwendungsmöglichkeiten auch negative Aspekte. Einige, wenn nicht gar alle der eingeschlagenen Entwicklungswege könnten neue

Spannungsherde schaffen, d. h. zu größerer wirtschaftlicher Ungleichheit sowie zu einer Reihe vorhersehbarer sozialer und politischer Probleme führen. Wir meinen aber, daß die von uns aufgezeigten Entwicklungen auch eine sehr positive Seite haben; kann die mikroelektronische Technologie doch sehr viel zur Milderung der Probleme beitragen, vor denen die Welt heute steht. Positiv angewendet, könnte sie helfen, die weltweite Energiekrise zu bewältigen; sie könnte die Nahrungsmittel- und Rohstoffversorgung verbessern, Naturkatastrophen vorhersagen und bekämpfen, unser Wissen vertiefen und das Kommunikationsniveau heben.

Eins steht jedoch fest: Die Mikroelektronik ist eine Technologie, über die wir bereits hier und heute verfügen, und sie wird mit all ihren Stärken und Schwächen in eine Welt hinausgesandt, die hier und heute existiert. An uns liegt es, diese Technologie so zu benutzen, daß sich unsere Welt zum Besseren verändert.

Bruno Lamborghini

Die Auswirkungen auf das Unternehmen

Radikale Veränderungen in den Unternehmen

Konsequenzen für die gesamte Betriebsstruktur

Die Mikroelektronik hat bereits radikale Veränderungen in der Organisation, der Struktur und den Strategien des Unternehmens verursacht, besonders auf dem Produktionssektor.

In der Zukunft werden sich die Auswirkungen der Mikroelektronik auf den gesamten Aufbau eines Unternehmens, von der Produktion bis zur Verwaltung, von der Planung bis zum Marketing erstrecken. Die Mikroelektronik wird radikale Konsequenzen nicht nur für die Firmen bestimmter Industriezweige haben, die speziell mit technischen Dingen wie elektronischen Bauteilen und Produkten zu tun haben, sondern für alle Arten von Betrieben, wirtschaftlichen Aktivitäten und organisatorischen Strukturen.

Seit den siebziger Jahren mußten die Unternehmen in einem Klima allgemeiner wirtschaftlicher Instabilität arbeiten. Es gab häufige und unvorhersehbare zyklische Schwankungen, eine generelle Verlangsamung des Wachstums, verringerte Produktivität, steigende Produktionskosten, besonders bei Energie und folglich geringe Gewinne und ungenügende Liquidität für Investitionen zur Betriebserweiterung. Zusammen führten diese Faktoren zu einem Rückgang der Produktion, was wiederum einen Mangel an neuen Arbeitsplätzen, ja sogar eine beträchtliche Verminderung der Arbeitsplätze mit sich brachte. Die hohen Inflationsraten halten die Betriebe von Investitionen ab, besonders von solchen zu Expansionszwecken, man verwendet die vorhandenen Mittel für arbeits- und energiesparende Investitionen.

Es ist unwahrscheinlich, daß diese Situation sich in den achtziger Jahren radikal ändern wird, solange die strukturellen Bedingungen, die sie verursachten, bestehen bleiben.

Der arbeitssparende Effekt

Die Einführung der Mikroelektronik ist Teil dieses Gesamtbildes und hat die Tendenz, die Probleme zu verschärfen und die

Schwerpunkte zu verlagern, besonders was arbeitssparende und arbeitsersetzende Auswirkungen betrifft. Auf makroökonomischer Ebene ist es schwierig, festzustellen, welche direkten arbeitssparenden Auswirkungen wirklich technischen Ursprungs sind und welche auf allgemeine wirtschaftliche Faktoren zurückgehen, die bisher als die Hauptursache der Arbeitslosigkeit angesehen wurden.

Auf der Ebene des Einzelbetriebes sind jedoch die direkten Folgen der Einführung der mikroelektronischen Technik deutlich sichtbar, da sie speziell zur Ersetzung mechanischer Teile mit hohem Arbeitskostenanteil durch mikroelektronische Bauteile mit abnehmendem Arbeitsanteil beziehungsweise zur Einführung automatischer Systeme und Roboter in den Produktionsprozeß führen; beides reduziert den Arbeitskräftebedarf.

Auf Betriebsebene eröffnet die Mikroelektronik nicht nur bisher ungeahnte Möglichkeiten zur Steigerung der Leistungsfähigkeit und der Produktivität durch Automation und Kontrolle von Produktion, Verwaltung und Entscheidungsprozessen, sie befähigt den Betrieb auch, sich auf die neuen Bindungen umzustellen, die ihm durch die tiefgreifenden wirtschaftlichen und sozialen Veränderungen aufgezwungen werden.

Allgemeine Umstellung

Diese Umstellung kann durch größere Flexibilität bei der Anpassung der Produktionsprozesse an kürzere und weniger vorhersehbare Marktgängigkeit von Produkten geschehen, durch signifikante Energieeinsparungen, durch die Entwicklung neuer Produkte und Märkte und durch einen rationelleren Einsatz von Information bei Entscheidungen und Planungen.

Dieser letztgenannte Aspekt ist die wirklich innovative Konsequenz der Mikroelektronik: die Möglichkeit, enorme Mengen hochwertiger Information mit minimalem Kostenaufwand zu produzieren, zu sammeln und zu verarbeiten. Der Einsatz der Mikroelektronik in Produktion, Verwaltung und Planung macht es möglich, daß dem Betrieb immer mehr Information zu immer geringeren Kosten und bei immer leichterer Zugriffsmöglichkeit zur Verfügung gestellt wird.

Ein neues Produkt: Information

In der Produktion kann die »neue« Information, die durch die Einführung der Mikroelektronik geschaffen wurde, alte Arbeitsgänge modifizieren und neue Rentabilitätsmargen determinieren.

Die Innovation, die diese neue Technik herbeiführt, besteht nicht einfach darin, daß der Mensch von Maschinen abgelöst wird: zum Unterschied von früheren Automationsprozessen sind das wirklich Neue an der Mikroelektronik Quantität und Qualität der »neuen« Information, die das wichtigste Produkt der mikroelektronischen Verfahren ist.

Information wird zum beherrschenden, wenngleich auch nicht materiell greifbaren Faktor in den Produktionsfunktionen und Entscheidungsprozessen innerhalb der Unternehmen. Nur bei richtigem Einsatz kann der Informationsfluß es dem Unternehmen ermöglichen, sich wirksam anzupassen und positive sozio-ökonomische Resultate zu erzielen. Das heißt, die Technologie bietet hier eine Chance. Wenn die Chance nicht genutzt wird, kann die Mikroelektronik in Zukunft katastrophale Folgen für viele Unternehmen haben, deren Konkurrenzfähigkeit beeinträchtigen sowie wirtschaftliche und Beschäftigungskrisen verschärfen.

Die Struktur der Unternehmen wird durch die Mikroelektronik zutiefst verändert, da Umstellungen in Produktion, Organisation und Marketing erforderlich werden. Ein höherer Grad von Flexibilität ist nötig als bei jeder früheren Technik. Die Mikroelektronik deckt jede versteckte Schwäche in der Unternehmensstruktur, in den Fähigkeiten der Betriebsleitung, in den Marktpositionen auf. Das geschieht in anderer, aber ähnlicher Weise sowohl bei den Firmen, die Mikrochips in ihre Produkte einbauen, wie bei den Unternehmen, die die Mikroprozessoren und mikroelektronischen Einrichtungen in Produktion, Verwaltung, Management und im Dienstleistungsbereich verwenden. In manchen Fällen macht die Mikroelektronik die totale Umstrukturierung eines Unternehmens erforderlich (zum Beispiel, wenn alte mechanische Techniken gänzlich abgeschafft werden, wie etwa bei Digitaluhren), in anderen muß das gesamte Personal umgeschult oder der Betrieb umgebaut werden (etwa von einer großen Montagehalle auf kleine Spezialwerkstätten oder von extrem differenzierten, seperaten Arbeitsgängen auf volle Roboterisierung).

Die Verbreitung der Mikroelektronik ist nicht kontrollierbar

Tempo und Art der Verbreitung der Mikroelektronik als Produktbestandteile wie in Produktion und Verwaltung, sind im Grunde von den einzelnen Betrieben nicht kontrollierbar. Selbst Großbetriebe, die in Bereichen mit einem starken Oligopol wie dem Großcomputer arbeiten, haben infolge der Entwicklung auf dem Gebiet der Mikroelektronik Schwierigkeiten, das Tempo der Innovation und die Lebensdauer der Produkte zu kontrollieren.

Im Fall der elektronischen Computer liegt es im Interesse aller Herstellerfirmen, die einen bedeutenden Teil ihres Umsatzes aus der Vermietung von Geräten beziehen, die Einführung neuer Systeme mit radikalen technischen Neuerungen so lange wie möglich unter Kontrolle zu halten und zu verzögern, damit die installierten Mietmaschinen jahrelang in Betrieb bleiben und eine hohe Rendite des investierten Kapitals gewährleistet ist.

Die rasanten Entwicklungen in der Mikroelektronik Ende der siebziger Jahre haben es neuen Unternehmen ermöglicht, auf dem Computermarkt Systeme anzubieten, die preis- und leistungsmäßig eminent konkurrenzfähig und außerdem mit der Software der führenden Hersteller völlig vereinbar sind. (»Plug-Compatible Manufacturers« oder PCM-Hersteller von »anschließbaren« Geräten [d. Übers.]). Der Druck, den diese neu hinzugekommenen Firmen (PCM) ausüben, hat zu einer Beschleunigung des Innovationsrhythmus bei den großen Herstellern geführt, die sonst die Einführung neuer Produkte hinausgezögert hätten.

Die Einführung des neuen IBM 4300-Computers, eines revolutionären Produkts in bezug auf Preis und Leistung, wurde als Gegenschlag gegen die PCM Anfang 1979 vorverlegt. In diesem Fall haben die Entwicklungen, die von der Mikroelektronik außerhalb der Firmen, welche auf ihrem Spezialmarkt operieren, hervorgerufen wurden, einen tiefgreifenden Erneuerungsprozeß auf dem ganzen Computermarkt in Gang gesetzt, der sich der Kontrolle der Großfirmen entzieht. Innere und äußere Entwicklungen haben somit die Tendenz, den Innovationsprozeß zu beschleunigen.

Die rasche Ausbreitung der Mikroelektronik

Dieses Phänomen scheint sich ausschließlich auf die mikroelektronischen Techniken zu beziehen. Tatsächlich zeichnet sich die Mikroelektronik besonders durch das rasche Tempo und die Leichtigkeit ihrer Ausbreitung aus.

Die rapide Ausbreitung mikroelektronischer Verfahren wird durch die vielen Halbleiter-Hersteller in der ganzen Welt vorangetrieben, bei denen die Konkurrenz wegen der Kurzlebigkeit ihrer Produkte zwangsläufig groß ist. Dieser Faktor veranlaßt die Hersteller auch, Miniaturisierungen so schnell wie möglich produktionsreif zu machen.

Daß die relativ leichte Verbreitung des technischen Know-how mehr von den Fähigkeiten einzelner oder von Forschungsgruppen abhängt als von Patenten, beweist die Entwicklung des führenden

Produktionszentrums der Welt für Mikroschaltkreise, das kalifornische Silicon Valley. Innerhalb von zehn Jahren hat sich die frühere Fairchild-Niederlassung – zum Teil, weil dieser Produktionstyp in den siebziger Jahren wenig Fixkapital erforderte – zu einem dichten Netz kleiner und mittlerer Firmen entwickelt, die das Tempo der technischen Neuentwicklungen vorantreiben.

Dieses außergewöhnliche Wachstum schafft durch die steigenden Kosten bei der Produktionsausrüstung Schwierigkeiten sowohl bei der Miniaturisierung (z. B. die Produktionsprobleme und die geringe Gewinnspanne bei 64 K RAM Chips) als auch vor allem bei der Finanzierung. Wiewohl sich diese Schwierigkeiten auf einige Firmen dieses Sektors auswirken, scheinen sie die technische Entwicklung nicht aufzuhalten. Zuweilen ist die Verlangsamung des technischen Fortschritts auf die Reaktion von Großverbrauchern wie etwa der Post zurückführen. In vielen großen elektromechanischen Telefonzentralen verursacht die rasche Verkürzung der Amortisationszeit Schwierigkeiten und untragbare Kosten. In diesem Fall wird die Verbreitung der mikroelektronischen Technik (d. h. der komplette Umbau der Schalt- und Übermittlungssysteme) vom Beschaffungsplan der Post und nicht von den Herstellern diktiert.

Engpaß Software

Es gibt aber einen viel wichtigeren Faktor, der die Verbreitung der Mikroelektronik bremst und den die Unternehmen bei der Entwicklung von Neuerungen nicht beherrschen können. Dieser Faktor ist die Software-Herstellung, besonders die Benützer Software, die viel langsamer zunimmt als die der mikroelektronischen Hardware.

Ein Computer ohne Programm ist wie ein Auto ohne Treibstoff. Die Hardware-Technik schreitet aber viel schneller voran als die Technik der Programmerstellung. Die Probleme des Arbeitskräftemangels auf dem Softwaresektor sind beträchtlich.

1980 überstieg die Nachfrage an Programmierern in den USA das Angebot um mindestens 50.000 Personen, und diese Lücke wird noch viel größer werden. Die Software stellt somit einen äußerst ernstzunehmenden Engpaß bei der Entwicklung mikroelektronischer Anwendungen dar.

Das Problem, wie die Unternehmen der Herausforderung der Mikroelektronik positiv begegnen können, läßt sich bei minimalen sozialen Spannungen und maximaler Ausnützung des technischen Potentials nur dann lösen, wenn in den Betrieben die radikale Umstellung der Arbeitskräfte – der Arbeiter wie des Managements –

von einem Klima allgemeiner Zustimmung getragen wird. Das erfordert große Investitionen für Ausbildung und Umschulung sowie einen ständigen Erziehungsprozeß im Hinblick auf die tiefgreifenden und kontinuierlichen Veränderungen, die in der Mikroelektronik noch lange Zeit stattfinden werden. Vom Betrieb selbst kann das Problem der Ausbildung und Umschulung des eigenen Personals nur in beschränktem Umfang bewältigt werden. Es muß vor allem durch eine Ausbildungspolitik der öffentlichen Hand gelöst werden.

Die Auswirkungen politischer Entscheidungen auf die Unternehmen

Der allgemein zunehmende Einfluß der Politik

Die Rolle der Regierungen bei der Planung des Tempos des technischen Fortschritts durch Verordnungen, Steuer- und Kreditpolitik ist bereits recht umfangreich und dürfte weiter zunehmen, wenn die Regierungen versuchen, die Richtung der technischen Veränderungen zu steuern.

Die Entwicklung und Verbreitung mikroelektronischer Produkte und Verfahren innerhalb von Betrieben wird überall in zunehmendem Maße von politischen Entscheidungen beeinflußt. Diese bestehen aus direkten und indirekten Maßnahmen, Verordnungen und Anreizen, die sich auf die Geschäftspolitik und die Tätigkeit von Unternehmen maßgebend auswirken.

Das Eingreifen der Regierung betrifft nicht nur die Wachstumsraten der technischen Innovationen (Forschungsförderung), sondern auch immer mehr die Anwendungsbereiche der Mikroelektronik und deren Auswirkungen auf die sozioökonomische Situation.

In einigen Ländern ist ein komplexes politisches Instrumentarium entwickelt worden, das zu einem immer wichtigeren Faktor im Entscheidungsprozeß auf Betriebsebene wird.

Fallstudie Japan

Die Schaffung einer adäquaten industriellen Struktur im Bereich der Mikroelektronik-Bauteile ist ein Ziel, das sowohl Japan als auch alle führenden europäischen Länder anstreben. 1976 richtete Japan ein Forschungsprojekt ein, das sich mit VLSI (Very Large Scale Integration)-Mikrochips beschäftigte. Dieses Projekt wird gemeinsam von führenden Computerherstellern und der Nippon Telegraph and Telephone Corporation betrieben und vom Außenhandels- und Industrieministerium (MITI) finanziell unterstützt.

Die Projektteilnehmer untersuchen die Möglichkeit, Siliziumplatten mit minimaler Liniendicke von 0,1 bis 0,5 Mikron zu verarbeiten. Das wird die japanische Industrie in die Lage versetzen, die technische Entwicklung bis zum Jahre 2000 rasant zu beschleunigen und ihre Konkurrenzfähigkeit auf den internationalen Märkten zu steigern, insbesondere gegenüber der amerikanischen Industrie.

Die USA und Europa

Die Kooperation zwischen den Unternehmen wird ebenfalls als grundlegende Voraussetzung für die mikroelektronischen Programme Großbritanniens, Frankreichs und der Bundesrepublik Deutschland erachtet. Alle drei Regierungen bieten ebenso Anreize für gemeinsame Entwicklungsprogramme ihrer nationalen Unternehmen wie für die Zusammenarbeit mit US-Firmen an, um den Technologieaustausch der auf diesem Sektor führenden Länder zu beschleunigen.

Die Regierung der USA unterstützt ihre Mikroelektronik-Industrie durch eine umfangreiche Beschaffungspolitik für Weltraumforschung und militärische Zwecke sowie durch direkte Zuwendungen des Verteidigungsministeriums in Form von Entwicklungskontrakten für VHSI (very high speed integrated) Schaltkreise (sehr schnelle Schaltkreise, [d. Übers.]).

In all diesen Ländern ist die Regierungsintervention zunehmend auf Nachfrage und Anwendung ausgerichtet.

Das gilt für die Großanwendungsgebiete der Mikroelektronik wie Datenverarbeitung und Fernmeldewesen, wo im allgemeinen spezielle Industrie-Umstellungsprojekte erstellt werden, um die Anpassung an die neue mikroelektronische Technik zu erreichen.

Es wird auch nach Bereichen selektiert. In Frankreich zum Beispiel hat CODIS (Comité d'orientation pour le développement des industries stratégiques) staatliche Entwicklungskontrakte für spezielle Sparten (Büroautomation, Robotik und Konsumentenelektronik) vergeben. In Großbritannien hat der Beirat für angewandte Forschung und Entwicklung Kandidaten zur Förderung durch den Wissenschaftsforschungsrat ausgewählt, darunter Robotik, Meßtechnik und Meßgeräte, Mikroprozessor-Arbeitsbänke und Lehrmittel sowie Mensch/Maschine-Schnittstellenmodelle. Ferner gibt es Sonderprojekte, um Betrieben dabei behilflich zu sein, Mikroelektronik-Verfahren zu studieren, wobei Ausbildungskurse eigens für kleine Firmen eingerichtet wurden. An Schulen und Universitäten wird offiziell der Mikroelektronik mehr Aufmerksamkeit geschenkt. Allerdings scheint die Koordination aller dieser Maßnahmen noch mangelhaft zu sein. Das Ziel der staatlichen Eingriffe in die industrielle Tätigkeit besteht darin, auf den Weltmärkten neue Produkte herauszubringen, ehe andere Länder dies tun, um sich bessere Ausgangspositionen im Welthandel zu sichern.

Die EWG-Aktion

Die von der Europäischen Wirtschaftsgemeinschaft vorgeschlagene Aktion auf dem Gebiet der Mikroelektronik soll die Einzelinterventionen der Regierungen der Mitgliedsstaaten durch die Entfaltung einer koordinierten Politik ersetzen, um die Konkurrenzfähigkeit der europäischen Industrie gegenüber den führenden Industrien der USA und Japans zu verbessern.

Die EWG-Kommission unterstreicht die Gefahr der Abhängigkeit von ausländischen Lieferanten und kritisiert die nationalen Initiativen der einzelnen Länder als unwirksam. Dennoch scheint die EWG außerstande zu sein, bei ihren Mitgliedern ein gemeinsames Vorgehen zustande zu bringen. Es wird versucht, Unternehmen zur Zusammenarbeit und zum Austausch technischer Information zu überreden. Die EWG betrachtet den europäischen Markt als reale Chance für die europäischen Mikroprozessor-Industrie. Es werden daher Standardisierungsversuche gemacht und Empfehlungen abgegeben, die staatliche Ankaufpolitik selbst in so restriktiven Bereichen wie dem Fernmeldewesen zu lockern.

Viele Länder haben Schritte zur Förderung eines besseren Verständnises für die künftigen Auswirkungen der Mikroelektronik auf Firmen und Beschäftigung unternommen. Man will die von der Mikroelektronik hervorgerufenen Probleme der Öffentlichkeit bewußt machen (der Nora-Mine-Bericht über die Informatisierung der Gesellschaft für die französische Regierung und der Prognos-Bericht für die deutsche Bundesregierung 1980 über die Folgen der Technik für den Beschäftigungsstand).

Unkoordiniertes Vorgehen

Die in verschiedenen Ländern erarbeitete Politik erscheint somit fragmentarisch, unkoordiniert und ungenügend angesichts eines so komplexen Problems wie die Auswirkungen der Mikroelektronik auf das Industriesystems und die Gesellschaft. Man unterstützt Betriebe, häufig um jeden Preis, vor allem, um die Wettbewerbsfähigkeit des jeweiligen nationalen Industriesystems zu steigern. Selten kommt es zu einer umfassenden Bewertung der sozioökonomischen Folgen, welche die getroffenen Maßnahmen auf das nationale und das internationale soziale und industrielle System haben könnten. Oft werden Betrieben von den Behörden entwicklungshemmende Beschränkungen und Bestimmungen auferlegt, ohne daß man mittel- oder langfristige Richtlinien erstellt. Es gibt kein umfassendes Leitbild des Gesellschaftstyps, zu dem die gelenkte Entwicklung der Mikroelektronik und anderer neuer Technologien führen soll.

Anderseits wird meist finanzielle Unterstützung für das Überleben »lahmer Enten« gegeben, die außerstande waren, entweder aus eigener Unfähigkeit oder aufgrund äußerer Beschränkungen, sich dem technischen Wandel anzupassen. In einigen Ländern besteht die reale Gefahr, daß staatliche Eingriffe, indem sie den Umstellungsprozeß bremsen, die Krise verschärfen und vertiefen, die die Mikroelektronik in vielen Betrieben hervorrufen kann.

Im Grunde scheint es aber an einer adäquaten Ausbildungsplanung für die in der Industrie und auf dem Dienstleistungssektor Beschäftigten zu mangeln. Das könnte in den nächsten Jahren die Fähigkeit der Unternehmen, sich den durch die Mikroelekronik geschaffenen neuen Bedingungen anzupassen, ernsthaft beeinträchtigen.

Eingebaute Mikroelektronik

Die Ausdehnung der Anwendungsbereiche

Die Ausbreitung mikroelektronischer Verfahren steigert jene Industrieproduktion, bei der die Mikroelektronik in die Erzeugnisse eingebaut wird. Man rechnet damit, daß sich in den nächsten Jahren eine beträchtliche Anzahl von Industriesparten, die bisher mechanische Technik verwendet haben, auf Elektronik umstellen wird. Die Wachstumsraten in den verschiedenen Sparten, die elektronische Bauteile verwenden, sind entschieden höher als das durchschnittliche Wachstum in der nichtelektronischen Industrie. Im übrigen verschiebt die Mikroelektronik die Grenzen zwischen den Sparten, indem sie die Zusammenlegung verschiedener Industriezweige und verschiedener Unternehmen fördert. Das deutlichste Beispiel dafür ist die Verschmelzung der Datenverarbeitungsindustrie mit der Fernmeldegeräteindustrie. Diese Konvergenz, eine direkte Folge der Entwicklung der Mikroelektronik, wird von multinationalen Gesellschaften und Regierungen durch Aufkauf von Firmen und Fusionen forciert. Die »Telematik«-Industrie der Zukunft könnte zu einer weitgehenden Konzentration auf dem Industrie- und Dienstleistungssektor in den Händen einiger weniger Großkonzerne führen, die im Weltmaßstab operieren.

Im großen und ganzen kann man damit rechnen, daß diejenigen Industriezweige, die in ihre Produkte mikroelektronische Bestandteile einbauen, in den achtziger Jahren zu den größten und am schnellsten expandierenden Unternehmen der Welt werden. Sie werden die Spitzenreiter der sechziger und siebziger Jahre, nämlich die petrochemische und die Automobilindustrie, an Bedeutung und wachstumsmäßig überholen. Nach den Vorhersagen wird das Gesamteinkommen der Welt-Elektronikindustrie von 250 Milliarden Dollar im Jahr 1980 bis zum Jahr 1990 auf nahezu 800 Milliarden Dollar emporschnellen (in Preisen des Jahres 1979 gerechnet).

Der Wandel im Produktionsablauf

Das bekannteste und meistdiskutierte Phänomen des Mikroelektronikeinsatzes ist die enorme Verminderung der Arbeitsgänge im Produktionsablauf.

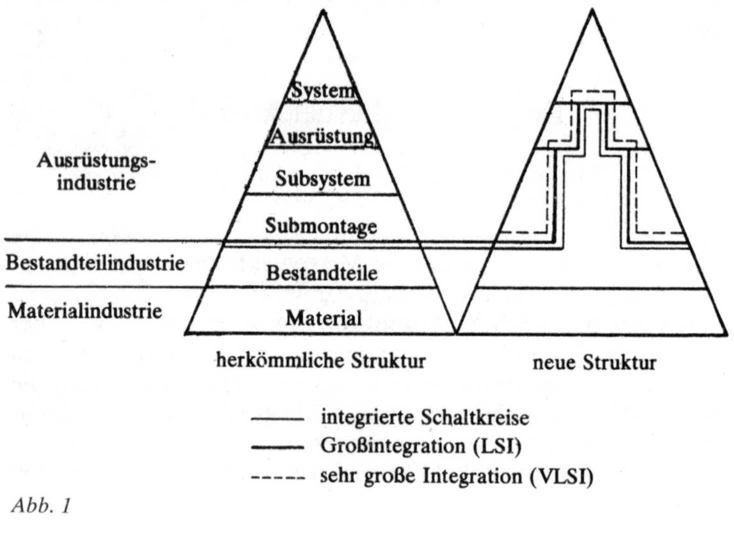

Abb. 1

Mehr noch: sämtliche Aspekte des Firmenslebens, von Forschung und Entwicklung bis zum Marketing, von Planung und

Verwaltung bis zu Produktauswahl und Personalpolitik, sind von den Auswirkungen der Mikroelektronik betroffen.

Besondere Aufmerksamkeit verdienen die tiefgreifenden Änderungen, die die Mikroelektronik im Produktionsablauf bewirkt hat. Dieser Ablauf kann, allgemein gesprochen, als Abfolge von Umwandlungsphasen gesehen werden, in denen aus Rohstoffen Bauteilen gefertigt und aus bereits montierten Teilen Halbfertig- und Endprodukte zusammengesetzt werden.

Die Ausbreitung der Mikroelektronik hat diesen Prozeß radikal verändert. Entwicklungen bei LSI (große integrierte Schaltkreise)-Bauteilen und die Aussicht auf noch bedeutendere Fortschritte bei VLSI (sehr große integrierte Schaltkreissysteme)-

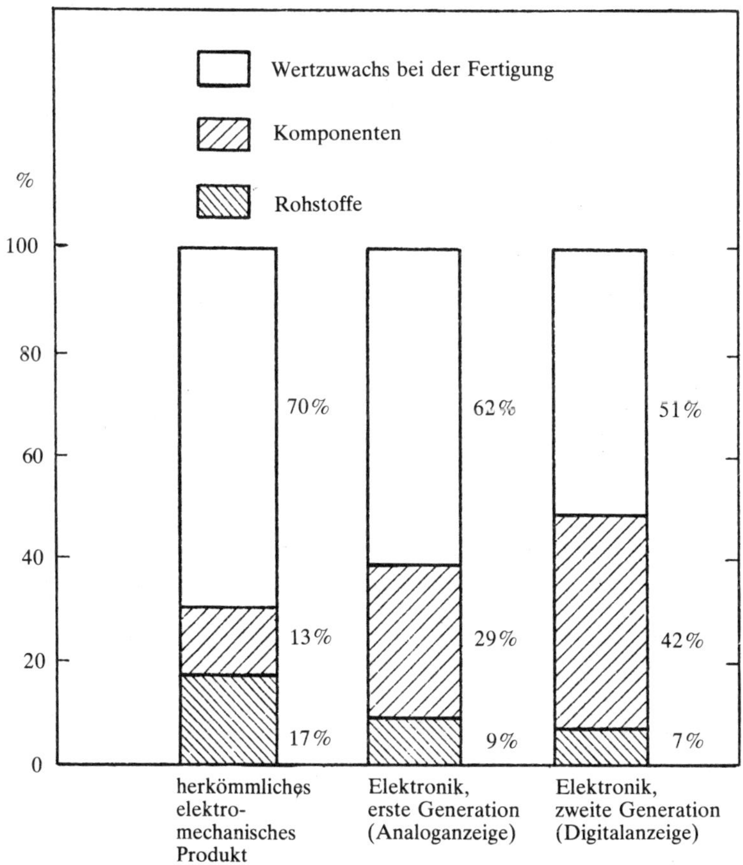

Abb. 2

Bauteilen ermöglicht den Einbau von wachsender Anzahl früher separater Funktionen und bereits montierter Teile und Systeme in ein einziges Teil. Mit der größeren Bestandteildichte verringert sich die Zahl der Arbeitsgänge im Produktionsablauf. Die zunehmende Integrationsdichte, die mit einer beträchtlichen Kostenminderung bei Bauteilen und Elementarfunktionen einhergeht, führt zu einer Verlagerung der Produktionstätigkeit und des Wertzuwachses von den Fertigproduktherstellern zu den Firmen, die mikroelektronische Bauteile herstellen. (Außerdem wird auch der Arbeitskräftebedarf der Halbleiterhersteller mit der zunehmenden Integrierung und Miniaturisierung der Bauteile geringer, da man mehr hochautomatisierte Produktionsprozesse mit weniger Montagephasen benötigt.) Da das Tempo der Innovation und die Größenvorteile generell zu einer Trennung zwischen der Produktion elektronischer Teile und jener von Systemen und Fertigerzeugnissen geführt hat, ist zuweilen ein rapider Rückgang in der Produktionstätigkeit der Hersteller von Fertigwaren zu verzeichnen.

Auf dem Fernmeldesektor, wo der Wertzuwachs bei herkömmlichen elektromechanischen Schaltern 70 Prozent der Produktionskosten ausmacht, hat es bereits in der ersten Generation der elektronischen Schalter eine Senkung auf 62 Prozent und bei der zweiten auf 51 Prozent gegeben. Der anteilige Wert externer Bestandteile an den Produktionskosten ist von 13 Prozent auf 29 Prozent beziehungsweise 42 Prozent gestiegen (siehe Abb. 2).

Verdrängung mechanischer Bauteile

Daß Einzel- und Halbfertigteile durch mikroelektronische Bauteile abgelöst werden, ist besonders dort deutlich, wo es sich um die Umstellung von mechanischen auf elektronische Produkte handelt. Man denkt dabei sofort an Büromaschinen, Telefonschaltsysteme, Uhren usw. Dieselbe Erscheinung ist aber auch im Zuge der Entwicklungen bei mikroelektronischen Produkten selbst zu beobachten, etwa bei Computern, Farbfernsehapparaten, Haushaltsgeräten usw.

Es gibt viele Beispiele für die Verringerung des Wertzuwachses und der Arbeitsgänge als Folge dieses Prozesses. Eine elektronische Uhr etwa erfordert lediglich die Herstellung und Montage von fünf Bestandteilen gegenüber rund tausend Montageoperationen bei einer mechanischen Uhr. Die Herstellung eines elektromechanischen Fernschreibers dauert mehr als 75 Stunden, die eines elektronischen Fernschreibers dauerte 1980 nur 17,7 Stunden (ein Mikroprozessor kann bis zu 936 mechanische Teile ersetzen); die Herstellung eines elektronischen Taxameters erfordert 3,7 Stunden gegen 11,7 Stunden für einen mechanischen. Mehr als neun Stunden braucht man, um eine mechanische Rechenmaschine zusammenzubauen, während ein elektronischer Rechner mit Drucker in weniger als einer Stunde montiert ist. Eine elektronische Buchhaltungsmaschine wird in 33 Stunden hergestellt, eine elektronische in nur dreizehn Stunden. Eine elektromechanische Schreibmaschine wird in zwanzig Stunden gebaut, die elektronischen Modelle des Jahres 1980 in nur zehn Stunden und demnächst in höchstens sechs bis sieben Stunden. Bei der Herstellung von Nähmaschinen ersetzt ein Mikroprozessor 350 mechanische Teile. Die Beispiele ließen sich vermehren.

Dieser radikale Wandel tritt auch dort ein, wo elektronische Bauteile durch stärker integrierte Bestandteile ersetzt werden. Das war z. B. der Fall bei der Entwicklung von Großrechnern, Minicomputern und Taschencomputern. Das Ende dieser Entwicklung ist noch nicht abzusehen, denn die Reihe der immer kleiner und immer billiger werdenden technischen Generationen reißt nicht ab. Aus diesem Grunde können Firmen, die elektronische Bestandteile verwenden, nicht umhin, sich ständig mit den weiteren Auswirkungen einer Technologie zu befassen, die weit davon entfernt ist, stabil zu sein.

Verringerung des Arbeitskräftebedarfs

Während der siebziger und Anfang der achtziger Jahre mußten zahlreiche Unternehmen empfindliche Verringerungen des Beschäftigtenstandes vornehmen, besonders in der metallverarbeitenden Industrie, wo bestimmte Arbeitsgänge (Stanzen, Bohren, Schweißen) und Montagearbeiten vereinfacht wurden. Auch die Kontroll- und Prüfvorgänge wurden durch die Mikroelektronik radikal verändert. Hier einige Beispiel für diesen Trend:

Die britische informationsverarbeitende Industrie verzeichnet insgesamt einen 20prozentigen Rückgang der Beschäftigtenzahl zwischen 1970 und 1977, und das trotz erheblicher Steigerung des Produktionsvolumens.

Für 1980 plante eine große Computerfirma die Schließung eines ihrer Werke und die Entlassung von 2500 Metallarbeitern. Die Arbeitskräfte wurden trotz einer 20prozentigen Produktionssteigerung infolge der Fortschritte in der Mikroelektronik entbehrlich.

Wenn man das Beispiel von vier amerikanischen, drei westdeutschen und einem italienischen gemischten Unternehmen (d. h. mit mechanischen und elektronischen Produkten) untersucht, stellt man zwischen 1969 und 1978 einen Abbau von um nahezu 20 Prozent der Beschäftigten fest. Betrachtet man die Beschäftigtenzahlen insgesamt, so ist eine starke Verringerung bei den in der Produktion Tätigen zu verzeichnen. Ihr Anteil, gemessen an der Gesamtbelegschaft, ging von 45 Prozent im Jahre 1970 auf 25 bis 30 Prozent im Jahre 1980 zurück.

Der Anteil der Arbeiter zeigt eine dramatisch fallende Tendenz. In der italienischen informationsverarbeitenden Industrie zum Beispiel ist der Arbeiteranteil, gemessen an der Gesamtbelegschaft, zwischen 1970 und 1977 von 53 auf 38 Prozent zurückgegangen.

Ein führender amerikanischer Hersteller von Fernmeldegeräten hat seine Belegschaft zwischen 1970 und 1980 von 39.000 auf etwa 17.000 verringert.

In Großbritannien gingen die in der Telefonproduktion Beschäftigten von 88.000 im Jahre 1974 auf 65.000 im Jahre 1978 zurück.

Ein führender schwedischer Fernmeldegerätehersteller setzte sein Personal von 15.000 im Jahre 1975 auf 10.300 im Jahre 1978 herab (in der Produktion von 8000 auf 3000). Wenn die Umstellung auf elektronische Geräte abgeschlossen sein wird, rechnet die Firma damit, daß sie nur noch die Hälfte der Arbeitskräfte benötigen werde, obwohl die Produktion stark ansteigt.

In der Schweizer Uhrenindustrie ging die Beschäftigtenzahl in den siebziger Jahren um 46.000 zurück, während die bundesdeutsche Uhrenindustrie ihren Beschäftigtenstand nach vorliegenden Schätzungen in der Vergleichsperiode als direkte und indirekte Folge des technischen Wandels um 40.000 reduziert hat.

Die Mikroelektronik hat erhebliche Veränderungen in der Struktur der Computerfirmen hervorgerufen, und mehr noch in den Unternehmen des Büromaschinensektors: Im letzteren Fall ist dies darauf zurückzuführen, daß die extrem arbeitsintensiven mechanischen oder elektromechanischen Bauteile durch immer dichter integrierte Komponenten ersetzt wurden, die vollautomatisch hergestellt werden, und zwar von anderen Firmen als denen, die Büromaschinen bauen.

Veränderungen im Bereich der Informationsverarbeitung

Die neue Technik hat nicht nur zu einer Verschmelzung des Computer- und Büromaschinensektors geführt und daraus einen einzigen, die Informationsverarbeitung, werden lassen, sondern auch den Konkurrenzkampf verstärkt, so daß Branchenneulinge auf dem Markt Fuß fassen konnten, wodurch alte Marktpositionen ins Wanken gerieten und Möglichkeiten für neue Anwendungen im Bereich der beruflichen wie der privaten Nachfrage geschaffen wurden.

Innerhalb der Informationsverarbeitung lassen sich heute drei Industriestrukturen unterscheiden:

a) Firmen, die eine Mischtechnik benutzen, die von der mechanischen Büromaschine bis zur Elektronik reicht.

b) Firmen, die immer schon überwiegend auf dem Gebiet der Elektronik tätig waren.

c) Firmen, die sich weitgehend auf den Bereich der Anwendung spezialisiert haben, insbesondere auf Software und Serviceleistungen.

Die Fortschritte in der Mikroelektronik haben sich bei jedem der drei Typen anders ausgewirkt.

Wenn mechanische Teile durch mikroelektronische Schaltkreise ersetzt werden, ändert dies den Wertzuwachs. Diese Veränderungen sind eindeutig größer als bei Firmen, die mit der elektronischen Technik der vorhergehenden Generation arbeiten. Man darf aber nicht vergessen, daß die mikroelektronische Revolution auch jene Produktion betroffen hat, die bereits »alte« elektronische Bestandteile verwendete, und zwar durch die Eliminierung von Montagephasen, aber vor allem dadurch, daß es günstiger wurde, Bestandteile oder Fertigprodukte zu »kaufen«, statt sie zu »machen«.

Heute wenden sich selbst die größten Unternehmen an Zulieferfirmen für Bestandteile, Bauteile und Geräte, was seine Gründe im Kostenfaktor bzw. im Innovationstempo hat.

Rückwärts- und vorwärtsgerichtete Integration

Die großen Hersteller von Fertigwaren versuchen eine Strategie der Rückwärtsintegration, indem sie in den Mikrobauteilsektor expandieren, vor allem durch die Übernahme von Halbleiterfirmen. Sie wollen damit nicht nur einen Teil des verlorengegangenen Wertzuwachses wiedererlangen, sondern auch die strategisch wichtigeren Lieferanten von Mikrobauteilen unter Kontrolle bekommen.

Umgekehrt bedienen sich die Hersteller von Mikroelektronikteilen einer Strategie der Vorwärtsintegration, um in den Gerätesektor und den Fertigwarenmarkt einzudringen (hauptsächlich in der Datenverarbeitung, bei Spielwaren und in der Unterhaltungselektronik).

Angesichts dieser Vorwärtsintegration scheint eine zunehmende Machtkonzentration der Komponentenhersteller und insbesondere eine Abwanderung des Wertzuwachses zu Fabrikanten von Mikrobauteilen in den USA unvermeidlich. Das könnte zu gefährlichen Engpässen und Verknappungen bei diesen Bauteilen führen. Dafür gab es 1979 bereits die ersten Anzeichen.

Fertigprodukthersteller, besonders die größeren Firmen, sind sich dieser Gefahr bewußt und versuchen, sich die Kontrolle über den Mikrobauteilnachschub zu verschaffen, indem sie hauseigene computerunterstützte Konstruktionszentren für Schaltkreisschablonen schaffen oder Halbleiterfirmen aufkaufen.

Es ist abzusehen, daß es die großen Konzerne, die Mikroelektronikteile verwenden, in den nächsten Jahren schwer haben werden, konkurrenzfähig zu bleiben und zu überleben, wenn sie solche Teile nicht selber herstellen. Im Hinblick auf die zunehmend hohen Investitionen, die für die Einrichtung effizienter CAD-Zentren (Computer-aided Design) bzw. für die Anschaffung neuer Ausrüstung zur Erzeugung der Mikroteile erforderlich sind (ein Elektronenstrahl-Mikrolithographiesystem kann bis zu zwei Millionen Dollar kosten, eine Prüfstation mehr als 500.000 Dollar), wird deutlich, daß nur die allerstärksten Unternehmen wieder zu einer vertikalen Integration kommen können und daß diese wiederum zu einer hochgradigen industriellen Konzentration führen muß.

Die Mikroelektronik tendiert dazu, das Spezifische einzelner Produkte auf die Anwendungsbereiche zu übertragen, für die diese Produkte bestimmt sind.

Im Gerätebau werden neue Anlagen entwickelt, die je nach der verwendeten Software definiert werden. Das gleiche Gerät kann de facto verschiedene Aufgaben erfüllen, z. B. kann es als Spektralanalysator oder als Sampling-Oszillograph eingesetzt werden.

Bei der Informationsverarbeitung kann ein einziges Gerät als Schreibmaschine, Fernschreiber, Datenterminal und Computer verwendet werden, je nach dem Programm, das verwendet wird.

Die »Black Box«

Es ist durchaus möglich, daß künftig eine große Anzahl von Mikroprozessoren, Speichern, Leitungskontrollen und peripheren Steuerungsgeräten in einzige Standard-»Black Box« eingebaut werden. Man wird Millionen dieser »Black Boxes« zu minimalen Kosten herstellen können. Die Anwendung wird durch die spezifische Software bestimmt, mit der das Gedächtnis der Black Box »geladen« wird, die dann ihrerseits an das Gerät angeschlossen wird, dessen Funktionen sie kontrollieren soll.

Diese Standardisierung der mikroelektronischen Hardware wird sich zweifellos auf die industriellen Strukturen auswirken. Einerseits wird die Produktion der »Black Boxes« in den Händen einiger weniger Hersteller konzentriert sein, die Außergewöhnliches in der Miniaturisierung zu leisten imstande sind. Die japanische Industrie z. B. beabsichtigt, hochgradige Wettbewerbsfähigkeit in der Herstellung von genormter Hardware zu erreichen. Anderseits werden Firmen in den verschiedenen Anwendungsbereichen dadurch gezwungen, Spezialprodukte anzubieten, die zwar genormte mikroelektronische Hardware verwenden, um konkurrenzfähig zu bleiben, aber Anwendungen je nach Software und Serviceleistungen offerieren, die die Firmen dem Endverbraucher liefern können. (Die Standardelektronik wird in diesen Fällen von Zulieferfirmen bezogen oder, bei sehr großen Firmen, vollautomatisch intern hergestellt.)

So kann es zu einer radikalen Umformung von Betrieben kommen, wenn die eigentliche Produktion schrumpft und die Herstellung von Benützer-Software und Kundenservice zunimmt. Eine solche Umformung würde umfangreiche Veränderungen im Management und im organisatorischen Aufbau erforderlich machen. Es ist also unvermeidlich, daß im Zuge dieser Entwicklung viele Firmen von der Bildfläche verschwinden werden.

Auch die Arbeitskräfte der Firmen wären von den Veränderungen erheblich betroffen: die Zahl der Arbeiter würde laufend abnehmen, während die der Spezialisten und Techniker ansteigen würde.

Obwohl die Mikroelektronik eine zunehmende Hardware-Standardisierung herbeiführt, könnte sie den Bereich der Anwendungen erheblich ausweiten.

Die Spezialisierung im Bereich der Anwendung ließe sich durch Software-Programme erweitern, die die individuellen Wünsche der Benützer berücksichtigten.

Standardisierung kontra »Maßarbeit«

Die Mikroelektronik eignet sich in hohem Maß dazu, sozusagen »maßgeschneiderte« Anwendungen zu ermöglichen. Diese Fähigkeit kann nur dann genutzt werden, wenn die Entwicklungskosten individueller Programme in Grenzen gehalten werden können, d. h. wenn die Entwicklung der Computersprachen und die Betriebssoftware es zulassen, daß diese Anwendungen kostenlos oder zu geringen Kosten entwickelt werden.

Derzeit veranlassen Kostenerwägungen die Hersteller (mit Ausnahme sehr kleiner Unternehmen), genormte Produkte anzubieten, die aus genormten Softwarepaketen und genormter Hardware bestehen. Die Internationalisierung der Märkte, eine typische Folge der Mikroelektronik, fördert die Standardisierung.

Die von der Mikroelektronik eröffneten Möglichkeiten, Produkte für den Kunden »nach Maß« zu liefern, ließen sich jedoch noch weiter ausbauen. Es läßt sich schwer vorhersagen, ob die Technik allein in der Lage sein wird, die Entwicklung im Bereich von Industrie und Anwendung in Richtung auf Produkte hinzusteuern, die auf den individuellen Verbraucher zugeschnitten sind, oder, wie bisher, immer mehr in Richtung auf genormte Produkte. Im ersten Falle würde dies zu einem Rückgang der Massenproduktion führen, und die kleinen Firmen, die sich durch flexiblere Automation und eine Art handwerklicher Tätigkeiten auszeichnen, würden zahlreicher werden. Im zweiten Fall käme es neben stärkerer Konzentration und starreren automatischen Strukturen sicherlich zu beträchtlichen Einsparungen an Arbeitskräften.

Die Lösung des Dilemmas Normierung–Personalisierung bzw. »Entmassung« hat vielleicht einen noch größeren Einfluß auf die Zukunft der Gesellschaft. Obwohl die offensichtlichste Reaktion auf die Mikroelektronik in den betroffenen Unternehmen darin besteht, entbehrlich gewordene Arbeitskräfte zu entlassen und Programme zu Arbeitsersparnis und Kostensenkung auszuarbeiten, reichen die Umformungen, die hier stattfinden, noch viel tiefer.

Flexibilität in der Produktion

Es muß betont werden, daß die Innovationsrate in der Mikroelektronik (nicht so sehr durch die Benützerfirmen als durch die Konkurrenz unter den Mikroteilherstellern angeregt) die durchschnittliche Lebensdauer eines Produktes verringert hat (von zehn Jahren bei mechanischen Buchungsmaschinen bzw. fünf Jahren bei Computern der sechziger Jahre auf zwei Jahre bei den heutigen Minicomputern, von zwanzig Jahren bei mechanischen Fernmeldeschaltern auf fünf bis sieben Jahre bei elektronischen). Dieses Phänomen macht eine große Flexibilität in der Produktion erforderlich. Damit geht einher, daß man vom konventionellen Fließband abkommt und höher integrierte Strukturen einführt. Das wiederum erfordert größere Verantwortung im Entscheidungsprozeß und in der Planungstätigkeit sowie in der Verkaufsorganisation. Es erhöht auch den Bedarf an Mitteln für Forschung, Design und Anwendungsentwicklungen der Hardware und Software, um mit dem Innovationsrhythmus des Marktes Schritt halten zu können: Gegenüber den Forschungskosten von ein bis zwei Prozent des Verkaufspreises bei mechanischen Büromaschinen fallen bei den neuen elektronischen Anlagen und Systemen sechs bis zehn Prozent an. Im Falle eines Herstellers in den USA stiegen die Entwicklungskosten für Fernmeldeschaltsysteme von vierzig Millionen Dollar bei der mechanischen Technik vor fünfzehn Jahren sprunghaft auf 500 Millionen Dollar bei der Elektronik.

In der Informationsverarbeitungsindustrie geht die zunehmende Kostensenkung bei Hardware (Zentraleinheiten, Speicher, Peripheriegeräte), die meist ein Standardprodukt von darauf spezialisierten Firmen ist, Hand in Hand mit der zunehmenden Bedeutung der Betriebs- und Anwendungs-Software.

Vom Produktions- zum Serviceunternehmen

Es scheint, daß all dies zu einer grundlegenden Umformung der Beschäftigungs- und Organisationsstrukturen der informationsverarbeitenden Industrie führt. Fast ausschließliche Fabrikationsfirmen (gekennzeichnet durch hochgradig integrierte Produktion) werden sich entweder rasch auf den Zusammenbau von Komponenten einstellen, die von Spezialzulieferbetrieben auf Massenbasis hergestellt werden, oder zu Lieferanten von Software, technischen Beratungsdiensten und letztlich von Serviceleistungen werden.

Dieser Trend zu einem mehr auf Service orientierten Vorgehen wird durch die Strategien einiger der führenden Informationsverarbeitungsunternehmen in Europa dokumentiert. Es scheint angebracht, an dieser Stelle die Strategie eines dieser Unternehmen unter die Lupe zu nehmen, und zwar sowohl im Hinblick auf die Reorganisation seines Werkes als auch auf die Umgestaltung der allgemeinen Firmenziele.

Ein Beispiel radikaler Umstellung

Die fragliche Firma hat die Auswirkungen der Mikroelektronik in den siebziger Jahren ausgiebig zu spüren bekommen, denn der Anteil elektronischer Produkte an der Gesamterzeugung stieg zwischen 1970 und 1980 von 15 Prozent auf 85 Prozent.

Radikale Umstellungen gab es bei der Montage. Der Produktionstyp, wie er beim Zusammenbau traditioneller mechanischer Produkte in aufeinanderfolgenden fließbandartigen kurzen Arbeitsgängen erfolgte, wurde im Zuge der technischen Umstellung vollständig abgeschafft. Denn:

a) Die durchschnittliche kommerzielle Lebensdauer der Produkte hat sich drastisch verkürzt (von fünfzehn Jahren bei mechanischen auf zwei bis drei Jahre bei elektronischen Rechnern), und dasselbe Modell muß manchmal sogar während der Produktion infolge neuer Mikroschaltkreisentwicklungen modifiziert werden.

b) Es ist schwierig geworden, den Bedarf des Marktes im Voraus zu kalkulieren, und es bedarf einer größeren Flexibilität als früher, um die Produktpalette zu variieren und zu verändern.

c) Die zunehmende Anzahl von Produkten (95 im Jahre 1965 und mehr als 600 in den Jahren 1978 bis 1980), die Verlagerung der Produktion von einfachen Büromaschinen auf komplexe Verarbeitungssysteme und die zunehmende Komplexität der Büromaschinen haben flexible Strukturen erforderlich gemacht, um sowohl im Gang befindliche Arbeiten als auch das Fertigwarenlager zu reduzieren, damit rasch auf Marktschwankungen reagiert werden kann.

d) Die nötigen Qualitätsverbesserungen (die bei elektronischen Produkten besonders wichtig sind) werden durch die aufgesplitterte Arbeitsweise behindert, die kostspielige Kontrollen und »Zurückweisung« fehlerhafter Produkte unvermeidlich macht. Zudem hat das elektronische Produkt modulare Funktionen, so daß während der Montage die Qualität getestet werden kann.

»Assembly-Inseln«

Nach anfänglichen Experimenten wurden neue organisatorische Strukturen, die man später »integrierte Assembly-Einheiten« oder »Assembly-Inseln« nannte, allmählich auf alle elektronischen Produkte ausgedehnt (auch auf die mechanischen). Die »Inseln« bestehen aus einer bestimmten Anzahl von Arbeitern (je nach Produkt höchstens bis zu zwanzig bis dreißig Personen), die die volle Verantwortung für Kontrolle und Reparaturen tragen und deren Aufgabe es ist, einen funktionell getesteten Bauteil bzw. ein verkaufsfertiges Endprodukt herzustellen.

Um die Personalüberhänge aus dem früheren System für mechanische Produkte auszunützen, wurde eine Strategie der Diversifikation formuliert, die neue Initiativen in spezifischen Bereichen schuf, in denen das technische Können und die Möglichkeit bestanden, gewinnbringende Ergebnisse zu erzielen. Anfang der siebziger Jahre wurden die internen Werkzeugmaschinenproduktionseinheiten zu einer selbständigen Firma, in der später elektronische Technik angewandt wurde. Diese neue Initiative machte das Unternehmen rasch zu einem führenden Hersteller von numerisch gesteuerten Werkzeugmaschinen. Andere interne Einheiten wurden später ausgegliedert und zu selbständigen Firmen in den Sparten Elektromotoren, elektronische Steuerungsanlagen und mechanische Bauteile. Weitere, ähnliche Initiativen sind in Vorbereitung. Das Hauptziel besteht darin, den Markt mit mehr Produkten beliefern zu können und die Verfahren rentabel zu machen.

Neue Planungspolitik

Die neue Technik führte auch zu starken Veränderungen auf Planungs- und Entscheidungsebene in bezug auf

– die Kürze der durchschnittlichen Lebensdauer der Produkte, was ein Höchstmaß an Flexibilität in der Produktion und im Handel bedeutet;

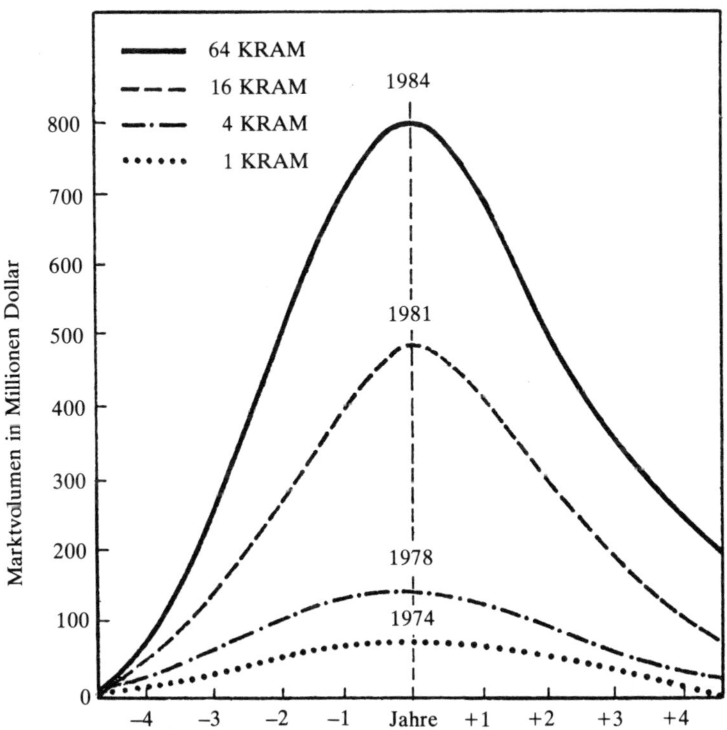

Abb. 3

– die laufende Überprüfung der Entscheidung »selber herstellen oder kaufen«, um zu vermeiden, daß übermäßige interne Kosten oder Verzögerungen bei der »internen« Versorgung mit Schlüsselprodukten oder wichtigen Systemteilen (zum Beispiel Peripheriegeräten) den Erfolg eines gesamten Produktsortiments oder -systems gefährden;

– die Notwendigkeit von Kontakten mit anderen Herstellern zum Austausch von Know-how, Patenten, Lizenzen oder zum Verkauf bzw. Ankauf von Bauteilen, Fertig- oder Halbfertigprodukten;

– der Standort von Industrieniederlassungen, der nicht mehr ausschließlich von Markterwägungen oder vom örtlichen Lohnniveau abhängt, sondern von der Nähe zu Zentren, die Know-how und Komponenten liefern;

– eine Änderung der Fertigungsverfahren vom Fließband für die Massenproduktion zu kleinen und flexibleren integrierten Montageeinheiten für komplexere und häufiger wechselnde Produktion;

– Vielfalt in Richtung auf ergänzende mechanische und elektronische Fertigungen, um den Personalüberhang zu absorbieren und die Ertragslage zu verbessern, indem ein Netz kleiner, auf verschiedenen Gebieten hochspezialisierter Unternehmen geschaffen wird;

– Verminderung der Produktionsintegration, indem die Herstellung auf kleine abhängige oder unabhängige Firmen verteilt wird, um die Anpassungsfähigkeit an technische Veränderungen zu erhöhen;

– Stärkere Konzentration auf die Vorproduktionsphasen (Forschung und Entwicklung) und die Nachproduktionsphasen (Anwendungs-Software, Marketing, technische Hilfe) als auf die Produktion selbst. (Bei der mechanischen Technik war die Investition für die Produktionssphase mindestens ebenso hoch wie die kommerzielle, während weit weniger in Forschung und Entwicklung investiert wurde.)

Dieses Beispiel zeigt, wie die Auswirkungen der Mikroelektronik, die ein Unternehmen rasch in eine Krise stürzen können, wenn es sich passiv verhält, durchaus stimulierend wirken können in Richtung auf eine vollständige Erneuerung der Organisation und der Strategien eines Betriebes. Zugleich könnte damit ein Teil der Arbeitskräfte und des Wertzuwachses wieder aufgefangen werden, der sonst verlorenginge.

Die technische Umstellung (von Mechanik auf Elektronik, von einer alten auf eine neue Generation der Elektronik) ist nur dann möglich, wenn die Betroffenen sie vollständig verstehen und akzeptieren.

Abkommen zwischen Firmen und Gewerkschaften

Im oben genannten Fall wurde die Umstellung in der Werkshalle durch jährlich revidierte Spezialabkommen zwischen der

Firma und den Gewerkschaften und durch ständige Zusammenarbeit zwischen Personal und Management ermöglicht.

Die Notwendigkeit einer solchen Zusammenarbeit wird auch durch die Erfahrung einer großen europäischen Herstellerfirma für Fernmeldegeräte illustriert. Innerhalb von vier Jahren ging die Gesellschaft von der Produktion elektromechanischer Schaltungen ganz auf mikroelektronische Schaltungen über. Obwohl es auf den ersten Blick geraten schien, die alten Betriebsstätten abzureißen, neue, zweckdienliche Werksanlagen zu bauen und mit neuen Arbeitskräften völlig neu anzufangen, entschied sich die Firma für die Umstellung und überredete die Vorarbeiter dazu, selber eine entscheidende Rolle bei der Umgestaltung zu übernehmen.

Ein Umschulungsprogramm wurde durchgeführt, an dem jeder Arbeiter etwa drei Monate lang teilnahm. Die Arbeitsgänge wurden völlig umgestellt, wobei berücksichtigt wurde, daß durch die Verwendung von Mikroelektronik der Aufgabenbereich des Personals größer ist als am herkömmlichen Fließband.

Eine der Hauptschwierigkeiten bestand darin, daß in der schnellebigen Welt der Mikroelektronik fast wöchentlich neue Mikroteiltypen angeboten werden und daß die Projektmanager die Konstruktionspläne oft abänderten, was die Produktionsaufnahme erschwerte. Schließlich wurde festgelegt, daß Abänderungen nur in regelmäßigen, kontrollierten Abständen gemacht werden durften. Das Umstellungsprogramm war sehr erfolgreich, und die Firma konnte ihren technischen Vorsprung vor der Konkurrenz behaupten.

Die Fähigkeit des Managements, sich umzustellen

Die bisherige Erfahrung zeigt, daß ein entscheidender Faktor bei der positiven Reaktion auf die Mikroelektronik in der Fähigkeit des Managements und der gesamten Belegschaft besteht, sich umzustellen. Diese Umstellung kann durch breit angelegte Umschulungsprogramme erreicht werden, die gemäß den Entwicklungen in der Technik periodisch wiederholt werden müssen.

Es ist unvermeidlich, daß in Zukunft das Gewicht sich noch weiter von der Produktion auf die Vor- und Nachproduktionsphasen verlagern wird, d. h. auf Forschung und Entwicklung, Maschinenbau, Software, Anwendungsdesign, Marketing und Kundenservice. Das bedeutet, daß man von einer produktionsorientierten zu einer mehr auf Kunden und Service orientierten Mentalität gelangen wird.

Der Schritt von der hardwareorientierten zu einer softwareorientierten Betrachtungsweise wird noch deutlicher sichtbar werden.

Bei der Hardwareproduktion sind großangelegte Einsparungen und automatische Massenfertigung möglich, was laufende Kostensenkungen gestattet.

Das Problem der Software

Die Softwareproduktion beruht im wesentlichen immer noch auf den jeweiligen Fertigkeiten von Analyse- und Programmierspezialisten. Die Herstellung von Software ist extrem arbeitsintensiv.

Die Entwicklung bei der Software hält mit der bei der Hardware aus zwei Gründen nicht Schritt: der erste liegt in der Unterschiedlichkeit der Produktionsmethoden, der zweite im Mangel an Fachkräften, die Software schreiben können.

Der Unterschied in der Produktionsmethode entspricht auch dem Unterschied bei den Kosten. Die Herstellung einer Programmzeile kostet durchschnittlich etwa zehn Dollar, also wesentlich mehr als ein ganzer Mikroprozessor. Software macht mehr als 50 Prozent der Kosten für Forschung und Entwicklung bei der Herstellung der wichtigen mikroelektronischen Bauteile aus, und dieser Anteil dürfte bis auf 80 Prozent steigen.

Es läßt sich voraussehen, daß in Zukunft ein erheblicher Teil der Softwareproduktion automatisiert wird. Es besteht jedoch kein Zweifel daran, daß noch auf lange Zeit der Einsatz entsprechender menschlicher Fähigkeiten bei der Herstellung von Software darüber entscheiden wird, ob es den elektronischen Firmen gelingt, erfolgreich mit den Auswirkungen der Mikroelektronik fertig zu werden.

Die Auswirkung auf den Fertigungsprozeß

Die Fabrik der Zukunft

Der Prototyp der Fabrik der Zukunft wird bereits entworfen, und in einigen Industriestaaten gibt es verschiedene Modelle, die mit modernster mikroelektronischer Technik arbeiten.

Es handelt sich dabei um vollautomatische Fabriken, die kleine Serien unterschiedlicher Produkte auf ein und denselben Maschinen herstellen können. Kleine Zeilen numerisch gesteuerter Werkzeugmaschinen, von Robotern mit Rohmaterial versorgt, werden von Minicomputern gesteuert, die ihrerseits an einen Zentralcomputer angeschlossen sind, der den Rhythmus der Produktion und des Materialnachschubs reguliert. Qualitätskontrollen und Routineinstandhaltungsarbeiten werden von Robotern erledigt. Jede Panne kann vom Hauptcomputer bewältigt werden, der den Gesamtzeitplan der Produktion neu organisiert. Der Hauptcomputer kann mit einem anderen Computer zusammengeschaltet werden, der durch die CAD (computerunterstützte Design)-Konstruktionstechnik detaillierte Konstruktionsunterlagen enthält.

Diese Fabriken, die nie völlig ohne Personal sind, erfordern hochqualifizierte Ingenieure auf drei Ebenen: Planer des Gesamtprogramms, Ingenieure, die den Computer für die computerisierte Produktion bedienen, und Techniker in den Werkshallen.

Als Beispiel mag ein Stahlwerksprojekt in Schweden dienen. Dieses Werk kann von einer etwa zwanzigköpfigen Belegschaft betrieben werden, die das automatische System überwacht, die Büroarbeiten und einen Teil der Wartung erledigt. Die physische Tätigkeit und die Büroarbeit zur Planung und zur Abfertigung der Lieferanten sind eng koordiniert.

Abgesehen von Prototypen und Entwürfen für Fabriken, die frühestens in den späten neunziger Jahren in Betrieb genommen werden können, ist die Einführung vollautomatischer Produktionsprozesse unter Einsatz von Mikroprozessoren in der Praxis noch sehr beschränkt.

Automation wird heute vor allem bei kontinuierlichen Prozessen eingesetzt (etwa in der chemischen Industrie, bei Stahl, Zement, Papier usw.), wo die großen konventionellen Computer die Grundlage des Systems bilden. Dagegen können heute neue Steuerungssysteme auf der Basis von Mikroprozessoren, die auf alle Hauptpunkte der Werkshalle verteilt sind, die Operationsfähigkeit eines Werkes erheblich steigern.

Die neuen »stählernen Arbeiter«

Die Verwendung von Mikroprozessoren bei numerisch gesteuerten Maschinen reduzierte Kosten, Umfang und Gewicht, steigerte die Vielseitigkeit, vereinfachte den Betrieb und reduzierte die Wartung. Mehrzweck-Dreh- und Fräszentren mit automatischem Werkzeugwechsel sind auf dem Markt erschienen. Mit dem Einbau von Mikroprozessoren in Industrieroboter ist die Möglichkeit von vollautomatischen Produktionsprozessen gewachsen.

Die Unternehmen setzen große Erwartungen in die künftigen Entwicklungen der Roboter und deren Möglichkeiten in der Produktion (vor allem bei Montage und Zusammenbau, die für Qualität und Produktkosten ausschlaggebend sind) und eventuell auch in anderen Bereichen, wie Rohmaterial- und Produktbeförderung, Verpackungswesen usw.

Kostenfaktoren und Präzisionsprobleme haben bis jetzt von einer größeren Verbreitung der Industrieroboter abgehalten. In der Zukunft werden sie jedoch aufgrund des zu erwartenden Rückgangs der Kosten für Mikroelektronik (wie für Sensoren und Antriebsautomaten, die teuersten Bestandteile eines Roboters) massiv zum Einsatz kommen. Wenn die Roboterpreise von 50.000 auf 10.000 Dollar sinken, könnte die Auslieferung von Robotern in den USA bis zum Jahre 1990 200.000 Stück erreichen.

Die Einführung von Robotern soll die Montagekosten auf ein Minimum senken, die Produktivität erhöhen und die Qualität verbessern. Es wurde errechnet, daß für jeden in Roboter investierten Dollar jährlich drei Dollar an anderen Kosten eingespart werden.

Für die achtziger Jahre sind auf diesem Gebiet bedeutende Entwicklungen vorhergesagt worden, die zur Ausmerzung aller gefährlichen und mühevollen Arbeiten in der Produktion sowie eines Großteils der Montagearbeiten führen würden. Die Verbesserung der Arbeitsplätze stellt sicherlich einen Vorteil dar. Der Nachteil dieser Entwicklung wird jedoch in einem akuten Rückgang der Zahl der Fabrikarbeiter bestehen.

In der Automobilindustrie werden lange Reihen von Robotern an den Montagebändern stehen. Dies scheint die einzige Möglichkeit für die amerikanische und europäische Automobilindustrie zu sein, der Herausforderung durch die bereits weitgehend automatisierte japanische Autoindustrie mit Erfolg zu begegnen.

In einer schwedischen Autofabrik leisten 29 Roboter, die sieben Millionen Dollar kosten, die Arbeit, die früher von siebzig Arbeitern in zwei Schichten getan worden ist. Einer Battelle-Untersuchung (die auch im Kapitel *Arbeitnehmer und Arbeitsplatz* besprochen wird) über die Auswirkungen der Robotisierung auf die Beschäftigungslage zufolge können pro Roboter 1,5 Beschäftigte je Schicht eingespart werden, während Roboter, die Werkzeuge bedienen (Schweißarbeiten), 0,9 und Roboter, die mit Werkstücken umgehen (Schmiedearbeiten), etwa 2,1 Arbeitskräfte (meist Hilfsarbeiter) einsparen. Anderseits entstehen für jeden eingesetzten Roboter 0,3 Arbeitsplätze für Monteure, Vorprogrammierer, Programmierer und Wartungspersonal.

Da diese Technologie außerordentlich flexibel und anpassungsfähig ist, wirkt sie sich entscheidend auf die Entwicklung der Roboter und deren Verbreitung aus. Frühere Elektronik-Generationen besaßen nicht diese hochgradige Flexibilität, daher war die Automation auf starrere Produktionsvorgänge beschränkt. Die

Unternehmen erkennen jetzt aber, daß die Mikroelektronik ihnen ein außerordentliches Sortiment von Maschinen zur Verfügung stellt, die mit »Gehirnen«, »Gedächtnissen«, »Augen«, »Ohren« sowie mit allen möglichen Arten von Sensoren und Antriebsaggregaten ausgerüstet sind, und das bei äußerst geringen Kosten. Wie eine Managementumfrage bei hundert Firmen in Japan zeigt, erregt der Einsatz der Mikroelektronik in der Produktion größeres Interesse als Verbesserungen in der Verwaltung oder die Fähigkeit, neue Produkte zu entwickeln, was beides ebenfalls durch die Mikroelektronik erreicht werden kann.

Eine neue Art von Produktivität

Das Hauptziel wird in der Steigerung der Produktivität gesehen, wenn menschliche Arbeit durch Roboterarbeit ersetzt wird. Die Zeit der Produktivitätssteigerungen durch ständiges Anwachsen des Produktionsvolumens scheint vorüber zu sein. Produktionssteigerungen gehen also Hand in Hand mit der Höhe der Kapitalinvestition pro Produktionseinheit.

In der Praxis erkennen zahlreiche Firmen, daß durch den Einzug der Mikroelektronik in den Fabrikationsprozeß die menschliche Arbeitskraft nicht einfach durch den Roboter abgelöst wird, sondern daß es sich hier um ein komplexes Phänomen handelt, das eine totale Reorganisation der Produktionsprozesse erforderlich macht und neue Arten des Wertzuwachses schafft. Dieser neue Wertzuwachs besteht in der Menge der Information, die als Nebenprodukt vieler automatisierter Prozesse durch die Mikroelektronik entsteht. Dadurch kann die Produktion in die anderen Aktivitäten des Unternehmens wie automatisches Design, Automation von Auftragsbearbeitung, Materialtransport, Verpackung und Lagerhaltung integriert werden.

Die Flexibilität und Programmierbarkeit der mit Mikroprozessoren arbeitenden Fabrikation ermöglichen die Umorganisation des Herstellungsprozesses bei allen Produktionseinheiten, großen und kleinen Anlagen, die sich auf diese Weise leicht auf häufig wechselnde Produkte und auf Veränderungen des Produktvolumens einstellen können.

Die gesamte Fabrikanlage und Arbeitsorganisation muß umgeplant und umgebaut werden, wenn die neuen Systeme maximal ausgenutzt werden sollen. Häufig widersetzen sich nicht nur Werkmeister und Ingenieure diesen Veränderungen, sondern auch die Gewerkschaften, die einen Personalabbau befürchten. Wenn sie erzwungen wird, bringt die Einführung automatischer Systeme oft geringere Produktivitätssteigerungen als ein abgeschlossener und akzeptierter Innovationsprozeß. Es gibt einen problematischen Aspekt: nämlich in bezug auf die Art von Personal, das für die neuen automatischen Systeme benötigt wird. Es gibt Fälle, wo z. B. Roboter für das Einspannen von Werkstücken verwendet werden, in denen angelernte Arbeiter ausreichen, so daß es zu einer Minderung der durchschnittlichen Qualifikationen kommt. Dann wieder gibt es Fälle, besonders beim Einsatz extrem integrierter Systeme, wo eine besonders hohe technische Ausbildung für Überwachung und Wartung erforderlich ist. Zusammenfassend kann gesagt werden, daß die bisher erprobten Anwendungen so unterschiedlich waren, daß sie kaum Schlüsse in bezug auf die große Revolution zulassen, die die Mikroelektronik den Fabriken in den nächsten Jahren wohl bringen wird.

Übermäßige Langsamkeit und übermäßige Schnelligkeit bei der Einführung der neuen automatischen Fertigungsverfahren ohne eine effektive Reorganisation der Fabrik und ohne die Zustimmung derjenigen, die in ihr arbeiten, können sich sowohl auf die Belegschaft wie auf die Arbeitsqualität und auf die Entwicklungsperspektiven des gesamten Unternehmens störend auswirken.

Die Auswirkungen auf die Dienstleistungsunternehmen

Banken- und Versicherungswesen

Auf dem Dienstleistungssektor war bisher die stärkste Anwendung der Mikroelektronik im Banken- und Versicherungswesen zu beobachten. Terminals zur Kontoüberprüfung am Kundenschalter, automatische Geldauszahlungsgeräte und EFT (elektronische Überweisungs)-Systeme haben sich im Bankwesen wesentlich schneller durchgesetzt als in anderen Bereichen.

Im Versicherungssektor hat die automatische Bearbeitung von Policen zugenommen. Das Bankwesen wird sich in besonderem Maße dazu eignen, Büroautomationstechniken und die neuen integrierten Netzwerke für kombinierte Daten- und Textverarbeitung auszuprobieren. Einige Großprokjekte, die gemeinsam von der einschlägigen Industrie und führenden Banken oder Konsortien entwickelt werden, sind hiefür gute Beispiele. Bisher hat die Automation in diesem Bereich keine negative Auswirkung auf die Beschäftigung gezeigt, weil das Bankwesen sehr starke Zuwachsraten zu verzeichnen hatte.

Dieses Wachstum wird jedoch kaum unbegrenzt weitergehen, ja, es kann sich sogar umkehren, wenn sich die düsteren Aussichten für die allgemeine Wirtschaftsentwicklung und die Intensivierung der Automation in den nächsten Jahren bewahrheiten.

Die Organisationsstruktur der Banken, besonders die ihrer örtlichen Zweigstellen, wird radikale Veränderungen durchmachen. Die Mikroelektronik wird dem Bankkunden billige und entsprechend abgesicherte Geldauszahlungsgeräte und Terminals direkt zur Verfügung stellen, die sich auch für komplexe Banktransaktionen einsetzen lassen. Man wird diese Transaktionen nicht nur in Bankfilialen, sondern auch von anderen Stellen, von Flugplätzen und Kaufhäusern und in Zukunft vielleicht sogar von zu Hause aus durchführen können. Die Bankstrukturen werden also weit über den gewohnten Bereich hinausreichen. Viele Aufgaben, die bisher von den Zweigstellen wahrgenommen wurden, werden damit entfallen. Man wird vielmehr neue Kundendienste entwickeln müssen, die finanzielle, juristische und steuerliche Informationen und Beratung anbieten.

Es wird auch erhebliche Veränderungen im Bankmanagement geben, das sich weniger mit Routineaufgaben und mehr mit finanzieller Beratung und Hilfe für Kunden (Unternehmen und Investoren) befassen wird.

Der Trend zur bargeldlosen (und zunehmend schecklosen) Gesellschaft, in der der Geldfluß sich in einen Elektronenfluß durch die Schaltkreise der Computernetze verwandelt, wird aber nicht nur die Organisation der Bankdienste selbst, sondern auch die Dienstleistungen im Handel betreffen.

Dienstleistungen des Handels

Durch integrierte Registrierkassen-Terminals mit Preiszettellesegerät und On-line-Buchungssystem, durch vollautomatisierte Lagerhaltung, Preisauszeichnung und Nachbestellung fördert die Mikroelektronik konzentrierte Handels- und Verkaufsstrukturen in Kaufhäusern und Handelsketten und läßt immer weniger Raum für den kleinen, unabhängigen Einzelhändler. Daher wird wohl die Zahl kleiner Handelsfirmen abnehmen und die Spezialisierung bei den noch verbleibenden zunehmen.

Die Mikroelektronik bietet aber auch den kleinen Handelsfirmen kleine, billige Systeme, die gewährleisten, daß sie ebenso effizient arbeiten können wie das große Kaufhaus. Auch darin zeigt sich die der Mikroelektronik zugrunde liegende Ambivalenz: einerseits führt sie zwar zu einer Konzentration der Unternehmen, aber durch intensive und spezialisierte Anwendung vermag sie anderseits kleinen Strukturen zur Weiterentwicklung zu verhelfen.

Dienstleistungen im Kommunikationsbereich

Eines der Gebiete, auf denen sich die Mikroelektronik stark auswirkt, ist das Fernmeldewesen. Hier hat sie dazu geführt, daß der Bereich sich vom Telefondienst bis zu Daten-, Text-, graphischen und Bilddiensten ausgedehnt hat. Das Monopol der Postbehörden im Fernmeldewesen in fast allen Industrieländern wird Konkurrenz durch alternative private Dienste erhalten, wie dies in den USA bereits der Fall ist. Die öffentlichen Körperschaften werden somit zu radikalen organisatorischen Veränderungen bei ihren Diensten gezwungen sein, zu neuen Marketing- und Werbetechniken, zu einer neuen Gebührenpolitik und zu einem neuartigen technischen Service. In dem Maße, in dem die protektionistischen Barrieren der öffentlichen Monopole im Fernmeldewesen (und auch im Postdienst) durch die Entwicklung der neuen elektronischen Möglichkeiten abgebaut werden, wird das Wachstum erfinderischer Unternehmen, die jeweils die neuesten Spezialdienstleistungen anbieten, in diesen Sparten gefördert.

Zu den neuen Bereichen, die ein sensationelles Wachstum als direkte Folge der neuen mikroelektronischen Anwendungen erleben werden, gehören Informationsdienste, kulturelle und Unterhaltungsdienste.

Die sinkenden Kosten der Videoplatten-Geräte, die Verwendung von Heimterminals mit Anschluß an Datenbanken, die Automation von Bibliotheken und die Ausbreitung des computerunterstützten Unterrichts lassen eine Menge neuer Firmen innerhalb dieser großen Märkte entstehen. Auch die großen Finanz- und Verlagshäuser wenden sich nun diesen Bereichen zu.

Die elektronische Information ist ein Sektor, in dem das unternehmerische Vorgehen in bezug auf kulturelle Informationsdienste (Bücher, Zeitungen, Radio, Fernsehen usw.) neu durchdacht werden muß, damit neue Formen der Rationalisierung zum Tragen kommen können.

Die neuen Möglichkeiten der Technologie könnten in der Tat zu einer totalen Standardisierung von Information und »Kulturgütern« führen. Anderseits könnten sie eine persönlichere Gestaltung der Produkte bewirken, die dem einzelnen Verbraucher angeboten werden. Beide Wege stehen offen, und die Informationslieferanten können sie beschreiten. Auch hier geht es darum, entsprechende Vorkehrungen, nötigenfalls durch behördliche Maßnahmen, zu treffen, damit die durch die Mikroelektronik möglich gewordene Kundenorientiertheit nicht mißbraucht wird.

Auswirkungen auf die Verwaltungs- und Büroarbeit

Strukturierte kontra unstrukturierte Tätigkeit

Auf dem Verwaltungssektor können bestimmte Tätigkeiten unabhängig von der sie ausübenden Person definiert werden. Zu diesen Tätigkeiten, die als strukturierte Tätigkeiten bezeichnet werden können, gehören z. B. Kostenrechnung, Fakturierung, Lohnbuchhaltung, Auftragsbearbeitung, Lagerhaltung usw. Strukturierte Arbeit ist durch feststehende Prozeduren charakterisiert, durch Routineaufgaben, im voraus festgelegte Abläufe, kodifizierbare Daten usw. Es besteht ein deutlicher Zusammenhang zwischen dieser Art Arbeit und der programmierten Arbeitsmethode des Computers.

Strukturierte Tätigkeiten innerhalb der Büroarbeit sind vor allen bei großen Firmen den Entwicklungen in der Datenverarbeitung gemäß automatisiert worden. Das begann mit der ersten Computergeneration, die den traditionellen Buchungsautomaten nicht unähnlich war, und führt über die zweite Generation, die mehr integrierte Systeme verwendet, zu den interaktiven Computern, die bereits dezentralisiert aufgestellt werden.

Die Mikroelektronik verursacht eine erhebliche Zunahme der Automation strukturierter Tätigkeiten und eine Expansion im Sektor der strukturierten Arbeit selbst, da sie den preisgünstigsten Computereinsatz auf verschiedenen Ebenen des Unternehmens ermöglicht. Sie erleichtert die Dezentralisierung der Computer und verbessert den Zugang zur Information. Die strukturierten Tätigkeiten machen nur ein Drittel der Verwaltungs- und Büroarbeit eines Unternehmens aus.

Die beiden anderen Drittel können als unstrukturierte Tätigkeiten angesehen werden, etwa die Tätigkeit von Managern und Sekretärinnen, der Informationsfluß anhand von Telefongesprächen oder schriftlichen Mitteilungen, Sitzungen zur Entscheidungsfindung, der nichtroutinemäßige Austausch von Unterlagen usw.

In diesem Bereich hat die traditionelle Datenverarbeitung sich kaum bemerkbar gemacht und Produktivität und Leistunsfähigkeit kaum gesteigert. Die neue Mikroelektronik wird es nun möglich machen, die Informationsverarbeitungssysteme auf immer mehr unstrukturierte Tätigkeiten des sogenannten Büroautomationsbereichs auszuweiten.

Einer Untersuchung der britischen Büroangestelltengewerkschaft zufolge kann ein Textverarbeitungsgerät die physische Produktivität einer Maschinschreibkraft um 30 bis 80 Prozent steigern, weil es den Zeitaufwand beim Abschreiben, Korrigieren und bei der Papiermanipulation verringert.

In der internationalen Transferabteilung einer amerikanischen Bank können fünfzig Personen an Computerkonsolen die Arbeit leisten, die vor zehn Jahren von 430 Beamten verrichtet wurde. Eine Firma in den USA entwickelt ein komplettes Telekonferenznetz, mit dessen Hilfe die leitenden Angestellten von verschiedenen Orten aus durch Satellitenfernsehen audiovisuell miteinander konferieren können. Die Firma behauptet, daß dadurch jährlich mehr als 50 Millionen Dollar an Reisekosten eingespart werden könnten.

Eine andere Firma hat durch ein firmeneigenes elektronisches Postnetz für schriftliche Mitteilungen zwischen den verschiedenen Firmenniederlassungen die Zeit, die früher zum Briefeschreiben und zum Postversand aufgewendet wurde, erheblich reduziert.

Man hat errechnet, daß die bisherigen Investitionen in der Büroautomation außerordentlich niedrig waren: sie betrugen nur etwa 2000 Dollar Kapitalinvestition pro Angestelltem gegenüber 35.000 Dollar pro Fabrikarbeiter. Aus diesem Grund besteht ein großes Potential im Bereich der Büroautomation für die Einführung von Systemen auf der Basis von Mikroprozessoren, besonders für »intelligente« elektronische Schreibmaschinen mit Kommunikationsmöglichkeiten, für Video-Terminals und »intelligente« Telefone (d. h. mit der Möglichkeit der Speicherung gesprochener und digitaler Information).

Der Einsatz integrierter Textverarbeitungssysteme, die Verbreitung öffentlicher oder privater elektronischer Postsysteme, die Installation eines Terminals auf jedem Schreibtisch werden radikale Veränderungen in den Organisationsstrukturen der Unternehmen hervorrufen. Die in der Vergangenheit verwendeten zentralisierten oder dezentralisierten Anlagen für Buchhaltung und Verwaltung wirkten sich weder auf die Organisation noch auf den Beschäftigungsstand des Unternehmens nennenswert aus. Irgendwie wurden die Computer mit den traditionellen Tätigkeiten kombiniert, ohne diese drastisch zu modifizieren oder gar überflüssig zu machen. Die Mikroelektronik hingegen dürfte andere Auswirkungen auf die Büroautomation haben, wie das Kapitel *Arbeitnehmer und Arbeitsplatz* zeigt.

Erste dokumentierte Erfahrungen zeigen, daß die Firmen in den neuen Systemen für automatische Büroarbeit im allgemeinen eher ein Mittel zur Arbeitsersparnis als zur Steigerung der Leistungsfähigkeit sehen. Mit anderen Worten: Man möchte Personalkosten einsparen und ist nicht so sehr an spezifischen Resultaten interessiert. Die Notwendigkeit einer Rationalisierung im Personalbereich und die Vermeidung von unnützem Zeitaufwand sind eindeutig.

Die bei der Büroarbeit vergeudete Zeit ist beträchtlich und nimmt weiter zu. 30 bis 50 Prozent der Arbeitszeit von Sekretärinnen wird mit Warten, mit Versuchen, Telefonverbindungen herzustellen, mit Korrekturen usw. zugebracht. Das gleiche gilt für Telefongespräche, bei denen weniger als 25 Prozent den gewünschten Teilnehmer erreichen. Die übrigen Anrufe scheitern, weil der Teilnehmer besetzt ist, nicht antwortet oder weil die Anlagen defekt sind. Viel Zeit wird also verschwendet, und die Telefonleitungen bleiben zu 80 Prozent der Gesamtzeit ungenutzt.

Daher werden Textverarbeitungsgeräte von den Unternehmen vor allem als technische Vorrichtungen betrachtet, mit deren Hilfe die Schreibzeit der Sekretärinnen halbiert werden kann, und die elektronische Post gilt als Mittel zur Beseitigung der Arbeitszeitverluste bei den Sekretärinnen durch Telefonanrufe oder zur Abschaffung des Postens der Sekretärin überhaupt. Es gibt aber Beispiele, die zeigen, wie das neue System Quantität und Qualität der Bürotätigkeit steigern kann, ohne die Anzahl der Stellen zu reduzieren.

Nötig ist, daß das Unternehmen technische Veränderungen als treibende Kraft einsetzt, um die Verwaltungsarbeit umzustrukturieren und zu reorganisieren, besonders auf der Ebene des Managements, wo mikroelektronische Systeme zur schnelleren und klareren Entscheidungsfindung beitragen können.

Die »Papierexplosion«

Die in Verwaltungs- und Managementbereichen zirkulierende Menge von Papierdokumenten wächst exponentiell. Ein Großteil der bürokratischen Arbeit gilt der Bewältigung der Papierexplosion, und dies wiederum setzt noch mehr Papier in Umlauf. Die Automation des Umgangs mit Dokumenten und deren Archivierung ist von grundlegender Bedeutung für die Rationalisierung dieses Prozesses, der außer Kontrolle zu geraten droht. Aber die enorme Daten- und Informationsmenge, die in die neuen Mikroelektronikspeicher quasi zum Nulltarif eingegeben werden kann, könnte den Entscheidungsprozeß in den Unternehmen auch erschweren, wenn das Management nicht neue Systeme im Umgang mit Informationen oder Datenbanken entwickelt, die einen rationellen Gebrauch dieser enormen Ressourcen ermöglichen. Mehrere Beispiele illustrieren, wie dort ein Absinken der Effizienz eintreten kann, wo die elektronische Informationsspeicherung lediglich die manuelle »Ablage« ersetzt, wenn sie nicht automatisch mit den Planungs-, Entscheidungs- und Kontrollfunktionen verbunden wird.

Verbesserung der Arbeit oder Kontrolle des Arbeiters?

Vom Standpunkt des Arbeitnehmers kann der Terminal auf dem Schreibtisch auch Kontrolle und ständige Überwachung bedeuten, was den Inhalt der Arbeit abwerten, Streß hervorrufen und menschliche Kontakte verringern würde. Eine solche Lösung kann von Arbeitgeber und Arbeitnehmer abgelehnt werden, wie dies in verschiedenen Experimenten mit einer »Vollautomation der Büros« bereits der Fall war. Alles hängt davon ab, wie man an die Sache herangeht. Wenn die neuen Systeme für Verwaltung und Büro auf eine qualitative Verbesserung des Arbeitsinhalts ausgelegt sind, wird man reale Fortschritte bei der Steigerung der Produktivität und des Standards dieser Arbeiten erzielen, zum Vorteil der Firma wie des Arbeitnehmers. Die Reorganisation der Unternehmen durch die Automation der Verwaltungs- und Büroarbeit muß unter Mitwirkung der Betroffenen, sowohl des leitenden Personals als auch der Bürokräfte, erfolgen.

Die Automation des Büros unterscheidet sich prinzipiell von der Automation der Fabrik. Im Management- und Verwaltungssektor kann die Expansion der mikroelektronischen Automation zur Abschaffung vieler Funktionen führen und die Notwendigkeit der Umschulung und Umstellung mit sich bringen. Die Mobilität innerhalb wie außerhalb des Unternehmens wird daher stark zunehmen und kann neue Formen der Teilzeitbeschäftigung erforderlich machen.

Trotz des Tempos, mit dem die mikroelektronische Technik sich ausbreitet, scheint das Management sich dem Prozeß der Umgestaltung zu widersetzen, aus der Sorge heraus, daß drastische Veränderungen seiner eigenen Zukunft abträglich sein könnten.

Die Auswirkungen auf die Gesamtorganisation des Unternehmens

Hohe Investitionen in Forschung und Entwicklung

Es wurde bereits wiederholt betont, daß die Ausbreitung der Mikroelektronik einschneidende Umstrukturierungen der Betriebe nicht nur auf dem Produktionssektor, sondern auf allen Ebenen erforderlich macht. In der elektronischen Industrie besteht ein besonderer Bedarf an hohen Investitionen in Forschung und Entwicklung, die von grundlegender stategischer Bedeutung sind (vergleichbar etwa mit dem Produktionssektor in der mechanischen Industrie). Das Tempo des mikroelektronischen Fortschritts ist so rasant, daß die Unternehmen, die überleben wollen, zu fieberhaften Neuerungen gezwungen sind.

Die Lebensdauer der Komponenten und der Produkte, in die sie eingebaut werden, ist gewöhnlich sehr kurz, und nur jene Firmen, die ihren Vorsprung vor der Konkurrenz halten, können sicher sein, ein paar Jahre lang genügend Gewinne zur Deckung der hohen Investitionskosten für Forschung und Entwicklung zu erwirtschaften. Nach ein bis zwei Jahren treten die Nachahmer auf den Plan, und Preise und Gewinnspannen sinken rapide ab. Daher kann eine Firma nur dann, wenn sie sich bei einem Produkt an der Spitze der Innovation befindet und ihren Konkurrenten um mehrere Schritte voraus ist, jenes Ertragsniveau erreichen, das für Reinvestitionen in Forschung und Entwicklung erforderlich ist. Und umgekehrt: Will man in der Innovation führend sein, muß entsprechend viel in Forschung und Entwicklung investiert werden. Dies ist ein Kreislauf, der zu außerordentlich heftiger Konkurrenz und zu einer noch nie dagewesenen Beschleunigung der Innovation führt.

Mit der wachsenden Integrationsdichte der Informationsverarbeitungssysteme muß das Hardware-Software-Gefüge völlig neu geplant werden. Die Firmen können es sich aber nicht leisten, auf die Einführung neuer Generationen von Mikroschaltkreisen zu warten, bevor sie Produkte entwerfen, die bereits auf jenen beruhen. Sie müssen präzise prognostizieren, wann die kommerzielle Produktion der nächsten Generation beginnen wird, und dann die Konstruktionsarbeit an ihren Produkten so terminisieren, daß sie mit der Verfügbarkeit der neuen Bestandteile beendet ist. Das Risiko von Fehlkalkulationen ist hoch und steigt mit dem Grad der Integration.

Entscheidungen über »machen oder kaufen«

Angesichts des rasanten Fortschritts in der Mikroelektronik haben die Firmen, die Mikrobestandteile in ihre Produkte einbauen, komplexe Strategien des »Machens oder Kaufens« ausgearbeitet, und zwar nicht nur für Komponenten, sondern auch für Zwischen- und Endprodukte, um sich so maximale Flexibilität und Anpassungsfähigkeit an neue Produkte zu sichern. Es gehört zur normalen Praxis einer Firma, zeitweilig die Produkte anderer Firmen zu ihren eigenen dazuzunehmen (z. B. Peripheriegeräte), um Marktanteile zu behalten, auch wenn die eigenen Produktionsstrukturen flexibel und schnell genug sind, um selbst neue Modelle herauszubringen.

Damit gewinnt die Kaufpolitik große Bedeutung, weil sie eine Anpassungsgeschwindigkeit und Kostenadjustierungen gestattet, welche die interne Produktion oft nicht bieten kann. Es besteht auch eine Tendenz, sich mehrerer Zulieferer für Mikroschaltkreise und Softwarepakete zu versichern. Selbst die Produzenten von großen Systemen, die hauseigene Mikroschaltkreise bauen, neigen dazu, sich externer Quellen zu bedienen, um das Risiko einer Lieferverzögerung zu verringern. Das führt zu noch größeren Schwankungen der Trends bei Wertzuwachs und Arbeitskräftebedarf.

Die Firmenplanung muß sich immer darüber im klaren sein, daß Abkommen in bezug auf Technik und Produktion, Austausch von Know-how, Patenten und Lizenzen mit anderen Fabrikanten bzw. Fusionen und Firmenankäufe unerläßlich sind.

Die außerordentlich komplexen Beziehungen, die somit zwischen den einzelnen Firmen entstehen, beleuchten schlagartig den internationalen Charakter der mikroelektronischen Technik. Unternehmen, die sich auf einen einzigen Markt beschränken und sich nicht international ausbreiten, können wahrscheinlich nur schwer oder gar nicht überleben.

Auswirkungen auf das Marketing

Kommerzielle und Marketingstrukturen werden durch die sich ausbreitende Mikroelektronik ebenfalls stark beeinflußt. Die Planung beim Marketing wird immer enger mit der Produktplanung und der Entwurfsphase verknüpft. Es besteht eine zunehmende Wechselwirkung zwischen technischer Entwicklung und den Anwendungserfordernissen des Marktes.

Mit abnehmender Produktionsorientiertheit und zunehmender Serviceorientiertheit der Elektronikfirmen werden erhebliche

Veränderungen im Marketing und im Kundendienst notwendig. Da die neuen Informationssysteme mit Mikroprozessoren arbeiten, die Störungen selbst feststellen und beheben können, wird die herkömmliche Wartung unnötig.

Statt dessen braucht man nur Personal, das die Benützer bei der Installierung und dem späteren Betrieb der Anlagen und Systeme unterweist. Der Verkaufs- und Kundendienstbereich entwickelt sich also weg von der Produktorientierung zur Dienstleistungsorientierung.

Notwendigkeit der Schulung

Diese Anpassung kann große Probleme schaffen und innerhalb der Unternehmen Spannungen hervorrufen. Die erforderlichen neuen fachlichen Fertigkeiten unterscheiden sich stark von den heute vorhandenen.

Die Umschulungserfahrungen haben gezeigt, daß die Anpassungsfähigkeit Grenzen hat, Grenzen, die mit Alter und Bildung zusammenhängen.

Das gleiche Problem stellt sich auf Managerebene im Hinblick auf neue Managertechniken, die mit der Büroautomation und den durch die Mikroelektronik hervorgerufenen Veränderungen der Planungsmethoden in Zusammenhang stehen.

Eine positive Anpassung ohne wirtschaftliche oder soziale Umbrüche scheint nur dann möglich, wenn die Beschäftigten entsprechend geschult und umgeschult werden können.

Einige Firmen haben verstanden, daß die Mikroelektronik sich nur dann positiv auswirken wird, wenn man den Menschen die Kenntnisse vermittelt, die es ihnen erlauben, die Vorzüge der Mikroelektronik optimal zu nutzen. Daher geben sie beträchtliche Summen für die Schulung aus, die, zusammen mit den Investitionen in Forschung und Entwicklung, die eigentliche »Kapitalbildung« der mikroelekronischen Ära darstellen.

John Evans

Arbeitnehmer und Arbeitsplatz

Einleitung

Die nächstliegende Frage, die sich berufstätigen Menschen im Zusammenhang mit der Mikroelektronik stellt, lautet, ob die Einführung der neuen Technologie zum Verlust von Arbeitsplätzen führen wird. Das anschließende Kapitel *Mikroelektronik und Makroökonomik* verweist auf das Ausmaß der Arbeitslatzverringerung, zu der es in den nächsten zehn Jahren durch die Einführung einer neuen, auf Mikroelektronik beruhenden Technologie wahrscheinlich kommen wird. Von gleicher Bedeutung ist allerdings, wie sich die Mikroelektronik auf die Qualität der Arbeit der Menschen und auf die Umgebung, in der sie diese verrichten, auswirken wird.

Die Anwendung der Mikroelektronik auf Produkte und Verfahren hat bereits einige wesentliche Veränderungen für die Beschäftigten in bestimmten Wirtschaftszweigen gebracht, z. B. im Präzisionsmaschinenbau, in der Automobilherstellung, im Druckereigewerbe und in Teilen des Dienstleistungssektors wie Bank- und Versicherungswesen. Diese Veränderungen haben oft widersprüchliche Auswirkungen auf die Qualität des Arbeitsplatzes. Manche Arbeitsplätze werden eliminiert, manche qualitativ herabgestuft, andere wiederum aufgewertet. In manchen Fällen führt der Einsatz der Mikroelektronik zu verbesserten Arbeitsplatzverhältnissen, während er in anderen Fällen Probleme aufwirft, z. B. die zunehmende Isolation der Arbeitnehmer, verstärkte Arbeitsüberwachung und eine Änderung des Arbeitstempos.

Diese widersprüchlichen Auswirkungen zeigen, daß eine spezifische Technologie wie die Mikroelektronik keineswegs eine bestimmte Norm der Arbeitsoranisation oder eine bestimmte Art von Arbeitsplatzverhältnissen festlegt. Es sind vielmehr die wirtschaftlichen, technischen oder sozialen Zielsetzungen, die für die Auswirkungen der Technologie auf die Arbeitsplatzverhältnisse bestimmend sind. Wenn man die langfristigen ökonomischen und sozialen Optionen, die die neue Technologie ermöglicht, rational durchdenkt, dann zeigt sich, daß die Mikroelektronik bestimmte positive Möglichkeiten für eine Verbesserung der Qualität des Arbeitslebens bietet. Besteht die Motivation technischer Veränderungen jedoch bloß in einer Erhöhung der Produktivität und des kurzfristigen Profits, dann kann dies durchaus zu einer allgemeinen Verschlechterung der Arbeitsqualität führen. Dies war die treibende Kraft vieler technischer Neuerungen in Vergangenheit und Gegenwart: wenn soziale Faktoren berücksichtigt werden, geschieht dies normalerweise lediglich aus rein ökonomischen Gründen, wie zum Beispiel wegen der Schwierigkeit, Arbeitskräfte für unangenehme Tätigkeiten oder Arbeitsplätze zu finden.

Heute besteht angesichts der Wirtschaftskrise und der hohen Arbeitslosigkeit die Gefahr, daß die durch technologische Veränderungen geschaffenen Rationalisierungsmöglichkeiten um jeden Preis ausgenützt werden. Damit besteht aber auch die Gefahr, daß die gegenwärtige Flut technologischer Veränderungen auf der Basis der Mikroelektronik eine Reihe technologischer Optionen ausschließlien könnte.

Die Qualität der Arbeit

Das Definieren oder Messen der qualitativen Aspekte der Arbeit ist ein höchst subjektiver Vorgang; dennoch urteilen die Arbeitnehmer in der Praxis sehr wohl über befriedigende und unbefriedigende Aspekte ihrer Arbeit und liefern damit Erfahrungswerte für eine Analyse der Arbeitsplatzqualität. Daraus geht hervor, daß die Qualität des Arbeitsplatzes vor allem nach folgenden Hauptmerkmalen beurteilt wird: Inhalt der Arbeit; der Sinn der Arbeit; der damit verbundene Lernprozeß; das Arbeitsmilieu; die Sicherheit des Arbeitsplatzes; soziale Kontakte; Prämien und Auswirkungen auf die Freizeit. Zu den wesentlichen Faktoren, die mit dem Inhalt der Arbeit zu tun haben, zählen die erforderlichen Fachkenntnisse, die Verantwortung, die Freiheit von Überwachung, das eigene Bestimmen des Arbeitstempos. Bei der Beurteilung, ob eine Arbeit sinnvoll ist, ist es für den Arbeiter wichtig, daß er erkennt, welche Rolle seine Arbeit im Rahmen des gesamten Produktionsprozesses und hinsichtich des Endproduktes spielt.

Die Anwendung der Mikroelektronik berührt all diese Aspekte der Arbeit, unabhängig davon, ob sie sich als Veränderung des Produktionsprozesses oder als Erstellung einer Dienstleistung auswirkt oder in einer Änderung des Endprodukts.

In diesem Kapitel untersuchen wir die Auswirkungen der Mikroelektronik auf diese qualitativen Arbeitsplatzmerkmale, ehe wir uns den künftigen technologischen Alternativen zuwenden.

Mikroelektronik und Fachkenntnisse

In den Kapiteln *Die Technologie* und *Anwendung der Technologie* wurde auf die Möglichkeiten hingewesen, die die Mikroelektronik im Bereich der Produkte und der Produktionsverfahren bietet. Bei diesen Anwendungsmöglichkeiten ergeben sich jedoch einige widersprüchliche Auswirkungen auf die jeweils erforderliche fachliche Qualifikation. Einerseits wird eine bestimmte Anzahl von Arbeitsplätzen überhaupt eliminiert, bei anderen wird die erforderliche fachliche Qualifikation gesenkt. Andererseits wird jedoch bei bestimmten Kategorien von Arbeitsplätzen die fachliche Qualifikation angehoben. Diese drei Effekte: Arbeitsplatzverlust, berufliche Abwertung und fachliche Aufwertung sind Teile des Anpassungsprozesses.

Die Mikroelektronik kann der Eliminierung vieler ungelernter und repetitiver Berufe dienen, aber auch der Standardisierung und Abwertung qualifizierter Berufe. Die Standardisierung führt zu einer Konzentration der erforderlichen Fachkenntnisse in einer begrenzten Anzahl neuer Berufe, die hauptsächlich in den Bereichen von Planung und Produktionsservice geschaffen werden. Diese neuen qualifizierten Berufe sind häufig computerbezogen.

Die Eliminierung der Arbeitsplätze für Ungelernte

Bei der Untersuchung der Faktoren, die eine Anwendung der Mikroelektronik begünstigen, hat sich gezeigt, daß sie sich besonders für die Automatisierung solcher industrieller Verfahren eignet, die aus repetitiven Tätigkeiten bestehen. Die Entwicklung in den Industriegesellschaften hat durch Arbeitsteilung, Spezialisierung der Tätigkeiten und Mechanisierung von Produktionsverfahren viele dieser fachlich wenig qualifizierten Berufe hervorgebracht.

Das war nicht einfach die Folge der durch technologische Veränderungen bewirkten Mechanisierung, sondern vielmehr das Ergebnis der Anwendung wissenschaftlicher beziehungsweise tayloristischer Managementtheorien. Die auf diesen Theorien beruhenden Produktionssysteme waren gekennzeichnet durch die Trennung von Planung und Durchführung der Arbeit, durch die Zerlegung der Arbeit in kleinste und einfachste Verrichtungen und eine rigide Überwachung der Produktion durch das Management. In weiten Bereichen der Massenproduktion ist das Fließbandsystem die Regel, auch wenn die Einführung von Alternativen zum Fließbandsystem immer häufiger werden.

Eine in der Bundesrepublik Deutschland durchgeführte Untersuchung gelangte zu der Schätzung, daß im Jahre 1977 etwa 33 Prozent der männlichen und 46 Prozent der weiblichen Arbeitnehmer repetitive Arbeiten von geringem Verantwortungsgrad ausführten, während 11 Prozent der Männer und 40 Prozent der Frauen einfache Hilfsarbeiten verrichteten. Die Möglichkeit der völligen Automatisierung solcher Tätigkeiten wird durch die Mikroelektronik sehr gesteigert.

Ein Beispiel: die Entwicklung von Robotern

Ein Beispiel für eine solche Anwendung ist die Entwicklung der Robotik, in der die menschliche Tätigkeit einfach durch mechanische ersetzt wird.

Die Kapitel *Die Technologie, Anwendung der Technologie* und *Die Auswirkungen auf das Unternehmen* bezogen sich auf die technischen Fortschritte, die heute mit der Entwicklung von Robotern stattfinden, und auf deren Anwendungsbereich. Während Roboter bisher hauptsächlich in Industrien mit Massenfertigung eingesetzt wurden (wo die meisten amerikanischen, europäischen und japanischen Hersteller bereits Roboter eingeführt haben), in der metallverarbeitenden Industrie, der chemischen Industrie, im Tiefbau und in der Elektro- und Elektronikindustrie, werden sie in den nächsten zehn Jahren noch eine Fülle anderer Bereiche erobern.

Die wichtigsten von Robotern ausgeführten Verrichtungen sind Montage, Zusammensetzarbeiten und Hebelbedienung. Ein führender amerikanischer Hersteller von Robotern schätzt, daß 50 Prozent der von ihm installierten Geräte für das Punktschweißen benützt werden, etwa 11 Prozent für den Spritzguß und weitere 5 Prozent für das Speisen von Maschinen. Mit den Fortschritten bei der Anwendung der Mikroelektronik, vor alle im wissenschaftlichen oder technischen Bereich, entwickelte man Universalgeräte, die komplexere Montageaufgaben ausführen können.

Eine Studie über die Einführung von Robotern in der Bundesrepublik Deutschland, die in dem Kapitel *Die Auswirkungen auf das Unternehmen* erwähnt wurde, prüfte, welche Folgen die Einführung von zehn Robotern in fünf Unternehmen in verschiedenen Sektoren hatte. Bei den betroffenen Tätigkeitsbereichen handelte es sich um Bogenschweißen, Farbaufsprühen und Bearbeitung von Einzelteilen. Wie sich das auf den Personalbedarf auswirkte, wird aus der nachfolgenden Tabelle ersichtlich. Insgesamt 46 Arbeitnehmer auf nichtqualifizierten Arbeitsplätzen waren betroffen; davon wurden sieben überflüssig, 28 wurden aus dem Arbeitsbereich abgezogen, 10 wechselten den Arbeitsplatz innerhalb des Arbeitsbereichs und einer wurde neu hinzugenommen. Die Einführung von Robotern bedeutete also eine wesentliche Veränderung der von den Arbeitern ausgeführten Tätigkeiten.

Personalveränderungen nach Einführung von Industrierobotern: eine Untersuchung über die Einführung von zehn Robotern in fünf Betrieben der Bundesrepublik Deutschland

Personal-kategorie	Veränderungen in den Arbeitsbereichen					
	Personal aus Bereich abgezogen	Personal in Bereich eingeführt	Personal-umschichtung im Bereich	Personal-abgang	Neu-einstellungen	Insgesamt
Qualifizierte Mitarbeiter	4	6	2	–	–	12
Nicht-qualifizierte Mitarbeiter	28	1	10	7	–	46
Insgesamt	32	7	12	7	–	58

Quelle: Battelle, Genf

Eine andere Untersuchung in der Bundesrepublik über den Einsatz von 40 Robotern bei einem führenden Automobilproduzenten gelangte zu der Feststellung, daß jeder Roboter durchschnittlich vier Arbeitnehmer verdrängte, aber einen neuen Arbeitsplatz schuf. Ein Drittel dieser neuen Arbeitsplätze waren weniger qualifiziert als diejenigen, die sie verdrängt hatten, weil sie weniger beinhalteten.

Zu den positiven Aspekten des Einsatzes von Robotern gehörte die Abschaffung einer Anzahl ungelernter und monotoner Tätigkeiten. Untersuchungen über die Auswirkungen haben ferner eine Verringerung von anstrengenden manuellen Tätigkeiten und die mögliche Verringerung von gefährlichen oder unangenehmen Tätigkeiten wie Spritzlackieren gezeigt. In einigen Ländern haben die Gewerkschaften die durch den Einsatz von Robotern und den automatisierten Materialtransfer hervorgerufenen Änderungen der Fließbandproduktion zum Anlaß genommen, Änderungen in der Arbeitsorganisation und eine Verbesserung der Arbeitsplätze zu erreichen, die auch in einem weitgehend automatisierten Arbeitsbereich erhalten bleiben.

Die Dequalifizierung von Arbeitsplätzen

Der Abschaffung von Arbeitsplätzen für ungelernte Arbeitskräfte als Folge der Automation entspricht die geringere Bewertung von Tätigkeiten als Folge der Einführung der Mikroelektronik.

Beispiel: numerisch computergesteuerte (CNC) Werkzeugmaschinen

Dieser Prozeß des Abnehmens von Fachkenntnissen führt auch zu einem veränderten Verständnis in bezug auf die Fachkenntnisse selbst. Bei den manuellen oder mechanischen Techniken beruht die Fachkenntnis oft auf Erfahrung, für die lange Lehr- oder Ausbildungszeiten erforderlich sind. Mit dem Aufkommen einer neuen Technologie kommt es zu einer Verlagerung: die Fachkenntnis beruht nun nicht mehr so sehr auf Erfahrung als vielmehr auf analytischen beziehungsweise logischen Fähigkeiten.

Ein Beispiel dafür findet man in Industriezweigen, die Werkzeugmaschinen in der Kleinserienproduktion verwenden. Die ersten numerisch gesteuerten Werkzeugmaschinen wurden in den fünfziger Jahren entwickelt. Diese Maschinen wurden mit Hilfe von Bit-Programmen betrieben, die auf Papier- oder Magnetbändern in die Maschine eingeführt wurden. Die Mikroelektronik senkte nun die Rechenkosten, und dadurch konnte die numerische Computersteuerung (Computer Numerical Control – CNC) eingeführt werden, bei der ein Minicomputer eine Maschine oder eine Gruppe von Maschinen steuert und den Aufgaben entsprechend programmiert ist.

In den meisten Industriestaaten genießen die Facharbeiter, die an konventionellen Werkzeugmaschinen in der Kleinserienproduktion tätig sind, innerhalb der Hierarchie der manuellen Berufe traditionsgemäß ein hohes Ansehen. Ihre Tätigkeit erfordert umfangreiche Fachkenntnisse und eine lange Ausbildungszeit. Zu den Aufgaben dieses Facharbeiters gehören die Mitwirkung bei der Planung der Herstellung eines Werkstücks, die Einstellung der Maschine sowie die Überwachung der Arbeitsweise und der Arbeitsgeschwindigkeit der Maschine, entsprechend den jeweils sich verändernden Faktoren, zum Beispiel der Qualität des Metalls. Obwohl diese Arbeit die Kommunikation mit dem Management und dem Konstrukteur eines Werkstücks einschließt, behält der Facharbeiter dabei ein hohes Maß an Entscheidungsfreiheit und eigenem Spielraum.

Allerdings kann die Einführng numerisch computergesteuerter Werkzeugmaschinen auch als eine Innovation der Herstellungsverfahren betrachtet werden, die zur Verdrängung von Facharbeit führt. Die Fachkenntnis des Mannes an der Maschine werden durch den Analytiker oder Programmierer in ihre logischen Bestandteile zerlegt, und der Computer wird dann so programmiert, daß er die Arbeit der Maschine auf ähnliche Weise steuert, wie es der Arbeiter getan hat. Die Überwachung der Werkzeugmaschine geht vom Facharbeiter auf den Systemspezialisten über, der dessen Fachkenntnisse analysiert. Die Tätigkeit des Facharbeiters an der Werkzeugmaschine wird umgewandelt in die Überwachung der computergesteuerten Anlage – eine Aufgabe, die mit zunehmender Zuverlässigkeit der numerischen Computersteuerung ebenfalls weitgehend eliminiert werden wird.

Eine wichtige künftige Entwicklung wird die Kombination von computergesteuerten Werkzeugmaschinen mit computerisierten Planzeichnungsverfahren sein. Dies wird auch die Zusammenarbeit zwischen dem Arbeiter an der Maschine und dem Konstrukteur während des Planungs- und Entwurfsstadiums überflüssig machen. Das Werkzeug kann bereits im Entwurfsstadium vorbereitet werden, indem der Computer die Einstelldaten für die Werkzeugmaschine festlegt. In einer automatisierten Werkzeugmaschinenhalle wird folglich die Tätigkeit des Facharbeiters nach einiger Zeit überflüssig werden.

Manche Kommentatoren sind der Auffassung, daß die durch die Standardisierung der Facharbeit hervorgerufene Abnahme der Qualifikation die nächste Phase der Automation vorbereitet, in der auch diese Arbeitsplätze eliminiert werden. In einigen Ländern gibt es Forschungsprogramme mit dem Ziel, die unbemannte Fabrik zur Herstellung von Maschinenteilen Wirklichkeit werden zu lassen.

Die Auswirkungen der Einführung von numerischen computergesteuerten Maschinen (CNC) auf die Facharbeit können jedoch je nach den Umständen und Zielen der Einführung variieren. Dort, wo die numerische Computersteuerung eingeführt wird, um größere Flexibilität und eine verbesserte Konstruktion des Produkts zu gewährleisten, ist eine ausgesprochen zentralisierte Form der Arbeitsorganisation wohl nicht wünschenswert. Durch die Einführung der CNC-Maschinen ergeben sich unterschiedliche organisatorische Optionen. Da die Rechenkosten durch die Mikroelektronik gesenkt wurden, ist die Datenverarbeitung bereits bis in den Bereich der Werkzeugmaschinen vorgedrungen. Das bedeutet, daß Arbeitsprogramme an den einzelnen Maschinen zusammengestellt und geändert werden können, indem von Hand Daten eingefüttert werden. Bei zentralisierten Systemen numerisch computergesteuerter Werkzeugmaschinen, wie sie am Anfang dieses Kapitels erwähnt wurden, müßte jede Änderung des Programms von einem Computerprogrammierer in einer Datenverarbeitungsabteilung durchgeführt werden. In der Praxis ist es jedoch möglich, daß der Arbeiter an der Werkzeugmaschine Programmänderungen vornimmt, sofern er eine Grundausbildung im Computerprogrammieren hat. Im Fall von Kleinserienproduktion oder verhältnismäßig problemlosen Produktionserfordernissen ist es durchaus möglich, daß numerisch computergesteuerte Maschinen in der Werkshalle programmiert werden. Solche Alternativmöglichkeiten führen nicht nur zu einem flexibleren Produktionssystem und einem besseren Endprodukt, sondern auch zu einer Steigerung der Qualifikation des Facharbeiters durch hinzugewonnene Kenntnisse im Computerwesen.

In Norwegen und in Schweden konnten die Gewerkschaften durch Verhandlungen in bestimmten Unternehmen erreichen, daß dem Maschinenschlosser zusätzlich die Aufgabe der Programmierung von CNC-Werkzeugmaschinen übertragen wurde. Dies erforderte die Umschulung des CNC-Bedienungspersonals, um ihm zusätzliche Computerkenntnisse zu vermitteln, sowie die Umstrukturierung der Organisation, um dem Werkstattpersonal Zugang zum computerisierten Produktions- und Lagerhaltungssystem zu geben. In einer norwegischen Fabrik erhielten fünf Maschinenschlosser eine einjährige Ausbildung im Programmieren von Computern, wodurch sie auf die Arbeit in einer CNC-Werkshalle vorbereitet wurden.

Aus Großbritannien berichten die Gewerkschaften, daß in einigen Fällen Maschinenschlosser aufgrund ihrer Tätigkeit an CNC-Maschinen und durch Gespräche mit den Ingenieuren, die die Anlage eingerichtet hatten, Kenntnisse im Vorbereiten von Computerstreifen erworben haben. Dies geschah ohne jegliche formale Computerausbildung, führte aber dazu, daß die Arbeitnehmer eine erweiterte Ausbildung und die Übertragung der Programmierungstätigkeit auf die Maschinenschlosser forderten.

Beispiel Druckereigewerbe

Ein weiteres Beispiel für eine im wesentlichen substitutive Form der Innovation in der Verarbeitung, die zu einer Abnahme der fachlichen Qualifikation führt, zeigt sich bei der Umstellung vom maschinellen Bleisatz auf den computorisierten Lichtsatz in der Druckindustrie. Diese Umstellung wurde erst wirtschaftlich durch die Senkung der Computerkosten, was wiederum eine Folge der Mikroelektronik war. Mikroprozessoren werden auch für verschiedene untergeordnete Steuerungsfunktionen beim Druckverfahren, wie Druck- und Farbstärke, herangezogen.

Angesichts der schweren wirtschaftlichen Probleme, vor denen die Zeitungsindustrie in den meisten europäischen Ländern steht, rückt die neue Technologie immer mehr in den Mittelpunkt des Interesses. Der Computersatz ermöglicht Vorbereitung, Korrektur und Umbruch des Textes mit Hilfe eines Bildschirms (VDU – visual display unit).

Bei der Umstrukturierung der Beschäftigung infolge der Umstellung auf Computersatz sank die Gesamtzahl der Beschäftigten in der Spätschicht einer Zeitungsdruckerei in einem Fall von 52 auf 29. Zwölf Setzer wurden durch fünf Bildschirmtextbearbeiter ersetzt, zehn Korrektoren durch weitere fünf Bildschirmbearbeiter, und fünfzehn Arbeitsplätze beim Umbruch wurden auf sieben Arbeitsplätze reduziert. Bei allen Tätigkeiten, die mit Satz, Korrektur und Umbruch zu tun hatten, handelte es sich im wesentlichen um hochqualifizierte Berufe mit hohem Lohnniveau und einem hohen Maß an persönlicher Gruppendisziplin sowie einer langen Lehr- oder Ausbildungszeit. Sie sind durch die wesentlich niedriger einzustufende Bildschirmarbeit ersetzt worden, die lediglich Grundkenntnisse im Maschinschreiben erfordert. In einigen Bereichen sind Fachkräfte gänzlich eliminiert worden, da die Journalisten ihre Texte direkt in das Computersystem einfüttern. Allerdings werden im Bereich der Datenverarbeitung auch neue Arbeitsplätze für Fachkräfte geschaffen.

Die zunehmende Gefahr der schwindenden Qualifikation in der Zeitungsindustrie im Zuge technischer Neuerungen hat zusammen mit der traditionell starken Stellung der betroffenen Berufsgruppen in der Zeitungsindustrie einiger Länder zu einer Reihe von Auseinandersetzungen geführt. Im Winter 1977/78 kam es in der Druckindustrie der Bundesrepublik Deutschland zu größeren Auseinandersetzungen über die Behandlung der verdrängten Setzer und Drucker. Mittelpunkt dieser Kontroverse war die Frage der niedrigeren Einstufung. Das schließlich getroffene Übereinkommen beinhaltete eine achtjährige Arbeitsplatzgarantie für Facharbeiter sowie eine auf sechs Jahre befristete Garantie ihrer Löhne auf dem bisherigen Niveau. In Schweden einigte man sich auf eine umfassende Arbeitsplatzgarantie für die in der staatlichen Zeitungsindustrie verdrängten Arbeitskräfte.

In Großbritannien erreichte das Problem von Arbeitsplatzverlust und niedrigerer Qualifizierung von Arbeitsplätzen ihren Höhepunkt in dem Arbeitskampf zwischen der britischen Druckereigewerkschaft und der *Times*-Gruppe, der von November 1978 bis Oktober 1979 dauerte. In den Vereinigten Staaten führte die *Washington Post* den Computersatz ohne Zustimmung der Gewerkschaft ein. In dem darauf folgenden Arbeitskampf übernahmen 25 Manager die Arbeit an dem computerisierten System und verrichteten dabei die Arbeit von 125 Setzern.

Beispiel Büroarbeit

Wie schon in den Kapiteln *Die Anwendung der Technologie* und *Die Auswirkungen auf das Unternehmen* aufgezeigt wurde, wird die Mikroelektronik zu einem noch größeren Einsatz der elektronischen Datenverarbeitung auf dem Dienstleistungssektor führen und eine Reihe von Dienstleistungen erfassen, in denen die Automatisierung bisher nicht möglich war. Besondere Aufmerksamkeit gilt heute den Auswirkungen der Mikroelektronik auf die Büroarbeit. In diesem Bereich wird der Verdrängungseffekt vorherrschen, da die Mikroelektronik eine Reduzierung der Computerkosten sowie die automatische Verarbeitung von Textinformation, die bisher manuell erfolgte, ermöglicht. Textverarbeitungsgeräte werden in den meisten Industriestaaten bereits in großer Zahl verkauft, und sie werden in den achtziger Jahren spürbare Auswirkungen auf die Büroarbeitsplätze haben.

Einer der wichtigsten Büroberufe ist der der Sekretärin. Die Sekretariatsarbeit umfaßt vor allem zwei Tätigkeiten: die Erledigung der Korrespondenz, die viel Arbeit an der Schreibmaschine mit sich bringt, und Verwaltungsarbeiten. Die genaue Beschreibung des Arbeitsplatzes richtet sich danach, wieviel Zeit auf Korrespondenz beziehungsweise Verwaltungsarbeit verwendet wird. Im allgemeinen werden Verwaltungsarbeiten höher bewertet als die reine Schreibmaschinentätigkeit, obwohl auch das Maschineschreiben Geschicklichkeit in Hinblick auf Layout und Sorgfalt der Arbeit erfordert.

Die Einführung von Textverarbeitungssystemen wirkt sich auf das Qualifikationsniveau der Sekretariatsarbeit in zweifacher Weise aus. Einmal kann sie zu einer Änderung der Arbeitseinteilung führen, nämlich zur Aufspaltung in Schreibarbeit und Verwaltungsarbeit. Zum anderen macht sie bei der Schreibkraft andere Fachkenntnisse erforderlich.

Die Einführung von Textverarbeitungsgeräten erfolgt oft in Form von eigens eingerichteten Textverarbeitungsabteilungen, die dann den Großteil der innerhalb einer Organisation anfallenden Schreibarbeit zu bewältigen hat. Diese Geräte können intensiver arbeiten als das herkömmliche Sekretariat. Damit ist eine maximale Nutzung der Kapitalinvestitionen gewährleistet. Die andere Arbeitseinteilung führt zu einer fachlich geringeren Qualifikation des Textverarbeiters verglichen mit der der herkömmlichen Sekretärin, denn die neue Tätigkeit besteht hauptsächlich im Bedienen einer Tastatur und umfaßt nicht mehr die verschiedenartigen Aufgaben der Sachbearbeitung. Der Kontakt zwischen Schreibkräften und Autoren nimmt ebenfalls ab, weil das Material nur noch über den Leiter der Textverarbeitungsabteilung läuft, der auch für etwaige Rückfragen zuständig ist. Die hier beschriebene Organisationsstruktur stellt nur eine unter vielen Möglichkeiten dar.

Eine amerikanische Untersuchung über die Einführung von Textverarbeitungssystemen beschreibt vier verschiedene Organisationsformen. Die erste wäre das zentralverwaltete System innerhalb eines Unternehmens, bei dem sämtliche Korrespondenzsekretärinnen in einem Textverarbeitungszentrum zusammengefaßt sind, wo alle innerhalb des Unternehmens anfallenden Schreibarbeiten durchgeführt werden. Eine Alternative wären Nebenzentren mit Schreibkräften, die über spezielle Schreibkenntnisse verfügen und in denen sowohl Sachbearbeiter als auch Korrespondenten untergebracht sind.

Eine dritte Form wäre ein Reservezentrum, auf das herkömmliche Sekretärinnen bei Arbeitsüberlastung zurückgreifen könnten. Die vierte Organisationsform wäre ein dezentralisiertes System, bei dem die Textverarbeitungsgeräte in den normalen Abteilungen stehen und bei dem es weniger Trennung zwischen Sachbearbeitungs- und Korrespondenztätigkeit gibt. Je weniger zentralisiert ein System ist, desto geringer ist die eingetretene Polarisierung der Arbeitsbereiche.

Die Textverarbeitung führt auch zu einer veränderten fachlichen Ausrichtung der Schreibkraft. In bezug auf Layout, Genauigkeit, Ausführung und Korrektur der Arbeit sind weniger Kenntnisse erforderlich, da die Maschine all diese Tätigkeiten übernimmt. Allderdings sind für den Betrieb des Geräts außer Maschineschreiben noch zusätzliche Fertigkeiten erforderlich. Normalerweise muß eine Schreibkraft ein bis zwei Wochen geschult werden, um die Textverarbeitung zu erlernen. Dort, wo die Arbeit auch das Schreiben von Standardtexten beinhaltet, kann sie zu einem großen Teil automatisiert werden, und die Arbeit der Schreibkraft verliert weiter an Wert. So bedarf es beim Schreiben von Standardbriefen möglichlicherweise bloß einer einfachen Codierungsarbeit.

Fallstudien haben gezeigt, daß gute und erfahrene Schreibkräfte in der Einführung von Textverarbeitungsgeräten eine Abwertung ihrer Arbeit sehen, während jüngere Schreibkräfte dies als Aufwertung empfinden, weil es ihnen die Möglichkeit gibt, ein komplexeres Gerät zu bedienen. Eine britische Angestelltengewerkschaft will jedoch herausgefunden haben, daß die Textverarbeiter, nachdem der Neuheitseffekt des Textverarbeitungsgeräts abgeflaut ist, desillusioniert sind und die Nachteile einer verstärkten Spezialisierung deutlicher empfinden.

Bei der Einführung der Bürotechnik gibt es in bezug auf die Arbeitseinteilung durchaus verschiedene Möglichkeiten. Die Entscheidung, ob man eine streng zentralisierte Textverarbeitungsabteilung schaffen soll, die nur für die Korrespondenz zuständig ist, während die einzelnen Abteilungen über eigene Sachbearbeiter verfügen, ist keine technische, sondern eine soziale Entscheidung. Eine gleichermaßen brauchbare Organisationsform wäre die, daß die Textverarbeitungsgeräte auf Gemeinschaftsbasis benutzt werde, so daß der Umfang der Korrespondenzarbeit mehrerer Sekretärinnen verringert werden könnte und ihnen damit mehr Zeit für die Verwaltungsarbeit bliebe. Angesichts der sinkenden Kosten für Textverarbeitungsgeräte wird das ökonomische Ziel der ständigen maximalen Ausnützung dieser Geräte wohl weniger vorrangig sein.

Beispiel: Ersatz von Mechanik durch Mikroelektronik

Beispiele für die fachliche Abwertung von Berufen zeigen sich dort, wo Mechanik durch Mikroelektronik ersetzt wird. Eine der wichtigsten Auswirkungen auf die Beschäftigung infolge der neuen Technologie zeigte sich in den Industriezweigen, die Produkte herstellen, bei denen mechanische oder elektromechanische Bauteile durch mikroelektronische Bauteile ersetzt wurden. Die Verringerung der Zahl von Bauteilen durch die Mikroelektronik hat zu einer Vereinfachung des Assemblingverfahrens und zur Senkung der für die Herstellung bestimmter Produkte erforderlichen Arbeitsleistung geführt, wie bereits im Kapitel *Die Auswirkungen auf das Unternehmen* aufgezeigt wurde. Zu den auf diese Weise radikal veränderten Erzeugnissen zählen Telexgeräte, Nähmaschinen, Uhren, Rechengeräte, Registrierkassen und andere. Bei der Herstellung einer herkömmlichen Uhr waren mehr als tausend separate Arbeitsvorgänge nötig. Bei einer elektronischen Uhr sind nur noch die fünf Hauptbestandteile zusammenzubauen: Batterie, Quarzkristall, integrierter Schaltkreis, Sichtfenster und Gehäuse. Dadurch sind im Bereich des Uhrenreparaturgewerbes viele Facharbeiterplätze verlorengegangen. Ein weiteres Beispiel ist die Herstellung von Telexgeräten, wo bei einem elektronischen Modell die Mikroelektronik insgesamt 936 Einzelteile des früheren elektromechanischen Modells ersetzt. Die Produktumstellung führte zu einer Verringerung der Facharbeiterplätze von 82 auf 35 Prozent. Gleichzeitig stieg der Anteil der hochqualifizierten technischen Mitarbeiter innerhalb der Gesamtbelegschaft von 2 auf 30 Prozent. In der Bundesrepublik Deutschland gibt es etliche Beispiele für die Konsequenzen, die der Abwertungsprozeß auf das Arbeitgeber-Arbeitnehmer-Verhältnis im Sektor des Maschinenbaus hat. In einigen Fällen hat dies bei Fließbandarbeitern zu einer um vier Punkte niedrigeren Einstufung innerhalb des zwölf Punkte umfassenden Systems geführt. In anderen Fällen konnten die Betriebsräte die Abwertung auf zwei Punkte begrenzen, in einem Fall wurde gegen die Herunterstufung gestreikt, was zu einer Aussperrung von mehreren hunderttausend Arbeitnehmern führte.

Auch im Wartungsbereich ist es durch die Umstellung von elektromechanischen auf mikroelektronische Systeme zu einer Abwertung von Arbeitsplätzen gekommen. Elektronische Anlagen benötigen weniger Wartung als elektromechanische Geräte, weil die elektronischen Geräte weniger Bauteile und weniger bewegliche Teile haben und außerdem über automatische Fehlfunktionsanzeigen verfügen. Dies kann zur Abwertung der früher hochqualifizierten Tätigkeit eines Wartungselektrikers führen. Auf einer bestimmten Ebene bestehen Wartung und Reparatur lediglich aus dem Austauschen fehlerhafter Module. Allerdings entstehen im Wartungs- und Reparaturbereich zugleich bestimmte hochqualifizierte Elektronikberufe, wie noch zu zeigen sein wird.

Beispiel: Herstellung von Halbleitern

Bei einer 1977 im Auftrag der OECD durchgeführten internationalen Untersuchung wurde festgestellt, daß die fachlichen Erfordernisse in Unternehmen, die Halbleiter herstellen, schnell zurückgingen und daß die Herstellung von Chips mit großer Integrationsdichte (large-scale integration chips – LSI) einem chemischen Verfahren immer ähnlicher wurde. Der Bericht stellte abschließend fest, daß es zu einer Polarisierung zwischen dem hochqualifizierten Konstruktions-, Erprobungs- und Kontrollpersonal auf der einen Seite und den die Maschinen bedienenden ungelernten Arbeitskräften auf der anderen Seite komme, wobei die halbqualifizierten Arbeitskräfte gänzlich eliminiert würden. Viele der befragten Firmen meinten, daß die Polarisierung der Facharbeit durch den Transfer von ungelernter Arbeit in überseeische Fließbandproduktionen zustande komme, so daß der Eindruck entstehe, die Entwicklungen auf dem heimischen Beschäftigungsmarkt seien die Folge der Schaffung einiger weniger hochqualifizierten Arbeitsplätze.

Die folgende Grafik zeigt die Veränderungen innerhalb der Belegschaft im Bereich der elektronischen Komponenten infolge der Umstellung auf LSI.

Elektronische Komponenten: Veränderungen in der Zusammensetzung der Belegschaft infolge technischer Veränderungen

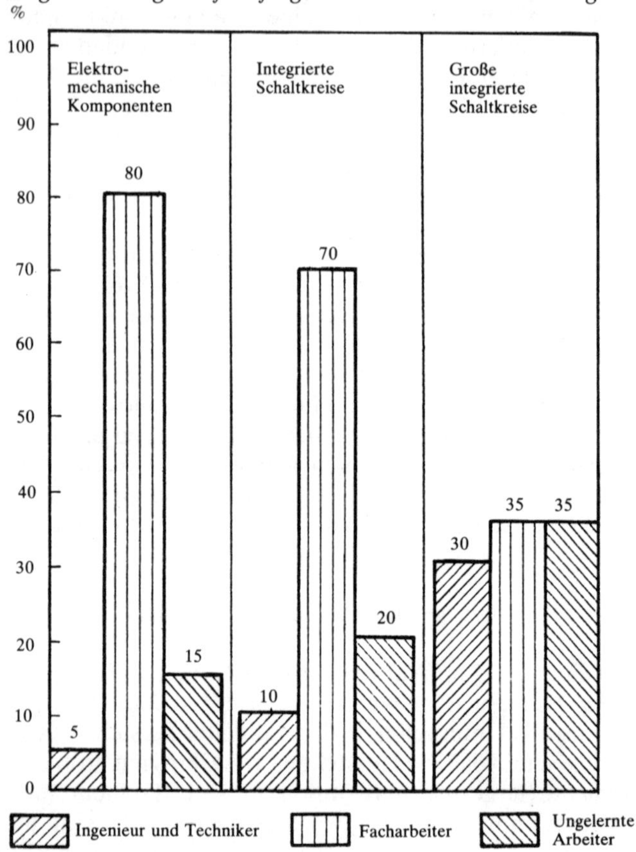

Quelle: Haroldo Correa de Mattos, *Technology and Developing Countries in the International Telecommunications Union (ITU),* 3rd World Telecommunication Forum, Genf, 1979, Vol. 1., S. 11.

Aufwertung von Fachkenntnissen

Wie bereits festgestellt, kann die Anwendung von Mikroelektronik zu einer Konzentration der erforderlichen Fachkenntnisse innerhalb einer begrenzten Zahl neuer Arbeitsplätze führen, die überwiegend computerbezogen sind. Die Fachkenntnisse, die im Bereich der Mikroelektronik in zunehmendem Maße gefragt sind, können in drei Hauptgruppen eingeteilt werden. Erstens besteht wachsende Nachfrage nach Kenntnissen im Maschinenbau, vor allem im Bereich der Elektronik, wozu auch Kenntnisse im Bereich von Steuerung, Produktion und mechanischen Systemen gehören. Zweitens besteht ein zunehmender Bedarf an Fachkenntnissen in den Bereichen Logik, Systeme und Software. Drittens herrscht Bedarf an allgemeinen Kenntnissen hinsichtlich der nicht spezialisierten Datenverarbeitung.

In den Anfangszeiten der Computerisierung, den Zeiten der Großrahmencomputer, entstanden in den Bereichen der Datenaufbereitung und Dateneingabe zahlreiche halbqualifizierte, überwiegend repetitive Berufe. Die Ein- und Ausgabe von Daten mittels Tastatur und Bildschirm haben die Arbeitsplätze in diesem Bereich weitgehend eliminiert, da die direkte Eingabe und Abrufung von Informationen durch den Computerbenutzer selbst erfolgt. Die reine Dateneingabetätigkeit, die keine anderen Arbeitsvorgänge umfaßt, wird allgemein immer noch gering gewertet.

Die neuen fachlich qualifizierten Arbeitsplätze entstehen vielleicht nicht in denselben Unternehmen oder Sektoren, in denen Arbeitsplätze aufgelassen oder herabgestuft werden. Computerfachleute werden vor allem in drei Bereichen beschäftigt: erstens in Organisationen, die bei ihren Produktionsverfahren Computer oder Mikroelektronik einsetzen; zweitens auf dem Sektor der Computer- oder Mikroelektronikherstellung; drittens in dem schnell expandierenden Sektor der Computerdienstleistungsunternehmen, die Beratung, Zeitmultiplexverfahren, Wartung und so weiter einschließen.

Die im Kapitel *Die Auswirkungen auf das Unternehmen* erwähnte japanische Untersuchung befaßt sich mit der Beschäftigungslage in Unternehmen, die mikroelektronische Ausrüstungen herstellen oder verwenden. Daraus geht hervor, daß neue, hochqualifizierte Arbeitsplätze im Entwicklungs- und Konstruktionsbereich derjenigen Unternehmen geschaffen wurden, die automatisierte Ausrüstung und Betriebsmittel herstellen, während in den Unternehmen, die diese Ausrüstungen nur verwenden, Arbeitsplätze von Facharbeitern wie von ungelernten Arbeitskräften verlorengegangen sind. Dieselbe Untersuchung schätzt, daß es zwischen 1972 und 1985 zu einer Zunahme von jährlich 12 Prozent bei der Nachfrage nach Softwarespezialisten kommen wird.

Die bereits erwähnte Untersuchung in der Bundesrepublik Deutschland hat gezeigt, daß die Einführung von Industrierobotern einen Nettoanstieg an qualifiziertem Personal in den betroffenen Bereichen zur Folge hatte, während es gleichzeitig zu einem wesentlich größeren Abgang beim nichtqualifizierten Personal kam. In ähnlicher Weise zeigten Falluntersuchungen im Druckereigewerbe, daß es nach Einführung des Computersatzes zu einer vermehrten Einstellung qualifizierter Datenverarbeiter, gleichzeitig aber zur Verdrängung gelernter Schriftsetzer und Metteure gekommen ist.

Der gleichzeitige Rückgang des Bedarfs an herkömmlichen Fachkenntnissen und der zunehmende Bedarf an neuen Fachkenntnissen zeigt sich auch im Wartungs- und Reparaturbereich. Wie bereits aufgezeigt, geht der Bedarf an Wartungs- und Reparaturelektrikern in dem Maße zurück, in dem elektromechanische Anlagen durch mikroelektronische ersetzt werden. Obwohl der Wartungs- und Reparaturgrad bei elektronischen Anlagen geringer ist als bei elektromechanischen Geräten, wird es angesichts der automatisierten Fabrik dennoch zu einem wachsenden Bedarf an Wartungsingenieuren mit elektronischen Fachkenntnissen, insbesondere aber mit Fachkenntnissen in der Pneumatik und Hydraulik, kommen.

Ob die Mikroelektronik nun eine Aufwertung des Arbeitsplatzes oder aber dessen Herabstufung mit sich bringt, hängt zum Teil davon ab, welche Möglichkeiten zur Umschulung auf Elektronik und Computerwesen den überflüssig gewordenen Mitarbeitern geboten werden. Es liegt jedoch auf der Hand, daß die mit Umschulungsprogrammen verbundenen Probleme bei älteren Arbeitnehmern größer sind. Die Frühpensionierung unter Beibehaltung des Einkommensniveaus mag in manchen Fällen die beste Lösung zur Milderung der sozialen Auswirkungen der neuen Technologie auf ältere Arbeitnehmer sein. Zudem existieren möglicherweise strukturelle Barrieren zwischen den verschiedenen Sektoren des Arbeitsmarkts, und die Tatsache, daß es sich bei den eliminierten Arbeitsplätzen um manuelle Facharbeit handelt, bei den neugeschaffenen hingegen um Angestelltenplätze mit technischen Qualifikationen, mag zu weiterer Immobilität führen. Auch Unterschiede zwischen den verschiedenen Technologien spielen eine Rolle, denn Maschinenbauingenieure müssen nicht unbedingt die besten Elektronikingenieure sein.

Ältere Arbeitskräfte sind durch die Einführung der neuen mikroelektronischen Technik besonders hart betroffen. Für sie wird es problematisch, wenn sie sich von Mechanik- auf Elektronikkenntnisse umstellen müssen. Zwar gibt es verschiedene Möglichkeiten hinsichtlich der Auswirkungen der Qualifikationsänderungen, aber auch dann liegt die Gefahr hoher Dauerarbeitslosigkeit bei älteren Arbeitnehmern besonders nahe. Es sollte daher den älteren Arbeitnehmern die Möglichkeit einer flexiblen und frühzeitigen Pensionierung mit zufriedenstellendem Einkommen angeboten werden.

Der schnell wachsende Bedarf an computerorientierten Fachkenntnissen hat trotz schnell zunehmender Arbeitslosenzahlen zu einem allgemeinen Mangel an einschlägigen Fachkräften geführt. Eine amtliche Untersuchung in Großbritannien stellte fest, daß 1980 bei insgesamt 275.000 Arbeitnehmern mit computerorientierten Fachkenntnissen ein dringender Sofortbedarf von weiteren 25.000 existierte. Der Computerzulieferindustrie fehlten 16.000 Computerprogrammierer und Systemanalytiker (ein Fehlbestand von 15 Prozent) sowie 6 Prozent der benötigten Elektronikingenieure. Schätzungen zufolge ist die Lage auf dem Arbeitsmarkt für Computerpersonal in Frankreich und in der Bundesrepublik Deutschland ähnlich.

Mikroelektronik und Arbeitsplatzbedingungen

Am Anfang dieses Kapitels wurde darauf hingewiesen, daß es außer den erlernten Fertigkeiten und Qualifikationen noch weitere Faktoren gibt, die die Qualität eines Arbeitsplatzes bestimmen. Dazu gehören die Möglichkeit, das eigene Arbeitstempo zu bestimmen, die Möglichkeiten von Kontakten mit anderen Menschen, die Freiheit von Überwachung, die Umgebung des Arbeitsplatzes und die Auswirkungen auf Gesundheit und Sicherheit. Diese Faktoren lassen sich von den beruflichen Fähigkeiten und Qualifikationen nicht völlig trennen, denn erfahrungsgemäß bringen hochqualifizierte Arbeitsplätze seit jeher bessere Arbeitsbedingungen mit sich als ungelernte Tätigkeiten. Jedenfalls hat die Einführung der Mikroelektronik, unabhängig von ihren Auswirkungen auf die fachliche Qualifikation, auch Auswirkungen auf die Arbeitsbedingungen. Wie im Fall der Fachqualifikationen kann es auch hier eine Anzahl widersprüchlicher Effekte geben. Die Verminderung schwieriger und unangenehmer Arbeiten unter schlechten Arbeitsbedingungen muß in Relation zu dem vermehrten Streß und Arbeitsdruck bei Tätigkeiten gesehen werden, bei denen es früher kein Zusammenwirken zwischen Mensch und Maschine gegeben hat.

Arbeitsintensität

Die Mikroelektronik führt zu einer zunehmenden Kapitalintensität in ehemals arbeits- und dienstleistungsintensiven Industrien. Das wiederum kann zu ökonomischem Druck in Richtung auf eine intensivere Nutzung der Ausrüstung führen und eine entsprechende Gefährdung der Arbeitsbedingungen mit sich bringen.

Wie gesagt, mit der Einführung der Textverarbeitung kann es zu einer Aufteilung der Sekretariatsarbeit in Schreibarbeit und Verwaltungsfunktionen kommen. Neben einer Polarisierung der Fachqualifikationen kann das auch zu einer Steigerung der Arbeitsintensität in den Schreibberufen führen. Erstens verringert die zunehmende Spezialisierung an sich bereits die Vielfalt der Arbeit und räumt dem Management mehr Möglichkeiten ein, das Arbeitstempo zu kontrollieren. Zweitens geht mit der Benutzung eines Textverarbeitungsgeräts, verglichen mit der Benutzung herkömmlicher Schreibmaschinen, eine Intensivierung des eigentlichen Schreibvorgangs einher. Das Textverarbeitungsgerät kann die quantitative Produktivität einer Schreibkraft erhöhen, weil weniger Zeit für Korrekturarbeiten und Papierkram aufgewendet werden muß. Bei gleichen Arbeitsbedingungen kann ein Mitarbeiter auf dem Textverarbeitungsgerät doppelt so viel neues Material tippen wie eine Schreibkraft auf einer herkömmlichen Schreibmaschine. Das heißt, daß die Möglichkeit zu menschlichen Kontakten vermindert, die Gefahr einer sozialen Isolierung am Arbeitsplatz und die Arbeitsintensivität aber vergrößert werden. Es muß hier jedoch noch einmal betont werden, daß unter bestimmten Voraussetzungen in weniger zentralisierten Systemen die Einführung der Textverarbeitung dazu dienen kann, den Zeitaufwand für Schreibarbeiten zu verringern und dadurch mehr Zeit für administrative Aufgaben zu gewinnen. Eine solche Veränderung könnte sowohl zu einer qualitativen Aufwertung der Sekretariatsarbeit als auch zu einer Verringerung der Arbeitsintensität führen. Die Möglichkeit weiterer organisatorischer Optionen wird an anderer Stelle behandelt.

Die Gefahr einer Verschärfung der Arbeitsintensität zeigt sich unter anderem auch in Bereichen des Tertiärsektors, die vormals für Automation oder Mechanisierung nicht geeignet schienen. Die möglichen Folgen computergesteuerter Konstruktionsmethoden (computer-aided design – CAD) auf die Facharbeiter nach der Einrichtung von Produktionsstätten, in denen alles, vom Entwurf bis zur Produktion, weitgehend automatisiert ist, sind bereits aufgezeigt worden. Die Einführung von CAD wirkt sich auch auf die Tätigkeit der technischen Zeichner und Konstrukteure aus. Einerseits kann der Computer eingesetzt werden, um die routinemäßigen, nicht kreativen Bestandteile der Kontruktionstätigkeit wie Zeichnen, Auflisten von Bauteilen, Beschreiben der Produktionsmethoden und Produktionsanweisungen zu übernehmen. Dies beschleunigt den Konstruktionsprozeß und eliminiert den repetitiven Teil des technischen Zeichnens. Gleichzeitig kann aber der Computer so direkt mit dem Konstrukteur zusammenwirken, daß dieser die Konstruktion laufend ändern kann, wenn er dem Computer neue Richtlinien eingibt.

Dieses Zusammenwirken zwischen Mensch und Maschine kann zur Beschleunigung des Arbeitstempos, zur Verringerung der Flexibilität und zur Zunahme der Belastung führen. Manche Kommentatoren sind der Auffassung, daß eine Ausweitung von CAD eine Unterordnung des Menschen, in diesem Fall des Konstrukteurs, unter die Maschine (beziehungsweise den Computer) bedeutet und damit für den technischen Zeichner zu wachsender Entfremdung und schwindender Arbeitsbefriedigung führen wird.

Die sich aus dem Zusammenwirken von Mensch und Gerät ergebenden Verschlechterungen der Arbeitsbedingungen müssen nicht aus einer Beschleunigung des Arbeitstempos resultieren, sondern können sogar von einer Verlangsamung des Arbeitstempos herrühren. So muß zum Beispiel ein Lagerverwalter, der ein On-Line-Informationssystem benützt, häufig ein Computersystem befragen, um eine bestimmte Information zu erhalten, die eine Entscheidung in bezug auf eine Anfrage zuläßt. Wenn aufgrund der Überlastung des Computersystems die Antwort nicht sofort kommt, kann diese Tätigkeit äußerst frustrierend werden. Hier geht es im Grunde also darum, dafür zu sorgen, daß die Arbeitsgeschwindigkeit des Computersystems mit dem Arbeitstempo des mit dem Computer zusammenarbeitenden Menschen im Einklang steht. Diese Entscheidung muß bereits in der Konstruktionsphase getroffen werden; freilich handelt es sich dabei nicht um eine technische, sondern um eine ökonomische beziehungsweise organisatorische Entscheidung.

Der Wunsch nach einer intensiveren Ausnutzung der Anlagen kann dazu führen, daß Druck ausgeübt wird, nicht nur um das Arbeitstempo zu beschleunigen, sondern auch um intensivere Arbeitsweisen wie Schichtarbeit einzuführen oder auszuweiten. In dem Werk eines europäischen Elektronikunternehmens, in dem Geldausgabeautomaten hergestellt werden, hat man ziemlich umfangreiche Gruppenarbeit eingeführt, aber der einzige Teil des Werks, in dem in Schichten gearbeitet wird, ist auch derjenige, in dem Roboter eingesetzt werden, um Chips mit integrierten Schaltkreisen auf ein Schaltbrett zu montieren. Die Kosten der Investitionsgüter haben das Management dazu veranlaßt, diese ständig in Betrieb zu halten. Die Einführung umfangreicher Großrahmencomputersysteme bringt häufig die Einführung eines Schichtsystems und ein gewisses Maß an Nachtarbeit mit sich.

Die Schichtarbeit hat eindeutig soziale und häusliche Nachteile, und vor allem die Nachtarbeit kann sich schädigend auf Gesundheit und Sicherheit auswirken. Die beiden beobachteten Hauptfolgen sind Schlaflosigkeit und Verdauungsschwierigkeiten. In einigen Ländern wurden Untersuchungen über die Einstellung zur Nachtarbeit durchgeführt, die ergaben, daß die Mehrzahl der Arbeitnehmer eine Abneigung gegen Nachtarbeit hat und sie nach Möglichkeit zu vermeiden sucht.

Isolierung

Die durch die Mikroelektronik bewirkte zunehmende Zusammenarbeit zwischen Mensch und Maschine und die Ausweitung der Schichtarbeit bringen die Gefahr einer zunehmenden Isolierung des einzelnen Arbeitnehmers an seinem Arbeitsplatz mit sich. Die oben erwähnten Fälle haben gezeigt, daß die Einführung von Textverarbeitungsgeräten in einem Schreibbüro infolge der verschärften Arbeitsintensität und des ansteigenden Lärms zu wachsender Isolierung führen kann. Ähnlich erfährt der Arbeiter an einer numerisch computergesteuerten Werkzeugmaschine (computer numerically controlled – CNC) möglicherweise nicht nur eine Herabstufung seiner fachlichen Qualifikation, sondern auch eine Beschneidung der Möglichkeiten, mit anderen Arbeitern, Konstrukteuren und Ingenieuren in Kontakt zu treten. Der schwindende Personalbedarf im halb- oder vollautomatisierten Fabriken läßt auch die sozialen Kontaktmöglichkeiten am Arbeitsplatz schrumpfen. Dies trifft besonders auf die Nachtschicht in einer automatisierten Fabrik zu, bei der die Bemannung noch geringer ist, weil die Wartungsarbeiten tagsüber durchgeführt werden.

Da der Arbeitsplatz eine der Hauptquellen des sozialen Kontakts ist, kann die zunehmende Isolierung am Arbeitsplatz zu erhöhtem Streß und zu Gesundheitsproblemen bei den Arbeitnehmern führen. Außerdem schmälert sie das Ausmaß des kollektiven Handelns auf Gewerkschaftsebene, da auch der horizontale Kontakt geringer wird. Untersuchungen über die Einführung von Computersystemen haben gezeigt, daß sie die Möglichkeiten horizontaler Kontakte verringern und im wesentlichen nur Kontakte mit Vorgesetzten oder Untergebenen zulassen.

Ein weiterer Grund für eine Zunahme der Isolierung könnte die Zunahme der Heimarbeit sein, zu der es infolge der Mikroelektronik kommen könnte. Die Heimarbeit war traditionsgemäß in bestimmten Gewerbezweigen wie Bekleidung und Textilien von besonderer Bedeutung. Für den Unternehmer ist die Heimarbeit in erster Linie aus finanziellen Erwägungen interessant: er braucht keine Fabriksanlagen zur Verfügung zu stellen, und in den meisten

Fällen können niedrigere Löhne bezahlt werden, denn Heimarbeiter können sich weniger leicht gewerkschaftlich organisieren. Zudem können diese Arbeitskräfte wesentlich leichter abgebaut werden als Fabriksarbeiter. Technisch gesehen, ermöglicht die Mikroelektronik die Ausweitung der Heimarbeit auch auf andere Bereiche wie den der Büroarbeit. So könnten Computerterminals daheim aufgestellt und über das Fernmeldenetz mit einem Zentralcomputer verbunden werden. Damit könnte die Arbeit, von einem Zentralbüro überwacht und geleitet, zu Hause verrichtet werden.

Wenn die Mikroelektronik zur Ausweitung der Heimarbeit eingesetzt wird und damit den Frauen immer weniger Möglichkeiten offenstehen, außer Haus zu arbeiten, könnte dies zu einer immer stärkeren sozialen Isolierung der Frau und damit zu einer Beeinträchtigung des sozialen Fortschritts in bezug auf die Gleichberechtigung führen.

Arbeitsplätze mit repetitiven Tätigkeiten eignen sich besonders gut für eine Automatisierung durch die Mikroelektronik. Diese Arbeitsplätze sind heute überwiegend mit Frauen besetzt, und von daher wächst die Gefahr der Frauenarbeitslosigkeit. Soziale und organisatorische Beschränkungen gefährden den Aufstieg der Frauen in neue, höher qualifizierte Beschäftigungen. Aus diesem Grund muß den Auswirkungen der technischen Veränderungen auf die Frauen besondere Aufmerksamkeit geschenkt werden.

Kontrolle und Beaufsichtigung

Wie bereits erwähnt, kann die Computerisierung in einigen Berufszweigen, die früher nicht von der Problematik des Zusammenwirkens von Mensch und Maschine betroffen waren, zu Änderungen des Arbeitstempos führen. Bereits der Vorgang der Einführung von Maschinen in bis dahin arbeitsintensiven Bereichen kann den Freiheitsspielraum des einzelnen bei der Arbeit einengen. Das zeigen die Beispiele über die Veränderungen in den Berufen des Maschinenschlossers und der Stenotypistin, bei denen der Spielraum für Eigenentscheidungen durch die Computerisierung eingeschränkt werden kann. Im Kapitel *Informationstechnologie und Gesellschaft* wird auf die Gefahren hingewiesen, die dem innerhalb einer Organisation tätigen Individuum von der neuen Technologie drohen.

Ein weiteres Problem besteht darin, daß die Mikroelektronik die Möglichkeit bietet, mehr Informationen über den einzelnen Arbeitnehmer zu speichern. Das könnte auf verschiedenen Wegen geschehen. Erstens ist es möglich, an »intelligenten« Terminals Daten über die Leistung eines Arbeitnehmers zu sammeln, wie die tatsächlich an der Maschine verbrachte Zeit, das Arbeitstempo, Fehlerquoten und so weiter. Bei Angestellten, die ununterbrochen an einem Gerät arbeiten, wie Kassierinnen in Supermärkten, Personal an Textverarbeitungsgeräten oder an CNC-Werkzeugmaschinen, kann dies zu vermehrtem Streß und zur Kontrolle des Arbeitstempos durch die Betriebsleitung führen. 1978 kam es in Dänemark im Einzelhandelssektor zu Auseinandersetzungen, als die Gewerkschaft der Handelsangestellten entdeckte, daß die neu eingeführten elektronischen Registrierkassen mit einer Einrichtung zur Aufnahme von Daten über die Arbeitsleitung des Bedienungspersonals ausgestattet waren.

Zweitens besteht zunehmend die Möglichkeit einer zentralisierten Datensammlung in Form computerisierter Personalakten. Daß Daten über Arbeitsleistung, Disziplin und Pünktlichkeit mit weiterreichenden Fragen wie etwa Gewerkschaftstätigkeit zusammengefaßt werden können, wirft in der Tat Probleme im Bereich des Persönlichkeitsschutzes auf. Das Kapitel *Informationstechnologie und Gesellschaft* zeigt, daß die Veränderungen in bezug auf Eigenleben, Intimsphäre und Freiheit am Arbeitsplatz mit dem umfassenden Problem des Persönlichkeitsrechts und der Handlungsfreiheit in einer computerisierten Gesellschaft zusammenhängen.

Die ergonomischen Auswirkungen von Bildschirmgeräten

Das Bildschirmgerät mit der dazugehörigen Tastatur ist das heute gebräuchliche Mittel der Kommunikation zwischen Mensch und computerisierten Geräten und hat frühere technische Kommunikationsmittel wie Lochkarten und Lochstreifen ersetzt. Damit sind eine Anzahl von Arbeitsplätzen, die mit der computermäßigen Datenaufbereitung zu tun hatten, entfallen. Die Bildschirmgeräte haben für das Bedienungspersonal auch Gesundheits- und Sicherheitsprobleme mit sich gebracht.

Die Arbeit an Bildschirmgeräten kann zu spezifischen Beschwerden wie Augenschmerzen, Streß, Erschöpfung, Rückenschmerzen, Kopfschmerzen und Hautentzündungen führen. Eine von gewerkschaftlicher Seite in zehn Ländern durchgeführte internationale Umfrage in bezug auf Bildschirmgeräte ergab, daß diese Probleme fast überall auftreten. Einige Gewerkschaften erklärten ferner, daß die Verwendung von Bildschirmgeräten zu zunehmender Monotonie und sozialer Isolierung führten und Auswirkungen auf Gesundheit und Wohlbefinden hätten. Die genauen Auswirkungen sind von mehreren Faktoren abhängig, sowohl in bezug auf die Geräte als auch auf den Arbeitsbereich. Hinsichtlich der Geräte handelt es sich um folgende Faktoren: Bildschirmhelligkeit, Farbe der Anzeige, Klarheit der Zeichen, Größe und Abstände der Zeichen, Flimmerfrequenz, Implosion oder Explosion der Bildröhre, Strahlung, Wärmeerzeugung, Lärm, Aussehen des Geräts, Wartung und Tastaturdesign. In bezug auf den Arbeitsbereich sind folgende Faktoren relevant: Beleuchtung, Blendeffekte, Papiermanipulation, Position des Bildschirms, Tastatur, Bewegungsspielraum und Beengtheit sowie Körperhaltung. Weitere wichtige ergonomische Faktoren sind regelmäßige Pausen abseits des Bildschirmgeräts, um menschlichen Kontakt und Erholung zu ermöglichen. Andernfalls könnte der Mensch am Bildschirmgerät sein ganzes Arbeitsleben damit zubringen, nur ein Abbild der Wirklichkeit zu betrachten und sich mit ihm auseinanderzusetzen und nicht mit der Wirklichkeit selbst. Das könnte zu sehr realen sozialen und psychologischen Problemen führen.

Die Bedeutung der neuen ergonomischen Probleme, die durch die Arbeit an Bildschirmgeräten aufgeworfen wurden, haben überall in Westeuropa die Gewerkschaften veranlaßt, einschlägige Untersuchungen durchzuführen und Richtlinien für die Arbeit an Bildschirmgeräten herauszugeben. Es gibt jedoch eine Anzahl von Optionen in bezug auf die allgemeinen Auswirkungen einer Technologie; die ergonomischen Probleme eines bestimmten Verfahrens könnten minimiert und die positiven Möglichkeiten maximiert werden, wenn das Ziel eine gesunde Arbeitsumgebung ist und nicht bloß die Steigerung der Produktivität um jeden Preis.

Die allgemeinen Voraussetzungen für die ungefährdete Arbeit am Bildschirm sind: der Bildschirm sollte weder natürliches noch künstliches Licht widerspiegeln; die Zeichen auf dem Bildschirm sollten gut leserlich sein; die Geräusche sollten auf ein Minimum beschränkt sein; die Form von Tastatur, Tischen und Sesseln sollte ergonomischen Normen entsprechen, um Erschöpfung zu vermeiden; die Bildschirmgeräte sollten so aufgestellt sein, daß soziale Kontakte möglich sind, aber keine Beengtheit auftritt; das Bildschirmpersonal sollte regelmäßigen Augenuntersuchungen unterzogen werden und regelmäßige Erholungspausen erhalten. In einigen Ländern bemüht sich die Forschung um die Herstellung von ergonomisch besseren Bildschirmgeräten, insbesondere durch die Veränderung der Flimmerfrequenz und die Entwicklung neuer Anzeigeflächen.

Polarisierung der fachlichen Qualifikationen

Die widersprüchlichen Auswirkungen der Mikroelektronik, wie sie in der Ab- und Aufwertung der fachlichen Qualifikationen und

Fertigkeiten zum Ausdruck kommen, verstärken den Eindruck, sie könnten dazu benutzt werden, die verschiedenen Gruppen innerhalb des Arbeitsmarkts der Industriestaaten noch mehr zu polarisieren und voneinander zu trennen. Ein derartiger Prozeß der Aufsplitterung und Polarisierung der Berufe auf den Arbeitsmärkten ist weder ein neues Phänomen noch allein eine Folge der Einführung der Mikroelektronik oder auch nur technologischer Faktoren im allgemeinen.

Analysen des Arbeitsmarktes in mehreren Industriestaaten zeigen, daß der Arbeitsmarkt in Segmente zerfällt, die zusammengenommen eine Hierarchie von Qualifikation, Entlohnung, Sicherheit, Status und Macht bilden. Die Segmente an der Spitze der Hierarchie umfassen Berufe mit höherer Bildung sowie Managerberufe und gehen dann über in die höher qualifizierten industriellen Facharbeiterberufe. All diese Tätigkeiten erfordern ein höheres Maß an Ausbildung, sei es in der Schule, der Hochschule oder durch die Praxis am Arbeitsplatz. Diese Berufe sind gekennzeichnet durch verhältnismäßig großes Prestige, hohe Entlohnung und Zufriedenheit am Arbeitsplatz. Dazu gehören beispielsweise der Entscheidungsspielraum bei der Arbeit, Aufstiegsmöglichkeiten und, zumindest bis zum Beginn der gegenwärtigen Rezession, eine weitgehende Arbeitsplatzsicherheit. Etwas weiter unten in der Hierarchie stehen jene Berufe, die man als angelernte Berufe bezeichnen könnte. Zu ihnen gehört die Mehrzahl der unteren Sachbearbeiter und Verwaltungsangestellten. Fast alle dieser angelernten Tätigkeiten setzen eine gewisse Grundausbildung voraus; ferner ist dieser Sektor durch ein ziemlich hohes Maß an interner Mobilität gekennzeichnet. Der Grad der Zufriedenheit am Arbeitsplatz ist allgemein gering, doch schwankt er zwischen den verschiedenen angelernten Berufen erheblich.

An der Basis der Hierarchie befinden sich die ungelernten und nichtqualifizierten Berufe, für die nur wenig Schulbildung oder Ausbildung erforderlich ist. Solche Tätigkeiten sind im allgemeinen gekennzeichnet durch geringes Prestige, niedrige Löhne, weniger Aufstiegsmöglichkeiten und ein geringes Maß an Arbeitszufriedenheit. Diese Tätigkeiten werden im allgemeinen stärker kontrolliert und überwacht, auch gibt es in diesem Bereich eine starke Personalfluktuation. Untersuchungen über die Einstellung dieser Arbeitnehmer zeigen, daß die ungelernten Arbeiter bei ihrer Berufsausübung das größte Gewicht auf Sicherheit, die physischen Arbeitsbedingungen und das Einkommen legen.

Die Diskussion über die Aufsplitterung des Arbeitsmarkts geht in Westeuropa bis in die Zeit der industriellen Revolution des 19. Jahrhunderts zurück. Industrialisierung und Massenproduktion wurden durch Arbeitsteilung, die Vereinfachung vieler Arbeitsvorgänge und die Mechanisierung mit Hilfe der Dampfmaschine ermöglicht. Die technischen Neuerungen gehörten zweifellos zu den Triebkräften der industriellen Revolution und standen gleichzeitig in engem Zusammenhang mit organisatorischen und ökonomischen Entwicklungen.

Die ökonomische Begründung der Arbeitsteilung wurde vielleicht zum erste Mal in dem 1776 erschienenen Werk von Adam Smith *The Wealth of Nations* vorgelegt. Weiterentwickelt wurde sie in dem 1832 herausgegebenen Werk von Charles Babbage *On the Economy of Machinery and Manufactures* und 1911 mit Frederick Taylors *Scientific Management* zum logischen Abschluß geführt.

Die ökonomischen Vorzüge der durch Spezialisierung und technische Neuerungen möglich gewordenen Entwicklung der Industriegesellschaft bestanden im Aufkommen des Massenkonsums und einer allgemeinen Hebung des Lebensstandards. In manchen Ländern hat sich die Arbeiterschaft in bestimmten Phasen um des erhöhten Einkommens willen mit dem Taylorismus einverstanden gezeigt. Der Preis, der im sozialen Bereich dafür gezahlt werden mußte, bestand in zunehmender Arbeitsteilung und einer wachsenden Anzahl standardisierter, vereinfachter und repetitiver Arbeiten. Wenn die Mikroelektronik zu einer weiteren Polarisierung auf dem Arbeitsmarkt führt, so ist dies weder ein neues noch ein unumgängliches Phänomen. Vielmehr spiegeln sich darin die Ziele, für die diese Technologie eingesetzt wird. Der amerikanische Computerwissenschafter J. Weizenbaum hat dies folgendermaßen formuliert: »Der Computer, wie er heute von der technologischen Elite eingesetzt wird, verursacht an sich gar nichts. Er ist vielmehr ein Instrument, dessen sich die konservativsten, ja reaktionären ideologischen Kräfte des Zeitgeistes zum Zwecke der Rationalisierung und der Selbstverwaltung bedienen.«

Es gibt also durchaus Wahlmöglichkeiten in Hinblick darauf, wie die Mikroelektronik verwendet wird. Und diese Entscheidungen werden letztlich die Auswirkung dieser Technologie auf die arbeitenden Menschen bestimmen.

Die praktischen Erfahrungen, die man bei der Einführung alternativer Systeme auf der Grundlage der Mikroelektronik gemacht hat, zeigen, daß bei technischen Neuerungen außer der Produktivität auch andere positive Faktoren weiterentwickelt werden können. Wenn man die Mikroelektronik ausschließlich zum Zwecke einer Steigerung der Produktivität einführt, so führt das zu einer Polarisierung der Berufe. Die Einführung von

CNC-Werkzeugmaschinen hatte z. B. zur Folge, daß die Tätigkeit des Maschinenschlossers dann abgewertet wurde, wenn die Anlagen nur der Lohneinsparung dienen sollten; von einer flexiblen Form der Arbeitsorganisation begleitet, konnte sie aber auch zu einer Hebung des Qualifikationsniveaus führen. Dieselben Optionen gibt es bei der Einführung von Textverarbeitungsgeräten im Büro. Die neue Technologie kann sowohl der Steigerung der Arbeitsintensität als auch der Verringerung des Zeitaufwandes für Schreibarbeiten dienen.

Technologische Alternativen

Eine vom Europäischen Gewerkschaftsinstitut durchgeführte Untersuchung der Arbeitsplatzumstrukturierung lieferte konkrete Beispiele dafür, daß Arbeitsplatzbedingungen durch Umstrukturierung verbessert wurden. So kann beispielsweise eine bessere Ausrüstung des Arbeitsplatzes eine vernünftige Relation von Sachbearbeitung und Schreibarbeit herbeiführen und positive ergonomische Ergebnisse erzielen. Wie gesagt, sind regelmäßige Unterbrechungen der Arbeit am Bildschirm schon aus gesundheitlichen Gründen notwendig, und ein turnusmäßiger Tätigkeitswechsel könnte gewährleisten, daß die Sekretärin nur eine begrenzte Zeit am Textverarbeitungsgerät arbeitet. In den meisten westeuropäischen Ländern haben die Gewerkschaften mit Nachdruck gefordert, die Sekretariatstätigkeit müsse so beschaffen sein, daß sie nur begrenzte Arbeitszeiten an Textverarbeitungsgeräten beinhalte. Dies hat in einigen Ländern zum Abschluß von Kollektivverträgen geführt, die diese Frage regeln. So sieht beispielsweise ein im Juli 1980 in der Bundesrepublik Deutschland abgeschlossener Kollektivvertrag vor, daß Bildschirmpersonal im Bankgewerbe nicht mehr als vier Stunden pro Tag an Bildschirmgeräten arbeiten darf. Das Übereinkommen sieht ferner stündliche Ruhepausen von einer bestimmten Dauer und regelmäßige ärztliche Untersuchungen vor. In Verbindung mit den oben erläuterten ergonomischen Normen kann der regelmäßige Wechsel des Tätigkeitsbereichs die Gefahren der Arbeit am Bildschirmgerät wesentlich verringern.

Die Einführung der Mikroelektronik bei Produkten und Verfahren hat sich auch als Anstoß zur Dezentralisierung der Arbeitsorganisation in Richtung auf kleine, selbständige Produktionseinheiten erwiesen, die zentral koordiniert werden. Was das Verfahren angeht, kann eine solche Organisation der Arbeit durch die Einführung von Computersystemen, die eine Aufteilung der Datenverarbeitungsgeräte ermöglichen, aber mit einem Zentralcomputer verbunden sind, erleichtert werden. Die neue Technologie kann also zu einer Aufteilung der Fließbandarbeit in kleine, selbständige Produktionseinheiten führen.

Die Einführung der Mikroelektronik bei Produkten kann auch den Anstoß zu Veränderungen in der Arbeitsorganisation mit sich bringen. In einem italienischen Büromaschinenunternehmen wurde in den siebziger Jahren eine Reihe von Reformen in der Arbeitsorganisation durchgeführt. Dies war auf den Druck der Gewerkschaft zurückzuführen, die Monotonie bestimmter Arbeitsgänge zu verringern, entsprach aber auch dem Wunsch der Firmenleitung, angesichts der Umstellung von mechanischen auf elektronische Produkte ein flexibleres Produktionssystem zu schaffen. Folglich wurde die Fließbandproduktion durch integrierte Assemblingeinheiten ersetzt, wobei jede Einheit für den Zusammenbau eines bestimmten Produkts verantwortlich war. Diese Umstrukturierung wurde durch die Modultechnik bei elektronischen Produkten erheblich erleichtert.

Die durch die Mikroelektronik möglich gewordene Dezentralisierung der Produktionssysteme kann die Arbeitsbedingungen sowohl verbessern als auch verschlechtern. Wir haben bereits darauf hingewiesen, daß verstärkte Heimarbeit zu wachsender sozialer Isolierung des Arbeitnehmers führen kann. Die Schaffung selbständiger Arbeitsteams kann allerdings zur Untergrabung der Gewerkschaftsorganisation und zur Aufspaltung der Belegschaft führen, wenn nicht gleichzeitig Einrichtungen geschaffen werden, die soziale Kontakte und Begegnungen der Arbeitsteams möglich machen. Auch in diesem Fall wird die Technologie in ihren Auswirkungen nicht so sehr technische Sachzwänge als vielmehr soziale Entscheidungen widerspiegeln.

Eines der Probleme im Zusammenhang mit der Einführung mikroelektronischer Technologie besteht darin, daß sie dazu dienen kann, fundamentale soziale und ökonomische Entscheidungen zu verschleiern, weil die Komplexität dieser Technologie die von ihr betroffenen Nichtspezialisten verwirrt. Hinzu kommt, daß die Einführung von mikroelektronischen computerisierten Anlagen stufenweise erfolgt, so daß zum Zeitpunkt der Aufstellung eines bestimmten Gerätes die Gesamtauswirkung auf die Arbeitsplätze nicht abzusehen ist. Denn durch die Verbindung der einzelnen Geräte kann das Gesamtsystem gravierendere Auswirkungen haben als seine einzelnen Teile. Zum Beispiel kann die Einführung von elektronischen Registrierkassenterminals in Einzelhandelsgeschäften Teil eines allgemeinen Computerisierungsprogramms sein, das Lagerhaltung, Sortiment- und Warenkontrolle umfaßt und wesentlich größere Auswirkungen auf die Beschäftigung hat, als bei der Einführung abzusehen war.

Auswirkungen auf das Arbeitnehmer-Arbeitgeber-Verhältnis

Die Erfahrungen haben also gezeigt, daß die Mikroelektronik dafür eingesetzt werden kann, eine weniger polarisierte Struktur der Industriegesellschaft zu schaffen, daß sie aber natürlich auch einer wachsenden Zentralisierung und Polarisierung dienen kann. Die Entscheidung, die es hier zu treffen gilt, ist keine technologische, sondern eine soziale und politische.

Wenn man, wie schon erwähnt, Arbeitsplätze so umstrukturiert, daß der Arbeitnehmer mehr Verantwortung, Abwechslung und Entscheidungsfreiheit erhält, dann kann die Mikroelektronik der Verbesserung von Arbeitsplatzbedingungen und Arbeitsplatzqualifikationen dienen. Daß das Personal nur begrenzte Zeit am Bildschirmgerät arbeitet, ist, wie man sieht, ein wesentlicher Faktor bei der Bestimmung der Arbeitsplatzqualität. Wenn neue Technologien eingeführt weden, sollten bei der Gestaltung der Arbeitsplätze derartige Überlegungen berücksichtigt werden.

Die Verbesserung der Arbeitsbedingungen kann zu einem Interessenkonflikt zwischen Arbeitnehmern und Management führen. An bestimmten Punkten könnten langfristige Interessen es jedoch erlauben, daß kurzfristige Konflikte diskutiert, gelöst und durch eine Art »Tauschhandel« aus der Welt geschafft werden. Das Arbeitnehmer-Arbeitgeber-Verhältnis beruht schließlich auf dem Grundsatz von Kollektivverhandlungen. »Einvernehmlicher Wandel« ist auf lange Sicht der einzig wirksame Grundsatz bei der sachgerechten Durchführung von Umstrukturierungen.

Ein langfristiger optimaler Ausgleich zwischen den maximalen sozialen und ökonomischen Zielsetzungen erfordert daher die Mitarbeit aller am Umstrukturierungsprozeß Beteiligten. Vor allem für die Arbeitnehmer, die direkt mit der neuen Technik arbeiten, wird diese Mitarbeit zu erheblichen Veränderungen bei den sie repräsentierenden Körperschaften, den Gewerkschaften, führen. Angesichts früherer Veränderungen reagieren viele Gewerkschaften defensiv auf Änderungen und versuchen, die Interessen ihrer Mitglieder auch dann noch zu verteidigen, wenn die Entscheidungen längst gefallen sind. So wichtig ein solches Vorgehen sein mag, wenn alle anderen Mittel versagt haben, handelt es sich letztlich dabei nur um eine Art Brandbekämpfung. Um zu gewährleisten, daß technologische Alternativen nicht vertan werden, müssen sich die Gewerkschaften über Veränderungen zu einem Zeitpunkt der Entwicklung informieren, an dem die realen technischen und sozialen Entscheidungen noch beeinflußbar sind. Sie sollten eher agieren als reagieren.

In vielen Ländern, in denen Veränderungen in verschiedenen herkömmlichen Tätigkeitsbereichen notwendig werden, ist dies für die Gewerkschaften ein völlig neuer Weg. In einigen Ländern mußten neue Verhandlungsformen gefunden werden, insbesondere auf Unternehmensebene. Die Grenzen zwischen Industrie- und Fachgewerkschaften scheinen zu verschwimmen, sobald eine neue Technologie die Art der Tätigkeiten verändert und zwischen einzelnen Sektoren zur Umschulung von Arbeitsplätzen führt: dies macht Veränderungen der Gewerkschaftsstruktur erforderlich. Die enge Zusammenarbeit zwischen Gewerkschaftsvertretern und Arbeitsgruppen gewinnt immer größere Bedeutung. Die Mikroelektronik läßt außerdem die gewerkschaftliche Ausbildung und die Hinzuziehung akademisch ausgebildeter Fachleute und anderen nicht direkt der Gewerkschaft angehörigen Personals immer wichtiger werden.

Einige Auswirkungen der Mikroelektronik auf das Management sind bereits in dem Kapitel *Die Auswirkungen auf das Unternehmen* dargestellt worden. Einige traditionelle Standpunkte hinsichtlich der Vorrechte des Managements und des Spielraums von Kollektivverhandlungen bedürfen der Anpassung an die veränderten Verhältnisse. Wenn die Gesellschaft demokratischer werden soll, dann ist es kaum vorstellbar, daß hoher Lebensstandard, politisches Bewußtsein und demokratisches Verhalten im sozialen Leben im allgemeinen mit einer zunehmend polarisierten und tayloristischen Arbeitsstruktur koexistieren können.

In mehreren Industriestaaten zeichnen sich entsprechende Entwicklungen ab. So wurde in Norwegen 1975 zwischen dem Gewerkschaftsverband und den Arbeitgeberorganisationen ein Übereinkommen unterzeichnet, durch das auch die Einführung von computerisierten Systemen geregelt wird. Dieses Übereinkommen sieht vor, daß die Unternehmerseite die Gewerkschaften so früh wie möglich über geplante Veränderungen informiert, ehe noch Entscheidungen gefällt werden, und es sieht ferner vor, daß sowohl die Geschäftsleitung als auch die Gewerkschaften die betroffenen Arbeitskräfte weitestgehend informieren und in die vorgesehenen Änderungen einbeziehen. Der Belegschaft wurde das Recht eingeräumt, eigene Fachvertreter zu wählen, die sich mit Fragen der Technologie zu befassen haben und eine volle computerbezogene Ausbildung erhalten. Diese Vertreter sind inzwischen als sogenannte »Daten-Betriebsräte« bekannt geworden.

In anderen Ländern sind in einigen Branchen wichtige Übereinkommen geschlossen worden, vor allem in den Bereichen, die am stärksten durch die Mikroelektronik betroffen sind. So sind in der Zeitungsindustrie der meisten westeuropäischen Länder Übereinkommen getroffen worden, die auch die Einführung des Computersatzes regeln. Diese Regelung umfaßt auch Fragen wie Gesundheit und Sicherheit am Arbeitsplatz, Personalbedarf, Umschulung und Mobilität, Grenzen der fachlichen Herabstufung sowie Einkommensgarantien für freigesetzte Facharbeiter. In einigen westeuropäischen Ländern sind bereits branchenweite Abkommen in bezug auf die Einführung der neuen Technologie im Bereich Post- und Fernmeldewesen (in Großbritannien und in den Niederlanden) sowie in der Metallindustrie (in Teilen der BRD und in Italien) geschlossen worden.

Trotz dieser nationalen Rahmen- und Branchenabkommen werden die wichtigsten Entscheidungen über den Einsatz der Mikroelektronik sowie die strategische Planung auf der Ebene der Betriebe und Organisationen getroffen. In einigen Staaten haben die Gewerkschaften eigene Betriebsorganisationen gebildet, die befugt sind, über technische Fragen zu verhandeln. In der Bundesrepublik Deutschland gehörten die Betriebsräte zu den wichtigsten Instrumenten, durch die sich die Gewerkschaften Informationen und Einfluß im Zusammenhang mit der Einführung neuer Technologien auf Betriebsebene zu verschaffen suchten. Sie haben das Recht auf Mitbestimmung, Konsultation und Information über allgemeine Fragen der Betriebsführung, wozu auch technische Veränderungen gehören, sind jedoch nicht befugt, Kollektivverträge abzuschließen.

In Großbritannien ist eine Anzahl von Technologieabkommen auf Betriebsebene geschlossen worden. Meistens regeln sie den Konsultationsmodus und die frühzeitige Bekanntgabe der beabsichtigten Einführung neuer Technologien sowie das Verhältnis der bestehenden Gewerkschaftsvertreter oder Verfahrensweisen zu jenen Gremien, die eigens dazu geschaffen wurden, sich mit der neuen Technologie zu befassen. Ferner wurden darin sowohl Sicherheitsbestimmungen als auch die Grenzen der Herabstufung von Arbeitsplätzen und die Umschulungsbedingungen festgesetzt. Diese Abkommen umfassen normalerweise auch die ergonomischen Bedingungen für die Arbeit an Computerterminals und Bildschirmgeräten, aber auch Arbeitsbedingungen und Arbeitsorganisation. Schließlich werden in den meisten dieser Abkommen auch die Dauer der Arbeitszeit und die Auswirkungen auf die Löhne behandelt, die die Einführung der neuen Technologie mit sich bringt.

Daß es zu effektiven Verhandlungen über die Einführung der neuen Technologie gekommen ist, hat erneut deutlich gemacht, wie wichtig eine enge Zusammenarbeit zwischen den gewählten Gewerkschaftsvertretern und den Mitgliedern ist, besonders im Hinblick auf den Ausbau eines umfassenden Informationsprogramms für die Mitglieder, das sie mit den Gegebenheiten der neuen Technologie vertraut machen soll. So haben beispielsweise in Norwegen schon in den frühen siebziger Jahren das nationale Computerzentrum und die Gewerkschaften der Metallindustrie gemeinsam Informationskurse für Gewerkschaftsmitglieder ausgearbeitet. Dies führte zur Herausgabe von zwei Lehrbüchern für Gewerkschafter über Datenverarbeitung, Planung und Kontrolle. Diese Zusammenarbeit von Akademikern und Gewerkschaftern wurde später in anderen Sektoren und in anderen Ländern nachgeahmt, besonders in Dänemark, der Bundesrepublik Deutschland und Schweden. Eine der wichtigsten Erfahrungen bestand dabei in der Erkenntnis, daß die normalen Gewerkschaftsmitglieder dazu gebracht werden müßten, ihre jeweiligen Zielvorstellungen im Zusammenhang mit den technologischen Veränderungen zu überprüfen.

Die schwedischen Gewerkschaften haben überdies den sogenannten Arbeitnehmer-Berater entwickelt. Es gibt Beispiele dafür, daß Gewerkschafter, die Zugang zu Systemberatern hatten, deren Honorare von den Arbeitgebern bezahlt wurden, solche Projekte ausarbeiteten. Den Gewerkschaften ist auch klargeworden, wie wichtig es ist, daß sie einen von den Arbeitgebern unabhängigen Zugang zu den Forschungs- und Entwicklungsquellen haben. Dies hat dazu geführt, daß sie nun versuchen, ihren Einfluß auf die Zuweisungen jenes Teils des staatlichen Forschungs- und Entwicklungsbudgets auszudehnen, der mit der angewandten Forschung und Entwicklung in der Industrie zu tun hat.

Das Unterrichtswesen in den Industriestaaten wird sich ebenfalls an die veränderten Verhältnisse anpassen müssen, und zwar nicht bloß, um der wachsenden Nachfrage nach Computerfachleuten gerecht zu werden, sondern auch, um eine weitere Verbreitung der computerbezogenen Fertigkeiten zu gewährleisten. Dazu müssen der Computer und der Umgang mit ihm im Unterricht entmystifiziert werden. Gleichzeitig muß den Spezialisten klargemacht werden, welche sozialen und organisatorischen Konsequenzen die Verbreitung von Computersystemen mit sich bringt.

Schließlich müssen die Regierungen für eine makroökonomische Umwelt sorgen, in der die technologischen Veränderungen auch wirksam durchgeführt werden können. Kollektivverhandlungen über die Probleme der technologischen Veränderungen werden nur dann erfolgreich sein, wenn sie vor einem Hintergrund zunehmender Beschäftigung, steigenden Lebensstandards und der Befriedigung der sozialen Ansprüche der Arbeitnehmer geführt werden können. Diese Fragen werden im nächsten Kapitel über *Mikroelektronik und Makroökonomie* behandelt. In den achtziger Jahren geht es also vor allem darum, das Arbeitslosenproblem durch eine Kombination verschiedener Mittel zu lösen, zu denen die Verringerung der Arbeitszeit, ein koordiniertes Aktionsprogramm zur Sanierung der Wirtschaft und die Lenkung des Wachstums in Richtung auf die Schaffung neuer Arbeitsplätze gehören. Geschieht dies nicht, dann wird das neugeschaffene Potential nur zu noch mehr Arbeitslosigkeit führen. Vor diesem Hintergrund würde die Arbeiterschaft eher *gegen* die ihre Sicherheit bedrohenden Veränderungen kämpfen als *für* ihre Sicherheit im Rahmen von Veränderungen.

Günter Friedrichs

Mikroelektronik und Makroökonomik

In den vorangegangenen zwei Kapiteln wurden die Auswirkungen der Mikroelektronik auf Unternehmen, Fabriken und Arbeitsplätze behandelt. Jetzt sollen die Auswirkungen auf die Makroökonomie, das heißt auf die Wirtschaft als ganzes, untersucht werden.

Die Technik hat stets eine wichtige Rolle im industriellen Entwicklungsprozeß gespielt. Niemals aber war sie eine autonome Kraft, sondern immer das Ergebnis menschlichen Handelns und ein Werkzeug des Menschen. Insofern ist die Technik weder gut noch schlecht. Es kommt vielmehr darauf an, wie man sie einsetzt.

Langfristig gesehen, war verbesserte Technik eines der wichtigsten Instrumente zur Entwicklungs des Wohlstandes in den Industriestaaten. Man benützte die Technik zur Steigerung der Produktivität der menschlichen Arbeit bzw. zur Verringerung des Arbeitsaufwands je produzierter Einheit.

Die neuen Techniken sind nicht nur effizienter, sie können auch destruktiv sein, wenn sie vorhandene Technik und menschliche Arbeit verdrängen. Sie können Arbeitsplätze, berufliche Qualifikationen, Maschinen, Fabriken und sogar Unternehmen vernichten. Langfristig können neue Technologien neue Strukturen und Arbeitsplätze schaffen. Kurzfristig aber verursachen sie oft wirtschaftliche und soziale Schwierigkeiten. Das Ausmaß der Anpassungsprozesse, die zur Bewältigung dieser Probleme notwendig werden, schwankt. Vielfach hängt es von der Stärke der Innovationswirkung ab, die von einer neuen Technik ausgeht. Im Fall der Mikroelektronik scheint die Innovationswirkung so groß zu sein, daß sogar die internationale Arbeitsteilung beeinflußt wird.

Mikroelektronik als Schlüsseltechnologie

Es gibt mehrere Aspekte, welche die Mikroelektronik zur Schlüsseltechnologie unseres Jahrzehnts machen.

1. Die Anwendungsmöglichkeiten sind so vielfältig, daß alle Teile der Wirtschaft und der Gesellschaft auf irgendeine Weise beeinflußt werden.

2. Der Rückgang der Preise für wichtige Hardware ist so bedeu-

tend, daß eine sehr schnelle Ausbreitung der Mikroelektronik zu erwarten ist.

3. Die Automation in der Vergangenheit war auf Massenproduktion beschränkt, weil die Technik nicht über jene Flexibilität verfügte, die es ermöglicht hätte, sich wechselnden Marktbedingungen anzupassen. Insofern war die Produktion abhängig vom Vorhandensein qualifizierter Arbeiter. In Zukunft werden mikroelektronische Kontroll- und Steuerungsgeräte einen hohen Grad von Elastizität für automatische Produktion in klein- und mittelgroßen Serien ermöglichen.

4. In der Vergangenheit konzentrierte sich technischer Wandel viel stärker auf die industrielle Fertigung als auf die Büroarbeit. Künftig wird die Mikroelektronik nicht nur in der Produktion eine bedeutende Rolle spielen, sondern auch in der öffentlichen und privaten Verwaltung sowie im Dienstleistungsbereich.

Insoweit scheint die Mikroelektronik eine Basisinnovation zu sein, vergleichbar etwa mit dem Stahl, der Elektrizität oder dem Automobil.

In den bisherigen Kaptieln wurden bereits viele der heutigen oder künftigen Anwendungsmöglichkeiten der Mikroelektronik dargestellt. Deshalb wollen wir uns jetzt besonders auf diejenigen Hauptanwendungsgebiete konzentrieren, von denen eine größere Zahl von Menschen betroffen sein wird. Da zum heutigen Zeitpunkt alle Aussagen mehr oder weniger spekulativ sind, werden wir uns auf die voraussichtliche Entwicklung bis zum Ende der achtziger Jahre beschränken, ohne genaue Daten zu nennen. Zunächst soll die industrielle Produktion behandelt werden.

Produktion

Viele glauben, daß zumindest durch die Herstellung neuer, arbeitssparender Anlagen zusätzliche Arbeitsplätze entstehen würden. Einige akzeptieren immerhin die Möglichkeit, daß es bei den Anwendern zu negativen Auswirkungen kommen könnte. Im Falle der Mikroelektronik gibt es bereits statistische Daten über die Herstellung von Büromaschinen, Datenverarbeitungsgeräten und -einrichtungen in der Bundesrepublik Deutschland.

Wir wollen diese mit den Durchschnittszahlen der Jahre 1970–1979 aus allen 34 Sektoren des Bergbaus und der verarbeitenden Gewerbe sowie der Herstellung von Kunststoffwaren vergleichen. Die Kunststoffverarbeitung wurde miteinbezogen, weil sie, trotz kräftiger Produktivitätssteigerung, die besten Ergebnisse in Beschäftigung und Produktion erzielte. Kunststoffe sind ihrerseits eine Schlüsseltechnologie, die viele Bereiche der Wirtschaft beeinflußt, ihre Bedeutung ist jedoch wesentlich geringer als die der Mikroelektronik.

Indikatoren von technischen Veränderungen im Bergbau und im verarbeitenden Gewerbe, bei Büromaschinen und Datenverarbeitungsgeräten und in der Kunststoffverarbeitung in der Bundesrepublik Deutschland 1970–1979

	Produktion in %	Beschäftigte in %	Beschäftigungsvolumen in %	Produktivität pro Stunde in %	Potentieller Kapitalkoeffizient in %
Bergbau und verarbeitendes Gewerbe	+ 21,4	– 14,4	– 22,6	+ 56,8	+ 2,8
Büromaschinen und Datenverarbeitungsgeräte	+ 74,5	– 16,0	– 19,9	+ 117,9	+ 1,0
Kunststoffverarbeitung	+ 98,6	+ 26,6	+ 16,0	+ 71,2	+ 8,8

Quelle: DIW (1981)

Diese Zahlen erfassen die Produktion und den Vertrieb von Büro- und Datenverarbeitungsgeräten, einschließlich des Software-Personals der Hersteller, aber ausschließlich des Personals von Software-Häusern und von Anwendern.

Von insgesamt 34 verschiedenen Sektoren des Bergbaues und des verarbeitenden Gewerbes konnten die Hersteller von Büromaschinen und Datenverarbeitungsgeräten zwischen 1970 und 1979 den zweithöchsten Produktionszuwachs erzielen. Aber trotz eines Produktionsanstieges von 75 Prozent lag die Beschäftigung im Jahr 1979 immer noch um 16 Prozent unter der von 1970, denn die Produktivität (Produktion pro Arbeitsstunde) stieg um 118 Prozent. Und es ist die Zunahme der Produktion pro Stunde, die den arbeitssparenden Effekt verbesserter Technik zeigt. Allein die Beschäftigtenzahlen in der Computerherstellung sind besser: hier ist die Beschäftigung sogar stark angestiegen. Allerdings müssen die Statistiken der Bundesrepublik Deutschland, entsprechend den Normen der Europäischen Gemeinschaft, die Zahlen für Büromaschinen und Datenverarbeitungsgeräte gemeinsam ausweisen. Makroökonomisch gesehen, haben die zusammengerechneten Zahlen für Büromaschinen und Datenverarbeitungsgeräte jedoch nur wenig Gewicht. Im Jahr 1979 betrug ihr Anteil bei Bergbau und verarbeitendem Gewerbe nur ein Prozent der Nettoproduktion und 0,9 Prozent der Beschäftigung.

In der Kunststoffverarbeitung ist die Situation etwas anders. Wie schon erwähnt, gehören die Kunststoffe auch zu den führenden neuen Techniken. Von 1970 bis 1979 erreichte dieser Sektor die höchsten Wachstumsraten von allen Industriebereichen und war einer der vier Bereiche, die 1979 eine höhere Beschäftigtenzahl auswiesen als 1970. Die Zunahme betrug 26,6 Prozent. Dieser Industrie gelingt es, in der Produktion Wachstumsraten zu erreichen, durch die extreme Produktivitätszuwächse überkompensiert werden können. In der Kunststoffverarbeitung könnte sich dieser Trend fortsetzen. Diese Industrie kann von der Anwendung der Mikroelektronik besondere Vorteile erwarten, da sich eine Kombination von Kunststoff mit mikroelektronischen Bauteilen oft als erfolgreich erwiesen hat. Allerdings darf nicht übersehen werden, daß sich jeder Gewinn bei Kunststoffen gleichzeitig als Verlust bei den konventionellen Materialien und ihren Verarbeitern erweist.

Eines der spektakulärsten Gebiete mit aufsehenerregenden Arbeitseinsparungen ist die Ersetzung von Mechanik durch Mikroelektronik, wie bei der Herstellung von Uhren, Telefonen, Fernschreibern, Taxametern, Nähmaschinen und ähnlichem. Hier konnten die Zahl der Einzelteile, die produziert und zusammengebaut werden mußten, wesentlich verringert werden. Die Folge war eine Einsparung von Arbeitskräften zwischen 40 und 50 Prozent, wie in den vorangegangenen Kapiteln gezeigt wurde.

Ein anderes Anwendungsgebiet für Mikroelektronik in der Produktion ist der Maschinenbau, vor allem die numerisch gesteuerten *(numerically controlled* – NC) Werkzeugmaschinen. Bis zum Frühjahr 1978 ging die Verbreitung der verhältnismäßig alten und wohlbekannten numerisch gesteuerten Maschinen sehr langsam vor sich. Die Kosten für Meß-, Kontroll- und Steuerungseinrichtungen betrugen etwa 50 Prozent der Gesamtkosten einer NC-Maschine, weil eine äußerst kostspielige konventionelle Elektronik erforderlich war. Jetzt kann man diese konventionelle Elektronik durch billige Mikroelektronik ersetzen. Inzwischen ist die erste Generation verhältnismäßig billiger numerisch computergesteuerter *(computer numerically controlled* – CNC) Maschinen auf dem Markt. Die Kosten für Regelung und Steuerung fielen von 50 Prozent auf 10 Prozent. Nun wird es möglich, CNC-Maschinen direkt mit Computern zusammenzuschalten und sie auf diese Weise zu direkt numerisch gesteuerten *(direct numerically controlled* – DNC) Systemen zusammenzufassen. Unter diesen Bedingungen ist eine verhältnismäßig schnelle Verbreitung dieser Technik zu erwarten. Eine CNC-Werkzeugmaschine spart im Durchschnitt zwei Arbeitsplätze ein.

Ein weiterer Bereich, in dem die Einführung der Mikroelektronik sich ähnlich auswirkt, ist die Prozeßsteuerung. Am meisten sind hier Industrien mit Verfahrenstechnik betroffen (Öl, Chemie, Zement, Papier, usw.). Hier wird es nunmehr möglich sein, die nach früheren Automatisierungsphasen im Bereich Messung und Kontrolle übriggebliebenen Arbeitsplätze durch Kleincomputer zu ersetzen. Aber auch in der Metallindustrie gibt es viele Möglichkeiten für Prozeßsteuerung. Dies gilt vor allem für die computergestützte Fertigung *(computer aided manufacturing*-CAM), einschließlich computergestützter Bearbeitung *(computer aided engineering*-CAE), computergestützter Konstruktion *(computer aided design*-CAD), computergestützter Planung *(computer aided planning*-CAP) und computergestützter Qualitätskontrolle *(computer aided quality assurance*-CAQ). All diese Systeme sind bereits bekannt, und einige sind sehr weit entwickelt. Sobald sie zu einem günstigen Preis erhältlich sind, wird man sie auch einsetzen. Ein interessantes Beispiel dafür ist eine deutsche Gießerei mit 150 Beschäftigten. Dort ist die Umstellung von manuellem Zeichnen und Konstruieren auf CAD bereits abgeschlossen. Vorher waren dafür zwei Ingenieure, Absolventen technischer Fachschulen sowie fünfzehn technische Zeichner nötig. Heute werden nur noch ein Diplomingenieur, ein Bildschirmgerät und ein Zeichenautomat gebraucht. Ein weiterer Ingenieur steht für den Fall zur Verfügung daß der Diplomingenieur einmal nicht anwesend ist.

Als letztes Beispiel sei der Industrieroboter genannt. Etwa um das Jahr 1979 erfolgte der große Durchbruch im Bereich automatischer Handhabung. Viele Autoproduzenten installierten automatische, mit Robotern bestückte Schweißmontagestraßen. Die gegenwärtige Generation der Industrieroboter ist bereits mit mikroelektronischen Steuerungs- und Kontrolleinrichtungen ausgestattet, die für zahlreiche Handhabungsaufgaben innerhalb der verschiedensten Industriezweige eingesetzt werden können. Allerdings haben sie noch nicht jenes Maß an Genauigkeit, das für die meisten Montagearbeiten nötig ist. Wiederum wird die Mikroelektronik zur Entwicklung von Sensoren für die nächste Robotergeneration herangezogen, die bereits in Pilotanlagen getestet wird. Diese sogenannten »intelligenten« Roboter werden bald auf den Markt kommen. Sie werden imstande sein, einen großen Teil aller Handhabungs- und Montagearbeiten zu übernehmen. Wenn das geschieht, werden viele Fließbänder überflüssig. Unter dem Gesichtspunkt der Humanisierung wäre das wünschenswert, es wird aber auch die Beschäftigungsproblematik verschärfen, besonders bei den Frauen. Im Durchschnitt ersetzt ein Roboter der gegenwärtigen Generation vier Arbeitsplätze und schafft einen neuen, nämlich für die Wartung des Roboters.

Nach diesen Beispielen aus der industriellen Produktion wollen wir uns den Auswirkungen der Mikroelektronik auf die Büroarbeit zuwenden.

Verwaltungs- und Büroarbeit

In diesem Bereich ist der Computer das wichtigste Anwendungsgebiet der Mikroelektronik. Daher wird die Datenverarbeitung im Büro in dem Maße zunehmen, in dem sie billiger wird und damit auch Kleinbetrieben zur Verfügung steht. Seit viele private und öffentliche Verwaltungen sich mit der Datenverarbeitung vertraut gemacht haben, werden sie ihre Chancen entsprechend wahrnehmen. Neben den Datenverarbeitungszentren wird es viele Arbeitsplätze geben, die mit dezentralisierten Mikrocomputern ausgerüstet oder verbunden sind. Die Zahl der Bildschirmgeräte für Dateneingabe, Kontrollarbeiten und Dialogsysteme erhöht sich ständig. Das öffnet der EDV den Weg in die Kleinbetriebe, die bisher von dieser Entwicklung nahezu ausgeschlossen waren, weil die Computer zu komplex und zu teuer waren.

Noch in diesem Jahrzehnt wird es aufregende Entwicklungen bei automatischen Schreibmaschinen und bei der programmierten Textverarbeitung geben. Schreibkräfte und Sachbearbeiter werden davon am stärksten betroffen sein.

Die möglichen Auswirkungen dieser Entwicklungen können einer Untersuchung entnommen werden, die sich mit dem Büro des Jahres 1990 befaßte. Sie kam zu dem Schluß, daß ein hoher Prozentsatz der normalen Arbeit formalisiert oder automatisiert werden kann. Die Untersuchung erfaßte 2,7 Millionen Büroarbeitsplätze. 42 Prozent davon könnten formalisiert und 25 bis 30 Prozent automatisiert werden. Die Möglichkeiten der Formalisierung und Automatisierung waren in den untersuchten Bereichen unterschiedlich. In der öffentlichen Verwaltung entdeckte man umfangreiche Einsparungsmöglichkeiten, da dort etwa 75 Prozent aller Arbeitsvorgänge formalisiert und 38 Prozent automatisiert werden könnten. Im Privatsektor errechnete man Einsparungsmöglichkeiten von 25 bis 38 Prozent. Man glaubt, daß die Automatisierung des Büros bis 1990 weitgehend durchgeführt sein wird. Wenn das zutrifft, wird ein hoher Prozentsatz der Schreibkräfte und Sachbearbeiter in Schwierigkeiten geraten.

Verwaltungs- und Büroarbeiten, in der Vergangenheit als Tätigkeiten mit niedriger Produktivität eingestuft, wurden von vielen Wirtschaftswissenschaftlern als Bereich angesehen, der die Menschen aufnehmen würde, welche aufgrund des technischen Wandels nicht mehr in der Produktion arbeiten können. Das ist jedoch nicht der Fall, da die Technik auch in diesen Sektor vorstößt. Die automatische Schreibmaschine mit Speichermöglichkeit ist seit Anfang der sechziger Jahre bekannt. Aber bis vor kurzem war ihr Preis noch viel zu hoch. Inzwischen gibt es bereits sehr verschiedene, miteinander konkurrierende Systeme, und die Anwender haben Mühe, das ihren Bedürfnissen am besten entsprechende Gerät herauszufinden.

1980 wurde das Verhältnis zwischen den Preisen für Standardschreibautomaten (einschließlich Speicher) und elektrischen Schreibmaschinen attraktiv, und damit begann der Durchbruch.

Die automatische Schreibmaschine hat zwei wichtige potentielle Kostenvorteile, nämlich den Ersatz von Mechanik durch Mikroelektronik und die Erweiterung der Speicherkapazität. Der erste Faktor bewirkt eine erhebliche Kostensenkung, und der zweite verursacht keine erhebliche Kostensteigerung.

Im März 1981 führte die Deutsche Bundespost das erste Teletext-System der Welt ein. Automatische, mit Speichern ausgestattete Schreibgeräte sind nun imstande, mit einer Geschwindigkeit von 300 Zeichen (2400 Bits) pro Sekunde bei Nutzung eines vorhandenen Verbundsystems miteinander zu kommunizieren. Die Qualität ist genau dieselbe wie bei einer Schreibmaschine, und die Geräte können zur gleichen Zeit senden und empfangen, da sie über zwei verschiedene Speicher verfügen. Das wird im Laufe der Zeit das Fernschreibsystem ersetzen. Eine amerikanische Firma offerierte ebenfalls 1981 ein auf einem speziellen Koaxialkabel beruhendes Verbundsystem, an das Bildschirmgeräte, automatische Schreibmaschinen, Drucker, Kopierer und andere elektronische Geräte des automatisierten Büros angeschlossen werden können.

Eine noch weiter entwickelte Technik wäre eine Textverarbeitung, die überhaupt ohne oder allenfalls mit computerbedrucktem Papier auskommt. Sämtliche Unterlagen könnten dann entweder über Bildschirmgerät oder durch Ausdruck abgerufen werden. Spezialspeicher könnten Texte und Daten archivieren. Diese Entwicklung könnte man unter dem Schlagwort »das papierlose Büro« zusammenfassen.

Trotz dieser vorhersehbaren Entwicklungen glauben einige Experten nicht, daß die Automation der Büros umfangreiche Entlassungen zur Folge haben wird. Sie meinen, daß die Personalfluktuation im Büro weiterhin hoch sein wird. Allerdings würde dies immer noch bedeuten, daß es keine freien Stellen, dafür aber einen Rückgang der Büroarbeitsplätze und insgesamt eine Zunahme der Arbeitslosigkeit geben würde.

Einsparung beim Kapitaleinsatz

Bisher haben wir den arbeitssparenden Effekt der Mikroelektronik beschrieben, nämlich die Möglichkeit, mehr oder zumindest gleich viel mit weniger Arbeitsaufwand zu produzieren. Es ging dabei also um den Begriff der Arbeitsproduktivität. Wie verhält es sich nun mit den Auswirkungen auf den Kapitaleinsatz beziehungsweise mit der Kapitalproduktivität (Verhältnis von Kapital zu Produktion)? In der Vergangenheit bedeuteten technologische Veränderungen stets eine, wenn auch geringe, so doch permanente Zunahme des Kapitalaufwands pro Produkteinheit (Kapitalkoeffizient). Nur wenige Industrien waren bei der Einsparung von Kapital erfolgreicher als bei der Einsparung von Arbeitskräften, wie die chemische Industrie oder die Mineralölverarbeitung. Beide konnten trotz kostspieliger Umweltschutzauflagen einen eindeutig kapitalsparenden technischen Wandel realisieren.

Der Kapitalaufwand pro Produkteinheit darf nicht mit der Kapitalintensität verwechselt werden, das heißt mit dem Kapitalaufwand pro Arbeitnehmer. Dieser Indikator wird zunehmen, solange technische Veränderungen direkte arbeitssparende Auswirkungen haben.

Das Verhältnis Kapital : Produktion (Kapitalkoeffizient) repräsentiert den Kapitalaufwand pro Produkteinheit. Ein Rückgang dieses Indikators würde weitreichende Folgen haben. Im Falle der Mikroelektronik erscheint dies möglich, wenn wir unterscheiden zwischen Miniaturisierung und den damit verbundenen Kostensenkungen und normalen Produkten, in die lediglich Mikroelektronik eingebaut ist.

Im Fall der Miniaturisierung und den damit verbundenen Kostensenkungen, wie in den Bereichen Datenverarbeitung, Textverarbeitung und CNC-Werkzeugmaschinen, ist es bereits zu Kostensenkungen gekommen, die auch in den nächsten Jahren beachtlich sein werden. Das ist der Grund, weshalb äußerst erfolgreiche Arten angewandter Mikroelektronik wie Computer für viele unterschiedliche Zwecke, CNC-Werkzeugmaschinen, Schreibautomaten, Kopiergeräte sowie von Anfang an die Taschenrechner als sogenannte Billigkostensysteme *(low cost systems)* angeboten werden. Vermutlich werden Roboter und computergestützte Systeme demnächst folgen.

Wenn jedoch vorhandene Produkte lediglich mit Mikroelektronik ausgestattet werden, ist die Situation oft anders. Die normale Inkorporation erhöht die Qualität eines Produkts, sie sollte jedoch nicht Anlaß für Preiserhöhungen sein. Mögliche Preissenkungen sind abhängig vom Umfang der eingebauten Elektronik im Verhältnis zum Gesamtwert des Produkts. Aber nur in Fällen von Miniaturisierung und damit verbundenen Kostensenkungen wird das Verhältnis Kapital : Produktion wesentlich beeinflußt. In solchen Fällen kommt es zu einem Verlust von Arbeitsplätzen, weil die Tiefe der Produktionsstruktur reduziert wird.

Alle Fälle von Kapitaleinsparung haben zwei arbeitssparende Aspekte. Der Hersteller profitiert von den niedrigeren Produktionskosten, und der Anwender von seinem Standpunkt aus ebenfalls. Die ökonomische Wirkung ist eine zweimalige Einsparung von Arbeit, zunächst bei der Herstellung von Investitionsgütern und danach bei der Produktion von Gütern für den Endverbrauch.

Eine allgemeine Entwicklung in Richtung auf kapitalsparende Investitionsgüter ist sehr unwahrscheinlich. Dagegen ist eine derartige Entwicklung in einigen wichtigen Wirtschaftsbereichen denkbar. Es macht aber nur einen geringen Unterschied, ob Billigkostensysteme so erfolgreich sind, daß sie das gegenwärtige Verhältnis Kapital : Produktion in der Gesamtwirtschaft oder nur in einigen wichtigen Sektoren umkehren. Im letzteren Fall hätte dies eine Verlangsamung des gegenwärtigen Anstieges des Kapitalaufwands je Produkteinheit zur Folge. Und dies würde die Chancen, daß durch die Herstellung von Kapitalgütern zusätzliche Arbeitsplätze geschaffen werden, ungünstig beeinflussen.

Der steigende Bedarf an Software-Personal und die daraus sich ergebenden Auswirkungen auf die Beschäftigung werden später besprochen. Hier soll bloß angemerkt werden, daß die Software-Kosten zum Kapitalaufwand zu zählen sind. Trotz des dringenden Bedarfs an Software und trotz der offensichtlichen zeitlichen Diskrepanz bei der Entwicklung von Hardware und Software werden die Kosten der letzteren die Einsparungen bei ersterer nicht übersteigen.

Kommt die nachindustrielle Gesellschaft?

Wie wird sich die Mikroelektronik auf die künftige Wirtschaftsstruktur auswirken? C. Clark und J. Fourastié erwarteten, daß der sogenannte tertiäre Sektor der Wirtschaft, mit anderen Worten, die weniger produktiven privaten und öffentlichen Verwaltungen und Büros sowie die ebenfalls weniger produktiven privaten und öffentlichen Dienstleistungsbetriebe, imstande sein werde, die Verluste an Arbeitsplätzen in den hochproduktiven Bereichen der industriellen und landwirtschaftlichen Produktion aufzufangen. Da diese Entwicklung inzwischen statistisch nachgewiesen ist, sprechen wir heute von einer nachindustriellen Gesellschaft.

In den Industriegesellschaften geht die Zahl der Beschäftigten in der Landwirtschaft zurück und wird dies auch in Zukunft tun. Der weitaus größere Rückgang der in der industriellen Produktion Beschäftigten wird ebenfalls andauern, und es wird nur geringe Möglichkeiten geben, sie in die Verwaltungs- oder Bürobereiche der Industrieunternehmen zu transferieren.

So waren beispielsweise im Jahr 1970 im Bergbau und im verarbeitenden Gewerbe der Bundesrepublik Deutschland noch fast 8,9 Millionen Menschen beschäftigt. 1979 war diese Zahl bereits auf 7,6 Millionen, also um 14 Prozent, gesunken. Überdies zeigte das Beschäftigungsvolumen (Zahl der Beschäftigten mal Arbeitsstunden) einen noch größeren Rückgang, nämlich um 23 Prozent, obwohl die Produktion im selben Zeitraum um 21 Prozent gestiegen war. Mit anderen Worten, ein Produktionszuwachs von 21 Prozent war von einem Rückgang des Beschäftigungsvolumens um 23 Prozent begleitet (siehe Tabelle). Diese Entwicklung zeigt, daß die Wachstumsrate der Produktion im Bergbau und im verarbeitenden Gewerbe der Bundesrepublik in den siebziger Jahren viel zu niedrig war, um die hohe Produktivitätszunahme (Produktion je Arbeitsstunde) von 57 Prozent zu kompensieren.

Aus diesem Grund müssen wir zunächst feststellen, ob der öffentliche oder der private Sektor künftig in der Lage sein wird, Arbeitskräfte aufzunehmen, die in der Landwirtschaft, in der industriellen Produktion und im Bürobereich eingespart werden, wie das bis zum Ende der siebziger Jahre der Fall war. Daher gilt es, die statistischen Trends im Dienstleistungssektor zu überprüfen. Zunächst sollen alle Sektoren aufgezählt werden, in denen ein Rückgang der Beschäftigung zu erwarten ist.

Teile des Dienstleistungssektors mit sinkender Beschäftigung

Transport: 1. Information, 2. Bahnen, 3. Schiffahrt. In all diesen Sektoren ist die Beschäftigung entweder stagnierend oder sinkend. Diese Entwicklung wird sich infolge der Auswirkungen der Mikroelektronik fortsetzen.

Handel: Datenverarbeitung, Textverarbeitung, vor allem integrierte Registrierkassen *(point of sale terminals)* sowie Konzentration werden dafür sorgen, daß die Zahl der Beschäftigten weiter zurückgehen wird.

Banken und Versicherungen: Daten- und Textverarbeitung

kombiniert mit integrierten Buchungsterminals *(On-Line-Banking)* werden zu einer Verringerung der Beschäftigten oder zumindest zu einer Personalstagnation führen, und zwar trotz einer erheblichen Zunahme des Geschäftsvolumens. Im Bankwesen begann der Rückgang der Beschäftigung im Jahr 1981 und wird sich in den kommenden Jahren fortsetzen.

Öffentliche Verwaltung und Büro: Datenverarbeitung, Textverarbeitung, Kopieren und andere arbeitssparende Techniken werden eine Zunahme des Personalstandes verhindern. Die sozialen Sicherungen im öffentlichen Dienst enthalten sehr wirksame Schutzbestimmungen gegen Entlassung, Herabstufung usw. Allerdings wird auch das die Verringerung des Personalstands nicht verhindern. Falls nötig, werden nur einige der freiwillig geräumten Stellen (Alter, Heirat, Kinder oder andere Gründe) wieder besetzt werden. Die Zahl der Beschäftigten im öffentlichen Dienst wird langsamer zurückgehen als in anderen Sektoren, aber sie wird zurückgehen. Allerdings werden die verschiedenen Zweige des öffentlichen Dienstes unterschiedlich betroffen sein.

Teile des Dienstleistungssektors mit zunehmender Beschäftigung

Es gibt einige Bereiche im Dienstleistungssektor, in denen eine Zunahme der Beschäftigung zu erwarten ist und auch dringend benötigt wird. Es handelt sich dabei teilweise um Tätigkeiten, die zum öffentlichen Dienst gehören oder von diesem beeinflußt werden. Es sind dies die Bereiche:

- Bildung, einschließlich Weiterbildung;
- Forschung und Entwicklung;
- soziale Dienste im weitesten Sinn, einschließlich Gesundheit, Betreuung, Beratung, Rehabilitation usw.;
- Hotels, Restaurants;
- Lkw-Transport;
- Luftverkehr.

Entsprechend der hier vorgelegten Hypothese, daß die Mikroelektronik im kommenden Jahrzehnt eine führende Rolle in der Technik spielen wird, scheint weder für eine industrielle noch für eine nachindustrielle Gesellschaft Raum zu sein. Beide Bereiche, die Industrie als ganzes und die öffentlichen und privaten Dienstleistungsunternehmen, werden Arbeitsplätze verlieren. In der Landwirtschaft werden infolge der sogenannten »grünen Revolution« immer weniger Landarbeiter gebraucht.

Die Umsätze werden sowohl in der industriellen Produktion als auch in den Büros von Industrie- und Dienstleistungsunternehmen steigen. Die Zahl der Beschäftigten wird aber nicht entsprechend anwachsen. In einigen Bereichen der Industrie und der Dienstleistungen wird die Beschäftigung zunehmen. Aber dies wird nicht ausreichen, alle an anderer Stelle eingesparten Arbeitskräfte zu beschäftigen. Wo Produkte hergestellt werden, die Mikroelektronik enthalten, werden einige Unternehmen so große Wachstumsraten erreichen, daß sie zusätzliches Personal einstellen müssen. Doch im gleichen Augenblick wird es andere Unternehmen geben, die zwar ihre Umsätze ebenfalls steigern können, aber nicht imstande sind, ihre Belegschaft zu halten. Da die neue Technik immer neue Möglichkeiten eröffnet, wird es einige Unternehmen geben, welche die Risiken von Innovationen nicht richtig einschätzen; andere werden scheitern, weil sie die Notwendigkeit von Innovationen nicht rechtzeitig erkennen.

Aufgrund dieser Entwicklung werden einige hochentwickelte Länder, die bereits eine hohe Arbeitslosigkeit haben, nicht in der Lage sein, diese abzubauen, und ständig von deren weiterem Ansteigen bedroht sein. Am stärksten wird die Entwicklung die Frauen betreffen.

Internationaler Handel

Die Mikroelektronik wird auch den internationalen Handel und die internationale Arbeitsteilung beeinflussen. Zunächst bringt die Verschlechterung der allgemeinen Wirtschaftslage eine Verschärfung des internationalen Wettbewerbes mit sich. Die hochentwickelten Industrieländer werden jedenfalls versuchen, ihre Lage durch vermehrte Exporte zu verbessern. Das ist normal und akzeptabel, aber in Wirklichkeit bedeutet es, daß sie ihre Probleme dadurch zu lösen versuchen, daß sie diese in andere Länder exportieren. Es ist verständlich, daß einige Länder versuchen werden, sich durch Verschärfung der Handelsbeschränkungen zu schützen. Das könnte sehr wohl zu einer neuen Ära des Protektionismus führen, obwohl die Weltwirtschaft sich in der Vergangenheit gerade in Zeiten von geringen Handelsbeschränkungen am besten entwickelt hat. Daß diese Zeiten offensichtlich zufriedenstellender Entwicklung für einige keineswegs zufriedenstellend waren, ist die Kehrseite des gleichen Sachverhalts.

Im Zusammenhang mit der Mikroelektronik wird eine bemerkenswerte Entwicklung erkennbar. Insbesondere die hochentwickelten Industriestaaten haben sehr ausgeklügelte Methoden entwickelt, die einem Protektionismus, um nicht zu sagen Merkantilismus, sehr nahe kommen. Sie erhöhen nicht etwa die Zölle und führen auch keine anderen Importrestriktionen ein; statt dessen finanzieren und fördern sie die Forschungs- und Entwicklungsprojekte ihrer Industrien. Dies geschah in den USA über die NASA und den Verteidigungshaushalt, in Japan, Frankreich, der Bundesrepublik Deutschland und Großbritannien auf dem Weg über andere staatliche Programme.

Innerhalb der Gruppe der hochentwickelten Industrieländer stehen die Vereinigten Staaten bei der Mikroelektronik immer noch an der Spitze: ihnen dicht auf den Fersen ist Japan, das sie vielleicht überrunden wird.

Die führenden Unternehmen Europas sind, global gesehen, keineswegs führend, daher suchen sie Partner in den Vereinigten Staaten und in Japan und erwerben gerne Unternehmen in diesen Ländern, sofern das möglich ist. Von staatlicher Seite werden derartige Übernahmen natürlich nicht subventioniert. Allerdings werden solche Transaktionen indirekt durch die Förderung von Forschung und Entwicklung beträchtlich erleichtert.

Gegenwärtig geht es um die Produktion von Chips der Größtintegration (VLSI) für Speicher, künftig wird es um die Hochgeschwindigkeitsintegration gehen. Die Industriestaaten glauben, daß sie hochintegrierte und »intelligente« Chips selber herstellen müßten, weil sie andernfalls von erfolgreichen Herstellern abhängig würden. Aus diesem Grund haben die Regierungen neue Methoden zur Unterstützung der Industrie entwickelt. Von ihrem Standpunkt aus gesehen, hatten sie keine andere Wahl. Allerdings sollten sie nicht überrascht sein, wenn andere Länder, vor allem die weniger entwickelten, zur Auffassung gelangen, sie könnten sich selber nur in der klassischen Weise schützen, nämlich durch Handelsbeschränkungen.

Andererseits ist die Frage immer noch offen, ob die Eigenproduktion von Chips wirklich so wichtig ist. Es gibt heute mindestens zwei Länder, die Chips in jeder gewünschten Menge und Qualität anbieten. Der Wert der Chips in durchschnittlichen, mit Mikroelektronik ausgestatteten Produkten beträgt nur 10 Prozent der Kosten des Gesamtprodukts. Einige meinen, die Chips seien nicht so wichtig, weil man sie ja kaufen könne; das wichtigste sei vielmehr die Fähigkeit einer Wirtschaft, die verbleibenden 90 Prozent herzustellen. Die Anhänger dieser Strategie fordern, die staatliche Hilfe auf die Anwendung der Mikroelektronik zu konzentrieren, was jedoch auch nur auf eine besondere Form des Protektionismus hinausliefe. Es ist schon schwierig, zu internationalen Übereinkommen über Zölle oder andere Handelsbeschränkungen zu gelangen, das ist aber immer noch leichter, als Abkommen über Forschung und Entwicklung abzuschließen. Andererseits verteidigen viele Industrielle ihre Aktivitäten zugunsten selbstproduzierter und hochintegrierter Halbleiter mit dem Argument, daß sie andernfalls ihr spezielles Fachwissen den Herstellern der Chips überlassen müßten. Aus diesem Grund werden sie sich vielleicht auf den Entwurf von Spezialchips beschränken, die anschließend von einem normalen Hersteller produziert werden können.

Zur Zeit kann noch niemand das Ergebnis des Kampfes der führenden Industriestaaten im Bereich von Forschung und Enwicklung voraussehen, aber die Motivation der Teilnehmer ist klar. Jeder fürchtet, in Zukunft einen wichtigen Wettbewerbsvorteil zu verlieren, und aus diesem Grund ist man bereit, Maßnahmen mit protektionistischem Effekt zu ergreifen, die von den meisten der weniger entwickelten Ländern bloß noch nicht als solche erkannt worden sind.

Die Einführung von Billigkosten-Systemen mit einem hohen Automatisierungsgrad könnte die internationale Arbeitsteilung auf den Kopf stellen. In der Vergangenheit versuchten viele Hochlohnländer Produktionsstätten in Niedriglohnländern einzurichten. Das bewährte sich nicht in Ländern ohne jegliche industrielle Tradition, aber es bewährte sich in mehreren fortgeschrittenen Entwicklungsländern. Allerdings bietet die Einführung hochautomatisierter Billigkosten-Systeme neue Möglichkeiten für eine Rückführung der Produktion in die Hochlohnländer. Insbesondere die Kombination von Billigkosten-Systemen mit hochqualifizierten Arbeitskräften ermöglicht eine Flexibilität, zu der die Entwicklungsländer nicht fähig sind.

Der derzeitige Forschungs- und Entwicklungswettbewerb wird jedenfalls mit Sicherheit zwei Ergebnisse haben:

1. Die sogenannten »reichen« Länder werden noch reicher und die »armen« noch ärmer werden; nicht unbedingt absolut, aber immerhin relativ.

2. Die gegenwärtige Rangordnung innerhalb der Industriestaaten wird sich erheblich verändern. Manche werden davon profitieren, andere verlieren, allerdings nicht unbedingt nur relativ, sondern zum Teil auch absolut.

Dasselbe wird den Entwicklungsländern widerfahren. Billigkosten-Systeme werden ihnen zur Verfügung stehen, und die niedrigen Preise werden ihnen verlockend erscheinen. Aber diese Länder werden große Schwierigkeiten mit der Software haben. Die den Industriestaaten zur Verfügung stehende Software wird von anderer Art sein, als sie die meisten Entwicklungsländer benötigen. Nur einige dieser Länder werden ihre Lage verbessern können, nämlich wenn sie eine größere Zahl von arbeitslosen Hochschulabsolventen haben. Angesichts der mangelnden Fähigkeit, ausgeklügelte Hardware herzustellen, angesichts der Schwierigkeiten bei der Produktion geeigneter Software und der Gefahr der Abwanderung qualifizierten Fachpersonals in die Industriestaaten wird es für die meisten Entwicklungsländer äußerst schwierig sein, Schritt zu halten. Einige dieser Länder, die heute von den Industriestaaten für die Herstellung bestimmter Halbleiterprodukte herangezogen werden, haben künftig vielleicht eine Chance, wenn sie sehr klug vorgehen. Allgemein aber ist zu erwarten, daß eine völlige Veränderung der internationalen Arbeitsteilung sich zum Nachteil der meisten Entwicklungsländer auswirken wird. Die Chancen der Entwicklungsländer werden sich auf zwei Strategien beschränken: erstens Konzentration auf die verhältnismäßig einfache Anwendung von Mikroelektronik in Massenerzeugnissen, und zweitens Entwicklung von Software für die spezifischen Bedürfnisse der Entwicklungsländer.

Jedenfalls wird die Mikroelektronik die Beschäftigungsprobleme in den Entwicklungsländern noch schwieriger machen, als sie ohnehin schon sind.

Zentralisierung und Dezentralisierung

Die Mikroelektronik wird auch die Standortwahl und die Konzentration der Wirtschaft beeinflussen. In der Vergangenheit hatte der technische Wandel einen beträchtlichen Einfluß auf die Zentralisierung wirtschaftlicher Aktivitäten. Das könnte durch die Mikroelektronik in gewissem Maße geändert werden. Die kommenden neuen Formen der Kommunikation ermöglichen die Dezentralisierung von Produktion und Verwaltung. Das bedeutet auf keinen Fall eine Verringerung der Macht der multinationalen Unternehmen oder Großkonzerne. Es bedeutet lediglich die Möglichkeit größerer Unabhängigkeit vom Standort. Verwaltung, Planung, Steuerung der Produktion und die Produktion selbst können nunmehr an unterschiedlichen Standorten erfolgen. Das wird die Ansiedlung in Regionen ermöglichen, die außerhalb der klassischen großen Wirtschaftszentren liegen. Es eröffnet Möglichkeiten für eine Verbesserng der wirtschaftlichen Bedingungen sowohl in den weniger entwickelten Regionen als auch in den großen Wirtschaftszentren.

Die neuen Formen der Kommunikation werden mit Sicherheit die Macht der Großkonzerne und multinationalen Unternehmen stärken, da diese von den anpassungsfähigeren Regel- und Kontrollsystemen profitieren werden. Andererseits können Klein-

und Mittelbetriebe ebenfalls die Mikroelektronik nutzen. Bestimmte Typen von Produktions- sowie auch von Daten- und Textverarbeitungsmaschinen, die verhältnismäßig kostspielig und daher in gewissem Sinne exklusiv waren, stehen jetzt auch kleineren Unternehmen zur Verfügung. Die Mikroelektronik wird vielleicht wiederholen, was einst bei der Einführung des Elektromotors geschah: das Überleben der Klein- und Mittelbetriebe in einer Welt, in der die Großen immer größer werden.

Das Beschäftigungsproblem

Das schwierigste Problem wird die Erreichung und Erhaltung der Vollbeschäftigung sein. Die Einführung der Mikroelektronik wird unter den heutigen Umständen zu einer Verringerung der Beschäftigungsmöglichkeiten in Produktion, Büroarbeit und im Dienstleistungsbereich führen. In der Vergangenheit konnten die arbeitssparenden Auswirkungen des technischen Wandels zumindest sehr oft durch verhältnismäßig hohe Raten des Wirtschaftswachstums ausgeglichen werden. Das war vor allem in den sechziger Jahren der Fall. Dies nützte zwar den betroffenen einzelnen Arbeitnehmern oder Unternehmen nichts, wohl aber der Wirtschaft als ganzer. Aber seit Beginn der siebziger Jahre haben alle Industriestaaten Schwierigkeiten, zufriedenstellende Wachstumsraten zu erreichen, und die Aussichten für die achtziger Jahre sind noch schlechter.

Zunächst sollte nach den Möglichkeiten der Mikroelektronik gefragt werden, selber einen Beitrag zum wirtschaftlichen Wachstum zu leisten. Eine erste Antwort wurde mit den bereits genannten Zahlen der westdeutschen Büromaschinen- und EDV-Geräteindustrie gegeben. Sie zeigten eine enorme Produktionsausweitung, gleichzeitig aber einen Rückgang des Beschäftigungsvolumens. Die Gründe waren die extreme Zunahme der Produktivität sowie eine wesentliche Verringerung der Produktionstiefe.

Die nächste Frage ist, ob ein gegebenes, mit Mikroelektronik ausgestattetes Produkt Investitionsgütern oder dem Konsum dient. Investitionsgüter dienen der Herstellung von Produkten. Daher werden sie nur dann gekauft, wenn ihre Leistungsfähigkeit höher ist als die jener Anlagen, die sie ersetzen. Somit ist zu erwarten, daß mit Mikroelektronik ausgerüstete Investitionsgüter einen relativ hohen arbeitssparenden Effekt haben. Dies gilt sicherlich für Büro- und Datenverarbeitungsmaschinen, die nicht nur mit hohen Produktivitätseffekten hergestellt werden, sondern ihrerseits zusätzliche Produktivitätsverbesserungen beim Anwender bewirken. Die Käufer benützen sie für arbeitsparende Prozeßinnovationen. Diese Wirkungen treten auch bei vielen anderen Investitionsgütern auf, die mit Mikroelektronik ausgerüstet sind. Angesichts dieser Umstände wird die Herstellung von Investitionsgütern nur dann zur Schaffung neuer Arbeitsplätze führen, wenn ein hohes Wirtschaftswachstum und/oder eine sehr starke Exportzunahme erzielt werden kann. Aber das ist in den kommenden Jahren kaum zu erwarten.

Indessen ist die Situation anders, wenn es sich um ein Konsumgut handelt. In einem solchen Fall müssen wir zwischen vier verschiedenen Kategorien unterscheiden: Erstens, auf dem Markt vorhandene Produkte werden überflüssig, zweitens, auf dem Markt vorhandene Produkte werden weiterhin, aber mit verbesserter Effizienz, hergestellt, drittens, auf dem Markt vorhandene Produkte werden mit zusätzlichen Funktionen ausgestattet und erhalten dadurch eine höhere Qualität, viertens, bisher unbekannte Produkte, die ohne Mikroelektronik nicht hergestellt werden konnten, kommen auf den Markt.

Wenn man diese vier Kategorien betrachtet, wird es ziemlich klar, daß Arbeitsplätze auf jeden Fall verlorengehen, wenn bereits auf dem Markt vorhandene Produkte überflüssig werden. Das gleiche gilt für vorhandene Produkte, die mit einer verbesserten Effizienz hergestellt werden können, allerdings mit einer Ausnahme: wenn das Produkt so billig wird, daß dadurch die Nachfrage steigt. In diesem Fall kann der Hersteller seine Arbeitskrafteinsparungen durch stark steigende Produktion überkompensieren. Ob Produkte, die durch zusätzliche Funktionen qualitativ höherwertig geworden sind, mehr Beschäftigung schaffen, ist eine offene Frage. Verbesserte Qualität durch zusätzliche Funktionen infolge der Verwendung von Mikroelektronik kann sehr wohl arbeitsparend sein. Allerdings eröffnen derartige Produkte die Chance erhöhter Umsätze und daher, zumindest theoretisch, die Möglichkeit zusätzlicher Arbeitsplätze. Das hängt sicherlich davon ab, wie der Konsument auf eine Qualitätsverbesserung reagiert. In einigen Fällen haben sogar große Qualitätsverbesserungen (beispielsweise das Farbfernsehen) lange gebraucht, um von der Mehrzahl der Konsumenten angenommen zu werden. Es wäre aber allzu optimistisch, in den hochentwickelten Industriestaaten eine extrem starke Zunahme von dauerhaften Konsumgütern zu erwarten, bloß weil sie durch Mikroelektronik qualitativ verbessert werden.

Unter dem Gesichtspunkt der Beschäftigung sind nur solche Produkte von ausschlaggebender Bedeutung, die eine verbesserte Qualität und eine schnelle Verbreitungsgeschwindigkeit aufweisen, sowie gänzlich neuartige Produkte. Allerdings ist bisher die Zahl der wirklich neuen Produkte, beispielsweise der TV-Spiele, nur sehr beschränkt. Ein typisches Beispiel ist der »Heimcomputer«. Dieses Produkt wird gegenwärtig von den Familien noch nicht akzeptiert; allerdings konnte er in größerer Zahl an Kleinbetriebe verkauft werden. Das ist nicht überraschend. In der derzeitigen Phase, die noch einige Zeit andauern wird, bietet die Mikroelektronik so viele Möglichkeiten der Einsparung von Arbeitskräften und Kapital bei Investitionsgütern, daß Hersteller und Anwender in erster Linie an diesem Aspekt interessiert sind. Da viele bekannte Investitionsgüter inzwischen billiger und oft mit verbesserter Qualität hergestellt werden können, ist es durchaus normal, daß jedermann bestrebt ist, diese Möglichkeiten zu nutzen. Die Einführung eines völlig neuartigen Konsumgutes ist ein wesentlich größeres Risiko als die billigere Fertigung bereits gut eingeführter Güter. Eine im September 1980 veröffentlichte OECD-Untersuchung kommt zu dem Schluß: »Es gibt keinen Hinweis darauf, daß sich Informationsprodukte und -dienstleistungen in naher Zukunft zu einem wichtigen Wachstumsfaktor bei der Konsumfrage entwickeln werden. Der Konsum von Informationsgütern und -dienstleistungen spielt im Budget eines durchschnittlichen Haushalts noch eine geringe Rolle.«

Langfristig gesehen, bietet die Mikroelektronik allerdings beides: Qualitätsverbesserungen, die so groß sind, daß zusätzliche Nachfrage kreiert wird, und völlig neuartige Produkte, die tatsächlich neue Arbeitsplätze schaffen. Allerdings liegt eine beträchtliche Zeitspanne zwischen der Phase, in der die Anwendung von Mikroelektronik durch Prozeßinnovation vorherrscht, und jener Phase, in der Produktinnovationen dominant werden.

Das Problem ist nun: erstens, was geschieht innerhalb dieser Verzögerungszeit, und zweitens, wird die Mikroelektronik in der Phase der Produktinnovation so viel Wachstum bewirken, daß wir angesichts der heutigen Bedingungen Vollbeschäftigung erreichen werden?

Trotz mancher Ausnahmen ist die Innovationsphase bei Konsumgütern nicht vor den nächsten fünf oder zehn Jahren zu erwarten. Selbst wenn diese Entwicklung einmal voll durchgeschlagen hat, bleibt es fraglich, ob die Vollbeschäftigung durch die Herstellung vieler neuer Produkte wieder erreicht und aufrechterhalten werden kann. Noch fraglicher ist, ob die jeweiligen Regierungen eine weitere Periode von fünf, zehn oder mehr Jahren mit zunehmender Arbeitslosigkeit durchstehen können.

Es ist aber nicht nur die neue Technik, die die Arbeitslosigkeit vemehrt. Demographische Entwicklungen, steigende Energie-

und Rohstoffpreise, Inflation, eine gewisse Sättigung bei der Nachfrage nach dauerhaften Konsumgütern, negative Entwicklungen im Außenhandel sowie ein unzureichendes Wirtschaftswachstum tragen allesamt zur Zunahme der Arbeitslosigkeit in den Industriestaaten bei.

Sogar in Japan, einem entwickelten Land mit günstigen Wachstumsraten, ist eine Arbeitsgruppe des Forschungsinstitutes der Japan Management Association im Auftrag des Ministeriums für Außenhandel und Industrie im November 1979 zu folgendem Schluß gekommen: »Angesichts der für die achtziger Jahre erwarteten Verlangsamung des Wirtschaftswachstums und der unvermeidlichen Veränderungen der industriellen Struktur wird sich auch Japan früher oder später mit dem Problem der Wechselwirkung zwischen technologischer Innovation und Beschäftigung konfrontiert sehen. Sollte sich Japan in den achtziger Jahren auf wissensintensive Industrien konzentrieren, dann wird es sich den Beschäftigungsproblemen kaum entziehen können, die sich aus dem intensiven Einsatz von Mikroelektronik ergeben.«

Software

In einem Bereich schafft die Mikroelektronik bereits neue Arbeitsplätze, und zwar wegen des steigenden Bedarfes an Software. Man benötigt mehr Programmierer, mehr Systemanalytiker und dergleichen. Sie alle sind notwendig, um die Systeme in Gang zu halten. Diese Tätigkeiten schaffen Arbeitsplätze und gleichen einige Nachteile aus, die sich aus den arbeitssparenden Effekten der Hardware ergeben.

Indessen ist nicht anzunehmen, daß die Herstellung von Software all diejenigen aufnehmen wird, die ihre Arbeitsplätze durch die Einführung neuer Hardware verlieren. Ebensowenig ist anzunehmen, daß die bisher übliche Anfertigung von Software durch individuelle Anwender oder die Parallelarbeit unterschiedlicher Unternehmen für dieselbe Anwendung weiterbestehen wird. Hersteller und Beratungsunternehmen werden standardisierte Programmpakete anbieten, die nur noch den Bedürfnissen des einzelnen Anwenders anzupassen sind. Diese Anpassung wird nur wenige neue Arbeitsplätze schaffen.

Andererseits werden die bestehenden Rechenzentren, trotz starker Zunahme ihrer Aktivitäten, ihr Personal kaum erhöhen, sondern eher verringern. Gesteigerte Produktivität und zunehmend dezentralisierte Organisationsformen machen das möglich. Weiterhin ist zu berücksichtigen, daß die EDV-Hersteller versuchen werden, Software-Elemente in ihre Handware zu integrieren. Sollte ihnen das gelingen, dann könnte dies zur Folge haben, daß die Hardware weniger kompatibel würde. Unter dem Gesichtspunkt der Beschäftigung bedeutet aber jeder Fortschritt bei der Integrierung von Software in Hardware gleichzeitig eine Einsparung von Arbeitsplätzen im Softwarebereich. Die oben erwähnte japanische Untersuchung, die den Bestand an 80.000 Software-Ingenieuren von 1975 fortschreibt, erwartet für 1985 mindestens 282.000, als Mittelwert 449.000 oder maximal 796.000 Software-Ingenieure.

Mit anderen Worten, es wird neue Arbeitsplätze für die Herstellung von Software geben, die jedoch den Gesamtverlust an Arbeitsplätzen nicht ausgleichen können. Darüber hinaus zeigen diese Zahlen eine sehr wichtige strategische Überlegung. In Japan wird offenbar die Verfügbarkeit von einer ausreichenden Anzahl von Software-Ingenieure als Schlüssel zum Erfolg angesehen.

Zwei von der Regierung der Bundsrepublik Deutschland konkurrierend in Auftrag gegebene Untersuchungen über die wirtschaftlichen und sozialen Auswirkungen der modernen Technik kamen zu sehr pessimistischen Ergebnissen. Die eine sagte voraus, daß der Produktivitätsanstieg in den achtziger Jahren höher sein werde als das Wirtschaftswachstum und daß daher die Arbeitslosigkeit zunehmen werde. Die andere Untersuchung prophezeite, daß die Zahl der Arbeitsuchenden in der Bundesrepublik bis zum Jahr 1985 auf 1,6 Millionen registrierte und 1,4 Millionen versteckte (nichtregistrierte) Arbeitslose, also insgesamt drei Millionen, ansteigen werde.

Verminderung der Arbeitszeit

Zwei Vorschläge zur Bekämpfung der Arbeitslosigkeit sollen gemacht werden. Der erste ist nicht sehr originell, nämlich die bessere Verteilung der vorhandenen Arbeit auf diejenigen, die gerne arbeiten möchten. Das kann durch eine Verringerung der Arbeitszeit erreicht werden. In diesem Zusammenhang wäre es sehr wichtig, die Lebensarbeitszeit des einzelnen zu verringern. Die Arbeitgeber der Bundesrepublik kämpfen hart gegen jeden Schritt, der in die Richtung einer 35-Stunden-Woche führen könnte. Sie haben in wichtigen Industrien beispielsweise der Einführung eines Jahresurlaubs von sechs Wochen ab 1982 zugestimmt. Sie waren auch bereit, zusätzlich zum bezahlten Urlaub 50 Prozent Urlaubsgeld aufzubringen, da es teurer ist, Ferien zu machen, als zu arbeiten. Aber an der 40-Stunden-Woche wollen sie unter keinen Umständen rütteln lassen. Die 35-Stunden-Woche ist jedoch bei weitem nicht die einzige Möglichkeit zur Verringerung der Arbeitszeit. Die Gewerkschaften könnten deshalb auch in anderen Kategorien denken, um denselben Effekt zu erzielen. Aber auf lange Sicht gesehen, wird die kürzere Arbeitswoche kommen. Die Argumente, die heute gegen die 35-Stunden-Woche vorgebracht werden, sind genau dieselben, die vorgebracht wurden, als die Gewerkschaften um die 48-Stunden-Woche oder um die 40-Stunden-Woche kämpften. Jedenfalls wird es in Zukunft mit Sicherheit eine kürzere Arbeitszeit geben, und das wird völlig neue Bedingungen für das Arbeitsleben wie auch bei der Konsumnachfrage schaffen.

Andererseits könnten eine vorgezogene Altersgrenze und zusätzliche bezahlte Freizeit zum Zweck der Weiterbildung ebenfalls positive Auswirkungen auf den Arbeitsmarkt haben. Die Ausweitung der Weiterbildung könnte eine zusätzliche Strategie ermöglichen. Sie würde eine positive Auswirkung auf den Arbeitsmarkt haben und könnte gleichzeitig eine Methode zur individuellen Verbesserung der Qualifikation sein.

Allerdings sollten wir nicht vergessen, daß verringerte Arbeitszeit ein Instrument darstellt, das nur schrittweise eingesetzt werden kann, da die Gewerkschaften auf vollem Lohnausgleich bestehen müssen. Arbeitszeitverkürzungen sollten als eine Politik angesehen werden, die sich für eine Verbesserung der Arbeitsmarktsituation als nützlich und hilfreich erweisen kann. Andererseits ist sie kein Instrument, mit dem alle Beschäftigungsprobleme gelöst werden können. Aus diesem Grund sind zusätzliche Strategien erforderlich, um wachsende Arbeitslosigkeit zu verhindern.

Qualitatives Wachsen

Der zweite gangbare Weg wäre, die Entwicklung des Wirtschaftswachstums zu beeinflussen und zu beschleunigen. Dies kann auf verschiedene Weise geschehen. Eine wäre das Streben nach quantitativem Wachstum. In diesem Fall würden staatliche Mittel zur Ankurbelung der Wirtschaft ohne Rücksicht auf qualitative Wirkungen eingesetzt. Da die Industriegesellschaften bereit sind, alljährlich viele Tausende Verkehrstote in Kauf zu nehmen, sei auf ein sehr zynisches theoretisches Beispiel verwiesen. Nehmen wir an, der Staat würde allen eine Prämie zahlen, die in einen Verkehrsunfall verwickelt werden. Dies würde zweifellos die Zahl der Unfälle erhöhen, und dementsprechend würden der Verkauf von Autos, die Reparatur beschädigter Autos, die Zahl der Beerdigungen, der Verkauf von Blumen, die Tätigkeit von Ärzten, Krankenhauspersonal, Apotheken und vieler anderer Bereiche zunehmen. Die Wirtschaft würde wachsen. Genauso verhält sich eine Gesellschaft, die einzig und allein quantitatives Wachstum im Auge hat: nicht unbedingt durch die Stimulierung zusätzlicher Verkehrsunfälle, jedoch durch die Begünstigung des Energieverbrauchs, der Rohstoffverschwendung, zunehmender Umweltverschmutzung und dergleichen mehr.

Die Alternative wäre qualitatives Wachstum. In diesem Fall benutzt der Staat öffentliche Mittel zur Förderung von Aktivitäten, die einen Beitrag zur Verbesserung der Qualität des Lebens leisten. Dabei wäre es wichtig, die Industrieproduktion in neue Bereiche zu lenken. Diese Bereiche müßten zukunftsorientiert sein und den Erfordernissen der achtziger und neunziger Jahre entsprechen. Der Bedarf ist wohlbekannt. Er umfaßt Produkte und Systeme für Katastrophenschutz, Umweltschutz, Unfallverhütung, Bildung, öffentliche und private Dienstleistungen, Einsparung von Energie und Rohstoffen, Infrastruktur, Humanisierung der Arbeitsplätze und, was besonders wichtig ist, den Wohnungsbau. Alle diese Probleme können nur durch die Verwendung von überwiegend industriellen Produkten gelöst werden. Aber die verarbeitende Industrie orientiert sich noch immer an den sechziger Jahren, einer Zeit rein quantitativen Wachstums.

Die verarbeitende Industrie müßte völlig umstrukturiert werden, um die Aufgaben der Zukunft bewältigen zu können. Nur dann wird sie in der Lage sein, zusätzliche Arbeitsplätze für diejenigen zu schaffen, die durch die Mikroelektronik oder andere Arten des technischen Wandels freigesetzt werden. Die Miktoelektronik wird dabei selber in vielen Fällen zum qualitativen Wachstum beitragen. So ermöglicht sie beispielsweise erhebliche Energieeinsparungen. Allerdings kann sie allein das Energieproblem nicht lösen, dazu bedarf es zusätzlicher Maßnahmen.

Allerdings gibt es starke Bedenken gegen eine Politik des qualitativen Wachstums. Diese Bedenken beruhen auf Ideologie, finanziellen Überlegungen und dem Umstand, daß das heutige Instrumentarium der Strukturpolitik immer noch beschränkt ist.

Es hat wenig Sinn, an dieser Stelle über Ideologien zu streiten. Es trifft aber zu, daß die Methoden der wirtschaftlichen Strukturpolitik verbessert werden müßten. Daher sollte die wissenschaftliche Forschung in diesem Bereich ermutigt werden. Der Staat sollte Mittel zur Verfügung stellen und neue Einrichtungen schaffen, um die theoretischen und empirischen Grundlagen der Strukturpolitik zu verbessern.

Die Finanzierung einer auf qualitatives Wachstum ausgerichteten Wirtschaftspolitik ist in den meisten Industriestaaten kein echtes Problem. Fast alle Staaten geben bestimmten Industrieunternehmen und Industriezweigen sehr hohe Zuschüsse. Diese Mittel werden meist zur Stabilisierung und Erhaltung alter Strukturen anstatt zur Schaffung neuer verwendet. Würde man die verfügbaren Subventionen in größerem Umfang für zukunftsorientierte Ziele einsetzen, dann wäre die Schaffung neuer Arbeitsplätze durch qualitatives Wachstum unproblematisch.

In den meisten Industriestaaten gibt es jedoch keine Koordination zwischen Forschungs- und Entwicklungspolitik und anderen wirtschaftlichen Aktivitäten. Die Option des »qualitativen Wachstums« kann nur dann verwirklicht werden, wenn die Regierungen bereit sind, ihre verschiedenen Aufgabenbereiche (Haushalt, Wirtschaft, Arbeitsmarkt, Umstrukturierung, Forschung und Entwicklung, Wohnbau, Bildung usw.) so zu koordinieren, daß sie alle einem einzigen Ziel dienen: der Vollbeschäftigung.

Zumindest die Industriestaaten sollten einsehen, daß Arbeitslosigkeit für sie eine sehr kostspielige Angelegenheit ist. Sie sollten sich fragen, ob sie wirklich reich genug sind, um diese Belastung auszuhalten. Sie müssen ja nicht nur Arbeitslosengelder bezahlen. Da sich Arbeitslosigkeit auf die verhältnismäßig schwachen gesellschaftlichen Gruppen konzentriert, wie

- junge Leute mit geringer Ausbildung,
- behinderte Personen,
- Frauen,
- ältere Menschen und
- alle anderen Gruppen mit geringer Ausbildung,

sind zusätzliche Ausgaben für Ausbildungsprogramme sowie für den Kampf gegen Drogen- und Alkoholmißbrauch notwendig. Aber das ist nicht alles. Die Arbeitslosen zahlen keine Steuern und keine Beiträge zur Sozialversicherung, und ihre Konsumausgaben sind kümmerlich. Es wäre deshalb wirtschaftlicher oder billiger, zusätzliche Mittel für Arbeitsbeschaffung auszugeben.

Alle Untersuchungen über die Chancen und Risiken der achtziger Jahre zeigen, daß die sogenannte »Politik des status quo« keine Lösung für die beschriebenen Probleme bietet. Und zumindest bis jetzt hat sich auch die britische Wirtschaftspolitik in den Jahren 1979 bis 1981 nicht als brauchbare Alternative für die betroffenen Menschen erwiesen.

Juan F. Rada

Aussichten für die dritte Welt

Die Technologie hat in den wirtschaftlichen, sozialen und politischen Entwicklungen der vergangenen zwei Jahrhunderte sowohl innerhalb der einzelnen Staaten als auch international eine entscheidende Rolle gespielt.

Technische Neuerungen führten zu einer tiefgreifenden Veränderung der globalen Verteilung der Produktions- und Dienstleistungsmittel, also der internationalen Arbeitsteilung. Die industrielle Revolution ist das klassische Beispiel einer technologischen und sozialen Umwälzung, die das Leben der Menschen von Grund auf veränderte. Die frühen technischen Fortschritte, beispielsweise in der Textilindustrie, veränderten die internationale Arbeitsteilung. In den achtziger Jahren des 18. Jahrhunderts betrug der Preis von Garn ungefähr nur ein Zwanzigstel des Preises von fünfzig Jahren vorher, und auch die billigsten indischen Arbeitskräfte konnten weder qualitativ noch quantitativ mit den Spinn- und Webmaschinen von Lancashire konkurrieren.

Auf ähnliche Weise vernichtete die kommerzielle Auswertung des Haber-Bosch-Verfahrens zur Bindung atmosphärischen Stickstoffs in den zwanziger Jahren Chiles wichtigste Deviseneinnahmequelle: die Ausbeutung des Natursalpeters. Bis dahin hatte Chile mindestens zwei Drittel des Salpeterbedarfs der Welt gedeckt, und die Ausfuhrsteuer hatte 80 Prozent der chilenischen Gesamteinnahmen dargestellt.

Diese Beispiele illustrieren die Wechselwirkung zwischen technischen Veränderungen und internationaler Arbeitsteilung. Aber wie schon in vorangegangenen Kapiteln aufgezeigt, entsteht durch die Besonderheiten und das Wesen der Mikroelektronik heute eine völlig andere Situation, die die traditionellen Konzepte von Technologie, Entwicklung und Industrialisierung in Frage stellt.

Heute wird die Rolle, die die Technologie bei der Entwicklung und Schaffung eines gerechteren Weltwirtschaftssystems spielt, allgemein anerkannt. Kontrolle der Technologie bedeutet häufig auch Kontrolle der Entwicklung, der Bestimmung ihrer Ziele und sogar ihres Tempos. Angesichts dessen sollte man die Debatte über die Technologie in einem größeren Rahmen führen, der auch den Kern der allgemein praktizierten Entwicklungsstrategien und Entwicklungsformen umfaßt.

Mißverhältnisse innerhalb von und zwischen Staaten

Um die Auswirkungen der heutigen technologischen Veränderungen beurteilen zu können, muß man zunächst die Mißverhältnisse innerhalb einzelner Staaten und zwischen ihnen betrachten. Im Fall der Mikroelektronik oder, genauer gesagt, der Informationstechnologie werden mindestens drei verschiedene Bereiche der Ungleichheit sichtbar. Der erste ist die internationale Verteilung der wissenschaftlichen und technologischen Kapazitäten. Laut Auskunft der Erziehungs- und Wissenschaftsorganisation der Vereinten Nationen (UNESCO) beträgt der Anteil der Entwicklungsländer an den insgesamt in der Welt ausgegebenen Mitteln für Wissenschaft und Technik etwa drei Prozent, und sie verfügen bloß über 13 Prozent der Wissenschaftler und Ingenieure. Und sogar in diesem Fall entfällt der Löwenanteil dieser Ausgaben und Kapazitäten auf einige wenige Entwicklungsländer, wie Indien, Brasilien, Argentinien und Mexiko.

Den zweiten Bereich des Mißverhältnisses stellt die Industriekapazität dar. Im Jahr 1975 erarbeitete die Konferenz der industriellen Entwicklungsorganisation der Vereinten Nationen (UNIDO) einen Plan zur Industrialisierung der dritten Welt, der als Plan von Lima bekannt geworden ist. Dieser Plan besagt, daß die Entwicklungsländer ihren Anteil an der Weltindustrieproduktion bis zum Jahr 2000 von sieben auf mindestens 25 Prozent erhöhen sollten. 1980 hatte dieser Anteil kaum neun Prozent erreicht, und wenn keine besonderen Maßnahmen ergriffen werden, wird er gegen Ende des Jahrhunderts nicht mehr als dreizehn Prozent erreichen. Innerhalb von fünf Jahren ist also die Zielvorstellung des Lima-Plans um fast die Hälfte zusammengeschmolzen.

Der dritte Bereich des Mißverhältnisses ist die Infrastruktur der Information innerhalb der Gesellschaft: das System also, das die verschiedenen sozialen, kulturellen, politischen und wirtschaftlichen Tätigkeiten miteinander verbindet.

Viele Mißverhältnisse in diesem Bereich sind aufgrund des UNESCO-Programms über die internationale Informationsordnung untersucht worden. In den Entwicklungsländern bezieht nur eine von dreißig Personen eine Tageszeitung, und nur eine von 500 besitzt ein Fernsehgerät, während in den Industriestaaten die entsprechenden Verhältnisse 1 : 3 und 1 : 12 lauten. Ferner entfallen 83 Prozent der Weltbuchproduktion auf die Industriestaaten. Diese Mißverhältnisse verschärfen sich in steigendem Maße, und zwar um so mehr, je mehr die Infrastruktur von der Elektronik abhängig wird (siehe die Kapitel *Technologie* und *Anwendung der Technologie*).

Die Beratungsfirma Diebold (Europa) schätzt den Anteil der Vereinigten Staaten, Japans und Westeuropas am Weltbestand der Datenverarbeitungsgeräte 1978 wertmäßig auf 83 Prozent. Die 17 Prozent in der übrigen Welt werden bis 1988 nur unwesentlich, nämlich auf 20 Prozent, gestiegen sein. Davon entfällt wieder der größte Prozentsatz auf die osteuropäischen Staaten und auf einige Entwicklungsländer. Einige westliche Großbanken verfügen über mehr Computerkapazität als ganz Indien. In der Zeit von 1978 bis 1988 wird sich die »Kluft« zwischen dem Wert der Ausrüstung der westlichen Industriestaaten und der anderer Länder wahrscheinlich mehr als verdoppeln. Im Bereich der Fernmeldegeräte entfielen 1980 auf die Entwicklungsländer zehn Prozent des weltweiten Umsatzes an Fernmeldeeinrichtungen (einschließlich der Telefone), und 1990 werden es erst 14 Prozent sein. Schon 1980 entsprach der Wert des globalen Elektronikmarktes etwa dem Bruttonationalprodukt vor ganz Afrika.

Bei der Betrachtung der Verhältnisse in der dritten Welt muß man auch auf die großen Mißverhältnisse in und zwischen den einzelnen Entwicklungsländern hinweisen. Der Begriff »Entwicklungsländer« ist ein Kürzel, das viele verschiedene Ebenen der wirtschaftlichen, sozialen, politischen und kulturellen Entwicklung in Ländern umschreibt, die aber häufig eine ähnliche Kolonialgeschichte und viele gemeinsame Interessen aufweisen. Diese Unterschiede lassen Verallgemeinerungen gefährlich werden und können irreführend sein. Viele Probleme der Industriestaaten, die in anderen Kapiteln behandelt werden, gelten auch für einige Entwicklungsländer, insbesondere für diejenigen, die am weitesten entwickelt sind.

Die Vielfalt der elektronischen Geräte und Produkte erreicht wahrscheinlich nur eine winzige Minderheit, nämlich die städtische Oberschicht und Teile der Mittelschicht. Die überwältigende Mehrheit der Bevölkerung kennt weder die Auswirkungen noch die Vorteile dieser Geräte. Während man sich in den Industriestaaten auf die Integration Tausender von Komponenten pro »Chip« zubewegt, hat in Afrika nur eine von achtzehn Personen ein Radio. Die Transistorrevolution, die vor fast dreißig Jahren die heutige Entwicklung der Elektronik einleitete, hat dort noch nicht einmal angefangen. Das alles zeigt, daß die sozioökonomische, kulturelle und politische Realität der Welt nicht nur komplexer wird, sondern auch die Kluft zwischen Reichen und Armen vertieft. Vereinzelte technologische Eingriffe, welcher Art auch immer, sind nicht mehr als ein Tropfen auf einen heißen Stein. Die gegenwärtigen Tendenzen müssen korrigiert werden, was besonders deshalb dringend notwendig wird, weil die Industriestaaten sich unaufhaltsam auf eine völlig andere Gesellschaftsstruktur hin entwickeln. Obwohl es keine einfache Diagnose und Therapie des Dilemmas gibt, das aus den schnellen und verschiedenartigen technologischen Veränderungen für die Entwicklungsländer erwächst, gibt es doch einige grundsätzliche Fragen, die vordringlich behandelt werden müssen, wenn man zu einer vernünftigen Perspektive gelangen will.

Zwei weitere wichtige Elemente müssen noch erwähnt werden, damit die Auswirkungen der technologischen Veränderungen auf die Entwicklungsländer richtig beurteilt werden können. Da ist als erstes die sich zunehmend verhärtende Einstellung der westlichen Länder zur dritten Welt, eine Folge der schmerzlichen inneren Konsequenzen ihres eigenen Anpassungsprozesses. Sie sind weniger bereit, ihre eigenen Probleme von einem globalen Gesichtspunkt her zu sehen. Diese Einstellung ist in den letzten zwei Jahren offenkundig geworden und wird sich im Zuge der Auswirkungen der Mikroelektronik auf ihre Gesellschaften wahrscheinlich noch verstärken. Zweitens ist zu berücksichtigen, daß Ausweitung und Entwicklung der Mikroelektronik einen Weltmarkt, eine globale Strategie brauchen. Das ist eine unmittelbare Konsequenz der Forschungs- und Entwicklungskosten und der Kapitalinvestitionen, die nötig sind, um ein Unternehmen wirklich konkurrenzfähig zu machen. Obwohl der Markt in den Entwicklungsländern in den meisten Fällen sehr klein ist, ist er doch für die allgemeine Wirtschaftlichkeit der Investitionen wichtig und damit auch für die Ausbreitung dieser Technologie sogar in den Industriestaaten. Dem liegt zugrunde, daß die Technologie im Elektronik-, Computer- und Telekommunikationsbereich auf einige wenige internationale Konzerne beschränkt ist. Da die Produktionsstruktur der einzelnen Länder immer mehr von diesen Technologien abhängig ist, wird die ohnehin große Macht dieser Unternehmer noch größer werden und zu einer noch größeren Internationalisierung der Wirtschaft und zu noch größerer Abhängigkeit führen. Alle Fragen, die mit den internationalen Konzernen und dem Technologietransfer zu tun haben, werden daher an Bedeutung zunehmen.

Der Einfluß der Mikroelektronik auf Entwicklungsländer

Es gibt fünf Hauptbereiche, in denen die Entwicklungsländer von der Mikroelektronik betroffen werden. Man kann sie folgendermaßen zusammenfassen:

Relative Vorteile

Die relativen Vorteile werden in zunehmendem Maße mehr durch Wissenschaft und Technologie als durch geographische Lage und geschichtliche Umstände bestimmt. Das soll nicht heißen, daß die letztgenannten Aspekte nicht weiterhin von entscheidender Bedeutung sein werden, besonders was Rohstoffe und Energie angeht. Aber soweit es die Produktion im allgemeinen und nicht nur die Fertigung betrifft, werden die relativen Vorteile zunehmend vom wissenschaftlichen und technologischen Wissensstand bestimmt werden.

Konventionelle Industriezweige steigen in die Kategorie der Hochtechnologie auf, die überwiegend auf Forschung, Entwicklung und Wissenschaft beruht. Wissenschaft und Technologie werden zur Grundlage der Industrieproduktion, bestimmen deren Struktur und Umfang und werden damit zunehmend zur Grundlage der Wertschöpfung. Diese Verschiebung wird – angesichts der oben erwähnten, heute bestehenden Diskrepanzen in Wissenschaft und Technologie – die Kluft zwischen den Nationen vergrößern.

Arbeitskosten

In einigen Industrien hat die schwindende Bedeutung der direkten Lohnkosten an den Gesamtproduktionskosten den relativen Vorteil der Entwicklungsländer in Gestalt der zahlreichen billigen Arbeitskräfte verringert. Damit wird eine geschichtliche Entwicklung fortgesetzt, die erstmals in der landwirtschaftlichen Produktion sichtbar wurde.

Die Ansiedlung von Produktionsstätten wird nicht nur von den Lohnkosten bestimmt, sondern auch von einer ganzen Reihe anderer Faktoren – von der Art des Produkts, von Transportbedingungen, Steuerbegünstigungen, Anlaufkosten, Zöllen, staatlichen und fiskalischen Vorschriften sowie gewissen Aspekten des Außenhandels und der Arbeitsgesetzgebung. In vielen Fällen sind die Lohnkosten nicht mehr von vorrangiger Bedeutung.

Eine massive Rückwanderung von Industrieunternehmen in die Industriestaaten ist unwahrscheinlich, aber eine relative Stabilität der gegenwärtigen internationalen Arbeitsteilung mit einigen Rückzügen in bestimmten Sektoren ist zu erwarten. Das hat jedoch schwerwiegende Folgen für die Industrialisierungspläne der dritten Welt.

Der zeitliche Verlauf der Veränderungen wird sicherlich von einem Sektor zum anderen verschieden sein, aber die Tendenz verläuft eindeutig in Richtung auf einen systematischen Abbau des Vorteils, den niedrige Lohnkosten darstellen. Mit der Automatisierung ist der Arbeiter nicht mehr die billigste Arbeitskraft.

Produktion

Die Produktion ist in zunehmendem Maß das Ergebnis von Kapitalinvestitionen und weniger des Einsatzes von Arbeitskräften. Für die Mikroelektronik und andere hochentwickelte Techniken trifft dies gewiß zu. Ein klassisches Beispiel ist die moderne kapitalintensive Landwirtschaft, wo ungleicher Zugang zu Kapital und Ungleichheit in der Verfügbarkeit aller für die Investition erforderlicher Bedingungen in den Ländern und zwischen ihnen zu großen Diskrepanzen geführt hat.

In den Entwicklungsländern ist der moderne, technisch hochentwickelte Sektor eine Enklave, die in den meisten Fällen für den Export arbeitet. Das verschärft die Unausgewogenheit zwischen dem modernen industriellen Sektor, dem handwerklichen Sektor und der Landwirtschaft. Die Frage des Zusammenwirkens zwischen hochentwickelten, weniger entwickelten und traditionellen Techniken ist von entscheidender Bedeutung, denn neue Produkte und Verfahren beeinflussen die Zulieferarrangements und die Wertungsmethoden, während flexible Produktionssysteme die Möglichkeit bieten, die Massenfertigung normierter Produkte durch die laufende Herstellung von Einzelprodukten in Kleinserien zu ersetzen. Die Ausrüstung von Geräten mit bestimmten Fähigkeiten sichert ihrem Hersteller eine Vorrangstellung und spart außerdem Facharbeit im Produktionsprozeß, auch wenn dadurch ein größeres Maß an Programmierung und Konstruktion erforderlich wird.

Es kommt zu einer Polarisierung der Facharbeit, und zwar nicht nur auf Fertigungsebene, sondern auch auf internationaler Ebene, da die Lieferanten von Ausrüstungen meist in den Industriestaaten beheimatet sind. Damit wächst die Gefahr der technologischen Lücke, wenn die Industriestaaten Ausrüstungen für veraltet halten und Produktion und Lieferung von Ersatzteilen und Systemen einstellen. In den meisten Entwicklungsländern könnte diese Ausrüstung noch lange Zeit von wirtschaftlichem Wert sein, kann aber wegen mangelnder Ersatzteillieferungen nicht weiter in Betrieb gehalten werden. Dafür gibt es zahlreiche Beispiele, die angesichts des immer schneller stattfindenden technischen Wandels berücksichtigt werden sollten.

Mit der zunehmenden Kapitalintensität stellt sich wieder die alte Frage hinsichtlich der Relation von technologischer Innovation und Beschäftigung. Die Einführung von Computern und Informationstechnologie in den Entwicklungsländern kann sehr wohl zu einem sofortigen Verlust von Arbeitsplätzen und zu einer abnehmenden Fähigkeit zur Neuschaffung von Arbeitsplätzen in dem betreffenden Land führen. Das wird vor allem dann der Fall sein, wenn in diesen Ländern keine Anlagen hergestellt oder zusammengebaut werden und somit keinerlei Kompensierung innerhalb der Wirtschaft des Landes stattfindet.

Die Auswirkungen auf die Beschäftigungslage werden jedoch, relativ gesehen, in der dritten Welt weniger bedeutend sein als in den Industriestaaten. Gegenwärtigen Tendezen zufolge sind andere Technologien, wie die umfassende Traktorisierung und Mechanisierung der Landwirtschaft, wesentlich wichtiger für die Beschäftigung. Mehr noch als die direkte Anwendung der Technologie wirken sich der Abbau der relativen Vorteile sowie die Veränderungen in der produktiven Infrastruktur auf die Beschäftigungslage aus, besonders wenn man dies im Zusammenhang mit den Berechnungen der Internationalen Arbeitsorganisation (ILO) sieht, wonach in der dritten Welt zwischen 1975 und 2000 etwa 625 Millionen Arbeitsplätze geschaffen werden müßten.

Integration von Funktionen

Die zunehmende Integration elektronischer Komponenten überträgt Funktionen, die früher von mechanischen, elektromechanischen, elektrischen oder älteren elektronischen Komponenten erfült wurden. auf Einzelkomponenten. Diese Konzentration verschiedener Funktionen auf einen einzigen Bauteil hat für die Entwicklungsländer wichtige Konsequenzen. Eine vorrangige Strategie für die Aufnahme und Entwicklung von Technologie durch Entwicklungsländer ist deren »Aufteilung« gewesen: die Aufteilung ihrer verschiedenen Verfahren und Produkte in Einzelteile und Halbfertigverfahren. Das wird jetzt immer schwieriger, weil die Technologie in den Komponenten selber »zusammengefaßt« oder »eingefroren« ist und für den Benutzer einfach zu einem »schwarzen Kasten« wird. Das »Zusammenpacken« von Technologie in einem einzelnen Baustein hat eine Kettenreaktion zur Folge. Erstens wird der Wertzuwachs, der früher bei Herstellung und Montage stattfand, auf die Herstellung von Komponenten transferiert. Zweitens bestimmt die Zusammenfassung von immer mehr Funktionen in einem einzelnen Baustein letztlich die Konstruktion des Systems.

Diese Transformation mindert zusätzlich die Fähigkeit der Entwicklungsländer, sich selber, vor allem im Anwendungsstadium, die Technologie anzueignen. Auch die damit einhergehende Änderung der Funktionen der Managements führt zu einer weiteren Stärkung des taditionellen Vorsprungs der Industriestaaten. Ferner sind die Entwicklungsländer dadurch benachteiligt, daß viele der mechanischen Fachkenntnisse, über die sie verfügen, veraltet sind.

Die Bedeutung der Information

Die Herstellung von Gütern und Dienstleistungen ist in zunehmendem Maße abhängig von der sachgerechten Verarbeitung und dem Zugang zu Informationen. Die sogenannten »informationsintensiven Sektoren«, das heißt Datenbanken und Datenzentren sowie die Datenverarbeitungs- und Informationsdienste im wissenschaftlichen, technischen und kommerziellen Bereich, befinden sich vornehmlich in den Industriestaaten. Die Fragen, die durch dieses verhältnismäßig neue Phänomen aufgeworfen werden, sind für die Entwicklungsländer sowohl wirtschaftlich als auch kulturell von großer Bedeutung . Wenn man Datenzentren mitbenutzen möchte, muß man die Dienstleistungen und in den meisten Fällen auch die Hardware importieren, um diese Dienste in Anspruch nehmen zu können. In dem Maß, in dem die in der Information enthaltenen Werte nicht unabhängig von ihrem Umfang und ihrem Speichersystem sind, kommt es auch zu einem Import kultureller Verhaltensmuster und Interpretationen.

Infrastruktur und die Rolle des Menschen

Diese fünf Problembereiche sind weniger relevant in den Ländern, die über keine, ja noch nicht einmal über rudimentäre industrielle Grundlagen verfügen. Jedoch sollten sie sich der politischen Möglichkeiten bewußt werden und die Dynamik der Industrialisierung verstehen lernen. Eine Voraussetzung für die Nutzung der Informationstechnik ist eine adäquate Infrastruktur, eine geregelte Elektrizitätsversorgung und eine hinreichend entwikkelte Fernmelde-Infrastruktur (die in vielen Industriestaaten als selbstverständlich angesehen wird).

Eine praktische Nutzanwendung der mikroelektronischen Technik findet man in den am wenigsten entwickelten Ländern vor allem in der Landwirtschaft. Der Maßstab, mit dem die positiven Auswirkungen der neuen Technologie in dieser großen Gruppe von Ländern gemessen werden, ist die Fähigkeit eines Landes, sie anzuwenden. Es geht daher nicht nur darum, komplette Systeme zu importieren. Wenn also hochentwickelte technische Innovationen die Ungleichheiten innerhalb der Länder noch vergößern, dann wird das die Entwicklung eher behindern als fördern, wie dies in großem Ausmaß bei der »grünen Revolution« der Fall war.

Technologische Veränderungen bieten neue Chancen

Obwohl es schwerfällt, mit den negativen Auswirkungen der aktuellen technologischen Veränderung fertig zu werden, eröffnen sie auch viele neue Möglichkeiten. Wenn Geräte wie Präzisionsmaschinen mit handwerklichen Fähigkeiten ausgestattet sind, dann erspart dies Fachkenntnisse, die oft nur schwer oder unter großem Kostenaufwand zu bekommen sind.

Zugleich könnte die volle Nutzung menschlicher Arbeitskräfte einen erheblichen Vorteil darstellen. Billige, aber sehr gut ausgebildete Arbeitskräfte können in Bereichen wie denen der Umwandlung und Entwicklung von Software eingesetzt werden, die wahrscheinlich arbeitsintensiv bleiben werden. In dieser Hinsicht stehen wirtschaftliche und bildungsmäßige Chancen offen, vor allem, wenn die Software in großem Maßstab in der Wissenschafts- und Technologiepolitik eingesetzt wird.

Die Informationstechnik, insbesondere gekoppelte Systeme, können dazu verwendet werden, den wissenschaftlichen und technischen Datenfluß innerhalb der Länder, aber auch grenzüberschreitend an Ort und Stelle zu verstärken, um auf diese Weise die »kritische Masse« zu schaffen, die für die Innovation notwendig ist.

Beide Aspekte sind abhängig vom öffentlichen Interesse und wichtig für die Bewältigung aktueller Veränderungen, für die Erhaltung der kulturellen Identität und einer zumindest teilweisen Unabhängigkeit im wissenschaftlichen und technologischen Bereich. Die kulturelle Bedeutung der Informationstechnologie muß nicht besonders betont werden; wenn die Entwicklungsländer keine starke eigenständige Politik verfolgen, um die Technologie ihren eigenen Zwecken und Zielen anzupassen, dann wird ihre kulturelle Abhängigkeit zunehmen.

Viele andere Aspekte der heutigen technologischen Innovation könnten sehr vorteilhaft eingesetzt werden (zum Beispiel die Telemetrie in der landwirtschaftlichen Entwicklung oder der Direktfunk zu Unterrichtszwecken, und so weiter), aber auch dies hängt ab von politischen Entscheidungen, der vollen Nutzung der jeweils vorhandenen menschlichen Arbeitskräfte und der Zusammenfassung der Ressourcen auf regionaler Basis.

Die Realitäten der heutigen und der künftigen technologischen

Veränderungen zeigen, daß die Methoden der einzelnen Länder in bezug auf Einsatz, Herstellung und Montage von Ausrüstungen und die Entwicklung von Fachkenntnissen in den meisten Fällen deutlich unzureichend sind. Man wird diese Probleme auf breiterer regionaler Basis angehen müssen.

In den einzelnen Ländern fehlt es an Forschungs- und Entwicklungserfahrung, an finanziellen Mitteln und Märkten, um die hochentwickelte Technologie wirtschaftlich einzusetzen. Einige der größeren Entwicklungsländer könnten genormte Komponenten auf einem niedrigeren technischen Niveau herstellen, denn dies würde für die meisten ihrer Bedürfnisse ausreichen. In einem solchen Fall muß die Politik bewußt auf eine Abkoppelung vom internationalen Markt ausgerichtet sein, um mit Hilfe protektionistischer Maßnahmen eine eigene Industrie zu entwickeln. Eine solche Strategie ist aber nur dann praktikabel, wenn ein entsprechend großer heimischer Markt vorhanden ist.

Im folgenden sollen die spezifischen Aspekte bestimmter Sektoren zur Illustration der oben aufgestellten Behauptungen kurz analysiert werden.

Die Elektronikindustrie

Die Elektronikindustrie ist sehr heterogen und umfaßt viele unterschiedliche Bereiche. Dieser Abschnitt befaßt sich hauptsächlich mit dem Komponentensktor und untersucht, auf welche Weise die Entwicklung zu komplexeren Produktionsverfahren die Vorteile der Entwicklungsländer schmälert.

Man ist sich in den Industrieländern völlig im klaren darüber, daß die Mikroelektronik für die Erhaltung der industriellen Grundlage von entscheidender Bedeutung ist. Der *Advisory Council for Applied Research and Development* in Großbritannien stellte in diesem Zusammenhang fest, daß Großbritannien, wenn es die Halbleitertechnologie nicht übernehme, bald »in den Reihen der unterentwickelten Länder« stehen werde.

Die Entwicklungsländer sehen sich im Zusammenhang mit den Entwicklungen der Elektroindustrie vor zwei große Probleme gestellt. Erstens die unmittelbaren Auswirkungen (insbesondere in exportorientierten Volkswirtschaften), und zweitens die mittelfristigen Aussichten in bezug auf politische Entscheidungen und die Fähigkeit, die neue Technologie einzuführen. Diese beiden Probleme müssen im Zusammenhang mit dem Tempo gesehen werden, in dem die Innovation stattfindet, und mit den Veränderungen, die dies auf Produkt- und Verfahrensebene hervorgerufen hat.

Es ist evident, daß die einzelnen Länder sehr unterschiedliche Entwicklungsstrategien verfolgen und daß jede Verallgemeinerung riskant wäre. Dieser Abschnitt befaßt sich daher vor allem mit den wenigen Entwicklungsländern, die sich der Strategie des exportorientierten Wachstums verschrieben haben. Das ist zwar nicht typisch für die Entwicklungsländer, wurde aber deshalb als Beispiel gewählt, weil es klar und deutlich das Dilemma aufzeigt, in dem sich die Entwicklungsländer im Zuge ihrer Industrialisierung befinden. Alle Staaten sind mehr oder weniger bestrebt, sich einen Anteil am Weltmarkt für Halbfertigprodukte und Fertigwaren zu sichern, um ihre Wirtschaft über Landwirtschaft und Rohstoffproduktion hinaus weiter zu entwickeln. Der dabei beschrittene Weg reicht von strenger Einfuhrbeschränkung durch protektionistische Maßnahmen bis zu verhältnismäßig offenen Volkswirtschaften, die sich den Mechanismus zollfreier Zonen zunutze machen, um ausländische Betriebe ins Land zu ziehen. Viele Entwicklungsländer haben ihre Gesetzgebung so gestaltet, daß dieses System bei ihnen wirksam werden kann. Das ist vor allem in Südostasien der Fall.

In diesen Ländern hat sich die Elektronik als das wesentliche Element innerhalb ihrer Gesamtstrategie erwiesen, da ihre Industrien in der Vergangenheit vor allem in der Assemblingphase einen großen Einsatz von Arbeitskräften verlangten und nur einen verhältnismäßig geringen Kapitalaufwand pro Arbeitskraft erforderlich machten. Diese Länder förderten die Elektronik, um dadurch zu qualitativ höherwertigen Produkten zu gelangen und so den Anteil der im Land hergestellten Komponenten in den Endprodukten zu vergrößern.

Technologietransfer

Das wettbewerbsintensive Klima, in dem sich die Elektronikindustrie entwickelte, nötigt zu einer Strategie ständiger Kostensenkungen, schnellerer Innovationen, die zu kurzlebigeren Produkten führen, und einer leistungsfähigen Marketing-Infrastruktur. Die Strategie der Kostensenkung führte in den sechziger und frühen siebziger Jahren dazu, daß man zum Assembling von Komponenten und anderen Waren vielfach Unternehmen im Ausland gründete. Dies hing teilweise mit den Sonderzollbestimmungen in den USA zusammen.

In der Vergangenheit haben alle Großhersteller elektronischer Komponenten die Verdrahtung und Verkapselung von »Chips« in Auslandsbetrieben durchführen lassen. Jedoch geht seit etwa 1978 die Tendenz dahin, neue Fabriktypen in den Industriestaaten zu errichten. Dafür gibt es mehrere Gründe: die Automation, die Notwendigkeit, den Weg zum Endverbraucher zu verkürzen, die Qualitätskontrolle, die Ausschaltung logistischer Probleme und die Notwendigkeit, den eigenen regionalen oder nationalen Fähigkeiten wieder mehr Geltung zu verschaffen.

Seit 1978 wurden Transistorenfabriken vorwiegend in Europa, Japan und den Vereinigten Staaten errichtet. Gleichzeitig wurden Auslandsbetriebe aus teuren asiatischen Ländern, wie Singapur, Hongkong, Taiwan und Südkorea, abgezogen und zur Senkung der Kosten in Länder wie Thailand und die Philippinen transferiert. In anderen Fällen werden Auslandsbetriebe automatisiert.

Mehrere Faktoren wirken zusammen und verstärken diese Tendenz; sie reichen von der Politik der Industriestaaten zur Sicherung ihrer mikroelektronischen Grundlage bis zu protektionistischen Maßnahmen und Wechselkursen, die beispielsweise die japanischen Produzenten in ihren Bemühungen um den Europaexport begünstigen. Wirtschaftliche Faktoren und das politische Klima beeinflussen gemeinsam die Investitionsentscheidungen. Man muß jedoch erkennen, daß im Falle der elektronischen Komponenten die zunehmende Integrierung und Automatisierung der Produktionsverfahren ein entscheidendes Element darstellt. Da bei den Überlegungen die Lohnkosten nicht mehr an erster Stelle stehen, ermöglicht diese Entwicklung eine größere Flexibilität bei den Investitionsentscheidungen.

Die Strategien der einzelnen Hersteller sind unterschiedlich und werden angesichts der Besonderheiten dieses Industriezweigs ständig modifiziert. Bei den japanischen Produzenten macht die Produktion in Auslandsbetrieben nur etwa zehn Prozent der Gesamtproduktion aus und zeigt in einigen Bereichen (Einzeltransistoren) sogar eine rückläufige Tendenz. Ein weiterer, für die japanischen Hersteller gleichermaßen wichtiger Faktor ist die Qualität, die ihrer Auffassung nach in den Auslandsbetrieben nicht immer gewährleistet ist. Dieser Faktor ist von wachsender Bedeutung und wird andere Produzenten zwingen, ähnliche Überlegungen anzustellen.

Diejenigen Länder, die sich in der Elektroindustrie stark auf ausländische Investitionen und importierte Technologie gestützt haben, sind jetzt zunehmend gefährdet. Sie sind gerade wegen der Abhängigkeit ihrer Wirtschaft von ausländischen Entscheidungen verschiedentlich kritisiert worden, besonders in bezug auf die Art der Technologie, deren inländische Verbreitung und den Produktzyklus der ausländischen Investitionen.

Das schnelle Tempo des Wandels könnte zu technologischen Ausfällen mit ernsten Auswirkungen auf die Industrie führen.

Produkte, die im Assemblingstadium arbeitsintensiv bleiben, haben einen Großteil ihrer wertsteigernden Elemente aufgrund der Veränderungen im Komponentensektor eingebüßt. Das ist beispielsweise bei Fernsehgeräten der Fall gewesen, bei denen die Zahl der Einzelteile seit 1970 durch die Benützung verfeinerter Komponenten, die zahlreiche Assemblingarbeitsgänge überflüssig gemacht haben, halbiert wurde.

Heute ist hochentwickelte elektronische Technologie – die vor allem auf amerikanische und japanische transnationale Konzerne konzentriert ist – meistens nur noch durch Koproduktion, Gemeinschaftsunternehmen und Lizenzaustausch erhältlich. Im allgemeinen wird mehr als einer dieser Wege beschritten.

Die transnationalen Konzerne haben keinen Grund, die regionale Forschung und Entwicklung systematisch zu fördern oder ihre Gewinne über das für den Betrieb eines Werkes unerläßliche Maß hinaus zu reinvestieren. Die Regierungen müßten daher mit den Unternehmen verhandeln, damit diese mehr in die lokale Forschung und Entwicklung investieren und sich gleichzeitig um die Grundlagenforschung sowie um engere Beziehungen zwischen technologischen Institutionen und inländischen Firmen bemühen. In dem Maße, in dem die Technologie das eigentliche Betriebsvermögen der Unternehmen darstellt, wird deren Bereitschaft zum Technologietransfer noch weiter abnehmen, während die Fertigaufträge zunehmen werden.

Der Technologietransfer ist überhaupt nur dann möglich, wenn genügend Fachkräfte vorhanden sind, die mit der Technologie umgehen können. Sogar in Entwicklungsländern, die im Bereich der Elektronik als fortgeschritten angesehen werden dürfen, wie Südkorea, entfielen 1978 nur 0,4 Forscher auf 1000 Personen im Vergleich zu 2,6 beziehungsweise 2,4 Forschern in den Vereinigten Staaten und Japan (1977). Die Ausgaben für Forschung und Entwicklung betragen in Korea 21.500 US-Dollar pro Forscher, in Japan dagegen 47.560 US-Dollar und in den Vereinigten Staaten 80.680 US-Dollar. Die Zahlen über Forschung und Entwicklung besagen aber noch nicht alles, da der Innovationsprozeß außerordentlich komplex ist und das Endergebnis von vielen Faktoren beeinflußt wird. Zudem können die Ausgaben von der Innovation bis zum marktfähigen Produkt leicht ein Verhältnis von 1 : 20 erreichen – und dies unter der Voraussetzung einer gut ausgebauten Marketingstruktur.

Zweifellos werden sich einige Entwicklungsländer im Lauf der Zeit einen Teil der Technologie auf Spezialgebieten aneignen. Ob ihnen das einen nennenswerten Anteil am internationalen Komponenten- und Gerätemarkt bescheren wird, ist eine andere Frage.

Für Entwicklungsländer, die den binnenwirtschaftlich orientierten Weg eingeschlagen haben, sind die Alternativen angesichts der gegenwärtigen Veränderungen anderer Art. Die Tendenz verlief in Richtung auf eine breiter gestreute Abhängigkeit im Komponentenbereich sowie beim Assembling von Systemen und Zusatzgeräten. Einige entschieden sich für eine Standardisierung auf niedrigem Niveau und produzieren »Waffeln« für den heimischen Markt, anstatt zu versuchen, auf dem internationalen Markt zu konkurrieren.

Forschung, Entwicklung und Kapitalinvestitionen

Mit der wachsenden Geschwindigkeit der technologischen Veränderung steigt auch der Bedarf an Kapital- und Forschungsmitteln. Wie aus Zahlen der OECD hervorgeht, hatten bereits 1975 diejenigen Industriezweige, die elektrische und elektronische Maschinen, Anlagen und Zubehör herstellten (einschließlich Computer- und Datenverarbeitungszubehör sowie Zusatzgeräte), den größten Bedarf an Forschungs- und Entwicklungsmitteln und übertrafen darin bereits die chemische und die Luftfahrtindustrie.

Viele andere, nicht zum elektrischen Bereich zählende Sparten wie Luftfahrt und Maschinenindustrie beruhen ebenfalls weitgehend auf Elektronik und betreiben umfangreiche Forschungs- und Entwicklungsarbeiten. Dabei sind innerbetriebliche Berufsausbildung, Managementausbildung und andere Elemente des »technischen Umfelds« nicht mitgerechnet, obwohl sie einen erheblichen Einfluß auf die Resultate haben können.

Etwa um 1975 führten schnelle technische Veränderungen und der harte Wettbewerb in der Elektronikindustrie zu einer Intensivierung von Forschung und Entwicklung. Die zehn führenden amerikanischen »unabhängigen« Transistorenfirmen (Unternehmen, die auf dem offenen Markt anbieten) verdoppelten ihre Mittel für Forschung und Entwicklung von etwa 200 Millionen Dollar im Jahr 1975 auf mehr als 550 Millionen Dollar im Jahr 1980. Diese Zahlen beziehen sich auf die Ausgaben der Unternehmen, nicht aber auf Forschungsaufträge von außen wie von seiten der amerikanischen Regierung.

Ein Element, das hier vor allem wegen mangelnder Daten nicht berücksichtigt werden kann, sind die Investitionen in der Grundlagenforschung. Sie sind von wachsender Bedeutung für eine führende Position im Bereich der Elektronik.

Ein weiteres entscheidendes Element, das Vorteile verschafft, ist die Investition von Kapital. Die Elektronik kann nicht länger als arbeitsintensive, aber nur geringen Kapitalaufwand erfordernde Investition angesehen werden, mit Ausnahme einiger Assemblingunternehmen, die aber in dem Maße an Bedeutung verlieren, in dem diese Industrie sich die Weltmärkte zu erschließen beginnt und immer weitergehende Miniaturisierungen stattfinden. Ein Anzeichen der Veränderungen bei den Produktionskosten ist die Tatsache, daß eine typische Produktionsstraße für integrierte Schaltkreise im Jahr 1965 etwa eine Million Dollar kostete. Im Jahr 1980 waren diese Kosten aufgrund der Komplexität der Schaltkreise und der Automation bis auf 40 bis 50 Millionen Dollar angestiegen. Die kumulativen Auswirkungen der zunehmenden Forschungs-, Entwicklungs- und Kapitalausgaben haben zur Konzentration der Geschäftstätigkeit und damit auch der Technologie geführt, die sich durch eine weitere Polarisierung der internationalen Arbeitsteilung auf die Entwicklungsländer auswirkt.

Einige Werke werden in den Entwicklungsländern bleiben. Ihre Aufgaben werden überwiegend im Verkapseln, Verdrahten und Prüfen von Komponenten bestehen, während die hochentwickelte »Waffel«-Produktion den Industrieländern vorbehalten bleiben wird, vor allem den USA und Japan.

Es gibt drei gewichtige Gründe, weshalb mittelfristig eine massive Rückwanderung von Assemblingbetrieben aus dem Ausland in diesem Bereich unwahrscheinlich ist, obwohl die Investitionen hier zurückgehen und noch weiter zurückgehen werden. Erstens ziehen es die Unternehmen bei angespannter Finanzlage vor, die Auslandsbetriebe zu erhalten und weniger in neue Anlagen zu investieren, wodurch sie zwar kleinere Gewinne machen, aber sich nicht die Kosten für umfangreiche und nicht gerechtfertigte neue Investitionen aufzubürden brauchen. Lieferprobleme könnten ebenfalls die Lebenserwartung von Auslandsbetrieben verlängern. Allerdings zwingen die gestiegenen Löhne in Südostasien einige Unternehmer, nach anderen Standorten Ausschau zu halten, während diejenigen, die in Ländern wie Singapur bleiben, die Automatisierung des Assembling verstärken.

Zweitens läßt die Arbeitsgestaltung in Auslandsstandorten häufig Arbeitsbedingungen zu, die in den Industriestaaten nicht geduldet werden würden.

Drittens dringen die Regierungen in Südostasien auf die Erhaltung dieser Betriebe und eine Verbesserung ihrer Technologie. Direkte Staatseingriffe und Staatsgarantien sind ein sehr wichtiges Element. Infolge dieser Interventionen konnten in einigen Ländern bereits Abkommen über die Herstellung von »Waffeln« geschlossen werden, durch die der untere Bereich des Transistormarkts erschlossen werden soll.

Bei Konsumgütern wie Fernsehgeräten wird die Aufrechterhaltung von Auslandsbetrieben weitgehend davon abhängen, welche Art von Produkten erzeugt wird. So werden für Produkte, bei denen Verkaufspreis und Gewinnmarge niedrig, die Assemblingzeit lang und der Arbeitsanteil am Produkt verhältnismäßig hoch sind, die Auslandsbetriebe noch einige Zeit lang beibehalten werden. In jenen Fällen, in denen das Produkt kostspielige Rohstoffe enthält, über längere Zeiträume produziert wird und eine kurze Assemblingzeit hat, könnte es sich lohnen, die Anlagen aus dem Fernen Osten zurückzuholen. Durch Automation und den Einsatz von Robotern bleiben die Investitions- und Betriebskosten, unabhängig vom Standort, im Grunde genommen gleich.

Software und das Zusammenwirken von Mensch und Maschine sind Bereiche, in denen manche Entwicklungsländer eine wichtige Rolle spielen könnten, sofern sie einen bestimmten Grad der Spezialisierung und eine starke staatliche Politik aufweisen. Man muß sich aber darüber im klaren sein, daß eine erhebliche Abhängigkeit auf dem Komponentensektor weiterhin bestehen bleiben wird. Das sollte die Entwicklungsländer dazu ermutigen, ihre Ressourcen gemeinsam einzusetzen, um auf regionaler Basis auch im Software-Bereich wirtschaftlich arbeiten zu können. Software erfordert gründliche Fachkenntnisse, bleibt zugleich aber eine extrem arbeitsintensive Tätigkeit, die bei den meisten Anwendungen einen engen Kontakt mit dem Endverbraucher verlangt. Indien mit seinen vielen sehr gut ausgebildeten Menschen und seinen niedrigen Lohnkosten ist daher bereits in der Lage, Software in Entwicklungsländer zu exportieren.

Die Bekleidungsindustrie

Ein interessantes Beispiel dafür, wie technologische Veränderungen die Konkurrenzfähigkeit von Entwicklungsländern beeinflussen, ist die Bekleidungsindustrie. Einige Entwicklungsländer haben einen wesentlichen Teil ihrer industriellen Entwicklungsstrategie auf Textil- und Bekleidungsindustrien ausgerichtet, vor allem, weil dieser Industriezweig einen hohen Bedarf an Arbeitskräften und heimischen Rohstoffen hat, mit herkömmlichen Fertigungsmethoden arbeitet und ein günstiges Verhältnis zwischen Investitionen und Ausstoß aufweist. Zusätzlich ermöglichen sie einen Verzicht auf Einfuhren und schließlich auch Exporte. Bekleidungsartikel stellen etwa die Hälfte der gesamten Fertigwarenexporte aus den Entwicklungsländern in die Industrieländer dar, und das erklärt auch, weshalb sich Veränderungen in diesem Bereich stark auf die internationale Arbeitsteilung auswirken.

Die Bekleidungsindustrie ist seit jeher sehr stark unterteilt und gleichzeitig der am wenigsten automatisierte, aber arbeitsintensivste Wirtschaftszweig. Typisch für die Herstellung von Bekleidung sind verschiedene repetitive Tätigkeiten mit damit zusammenhängenden manuellen Arbeiten. Man schätzt, daß etwa 80 Prozent der direkt beteiligten Arbeitskräfte etwa 90 Prozent ihrer Zeit mit dem Aufnehmen des Stoffs, dem Vorbereiten, Zurechtlegen, Abschneiden von Stoffrändern und Zuschneiden verbringen.

Die größten Fortschritte wurden in den letzten zwanzig Jahren bei den Nähvorgängen erzielt, nicht so sehr bei den manuellen Tätigkeiten. Veränderungen bei den Nähvorgängen konnten mit Hilfe der Mikroelektronik durch zuverlässigere und leistungsfähigere industrielle Nähmaschinen, in denen Hunderte von Komponenten durch einige wenige »Chips« ersetzt wurden, beschleunigt werden. Mikroprozessorgesteuerte Nähmaschinen sind außerdem imstande, die Temperatur der Nadel laufend zu überprüfen, die Nähgeschwindigkeit entsprechend zu regeln und auf diese Weise Beschädigungen des Stoffes beziehungsweise der Maschine zu verhindern.

Beim ersten Zuschneiden und Verarbeiten, was seit jeher viel handwerkliches Können und großen Arbeitsaufwand erforderte, wird heute bei den Großherstellern weitgehend Computertechnik eingesetzt. Da bis zu 50 Prozent der Kosten auf den Stoff entfallen, ist eine optimale Ausnutzung des Materials von entscheidender Bedeutung. Das optimale Schnittmuster wird von einem Computer errechnet, der gleichzeitig auch das Laser-Schneidegerät lenkt. Diese Ausrüstung ermöglicht eine radikale Verringerung der Arbeitskräfte, in manchen Fällen wurde die Zahl von 200 auf 15 reduziert. Die Materialabfälle konnten um 8 bis 15 Prozent gesenkt werden. Heute ist bereits eine Reihe von Randsteuergeräten verfügbar, die automatisch den Rand des zu nähenden Materials verfolgen und den Nähfuß entlang dieser Linie lenken.

Das sind nur einige der sich mehrenden Anwendungen, die zu einem »integrierten Gesamtsystem« führen werden. Das bedeutet den Einsatz von computerisierten Anlagen zur Fehlerentdeckung, Layout-Optimierung, Kontrolle von Mustern und Anweisungen, zur laufenden Überwachung des Arbeitsprozesses in der gesamten Fabrik sowie zur automatischen Musteranpassung, zum Zuschneiden und Nähen.

Wichtige technische Veränderungen gibt es auch in der Endphase, in der separate Teile und Halbfertigteile (Kragen, Knöpfe, Taschen, Verzierungen usw.) zusammengefügt werden. Dies ist einer der Bereiche, in denen häufig Zulieferverträge mit Niedriglohnfirmen in Entwicklungsländern abgeschlossen werden. Später wird die Automation der Manipulationsvorgänge den Arbeitsanteil in dieser Phase wesentlich verringern.

In den Industriestaaten mit hohem Lohnniveau belaufen sich die durchschnittlichen Kosten pro Arbeitskraft auf jährlich 12.000 Dollar, in den wichtigsten Entwicklungsländern sind es nur 2000 Dollar. Dieser Unterschied ist so groß, daß es zweifelhaft erscheint, ob die neue Technologie hier einen Ausgleich herbeiführen kann, wenn sie eigentlich nur zur Verringerung der Lohnkosten eingesetzt wird. Hier liegt sicherlich ein entscheidendes Problem. Allerdings ermöglicht die neue Technologie ein besseres und flexibleres Design, Stoff- und Qualitätsverbesserung, besseren Kundendienst, Produktinnovation und Risikominderung, was für die Marketing-Charakteristika und die Werbewirksamkeit der Bekleidungsindustrie besonders wichtig ist.

Die Lohnunterschiede und die Aufsplitterung dieser Industrie sind jedoch ein Hinweis darauf, daß die Veränderungen in jedem Teilbereich langsam vor sich gehen und jeweils unterschiedlichen Charakter haben werden. Das heißt zugleich, daß viele Sparten in den Entwicklungsländern bleiben werden.

Die technologischen Entwicklungen werden in der Bekleidungsindustrie zu einem Schwund des Arbeitsinhalts führen. Zugleich wird man mehr fachkundige und anpassungsfähige Arbeitskräfte im Software-Bereich benötigen, aber auch die Produktivität im Management- und Bürosektor wird gesteigert werden müssen.

Dieser letztgenannte Aspekt ist von besonderer Bedeutung, da eine größere Produktivität des Büropersonals ebenso bedeutsam wäre wie Veränderungen in der Werkshalle. Die Industrie wird immer abhängiger von der Leistungsfähigkeit des Managements und von den komplexen Informationsströmen zwischen den verschiedenen Phasen, und diese Entwicklung verstärkt die traditionelle Überlegenheit der Industriestaaten. Außerdem wird die umfangreiche Verwendung von computerunterstütztem Design bei der Herstellung zu einer verstärkten Automation führen.

Die technischen und ökonomischen Probleme bei Automation und Mechanisierung der Bekleidungsproduktion sind erheblich, aber nicht unüberwindlich. Das Tempo der Innovation hat bereits durch die Kombination von neu eingeführten zuverlässigen Kontrollelementen und anderen Techniken mit dem wirtschaftlichen und sozialen Druck zugenommen, der durch die Notwendigkeit, auf dem internationalen Markt adäquat in Erscheinung zu treten, hervorgerufen wurde.

Ein Bericht der Europäischen Wirtschaftsgemeinschaft über die

Bekleidungsindustrie stellt fest, daß die Weiterentwicklung der bereits vorhandenen Technologie bis zur Einsatzreife beträchtliche Auswirkungen auf die Konkurrenzfähigkeit zugunsten der Hersteller in den kostenintensiven Ländern haben wird. Der Bericht stellt abschließend fest: »Die Größe des Vorsprungs, dessen sich die Länder mit geringen Kosten erfreuen, ist so groß, daß die Technologie allein keineswegs als Allheilmittel betrachtet werden kann, aber man wird sie einsetzen, um diesen Vorsprung zu verringern, wenn die Industrie überleben soll.«

Sollte die Bekleidungsindustrie den technologischen Weg beschreiten, wird es zu erheblichen Veränderungen in der Struktur dieser Industrie und ihrer Kapitalerfordernisse kommen. Kurzfristig wird sich die Automation auf den Bereich der qualitativ hochwertigen Modeerzeugnisse konzentrieren, bei denen die Industriestaaten einen Produktionsvorsprung von sechs Monaten und mehr haben. Der herrschende Protektionismus in dieser Industrie, der sich in Form von Importquoten äußert, hat einige Hersteller in den Entwicklungsländern gezwungen, auf den Markt für höherwertige Erzeugnisse zu wechseln, um ihre Wertschöpfung bei gleichzeitiger Volumensverringerung zu erhöhen; damit sind sie allerdings auch verwundbarer.

Obwohl es noch zu früh ist, die letzten Konsequenzen abzuschätzen, scheint sich der Trend mittelfristig auf eine weitgehende Konzentration in der Bekleidungswirtschaft hinzubewegen. Dieser Trend macht sich bereits in Westeuropa, Japan und in den Vereinigten Staaten bemerkbar, wo die Unternehmer jene wirtschaftliche Großproduktion anstreben, die umfangreiche Kapitalinvestitonen erst rechtfertigt.

Die Bekleidungsindustrie steht am Anfang des Übergangs zu anderen Fachkenntnissen, höheren Investitionen und stärkerer Konzentration. Die Kosten der Einführung der neuen Technologie lassen die Hersteller entsprechender Anlagen und die Benützer enger zusammenrücken und machen die Industrie gleichzeitig noch abhängiger von Forschung und Entwicklung. Es ist in diesem Zusammenhang bemerkenswert, daß der Durchbruch beim automatischen Zuschneiden aus Luftfahrtunternehmen und anderen technologisch führenden Großbetrieben kam.

Die technologischen und geschäftlichen Tendenzen in der Bekleidungsindustrie lassen erkennen, daß sich die Technologie ungleichmäßig ausbreiten wird. Schon die Grundlage dieser Industrie ist auf »hochentwickelte Technologie« ausgerichtet und stützt sich damit auf Software und Systemfachwissen, komplexe Wartungskenntnisse (in Bereichen wie Opto-Elektronik und Robotik), Design und Managementfähigkeiten.

Eine Kombination dieser Faktoren könnte den Herstellern in den Industriestaaten den Vorsprung verschaffen, durch den sie wichtige Marktanteile wiedergewinnen und einen Teil der Industrie im Norden, wenn auch bei verringertem Personalstand, erhalten könnten.

Mittel- und längerfristig, also in etwa fünf bis zehn Jahren, wird der wettbewerbsentscheidende Faktor in der Bekleidungsindustrie nicht mehr die Arbeit sein, sondern zunehmend die Technologie im weitesten Sinn.

Informationsfluß und Entwicklungsländer

Der Teil der Mikroelekronik, der mit Informationsverarbeitung befaßt ist, wirkt sich auch auf den Informationsfluß innerhalb und zwischen den Ländern aus. Das wurde bereits in den Kapiteln *Die Technologie* und *Anwendung der Technologie* aufgezeigt und wird im Kapitel *Informationstechnologie und Gesellschaft* im einzelnen erklärt. Die wirtschaftlichen Aspekte und Auswirkungen eines solchen Prozesses auf die dritte Welt sind in diesem Zusammenhang besonders zu betonen. Der Großteil der Computerkapazität und der Informationsverarbeitungsindustrie befindet sich in den Industrienationen, vor allem in den Vereinigten Staaten. Diese Konzentration von »informationsintensiven Sektoren« oder Informationsmacht auf wenige Länder führt zu einer Verschärfung des Ungleichgewichts zwischen Industriestaaten und Entwicklungsländern, was sich ja auch im Warenhandel zeigt.

Es ist in dieser Phase nicht möglich, den genauen Wert des grenzüberschreitenden Datenflusses zu bestimmen, weil es sich dabei um Vorgänge verschiedenster Art handelt. Die vorliegenden Erkenntnisse zeigen jedoch, daß er von großer Bedeutung ist und in den kommenden zehn Jahren weiter zunehmen wird.

Es geht hier auch um die Kosten der zu importierenden Computerleistungen, was nicht nur wirtschaftliche Konsequenzen hat, sondern auch den Verlust der Kontrolle über die künftige wirtschaftliche und soziale Entwicklung bedeutet, weil dadurch der Schlüssel zu wichtigen Entscheidungsprozessen verlorengeht. In den meisten Entwicklungsländern hängen die Schwierigkeiten der Zahlungsbilanz mit dem Import von Dienstleistungen und der für die Einführung dieser Dienstleistungen erforderlichen Hardware und Infrastruktur zusammen. Hinzu kommt, daß es angesichts der sinkenden Kosten im Kommunikationsbereich und der Konzentration von »informationsintensiven« Sektoren in den Industriestaaten für Unternehmen und Institutionen der dritten Welt häufig billiger ist, mit ihren Konstruktionsproblemen, Berechnungen, Forschungs- und Routinedaten ins Ausland zu gehen, als eigene Teams zusammenzustellen und zu entwickeln.

Die Entwicklungsländer ziehen aus mehreren Gründen die datenverarbeitenden Einrichtungen in den Industriestaaten vor: Die routinemäßige Datenverarbeitung ist dort wesentlich billiger, die Datenzentren verfügen über Fachwissen, das im eigenen Land nicht vorhanden ist, und ihre Datenbanken enthalten entscheidende Informationen, die in der dritten Welt nicht verfügbar sind.

Was hier geschieht, ist eine Art »elektronischer Intelligenzabwanderung«, was die Chancen für eine lokale Entwicklung verringert. Die ständig wachsende Abhängigkeit vieler Länder von großen Datenverarbeitungssystemen läßt diese Problematik immer wichtiger werden. Die Größe der Informationszentren in den Industriestaaten läßt diese außerordentlich rentabel arbeiten und macht sie international in hohem Maße konkurrenzfähig. Brasilianische Behördenvertreter haben festgestellt, daß das »Dumping« von billigen Computerzeit-Mietdiensten die Einrichtung dieses Servicetyps in Brasilien verhindert hat.

Grenzüberschreitende Datenströme haben potentiell größere Abhängigkeit geschaffen und damit den legitimen Zugang zu wichtigen Informationen in bezug auf die wirtschaftliche und soziale Entwicklung verstellt. Das hat entscheidende politische Auswirkungen. Das Risiko der Zurückhaltung oder der selektiven Freigabe von Daten wird durchaus real. Im Fall eines Wirtschaftskriegs, einer Verschlechterung des internationalen politischen Klimas oder gar aufgrund einseitiger Entscheidungen kann ein Land Daten zum Schaden anderer zurückhalten. Ein gewisses Gleichgewicht zwischen Datenimporten und Datenexporten ist notwendig. Die Länder, die vorhaben, sich am internationalen Datenverbund zu beteiligen, sollten diese Tatsache berücksichtigen.

Die Konzentration von Datenverarbeitungseinrichtungen, Datenbanken und Datenzentren wirft die Frage nach der Verteilung der Informationen und des Zugangs zu ihnen auf. Obwohl der Zugang zu den gewaltigen Informationspools einer der Vorteile der gegenwärtigen Veränderungen ist, wird die Ungleichheit in diesem Bereich weiter zunehmen.

Auf wissenschaftlichem und technischem Gebiet ist größere Vielfalt nötig, um den Anforderungen der Entwicklungsländer in so unterschiedlichen Bereichen wie der traditionellen Medizin, der landwirtschaftlichen Technik und dem Erziehungswesen zu entsprechen. So gesehen, ist auch die kulturelle Vielfalt lebensnotwendig, nicht nur in sprachlicher Hinsicht, sondern auch was

Inhalte und Formen angeht. Die Entwicklungsländer sollten gemeinsam das »kollektive Gedächtnis« in ihren eigenen Sprachen und ihren eigenen Interessen entsprechend speichern.

Die Ausbreitung der Informationstechnologie

Die Ausbreitung der Informationstechnologie in den Entwicklungsländern entspricht ungefähr dem in den westlichen Ländern festzustellenden Schema, zeigt aber eigenständige Merkmale. Der am deutlichsten sichtbare Aspekt dieser Ausbreitung ist der zunehmende Einsatz von Computern, obwohl auch andere Geräte eingeführt werden.

Die Gesamtzahl der Computer und die Fernmeldekapazität in den Entwicklungsländern stellt, gemessen an der Kapazität der übrigen Welt, nur einen kleinen Bruchteil dar. Außerdem werden viele Produkte, vor allem Produktionsmittel, durch die Mikroelektronik umstrukturiert, was wiederum die Produktionsprozesse beeinflußt.

Es gibt mehrere Faktoren, welche die Geschwindigkeit der Ausbreitung beeinflussen und verringern. Dazu zählen die Lohnkosten, besonders beim direkten Einsatz von Computern in konventionellen Verfahren. Die niedrigen Lohnkosten machen die Ausrüstung weniger konkurrenzfähig, und die Amortisierung dauert länger. Die fehlende Normierung in einer Anzahl von Arbeitsbereichen sowie mangelhafte Managementmethoden haben den Bedarf an Software anwachsen lassen. Dadurch sind auch die Gesamtkosten der Anlagen mehr gestiegen als erwartet. »Software-Pakete« sind selbst im Bankwesen nur schwer einzuführen. Diese Situation hat paradoxerweise in einigen Ländern zu einem ausgesprochen hochentwickelten Einsatz von Software geführt. Hinzu kommt, daß die Unternehmen die Kosten von Infrastruktur, Wartung und Betrieb auf verhältnismäßig wenige Geräte umverteilen müssen, was die Kosten ebenfalls steigen läßt.

Computer werden in den Entwicklungsländern meist noch in konventionellen Bereichen wie Lohnbuchhaltung, Lagerhaltung, routinemäßige Verwaltungsarbeit, Rechnungswesen usw. eingesetzt. Dies ist insofern dasselbe Schema, das auch im Westen angewendet wird, als es Spezialisten und Fachkenntnisse schafft. Dennoch ist in einigen Entwicklungsländern ein entschiedenerer Schritt in Richtung auf weniger konventionelle Anwendungen zu erwarten. Wie im Westen setzen auch dort Banken, Versicherungen, Großunternehmen, Versorgungsbetriebe, Fluglinien und staatliche Verwaltung in zunehmendem Maße Computer ein.

Die Gewerkschaften haben diese Entwicklung kaum gebremst,

obwohl es in mehreren Ländern wegen der Computerisierung zu Streikaktionen gekommen ist.

Der wichtigste Einzelfaktor bei der Ausbreitung der Technologie ist zweifellos die staatliche Förderung. Das gilt für viele Bereiche – vom Import, dem Fernmeldewesen und der Technologietransferpolitik bis zur Industriestrategie. Immer mehr Länder haben inzwischen zentralisierte Systeme zur Bearbeitung von Importlizenzen, zur Überprüfung von Anträgen und zum Ankauf von Anlagen für den staatlichen Bedarf. Diese Maßnahmen erstrecken sich vor allem auf Datenverarbeitungsanlagen, nicht aber auf andere elektronische Geräte. Die Situation ist in den einzelnen Ländern sehr unterschiedlich.

Indien zum Beispiel produziert Anlagen aufgrund von Lizenzen (etwa 30 Prozent der Komponenten werden eingeführt) und hat Bestimmungen für ausländische Investitionen in diesem Bereich erlassen. Angesichts der gegenwärtigen und künftigen Auswirkungen der Informationstechnologie ist es wahrscheinlich, daß eine wachsende Anzahl von Entwicklungsländern einen ähnlichen Weg wie Indien einschlagen und die Importe und Anwendungen kontrollieren wird. Zugleich ist die Ausbreitung der Technologie zum Teil den Marketingkampagnen der Hersteller zuzuschreiben, die sich ständig neue Märkte suchen müssen, vor allem wegen des schnellen technischen Veraltens der Hardware. Das zwingt sie, so viel wie möglich von jeder Computergeneration zu verkaufen oder zu vermieten. Die technologischen Veraltenskriterien der Industriestaaten werden gleichsam automatisch in die Entwicklungsländer übertragen und führen häufig zu einer im Grunde genommenen unnötigen Erneuerung von Anlagen.

Wenn man all diese Faktoren berücksichtigt, wird klar, daß Computer, das Fernmeldewesen und einige industrielle Anwendungen sich verhältnismäßig schnell ausbreiten werden. Das bedeutet aber nicht unbedingt, daß die Entwicklungsländer imstande sein werden, sich die mikroelektronische Technologie so schnell anzueigenen, daß sie mit den Industriestaaten konkurrieren können. Es mangelt ihnen an Wissen, Fachkenntnissen und Kapital. So gesehen, werden die Entwicklungsländer von den heutigen Veränderungen zwangsläufig weniger profitieren.

Die Beschäftigungslage

Obwohl die Auswirkungen der Informationstechnologie auf die Beschäftigungslage seit längerem im Mittelpunkt der Debatten in den Industriestaaten stehen, stellt sich die Frage für die Entwicklungsländer anders. Der Grund dafür liegt in der Struktur des Arbeitsmarkts und in der allgemeinen Unterbeschäftigung. Von größerer Bedeutung als der direkte Einsatz von Geräten, der sich nur auf einen kleinen Teil der Arbeitskräfte auswirkt, sind die schwindenden Alternativen bei der Industrialisierung, ein Ergebnis der Unterminierung der relativen Vorteile. Für die Steuerung dieser Veränderungen sind außer den technischen noch viele andere Faktoren von Bedeutung. Dennoch bietet die Technologie den Entwicklungsländern große Möglichkeiten. Durch Veränderungen bei Produkten und Verfahren sind die direkten Lohnkosten von untergeordneter Bedeutung. Zugleich verstärkt die Technologie Flexibilität, Qualität, allgemeine Produktivität und Leistung.

Bestimmte Industriezweige werden sich bei der Wahl des Standorts zur Errichtung neuer Anlagen auf der Grundlage der neuen Technologie für die Entwicklungsländer entscheiden. Bei diesen Entscheidungen fallen weniger die niedrigen Lohnkosten ins Gewicht als vielmehr die Steuervorteile, geringerer Widerstand von seiten der Arbeitskräfte, geringere Anfangskosten und billigeres Kapital. Es ist allerdings zweifelhaft, ob diese Art moderner Anlagen nenneswert zur Schaffung von Arbeitsplätzen oder zur allgemeinen Wirtschaftsentwicklung des jeweiligen Landes beitragen wird. Die Einführung der Mikroelektronik in Entwicklungsländern bedeutet bei den meisten Produkten und Verfahren die Übernahme von hochentwickelter Technik, die aber wenig Arbeitskräfte benötigt.

Zugleich wird der Einsatz der Technologie in den Entwicklungsländern die Kluft zwischen der Technologie und ihrer Anwendung vertiefen, weil komplette Produktionsverfahren gebrauchsfertig eingeführt werden. Das Ergebnis wären dann Enklaven hochentwickelter Technologie innerhalb von Volkswirtschaften, die durch niedrige Produktivität und ein auf dem Handwerk basierendes Produktionssystem gekennzeichnet sind. Diese Dichotomie und der Zusammenhang zwischen den beiden Bereichen ist eines der Dilemmata der Industrialisierung.

Die qualitativen Merkmale der Industrialisierung sind ebenso wichtig wie die Parameter der Industrieproduktion, da sie sich auf die Einkommensverteilung, die Beschäftigungslage und die allgemeine Wirtschaftsstruktur auswirken.

In den meisten Entwicklungsländern ist die Industrie- und Dienstleistungsstruktur aufgeteilt in einen modernen Sektor und eine Vielzahl kleiner Unternehmen mit äußerst geringer Produktivität und starker Unterbeschäftigung. Vom Standpunkt der Beschäftigung stellt dieses Nebeneinander eines »formellen« und eines »informellen« Sektors ein qualitativ anderes Problem dar.

Eine Verringerung oder ein Verlust potentieller Arbeitsplätze im »formellen« verstärkt den Druck im »informellen« Sektor und ruft dort zusätzliche Unterbeschäftigung und Arbeitslosigkeit hervor. Das wiederum verschärft die niedrige Produktivität und bremst das Wirtschaftswachstum. Dieser klassische Teufelskreis zeigt, daß die Einführung hochentwickelter Technologie zu einer Kettenreaktion führt und nur von den Auswirkungen auf einzelne Unternehmen her analysiert werden darf. Dieser Aspekt ist besonders dann von Bedeutung, wenn die Anlagen importiert werden und somit nicht einmal die einheimische Produktionsfähigkeit stärken.

In Entwicklungsländern wurden Untersuchungen über die Auswirkungen der Computerisierung auf die Beschäftigung durchgeführt, aus denen hervorgeht, daß es dabei zu einem Verlust an Beschäftigungsmöglichkeiten kommt, obwohl kurzfristig einige Arbeitsplätze geschaffen werden. Ein ähnliches Muster zeigte sich in den frühen Phasen der Computerisierung in den Industriestaaten, aber Veränderungen bei den Input-Techniken (die inzwischen das Lochverfahren ersetzt haben) werden in Zukunft das Ausmaß der Arbeitsplatzbeschaffung verringern. Hinzu kommt, daß die meisten Entwicklungsländer die Anlagen importieren und somit auch auf Montage- und Herstellungsebene keine neuen Arbeitsplätze geschaffen werden.

In einigen Entwicklungsländern könnte die Kombination von hochentwickelter Technologie und niedrigen Lohnkosten, vor allem bei ausgebildeten Arbeitskräften, erste Anfänge einer Informationsindustrie ermöglichen und damit Arbeitsplätze schaffen. Schon heute werden billige hochqualifizierte Arbeitskräfte in einigen Bereichen wie im Bauwesen, in technischen Diensten, im Gesundheitswesen, im Finanzbereich, in der Landwirtschaft und in allgemeinen Beratungsdiensten eingesetzt.

Ob diese Möglichkeiten ausgebaut werden, wird von den Entwicklungen im Software-Bereich abhängen. Software wird noch einige Zeit ein arbeitsintensiver Bereich für Spezialisten bleiben, und so können niedrige Arbeitskosten hier auch weiterhin einen relativen Vorteil darstellen. Dieser Vorteil ist jedoch davon abhängig, in welchem Maße ein Land Software-Fachkenntnisse hervorbringt und die Software-Spezialisten zu halten vermag. Die Entwicklung von Fähigkeiten auf diesem Gebiet ist weitgehend vom öffentlichen Interesse abhängig, denn in vielen Fällen ist der Kauf von Know-how aus dem Ausland wirtschaftlicher als die Ausbildung eigener Fachleute.

Die Frage der »Intelligenzabwanderung« darf nicht übersehen werden, da die Anwerbungspolitik großer Hardware- und Software-Unternehmen ebenso global ist wie all ihre anderen Aktivitäten. Industriestaaten vergeben bereits Zulieferaufträge für Software an Entwicklungsländer, besonders für routinemäßige Software und Anwendungen, die ihren Bedingungen am besten entsprechen.

Informationstechnologie und Entwicklung

Die Informationstechnologie ist heute eine Realität, noch dazu eine schnell expandierende. Daher erhebt sich die Frage, wie man die durch sie heraufbeschworenen Veränderungen und Probleme zum größten Nutzen für die Entwicklungsstrategien meistern kann.

Es bedarf heute einer sozio-ökonomischen Kontrolle der Entwicklung von Wissenschaft und Technik. Es ist klar, daß die Problematik, vor die wir heute stehen und die künftig noch komplexer sein wird, im Weltmaßstab behandelt werden muß. Dasselbe gilt für Wissenschaft und Technik. Es wird zweifellos Jahre dauern, bis sich dieser Anspruch in die Tat umsetzen läßt. Er ist letztlich aber nicht zu umgehen. Angesichts der zunehmenden Rentabilität von Geräten wie Robotern sowie der Möglichkeiten des direkten, komplexen verbalen Inputs, direkter Satellitenverbindungen und vieler anderer stattfindender Veränderungen ist keine Zeit zu verlieren.

Der entscheidende Ausgangspunkt ist die Entwicklung eines Systems wissenschaftlicher und technologischer Prognosen, kritischer Prüfung und politischer Planung. Die Fähigkeit, vorausschauend zu planen, ermöglicht nicht nur eine bessere Verhandlungsposition, sondern stellt auch die Ausarbeitung von Entwicklungsstrategien auf eine festere Grundlage, und zwar durch eine genauere Bestimmung der kurz-, mittel- und langfristigen relativen Vorteile. Man wird lernen müssen, wie man die gegenwärtigen Veränderungen bewältigt und gleichzeitig die unerwünschten Auswirkungen der Technologie vermeidet. Die durch Mikroelekronik ermöglichten Innovationen könnten sich, richtig angewandt, als sehr nützlich erweisen.

Für den Einsatz der Technologie in den Entwicklungsländern gelten drei allgemeine Grundsätze: Erstens müssen die Anwendungen auf nationaler Ebene ausgewählt werden. Sie sollten dazu dienen, Engpässe zu überwinden und die vorhandenen Ressourcen bestmöglich zu nutzen, nicht etwa, um Arbeitskräfte einzusparen oder die Effizienz zu steigern, was auch mit anderen Mitteln geschehen könnte.

Selektive Anwendung und bewußte Planung können beispielsweise die Ausgaben in harten Währungen senken, sobald Datenbanken und Datenzentren für den heimischen Gebrauch und für den Export entwickelt werden. Indem Dienstleistungsimporte vermieden werden, könnten mittelfristig die Deviseneinsparungen größer sein als die Kosten für die Aufstellung der Anlagen, und zugleich könnten dadurch die heimischen Fachkräfte und Fertigkeiten entwickelt werden. Das hätte zusätzlich den Vorteil, daß ein System entstünde, welches den Erfordernissen und der Kultur des Landes entspräche.

Selektivität heißt ferner, daß Richtlinien in bezug auf technisches Veralten und die Modernisierung von Anlagen zusammen mit klaren technischen Kriterien in bezug auf ihre Verwendbarkeit aufgestellt werden. Für jeden Sektor und jedes Gebiet gelten natürlich andere Kriterien.

Zweitens muß man sich mehrere Bezugsquellen sichern, um nicht von einigen wenigen Firmen abhängig zu werden. Eine solche Abhängigkeit kann, angesichts der marktbeherrschenden Position einiger Unternehmen, die Preise und die Anwendungskriterien erheblich verzerren. All dies muß von Direktiven in bezug auf die Software begleitet werden.

Auf der Dienstleistungsseite sollte das »Technologiepaket« so entflochten werden, daß die Umformung von Software und anderen Serviceleistungen in eigener Regie stattfinden könnten, falls man eine entsprechende Politik zur Ausbildung und Entwicklung eigener Mitarbeiter und Firmen verfolgt.

Da es höchst unwahrscheinlich ist, daß die Entwicklungsländer alles selber produzieren können, stellt die Diversifizierung der Bezugsquellen den einzigen Weg zur Minderung der Abhängigkeit dar. Produktionsmöglichkeiten bestehen nur dann, wenn die jeweiligen Kriterien in bezug auf Veralten sich von denen des internationalen Markts unterscheiden. Und sogar dann müßte man das System durch starke protektionistische Maßnahmen schützen. Die technischen Spezifikationen der Ausrüstung würden allerdings um mehrere Jahre und Generationen hinter den führenden Produzenten nachhinken.

Das dritte Element ist die Überwachung der nationalen Integration regional zusammengebauter oder teilgefertigter elektronischer Produkte. Allgemein wird ein nationaler Integrationsindex verwendet, der den Gewicht-Volumen-Wert kombiniert, um zu messen, wieviel Prozent eines bestimmten Produkts im Inland den örtlichen gesetzlichen Bestimmungen oder Plänen gemäß hergestellt werden.

Heute haben die integrierten Schaltkreise, das Kernstück der elektronischen Produkte, einen sehr niedrigen Gewicht-Volumen-Wert, dennoch enthalten sie vom Standpunkt der Technologie und des Know-how den ganzen »realen« Wert des Produkts. Wenn es einem Land darum geht, seine eigenen Kapazitäten in diesem Bereich allmählich zu modernisieren, dann muß es die nationale Integration angesichts der stattfindenden Veränderungen auf technologischem Gebiet im Auge behalten. Das steht auch im Zusammenhang mit der Tatsache, daß viele »intelligente« Produkte unter konventionellen oder sehr allgemeinen Importklassifikationen oder *Standard International Trade Classifications (SIIC)* aufscheinen, was nicht nur die Wettbewerbsfähigkeit der lokalen Industrie verringern kann, sondern auch bedeutet, daß viele Erzeugnisse die allgemeinen Richtlinien und die Automationspolitik umgehen.

Mögliche Einsparungen

Die kapitalsparenden Charakteristika der Technologie sowie ihre Facharbeit einsparenden Auswirkungen erlauben es manchen Bereichen wie dem Präzisionsmaschinenbau, bestimmte technologische Phasen zu »überspringen«. Gleichzeitig veraltet die herkömmliche Ausrüstung schnell, nicht weil sie tatsächlich veraltet wäre, sondern weil die Industriestaaten die jeweils neuesten Geräte einsetzen müssen, um im Wettbewerb bestehen zu können. Die alten Ausrüstungen können oft zum Schrottwert erworben werden und sind durchaus noch wirtschaftlich nutzbar, wenn sie mit niedrigen Lohnkosten, entsprechenden Fachkenntnissen sowie geeigneten Managementmethoden und den notwendigen staatlichen Richtlinien zusammen eingesetzt werden.

In vielen dieser neuen Entwicklungsbereiche sind bestimmte Fachkenntnisse nicht schwer zu finden (Software-Umformung, einfaches Programmieren usw.), obwohl die Beherrschung des Programmierens von Standardausrüstungen nicht ausreicht für die Schaffung von innovativen Kapazitäten und systemtechnischem Können. Der »Kern« der Software ist im allgemeinen Bestandteil des vom Hersteller gelieferten Pakets, und während der Wettbewerbsvorteil in immer stärkerem Maße beim Software-Anteil als beim Hardware-Anteil liegen wird, wird auch die Verschiebung in Richtung »eingebaute Technologie« noch mehr an Bedeutung gewinnen und zugleich immer weniger greifbar werden. Der Transfer von Technologie, Patenten und Lizenzen wird daher noch komplexer werden, zumal das verkaufte Produkt so wenig faßbar ist wie das materiell nicht in Erscheinung tretende Wissen.

Die Computertechnologie wird seit langem von staatlichen Diensten in den Entwicklungsländern verwendet, vor allem für statistische Zwecke. Das kann weiter ausgebaut werden und wird zur Verbesserung der Genauigkeit, Zuverlässigkeit und Pünktlichkeit der statistischen Informationen führen. Dies stellt einen wertvollen Beitrag zum Entscheidungs- und Planungsvorgang dar. Die Zeitspannen zwischen Ereignissen beziehungsweise der Durchführung von Anordnungen und deren sachgerechter Beurteilung können erheblich verkürzt werden, wodurch wiederum die Effizienz der Entscheidungen, der Richtlinien und der Überwachung verschiedener Maßnahmen zunimmt. Mit einer soliden Informationsgrundlage kann die Technologie zur besseren Verteilung und Nutzung von Ressourcen eingesetzt werden, was an sich erhebliche Einsparungen bedeuten kann. Eine strengere Kontrolle der Warenlager, der Ein- und Ausfuhren und der Steuererträge könnte von großem Nutzen sein und zugleich in vielen Bereichen Devisen einsparen.

Obwohl es bei der Schaffung neuer oder zusätzlicher Dienstleistungen zu einer geringfügigen Beschäftigungszunahme kommen kann, wird die Technologie allgemein das Arbeitsplatzbeschaffungspotential verringern. Es bedarf also sorgfältiger Abwägung, wenn man traditionelle und moderne Methoden mit den gewünschten Informationen und Beschäftigungsergebnissen kombinieren will. Die Länder könnten ihre Planungs- und Verhandlungsfähigkeit verbessern, wenn es ihnen gelingt, die für ihre Interessen relevanten Informationen zusammenzutragen.

Wichtige Anwendungsbereiche sind ferner diejenigen, die zur Verbesserung der sozialen Dienstleistungen beitragen, besonders auf dem Gebiet von Gesundheit und Erziehung. Im Erziehungswesen kann die Informationstechnologie die Leistungsfähigkeit des traditionellen Systems verbessern, entlegene und isolierte Bereiche wieder ins nationale Leben integrieren sowie die Vielfalt und den nationalen Inhalt der Programme vergrößern. So ist beispielsweise die Wirtschaftlichkeit der audovisuellen Mittel und Geräte geeignet, die nationalen Programme für Schulen, Fernsehen, dörflichen Unterricht und ländliche Außenstellen ebenso zu fördern, wie das Vervielfältigungsgerät das lokale Pressewesen gefördert und die Herstellung von Unterrichtsmaterialien dezentralisiert hat.

Aufruf zum Handeln

Es gibt viele Bereiche, in denen die Entwicklungsländer zu gemeinsamem Handeln aufgerufen sind. Dies könnten durch den Einsatz der Informationstechnologie erleichtert werden. Zu diesen Bereichen zählt die Koordinierung der Industrie-, Landwirtschafts- und Finanzpolitik, was umfangreiche Querverbindungen im Handel schaffen und die technologische Kapazität und die Entwicklung adäquater Informationen und Informationssysteme verstärken würde.

Kollektives Handeln ist vor allem in drei Hauptbereichen notwendig:

1. Gemeinsame Anstrengungen zur Entwicklung der technologischen und wissenschaftlichen Berechnungen und Voraussagen in den Bereichen, die sich wahrscheinlich besonders stark auf die Entwicklungsländer und die internationale Arbeitsteilung auswirken werden. Die gesellschaftliche Gestaltung der wissenschaftlichen und technologischen Entwicklung geht dadurch wesentlich weiter als die bloße Kontrolle; ihr liegt mehr daran, der wissenschaftlichen und technologischen Entwicklung eine Richtung zu geben, als lediglich auf Veränderungen zu reagieren beziehungsweise regulierend in sie einzugreifen. Bereits vorhandene Institutionen könnten zu diesem Zweck herangezogen werden.

2. Gemeinsame Maßnahmen zur Entwicklung einer gemeinsamen Informationspolitik. Eine solche Politik müßte Datenbanken, Datenzentren und Datennetze auf den Gebieten von Wissenschaft und Technologie, Forschung und Entwicklung, Kultur und Massenmedien umfassen. Ferner müßte die dritte Welt eine gemeinsame Politik in bezug auf das Fernmeldewesen, den grenzüberschreitenden Datenfluß, Satelltitenverbindungen und Technologietransfer entwickeln und in ausgewählten Bereichen wie Anwendungen, Forschung und Entwicklung, anfänglich vor allem aber bei der Software gemeinsame Produktionsanstrengungen auf regionaler Basis unternehmen.

3. Gemeinsame Bemühungen, um Vorrang beim Zugang zu Datenbanken und Datenzentren zu erhalten, damit die tiefer werdende Kluft zwischen Industrieländern und Entwicklungsländern auf dem Gebiet von Wissenschaft und Technologie überwunden werden kann. Freier Zugang zu diesen Quellen könnte ein Teil der Abkommen sein, die sich auf Hilfsmaßnahmen und Technologietransfer beziehen.

Es muß jedoch ausdrücklich darauf hingewiesen werden, daß die Segnungen der neuen Technologie heute weitgehend nur auf dem Papier vorhanden sind. Um in den Genuß dieser Segnungen zu gelangen, bedarf es sowohl kurz- als auch langfristiger politischer Richtlinien. Das erfordert aktive Bemühungen um alternative Entwicklungsstrategien, und diese Bemühungen hängen wiederum mit den jeweiligen innenpolitischen und internationalen Machtstrukturen zusammen. Wenn sich diese Strukturen in der Mehrzahl der Länder und auch international nicht ändern, dann besteht kaum Hoffnung, daß der erwünschte Nutzen sich einstellt.

Daten, Informationen und eine neue produktive Infrastruktur sollten nicht nur den wenigen zugute kommen: wir können uns nicht mit einer Welt abfinden, die im Bereich der Information zwischen »Armen« und »Reichen« geteilt ist. Daten und Informationen sollten nicht dazu verwendet werden, die kulturelle Identität anderer Völker zu beeinträchtigen oder auf dem Weg über andere Lebensformen, anderes Konsumverhalten und andere Werte in eine Welt einzudringen, die um ihre eigene Identität ringt und einen eigenen Weg zur Entwicklung beschreiten möchte. Wichtiger als Gesetzgebung und Verträge wäre ein anderer gesellschaftlicher Umgang mit der Technologie. Dann könnte auch eine partnerschaftliche und pluralistische Diskussion über die Nutzung der Technologien stattfinden. In einer Welt, in der alle von allen und nicht mehr nur von einigen wenigen abhängig sind, könnten die geradezu wunderbaren Veränderungen, die heute stattfinden, dringende Probleme lösen und zum Nutzen aller eingesetzt werden.

Frank Barnaby

Mikroelektronik im Krieg

Im Laufe der letzten rund fünfzehn Jahre haben sich die Merkmale größerer Waffensysteme, wie Panzer, Kampfflugzeuge, Raketen und Kriegsschiffe, bis zur Unkenntlichkeit verändert. Diese Veränderungen sind weitgehend die Folge der Entwicklungen auf dem Gebiet der Mikroelektronik. Militärische mikroelektronische Systeme haben die Lenkung und Kontrolle von Waffen, militärischen Kommunikationssysteme sowie Führung und Nachrichtendienste revolutioniert.

Es würde Bände füllen, wollte man alle militärischen Anwendungen der Mikroelektronik beschreiben. Daher wollen wir hier nur vier Anwendungsbereiche besprechen: die Zielgenauigkeit strategischer Raketen und die strategische Bekämpfung von Unterseebooten; fliegende Warn- und Überwachungssysteme; das automatisierte Schlachtfeld und das moderne Kampfflugzeug.

Die Anwendungsbereiche wurden vor allem deshalb ausgewählt, weil an ihnen Breite und Ausmaß der militärischen Anwendung der Mikroelektronik aufgezeigt und nachgewiesen werden kann, welche weitreichenden Auswirkungen sie auf militärische Taktik und Strategie, auf das Schlachtfeld der Zukunft sowie auf die Entwicklung der Kernwaffenpolitik haben können.

Die militärtechnischen Revolutionen, welche die Mikroelektronik herbeigeführt hat oder noch herbeiführen wird, können am besten vor dem Hintergrund der allgemeinen Fortschritte der Militärtechnologie beurteilt werden. Diese Fortschritte werden durch militärische Forschung und Entwicklung ermöglicht. Mit anderen Worten, die militärische Forschung und Entwicklung treibt die militärische Technologie voran und ist daher auch für das Wettrüsten weitgehend verantwortlich.

Militärische Forschung und Entwicklung

Gäbe es keine militärische Forschung und Entwicklung, dann würden keine größeren neuen Waffensysteme hergestellt werden, und bestehende Waffensysteme würden keine wesentlichen Verbesserungen erfahren. Zumindest das qualitative Wettrüsten würde bald eingestellt werden, selbst wenn die Arsenale noch wachsen und jene der kleineren Mächte durch den weltweiten Waffenhandel technologisch an die der großen Mächte heranreichen würden.

Für die militärische Forschung und Entwicklung werden Unsummen ausgegeben, und ein erheblicher Teil dieser Gelder fließt heute in die Entwicklung von Elektronik für Waffensysteme. In den sechziger Jahren wurden jährlich durchschnittlich 16 Milliarden Dollar, etwa 10 Prozent der weltweiten Militärausgaben, für Forschung und Entwicklung auf militärischem Gebiet ausgegeben. Heute werden etwa 50 Milliarden Dollar im Jahr, auch etwa 10 Prozent der insgesamt in der Welt ausgegebenen Beträge für Militäretats, für militärische Forschung und Entwicklung aufgewendet. Aber selbst diese gewaltigen Summen sind nur vorsichtige Schätzungen.

In konstanten Preisen gerechnet, in denen die inflationsbedingten Erhöhungen enthalten sind, sind die Ausgaben für militärische Forschung und Entwicklung in den sechziger Jahren um etwa 60 Prozent und in den siebziger Jahren um etwa 20 Prozent gestiegen. Angesichts der von einigen größeren Ländern geplanten Erhöhungen der Militärausgaben werden die Ausgaben für militärische Forschung und Entwicklung in den achtziger Jahren wahrscheinlich noch schneller zunehmen als in den siebziger Jahren.

Die Beträge, die die Regierungen für militärische Forschung und Entwicklung ausgegeben haben, sind ein beträchtlicher Teil der Mittel, die sie für die Forschung und Entwicklung überhaupt ausgeben. In den Vereinigten Staaten und mit Sicherheit auch in der UdSSR dient mehr als die Hälfte der staatlich finanzierten Forschung und Entwicklung militärischen Zwecken. Weltweit werden etwa 40 Prozent der Forschungsmittel in militärische Forschung gesteckt.

Etwa 400.000 der besten Naturwissenschaftler und Ingenieure der Welt sind in der militärischen Forschung und Entwicklung tätig; das sind etwa 40 Prozent des Weltbestands an Forschern und Ingenieuren. Berücksichtigt man nur die Physiker und Entwicklungsingenieure, dann liegt der Prozentsatz noch höher, nämlich bei mehr als 50 Prozent.

In den letzten zwanzig Jahren waren es vor allem die USA und die UdSSR, die militärische Forschung und Entwicklung betrieben. Diese beiden Staaten wendeten etwa 85 Prozent der weltweit dafür ausgegebenen Mittel auf. Frankreich, Großbritannien, die Bundesrepublik Deutschland und China gaben zusammen lediglich etwa 20 Prozent der von den USA aufgewandten Mittel aus. Der Anteil der übrigen Welt betrug nicht mehr als fünf Prozent der weltweiten Ausgaben für militärische Forschung und Entwicklung. Innerhalb dieser Gruppe wiederum gaben Australien, Kanada, Indien, Italien, Japan, die Niederlande und Schweden das meiste Geld für militärische Zwecke aus. Der Umfang der Mittel, die der Warschauer Pakt für militärische Forschung und Entwicklung aufwendet, ist nicht öffentlich bekannt. Die Länder, die den größten Etat für militärische Forschung und Entwicklung haben, sind im allgemeinen auch diejenigen, die die größten Fortschritte im Bereich der militärischen Elektronik machen.

Waffen für den nuklearen Krieg

Am dramatischsten sind die Fortschritte auf dem Gebiet der militärischen Elektronik, die einen atomaren Weltkrieg wahrscheinlicher werden lassen. Zu diesen Fortschritten sind besonders die verbesserte Treffgenauigkeit und Zuverlässigkeit der strategischen Flugkörper zu zählen, aber auch die Entwicklung von im Weltraum stationierten Navigationshilfsmitteln, verbesserte Methoden der Unterseebootbekämpfung, die Entwicklung von Methoden zur Vernichtung der Gefechtsköpfe feindlicher ballistischer Raketen im Weltraum und die Entwicklung von Methoden zur Vernichtung feindlicher Weltraum-Satelliten.

Sehr treffsichere und zuverlässige ballistische Raketen werden als geeignete Mittel zur Führung eines nuklearen Kriegs angesehen. Seit vielen Jahren ist ein erheblicher Teil – wahrscheinlich mehr als die Hälfte – der strategischen nuklearen Gefechtsköpfe auf militärische Ziele gerichtet, wie wohl es sich dabei gewöhnlich um sehr große Zielgebiete gehandelt, meist um Städte und angrenzende Gebiete. Mit noch zielgenaueren Gefechtsköpfen aber können noch kleinere (und daher noch viel mehr) militärische Ziele anvisiert werden.

Auch wenn viele strategische Kernwaffen auf militärische Ziele gerichtet sind, so beruhte die offizielle Politik beider Seiten auf der Gewißheit, die andere Seite vernichten zu können. Die Städte des Feindes wurden damit zu Geiseln. Die These bestand darin, daß der Gegner nicht angreifen werde, wenn er riskiere, daß seine Städte und Industrien durch einen Gegenschlag vernichtet werden würden. Eine Kernwaffenkampfstrategie ist nicht etwa deshalb entwickelt worden, weil sich die Erfordernisse der nuklearen Abschreckung geändert hätten (die Psychologie des Feindes ist schließlich dieselbe geblieben), sondern weil inzwischen die entsprechenden Waffen für einen Atomkrieg zur Verfügung stehen. Sind solche Waffen erst einmal vorhanden, werden sie gewöhnlich auch stationiert. Dann muß die Politik eben so ausgerichtet werden, daß die Politiker die Stationierung rechtfertigen können.

Je mehr die beiden Großmächte sich auf die Möglichkeit eines Nuklearkriegs einlassen, desto wahrscheinlicher wird er, denn im selben Maß gewinnt der Gedanke, daß ein solcher Krieg »geführt und gewonnen« werden könne, an Boden.

Man wird offensive und defensive strategische Nuklearwaffensysteme entwickeln, die einen präventiven Überraschungsangriff ermöglichen oder, nach Auffassung einiger Wissenschaftler, wahrscheinlich oder sogar unausweichlich machen.

Ferner können auch Zufall oder Fehlkalkulation aufgrund eines technischen Fehlers oder einer falschen Interpretation vorhandener Daten die Wahrscheinlichkeit eines nuklearen Weltkriegs vergrößern.

Je mehr die beiden Supermächte sich auf Computer verlassen, die sie vor Kernwaffenangriffen warnen und ihre eigenen Kernwaffen starten und lenken sollen, desto größer wird die Gefahr eines durch Zufall ausgelösten Kriegs.

In jüngster Zeit hat es einige Male falschen Alarm gegeben, der von amerikanischen Militärcomputern ausgelöst wurde. Der falsche Alarm wurde in keinem Fall durch einen tatsächlichen Atomangriffen ausgelöst, das ließ sich jedoch erst nach fünfzehn oder zwanzig Minuten feststellen. Deshalb wird auch die geplante Stationierung von Pershing-II-Raketen in der Bundesrepublik Deutschland, die auf Ziele im europäischen Teil der UdSSR gerichtet sind, die Gefahr eines zufällig ausgelösten Atomkriegs wesentlich vergrößern. Die Flugzeit der Pershing II bis zur Sowjetunion beträgt nur noch etwa vier Minuten. Da die sowjetischen Computer nicht so hochentwickelt sind wie die amerikanischen, wächst damit selbstverständlich die Gefahr eines verhängnisvollen Irrtums. Die Auslösung eines Atomkriegs hängt also in zunehmendem Maß an einem »seidenen Faden«.

Verbesserung der Treffsicherheit strategischer Geschosse

Die Zielgenauigkeit der heutigen amerikanischen Minuteman-III-Rakete z. B., der höchstentwickelten ballistischen Interkontinentalrakete (ICBM-Intercontinental Ballistic Missile), wird durch Verbesserungen im Computer ihres Steuerungssystems immer größer. Dazu gehören die verbesserte mathematische Beschreibung des Verhaltens der Trägheitsplattform und des Beschleunigungsmessers während des Fluges sowie eine genauere Eichung der Kreiselkompasse und Beschleunigungsmesser vor dem Start. Durch diese Verbesserungen des Lenksystems wird sich die Zielabweichung (circular error probable, CEP) der Minuteman-III wahrscheinlich von heute 350 Metern auf etwa 200 Meter verringern.

Minuteman-III-Interkontinentalraketen mit verbesserter Treffsicherheit werden imstande sein, sowjetische Raketen in armierten Silos mit einer Belastbarkeit von etwa 4000 Pfund pro Quadratzoll (272 atm) mit einer Wahrscheinlichkeit von 78 Prozent beim ersten Schuß und von etwa 95 Prozent bei zwei Schüssen zu zerstören.

Die Amerikaner sind dabei, eine äußerst treffsichere Interkontinentalrakete – die MX – zu entwickeln, die praktisch den Höhepunkt der ICBM-Entwicklung darstellt.

Das Leitsystem der MX-Rakete wird wahrscheinlich auf einem weiterentwickelten Referenzträgheitssystem beruhen, einem System für alle Richtungen, das imstande ist, Bewegungen der Rakete auf dem Boden vor dem Start zu berücksichtigen. Mit diesem System wird man eine Zielgenauigkeit von etwa 100 Metern erzielen. Wird der Gefechtskopf der MX mit einem Laser- oder Radarzielanflugsystem ausgestattet, dann könnte die Trefferstreuung bis auf wenige Dutzend Meter schrumpfen.

Die Sowjetunion würde solch eine amerikanische strategische ICBM-Streitmacht mit dieser Treffsicherheit als starke Bedrohung ihrer eigenen ICBM-Streitmacht betrachten. Die wahrscheinlichste sowjetische Reaktion auf diese Bedrohung wäre die Errichtung eines computergesteuerten Warnsystems, das Startvorbereitungen angezeigt und mit dessen Hilfe die sowjetischen ICBM gestartet werden könnten, während die amerikanischen Raketen noch auf dem Weg wären. Ein Satellitensystem würde die amerikanischen ICBM entdecken, sobald sie am Horizont auftauchten. Ein Signal von einem Satelliten würde dann das computergesteuerte Startmanöver der sowjetischen ICBM auslösen. Wenn der Computer einen nuklearen Holocaust auslöst, ohne daß der Mensch mit seiner Entscheidung noch eingreifen kann, dann muß dies letzter Wahnsinn genannt werden. Aber gerade dieser Wahnsinn zeichnet sich ab.

Verbesserte strategische Interkontinentalraketen auf Unterseebooten

Die sowjetische und die amerikanische Marine verfügen über insgesamt 113 moderne strategische Atomunterseeboote – davon die UdSSR über 72 und die Vereinigten Staaten über 41. Die ballistischen Raketen dieser Unterseeboote sind normalerweise auf Städte des Gegners gerichtet, um jene sichere Vernichtung zu gewährleisten, auf der die nukleare Abschreckung beruht. So führt beispielsweise jedes einzelne amerikanische strategische Atomunterseeboot etwa 200 Atomsprengköpfe mit sich, was ausreicht, um alle sowjetischen Städte mit mehr als 150.000 Einwohnern zu vernichten. Die amerikanischen Städte sind den sowjetischen strategischen Atomunterseebooten in ähnlichem Ausmaß ausgeliefert. Entsprechend stationiert, könnten vier strategische Unterseeboote (von den 113) die meisten Großstädte der nördlichen Hemisphäre vernichten.

Die Qualität der strategischen Atomunterseeboote und ihrer ballistischen Raketen wird ständig verbessert. So wird beispielsweise in den USA die Flotte der strategischen Polaris- und Poseidon-Unterseeboote verstärkt und soll später durch Trident-Unterseeboote ersetzt werden.

Die Trident-Unterseeboot werden mit einer neuen Unterseeboot-Rakete (submarine-launched ballistic missile – SLBM), der sogenannten Trident-I, der Nachfolgerin der Poseidon-C-3 SLBM ausgerüstet. Eine weitere SLBM, die Trident-II, ist in Entwicklung und soll später auf Trident-Unterseebooten stationiert werden. Inzwischen wird die Trident-I auch auf Poseidon-Unterseebooten stationiert.

Die Zielabweichung (CEP) der Trident-I-SLBM beträgt bei maximaler Reichweite wahrscheinlich etwa 500 Meter, die der Poseidon-SLBM etwa 550 Meter. Die Entwicklung und Stationierung von Flugleitsystemen für SLBM und die genauere Navigation der Raketenunterseeboote wird die Treffsicherheit der Raketen laufend weiter verbessern.

Die SLBM-Gefechtsköpfe werden später wohl mit Anflugleitsystemen unter Verwendung von Radar, Laser oder anderen Vorrichtungen versehen werden, die sie nach Wiedereintritt in die Erdatmosphäre ins Ziel steuern. Damit könnte eine Zielabweichung von nur einigen Dutzend Metern erreicht werden. Die SLBM werden dann so treffsicher sein, daß sie nicht mehr bloß gegen Städte verwendbar sind, sondern zu regulären nuklearen Kampfwaffen werden, die sogar gegen verhältnismäßig kleine militärische Ziele eingesetzt werden können. Die sowjetischen SLBM haben nicht die Zielgenauigkeit der amerikanischen. Die SS-N-6 hat vermutlich eine Zielabweichung von etwa 2000 Metern, bei der SS-N-8 beträgt dieser Wert etwa 1.300 Meter und bei der SS-N-18 etwa 1000 Meter. Allerdings ist anzunehmen, daß die Zielgenauigkeit der sowjetischen SLBM ständig verbessert wird.

Sowohl die USA als auch die Sowjetunion unternehmen große Anstrengungen, um die Methoden zur Aufspürung und Vernichtung feindlicher Unterseeboote zu verbessern. Damit werden sie im Lauf der Zeit sicherlich auch Erfolg haben. Selbst wenn es hier keinen technologischen Durchbruch gibt – was trotz gegenteiliger offizieller Versicherungen keineswegs ausgeschlossen ist –, wird der Fortschritt bei der Begrenzung von Schäden, die durch feindliche strategische Atom-Unterseeboote angerichtet werden könnten, die Auffassung bestärken, daß ein Überraschungsangriff nicht nur Erfolg haben könnte, sondern vielmehr nötig sei.

Der kritische Punkt bleibt das Aufspüren der Unterseeboote. Die Aufspürmethoden werden besser in dem Maße, in dem die Empfindlichkeit der Sensoren zunimmt, die verschiedenen Aufspürsysteme integriert und die so gewonnenen Daten besser verarbeitet werden. Mit anderen Worten, die meisten zur Zeit in Entwicklung befindlichen Verbesserungen beruhen auf Elektronik.

Alle zur U-Boot-Bekämpfung tauglichen Sensoren werden verbessert: die elektromagnetischen und jene, die auf Radar, Infrarotstrahlung, Laser und Optik beruhen; die akustischen, einschließlich der aktiven und passiven Unterwasserortungsgeräte; außerdem die magnetischen, welche die von einem U-Boot hervorgerufenen Störungen des magnetischen Feldes messen. In der Luft und im Weltraum stationierte Sensoren werden in zunehmendem Maße mit Sensoren auf der Meeresoberfläche und auf dem Meeresgrund kombiniert und folglich effektiver. Auch Jagdflugzeuge, Jagdschiffe und Jagdunterseeboote zur U-Boot-Bekämpfung ergänzen einander immer mehr. Jedes dieser Systeme hat spezielle Eigenschaften, die zusammengefaßt die Effektivität insgesamt erhöhen.

Ein typischer amerikanischer ASW-Sonderverband bestünde aus einem ASW-Flugzeugträger mit Spezialflugzeugen, mehreren Zerstörern, die mit ASW-Hubschraubern ausgerüstet sind, und Jagdunterseebooten. Dieser Sonderverband würde durch auf dem Land stationierte Flugzeuge und durch Informationen von unbemannten Überwachungssystemen unterstützt – und all dies, um ein einziges feindliches strategisches Atomunterseeboot aufzuspüren und zu vernichten. Sobald das Unterseeboot einmal aufgespürt ist, kann es verhältnismäßig leicht vernichtet werden.

Die sowjetische Unterseebootabwehr stützt sich weitgehend auf Hubschrauberträger der Marine und auf Langstreckenflugzeuge, die auf dem Land stationiert sind. Zur Zeit sind drei sowjetische Hubschrauberträger im Einsatz. Sie dienen vor allem dem Flottenschutz. Die Suchhubschrauber verfügen über hochentwickelte elektronische Geräte zum Aufspüren und Verfolgen feindlicher Unterseeboote. Kampfhubschrauber zerstören sie dann. Ferner verfügt die UdSSR über eine Reihe von ASW-Kreuzern und Zerstörern.

Mehrere Typen sowjetischer Langstreckenflugzeuge, die mit dem modernsten Präzisionsradar und Geräten zum Aufspüren von Anomalien im Magnetfeld ausgestattet sind, sollen amerikanische strategische Unterseeboote aufspüren und vernichten. Die sowjetische ASW-Maßnahmen sind auf erheblich geringere Entfernung ausgelegt als die amerikanischen und beschränken sich weitgehend auf der Sowjetunion benachbarte Territorien oder auf den Umkreis der sowjetischen Flottenverbände.

Die wirksamste ASW-Einzelwaffe ist das Jagdunterseeboot – ein Atomunterseeboot, das mit Sonar und anderen ASW-Suchgeräten, Unterwasserkommunikationsgeräten, einem Computer, der die Daten der verschiedenen Sensoren auswertet, und ASW-Waffen wie Torpedos mit aktiven oder passiven akustischen Zielsuchgeräten und eventuell nuklearen Sprengköpfen ausgerüstet ist. Die USA und die UdSSR besitzen Jagdunterseeboot-Geschwader mit jeweils mehreren Dutzend Einheiten. Zweck eines Jagdunterseeboots ist es, feindliche strategische Unterseeboote aufzuspüren und zu verfolgen, bis es den Befehl zu deren Vernichtung erhält.

Marschflugkörper

Der moderne Marschflugkörper ist ein strategisches Kernwaffensystem, dessen Entwicklung fast ausschließlich auf Mikroelektronik beruht. Es handelt sich dabei um eine Waffe von höchster Treffsicherheit, die innerhalb des Atomkrieges zur Kategorie der Einsatzwaffen gehört.

An sich sind Marschflugkörper alte Waffen, die auf die deutschen V-1-Raketen des Zweiten Weltkriegs zurückgehen. Bald nach dem Krieg begannen die USA und die UdSSR diese Flugkörper weiter zu entwickeln. Man baute verschiedene Typen (Boden-Boden-, Boden-Luft- und Luft-Boden-Flugkörper) sowohl für den taktischen Kurzstrecken- wie für den strategischen Langstreckeneinsatz.

In den frühen sechziger Jahren wurden die amerikanischen Boden-Boden-Langstreckenmarschflugkörper durch ballistische Raketen ersetzt.

Im Jahr 1972 lebte das Interesse der Vereinigten Staaten an Marschflugkörpern wieder auf, weil sie, wie zu hören war, als

»Handelsobjekte« bei den Verhandlungen zur Beschränkung strategischer Waffen (SALT) würden dienen können. Eine Anzahl technologischer Fortschritte beschleunigte die Entwicklung der Marschflugkörper. Die weitaus wichtigste Entwicklung war die volumens- und gewichtsmäßige Miniaturisierung der Computer. Die genaue Datengrundlage für die Koordinaten möglicher Ziele war ebenfalls von Bedeutung. Dadurch konnten sehr kleine, aber präzise arbeitende Flugkörperleitsysteme entwickelt werden. Das Tiefflug-Analogleitsystem von McDonnel Douglas (Terrain Contour Matching – TERCOM), das nur 37 Kilogramm wiegt, kann z. B. einen Marschflugkörper mit einer Abweichung von nur wenigen Dutzend Metern ins Ziel bringen. Das TERCOM verwendet einen Bordcomputer, um das Terrain unter dem Flugkörper (das laufend mit einem Radarhöhenmesser abgetastet wird) mit dem vorprogrammierten Flugkurs zu vergleichen. Kursabweichungen werden automatisch korrigiert. Mit Hilfe äußerst genauer Landkarten, die mittels Satellitenaufzeichnungstechniken zustande kommen, können die Zielpositionen sowie die Konturen der Flugkurse mit beispielloser Genauigkeit festgestellt werden. Auf früheren Landkarten konnten die Ziele nicht genau genug ausgemacht werden, um das Leitsystem des Marschflugkörpers auch wirksam einsetzen zu können. Diese Leitsysteme beruhen im wesentlichen auf dem Prinzip der Strukturerkennung, einer der wichtigsten militärischen Nutzanwendungen »künstlicher Intelligenz«.

Unter Zuhilfenahme neuer Techniken werden heute in den Vereinigten Staaten Marschflugkörper gebaut, die aus der Luft, von Schiffen und von Abschußrampen auf dem Land gestartet werden können. Das vielleicht wichtigste Kennzeichen dieser Marschflugkörper ist, daß der Anteil des Gefechtkopfes am Gesamtgewicht relativ hoch ist (im Regelfall etwa 15 Prozent im Vergleich zu weniger als einem Prozent bei der typischen ballistischen Rakete).

Ein aus der Luft gestarteter Marschflugkörper (airlaunched cruise missile – ALCM), der von strategischen Bombern mitgeführt und abgeschossen wird, hat einen sehr kleinen Radarschatten und fliegt mit Überschallgeschwindigkeit in geringer Höhe (wenige hundert Meter über zerklüftetem und wenige Dutzend Meter über flachem Terrain). Diese Marschflugkörper sind schwer zu orten und zu zerstören. Es ist also schwierig und kostspielig, sich gegen sie zu verteidigen, vor allem wenn sie in großer Zahl gestartet werden. Amerikanische strategische Bomber können jeweils bis zu 24 mit Atomsprengköpfen ausgestattete Marschflugkörper mit sich führen.

Eine wirksame Ortung von ALCM würde wahrscheinlich den Einsatz von Radarflugzeugen, sogenannten fliegenden Frühwarn- und Leistsystemen (airborne warning and control system – AWACS), erforderlich machen, deren auf die Erdoberfläche gerichtetes Radar Ziele ausmachen kann. Zur Überwachung einer langen Grenze bedürfte es einer ganzen Flotte solcher Maschinen, was äußerst kostspielig wäre. Außerdem wären zahlreiche Langstreckenjäger nötig, die zusammen mit den AWACS die sich nähernden Flugkörper zu orten und zu zerstören hätten. Auch das wäre eine extrem teures Unterfangen. Die Stationierung von Marschflugkörpern würde daher mit größter Wahrscheinlichkeit den Rüstungswettlauf beschleunigen.

Das Verteidigungssystem gegen Marschflugkörper ist im allgemeinen teurer als die Marschflugkörper selber.

Abgesehen von ihrer hohen Treffsicherheit und ihrer relativen Unverwundbarkeit sind Marschflugkörper auch noch recht billig. Bei einer Produktionsserie von 2000 Einheiten lägen die Stückkosten (einschließlich Entwicklungskosten) bei etwa 570.000 Dollar, also wesentlich unter denen eines modernen Kampfpanzers.

Marschflugkörper eignen sich besonders für kleinere Staaten als strategische Nuklearwaffenträger. So bekunden beispielsweise Großbritannien und Frankreich großes Interesse an ihnen, weil sie damit ihre strategischen Nuklearwaffen, die in den achtziger Jahren veralten werden, billig ersetzten können. Die meisten Industriestaaten und vielleicht auch einige Länder der dritten Welt sind technisch durchaus in der Lage, selber Marschflugkörper herzustellen. Woran es ihnen aber meistens fehlt, sind präzise Informationen über die Koordinaten möglicher Ziele und über den Flugkurs, um die Flugkörper so genau ins Ziel zu bringen, wie ihr Leitsystem es eigentlich gestattet.

Sollten die Marschflugkörper weite Verbreitung finden, dann könnten sie sich als die bedeutendste militärtechnische Entwicklung überhaupt erweisen. Und es besteht kaum ein Zweifel, daß künftig in rascher Folge verbesserte Modelle von Marschflugkörpern entwickelt werden.

Das fliegende Frühwarn- und Leitsystem (AWACS)

AWACS ist ein extrem kostspieliges Beispiel hochentwickelter Militärtechnik. Es ist weitgehend mikroelektronisch ausgerüstet. Die Forschungs- und Entwicklungskosten für die neueste amerikanische AWACS-Maschine, die E-3A, beliefen sich auf etwa 1,5 Milliarden Dollar, während die Produktionskosten je Maschine etwa 100 Millionen Dollar betragen, das Sechsfache der Kosten des höchstentwickelten Jagdflugzeugs.

Vorliegenden Plänen zufolge sollen zunächst 52 E-3A gebaut werden. Achtzehn davon will die NATO erwerben. Das fliegende Warn- und Leitsystem soll zur Verteidigung Nordamerikas, Mitteleuropas und des Raums zwischen Grönland und Großbritannien eingesetzt werden. Die UdSSR operiert mit einer AWACS-Luftflotte des Modells Tu-126 Moss, die sowjetischen AWACS sind jedoch bei weitem nicht so hochentwickelt wie die amerikanischen.

Die AWACS-Flugzeuge werden vielfach als eine Art mikroelektronischer weißer Elefant angesehen, weil diese Maschinen im Kriegsfall ein vorzügliches und verwundbares Ziel darstellen und wahrscheinlich schon bald nach Beginn der Kampfhandlungen verlorengehen würden. Und selbstverständlich müßten die AWACS mit einer Fülle elektronischer Gegenmaßnahmen (elektronic counter measures – ECM) fertig werden. Kritiker behaupten, daß die Radargeräte der AWACS den ECM nicht gewachsen seien. Die AWACS-Befürworter hingegen behaupten, daß deren Radargeräte den ECM besser begegnen könnten als das heutige bodengestützte Überwachungsradar, und daß die AWACS sich auch in feindlicher Umgebung lange genug halten könnten, um ihren Einsatz lohnend erscheinen zu lassen. Sie betonen, wie wichtig eine Vorwarnzeit, und sei sie auch noch so kurz, im Krisenfall wäre.

Die AWACS sind aus einer Reihe älterer fliegender Frühwarnsysteme hervorgegangen. Die erste derartige Maschine, die EC-121 Warning Star, die 1951 in Dienst gestellt wurde, wurde für Langstreckenflüge in großer Höhe (etwa 20 Stunden in einer Höhe von acht Kilometern) zur Radarüberwachung auf Entfernungen bis zu 3500 Kilometern von den amerikanischen Küsten eingesetzt. Eine aus dreißig Mann bestehende Besatzung bediente und wartete ihre fast fünf Tonnen schwere Radar- und Elektronikausrüstung.

Dann folgte die E-1 Tracer (1960 in Dienst gestellt) und die E-2 Hawkeye (1964). Das Modell Hawkeye, das dazu dient, den Anflug von feindlichen Überschallflugzeugen so früh zu entdecken, daß sie abgefangen werden können, ist mit modernsten Frühwarn-Suchradargeräten ausgestattet, die mit einem Verfolgungs- und Abfang-Computer verbunden sind, der automatisch digitale Zieldaten liefert. Ein charakteristisches äußeres Merkmal dieses Flugzeugs ist die 7,3 Meter breite, untertassenförmige Drehkuppel, welche die oberhalb des Rumpfes befindliche Radarantenne umschließt.

Moderne AWACS-Maschinen wie die E-3A erfüllen die Aufgabe eines fliegenden Frühwarnsystems und besitzen außerdem umfangreiche Kommando- und Leitsysteme für alle in Reichweite befindlichen Flugzeuge der eigenen Streitkräfte – einschließlich Abfangjäger, Transporter, Aufklärer usw. Die Identifizierung und Verfolgung feindlicher Flugzeuge sowie die Kontrolle eigener Flugzeuge – auf große Entfernung, in großen und geringen Höhen, bei jedem Wetter, über Land oder Meer – werden durch den Einsatz eines hochentwickelten, über den Horizont und nach unten wirkenden Hochfrequenzimpuls-Doppler-Überwachungsradars sowie durch Hochgeschwindigkeitscomputer und Mehrzweckbildschirmanzeigen ermöglicht.

Die E-3A ist eine umgebaute Boeing 707. Die flüssigkeitsgekühlten Radarantennen sind in einer oberhalb des Rumpfes befestigten Drehkuppel untergebracht, die, hydraulisch angetrieben, sechs Umdrehungen pro Minute ausführt. Die Antennen erfassen den Raum von der Erdoberfläche bis in die Stratosphäre.

Wegen der langen Einsatzflugzeiten – bis zu elf Stunden, nach Auftanken in der Luft mehr als zwanzig Stunden – ist die E-3A mit äußerst präzise arbeitenden Navigationssystemen ausgestattet. Normalerweise befinden sich an Bord jedes Flugzeugs neben der vierköpfigen Besatzung rund ein Dutzend AWACS-Spezialisten.

Das automatisierte Gefechtsfeld

In der taktischen Kriegführung wird die Mikroelektronik konzentriert bei der Weiterentwicklung des automatisierten Gefechtsfeldes eingesetzt. In den letzten fünfzehn Jahren etwa konnten wesentliche Fortschritte in der automatisierten Kriegführung – zu Land, zu Wasser und in der Luft – erzielt werden. Es ist dies vielleicht die dynamischste der gegenwärtigen Militärtechniken, die außerdem besonderer Geheimhaltung unterliegt.

Die meisten automatischen Kampfsysteme, die zur Zeit entwickelt werden, beruhen weitgehend auf Mikroelektronik. Die Entwicklung neuer elektronischer Offensivwaffen führt zwangsläufig zur Entwicklung elektronischer Gegenmittel. Diese wiederum rufen elektronische Gegen-Gegenmittel auf den Plan, und so weiter. Es ist daher kaum überraschend, daß in diesem Bereich die militärischen mikroelektronischen Umwälzungen einander mit verwirrender Geschwindigkeit ablösen, so daß der einzelne unmöglich mit allen Entwicklungen Schritt halten kann, selbst wenn er an die entsprechenden Informationen herankäme.

Im allgemeinen lassen sich vier Phasen des Kampfes unterscheiden: erstens die Ortung und Identifizierung der feindlichen Streitkräfte; zweitens die Entscheidung, wie man auf die feindlichen Streitkräfte reagiert; drittens der Einsatz entsprechender Waffen gegen den Feind; und viertens die Bewertung des dem Feind zugefügten Schadens, um abschätzen zu können, ob der Vorgang wiederholt werden muß.

Auf dem automatisierten Gefechtsfeld werden die feindlichen Kräfte – Menschen und Fahrzeuge – durch ferngesteuerte Fahrzeuge oder durch Bodensensoren geortet. Die so gewonnenen Daten werden an Zentralcomputer übermittelt, die dann entscheiden, welche Maßnahmen zu treffen sind, und die Waffen zu den entsprechenden Ziele steuern. Nach dem Abfeuern der Waffen erkunden Sensoren oder ferngesteuerte Fahrzeuge auf dem Gefechtsfeld den angerichteten Schaden und übermitteln diese Informationen an die Computer, die dann entscheiden, ob weitere Waffen eingesetzt werden sollen, und so fort.

Heute stehen bereits viele für ein automatisiertes Gefechtsfeld erforderliche automatische Systeme zur Verfügung und in Verwendung. Andere sind in Entwicklung. Informationen zu diesem Thema unterliegen so weitgehend der Geheimhaltung, daß man nicht genau beurteilen kann, wie weit die Entwicklung des automatisierten Gefechtsfeldes bereits gediehen ist. Aber angesichts des heutigen Entwicklungsstandes der Mikroelektronik kann man mit Sicherheit sagen, daß die Vereinigten Staaten den anderen Ländern auf dem Gebiet des automatisierten Gefechtsfeldes weit voraus sind.

Der ehemalige Stabschef der amerikanischen Armee, General William Westmoreland, erklärte: »Auf dem Gefechtsfeld der Zukunft werden die Feindkräfte durch Datenverbund, computergestützte Aufklärungsauswertung und automatische Feuerleitung fast augenblicklich geortet, verfolgt und aufs Korn genommen. Da die totale Vernichtung schon beim ersten Schlag fast gewiß ist und da Aufklärungsgeräte die Feindbewegungen ununterbrochen verfolgen, ist die physische Bindung des Gegners nicht mehr so wichtig.« Die vorliegenden Informationen zeigen, daß das von General Westmoreland vorausgesagte automatisierte Gefechtsfeld wohl in den achtziger Jahren Wirklichkeit werden wird. Die Mikroelektronik wird bei dieser Entwicklung die entscheidende Rolle spielen.

Sensoren

Auf dem automatisierten Gefechtsfeld werden Sensoren eingesetzt, die auf Licht, Geräusche, elektromagnetische Wellen, Infrarotstrahlung, Magnetfelder, Druck, Chemikalien und so weiter reagieren. Am interessantesten sind hier die Sensoren, die per Funk Informationen über die Feindkräfte und ihre Bewegungen über weite Enfernungen melden.

Die gängigsten bisher für den Einsatz auf dem Gefechtsfeld entwickelten Sensorentypen sind diejenigen, die auf Bodenerschütterungen reagieren, die durch Bewegungen von Menschen und Fahrzeugen verursacht werden. Sie können von Hand auf dem Gefechtsfeld eingesetzt oder auch von Flugzeugen abgeworfen werden. Normalerweise werden sie so vergraben, daß nur die Antenne sichtbar ist. Der typische seismische Sensor ortet Menschen auf Entfernungen bis zu 50 Meter und Fahrzeuge bis auf fünfhundert Meter. Die Lebensdauer eines Sensors beträgt normalerweise einige Monate.

Seismische Sensoren werden häufig zusammen mit akustischen eingesetzt. Der seismische Sensor kann gewöhnlich nicht zwischen einem leichten Fahrzeug in der Nähe und einem weiter entfernten schweren Fahrzeug unterscheiden. Wird ein akustischer Sensor zur Überwachung desselben Ziels verwendet, dann läßt sich das Ziel besser identifizieren. Tatsächlich würde man normalerweise viele Sensorentypen kombinieren, um einen möglichst hohen Prozentsatz feindlicher Ziele ausmachen zu können.

Hauptaufgabe der Mikroelektronik ist es, die Sensoren bei einer Sendeleistung von mehreren Kilometern möglichst klein zu halten. In der Regel würden nötigenfalls Bodenrelaisstationen eingesetzt werden, um die Signale der Sensoren über große Entfernungen bis zu den Zentralcomputern zu übertragen. Relaisausrüstung kann auch in sehr hoch fliegenden und möglicherweise ferngesteuerten Flugzeugen mitgeführt werden.

Das Bedienungspersonal, das weit vom Schlachtfeld entfernt ist oder darüber hinwegfliegt, würde die Sensordaten auswerten und entsprechende Waffen auf die Ziele lenken. Diese Phase des Kampfes dürfte jedoch in Zukunft wohl auch automatisiert werden. Ein Computer könnte so programmiert werden, daß er auf die von den Sensoren übermittelten Daten reagiert und Anweisungen für weitere Erkundung oder den direkten Angriff gibt.

Lenkwaffen

Bei den Waffen für den Einsatz auf dem automatisierten Gefechtsfeld denkt man in erster Linie an Lenkwaffen – Boden-Boden-Raketen, Luft-Boden-Raketen und ferngelenkte Bomben. Diese Waffen können auch mit automatischen Zielsuchköpfen ausgestattet werden, so daß sie nach dem Start ohne weitere Außensteuerung ihr Ziel finden.

Die typische Lenkwaffe besitzt ein elektrooptisches Fernlenk- und Kontrollsystem sowie einen Feststoffraketenaggregat, das dem Flugkörper eine Reichweite von etwa 100 Kilometern gibt. Während die Rakete nach dem Start vom Mutterflugzeug sich dem Zielgebiet nähert, sendet sie Fernsehbilder an den Beobachter im Flugzeug, der vor einem Bildschirm sitzt, auf dem das Terrain in Sichtweite der im Geschoßkopf untergebrachten Fernsehkamera erscheint. Der Beobachter kann den Kurs der Rakete verändern, ein Ziel auswählen und den Gefechtskopf durch die Datenübertragungsverbindung zu der Rakete per Funkkommando auf dieses Ziel steuern.

Diese Lenkwaffen werden wahrscheinlich einer neuen Generation ferngesteuerter Flugkörper (remotely-piloted vehicles – RPV) für Bodenangriffe weichen müssen. Ihre Reichweite dürfte bei etwa 200 Kilometern liegen. Diese RPV können auch für Aufklärungsflüge, elektronische Kriegführung und sogar für den Luftkampf eingesetzt werden. Die Entwicklung dieser kleinen RPV ist erst durch mikroelektronische Leit-, Kontroll- und Kommunikationssysteme möglich geworden. Mit Hilfe von Fernsehkameras, Datenübertragungsverbindungen und dergleichen könnte ein RPV aus sicherer Entfernung genau zum Gefechtsfeld gesteuert werden, entweder durch einen Piloten im Mutterflugzeug oder durch Bedienungsmannschaften auf dem Boden. Sie steuern das Ziel mit Hilfe der vom RPV übertragenen Fernsehbilder.

Ein typisches, zur Zeit in Entwicklung befindliches RPV wird etwa 500 Kilogramm Ausrüstung, bestehend aus Kameras, elektronischen Nachrichtenempfängern, Seitenradar, Kommunikationsrelais usw., an Bord haben. Es wird in Höhen von bis zu 25.000 Metern operieren, mit einer Geschwindigkeit von etwa 500 Stundenkilometern fliegen und auf einer Rollbahn starten und landen. Bei der großräumigen taktischen Kriegführung wird man solche RPV in sehr großer Zahl einsetzen und über computerisierte Leitzentralen koordinieren. Diese Flugkörper sind so billig, daß sie in großer Zahl eingesetzt werden könnten.

Moderne Flugelektronik

Ein modernes Kampfflugzeug ist ein ausgezeichnetes Beispiel für ein Waffensystem, dessen Leistungsfähigkeit auf modernster Elektronik beruht. Die allerneuesten Entwicklungen der Flugelektronik findet man in den Allwetterkampfflugzeugen, die bei jedem Wetter alle Arten von Feindflugzeugen aufspüren und zerstören sollen. Dieser Flugzeugtpy ist aber auch für andere Kampfaufgaben wie Bombenangriffe geeignet.

Zur Flugelektronik eines modernen Kampfflugzeugs gehört ein leichtes Radarsystem, damit die Maschine schnell fliegende Ziele über weite Entfernungen und in allen Höhen, bis in Bodennähe, aufspüren und verfolgen kann. Die Daten über den Verfolgungskurs werden normalerweise in den Zentralcomputer der Maschine eingefüttert, damit die Raketen oder Bordkanonen präzise gestartet oder abgefeuert werden können. Im Fall eines Luftkampfes projiziert das Radargerät das Ziel auf eine Blickfeldanzeige, die in Symbolform alle notwendigen Informationen auf einem Bildschirm darstellt, der sich in Augenhöhe des Piloten befindet. Der Pilot erhält damit automatisch die Daten, die er benötigt, um ein feindliches Flugzeug abzufangen und zu zerstören, ohne das Ziel aus den Augen lassen zu müssen. Außerdem liefert die Blickfeldanzeige dem Piloten in jeder Lage präzise Navigations- und Kontrolldaten und Details über das Flugverhalten der Maschine, so daß er Fehler, die in irgendeinem der Systeme auftauchen, augenblicklich entdecken kann.

Ein System zur Freund-Feind-Kennung informiert den Piloten, ob ein Flugzeug, das er per Sichtkontakt oder über Radar entdeckt hat, ein eigenes oder ein gegnerisches ist. Ein Flugdatencomputer sowie ein Richtungs- und Höhenreferenzanzeiger liefern Informationen über die Eigenbewegungen und die magnetische Steuerung der Maschine. Zusammen mit dem Trägheitsnavigationssystem ermöglichen diese Vorrichtungen es dem Piloten, an jedem Punkt der Welt genau zu navigieren.

In den Vereinigten Staaten denkt man daran, einen sogenannten Schnellabfangjäger mit einer Geschwindigkeit von mehr als drei Mach (dreifache Schallgeschwindigkeit) und extremer Beschleunigung als Teil eines künftigen Luftabwehrsystems zu entwickeln. Diese Maschinen dienen nicht nur als Abfangjäger, sie können auch für taktische Luftangriffe eingesetzt werden. Man denkt sogar an noch schnellere Flugzeuge mit Geschwindigkeiten bis zu zehn Mach. Es ist vor allem die hochentwickelte Flugelektronik, die solche außergewöhnlichen Kampfflugzeuge ermöglicht.

Das typische Allzweckkampfflugzeug wird mit Luft-Luft-Raketen für kurze und mittlere Reichweiten ausgestattet sein. Die amerikanische Sparrow-Rakete z. B. ist eine bei jedem Wetter und für alle Zwecke einsetzbare Luft-Luft-Rakete. Sie besitzt ein halbaktives Dauerstrichradar-Leitsystem und führt einen mit einem Abstandszünder ausgestatteten Gefechtskopf mit fünf Kilogramm Sprengstoff mit sich. Ein Feststoffaggregat treibt die Rakete mit einer Geschwindigkeit von fünf Mach über eine Distanz von etwa fünfzig Kilometern.

Die Flugelektronik dieser Rakete ist miniaturisiert; die dadurch erzielte Verringerung ihres Volumens erlaubt den Einbau eines größeren Feststoffraketenmotors. Die Rakete verfügt ferner über gute Elektronikabwehreinrichtungen (ECM), funktioniert sehr zuverlässig und ist im Nahkampf leicht manövriert.

Die allerneuesten Luft-Luft-Raketen vom Typ Sparrow besitzen ein kombiniertes Radar- und Infrarot-Zielsuchsystem. Bei Raketen mit semiaktivem Radarleitsystem muß das Ziel laufend angestrahlt werden. Das Radar des Flugzeugs bestrahlt das Ziel mit Dauerstrichsignalen, so daß die Rakete nach dem Start das vom Ziel rückgestrahlte Radarecho anpeilen kann. Da die Radarantenne des Flugzeugs so lange auf das Ziel gerichtet sein muß, bis die Rakete trifft, kann jeweils nur ein Ziel angegriffen werden. Raketen, die auf Wärmeabstrahlung reagieren, haben ein eigenes Zielgerät und brauchen daher nur in Richtung des Ziels abgefeuert zu werden.

Elektronische Kriegführung

Ständige Verbesserungen der Radarverteidigung, der Flugabwehrartillerie, der Boden-Luft-Raketen und der Abfangjäger führen zur Entwicklung elektronischer Gegenmaßnahmen (ECM), welche die elektronischen Geräte des Verteidigungssystems des Feindes stören sollen. Das wiederum führt zur Entwicklung von Gegen-Gegen-Maßnahmen (ECCM), die Störungen durch elektronische Gegenmaßnahmen abwehren sollen.

Man hat eine Fülle von Geräten für die elektronische Kriegführung (EW) entwickelt, die so viele Daten wie nur möglich in bezug auf die Radareinrichtungen des Gegners (Boden-, Luft-, Aufklärungs-, Waffenleit-, Navigationsradar usw.) sowie dessen Kommando-, Leit- und Kommunikationssysteme sammeln und koordinieren. Dies ist eine Form der elektronischen Kriegführung, die als elektronische Aufklärung (electronic intelligence – ELINT) bekannt ist. Eine wirksame ELINT erfordert weltweite Aufklärungsoperationen zu Lande, zu Wasser, in der Luft und im Weltraum, ein gewaltiges und äußerst kostspieliges Unterfangen, bei dem modernste elektronische Ausrüstungen verwendet werden. Die so gewonnenen Erkenntnisse über die elektronischen Einrichtungen des Gegners kommen dann der Entwicklung entsprechender ECM- und ECCM-Geräte und -Verfahren zugute.

Der Rüstungswettlauf der Supermächte

Die Mikroelektronik ist zum Hauptfaktor im technologischen Rüstungswettlauf der beiden Supermächte geworden. Indem sie die militärtechnologische Entwicklung ständig vorantreiben, sind die Amerikaner bemüht, ihre technologische Überlegenheit bei möglichst vielen Waffensystemen aufrechtzuerhalten, eine Überlegenheit, die ihnen die Sowjets streitig zu machen versuchen. Die Amerikaner sind zutiefst davon überzeugt, daß ihr politisches System, bei entsprechender Bereitstellung von Forschungsmitteln, mehr Innovationen hervorbringt als andere politische Systeme. Es ist dies also ein Aktivitätsbereich und vielleicht der einzige, auf dem die Vereinigten Staaten hoffen, der übrigen Welt auf Dauer voraus sein zu können. Ein Versagen auf diesem Gebiet, so meint man, würde zu einer militärischen oder politischen Katastrophe führen. Derartige Auffassungen, die mehr auf Wunschvorstellungen als auf Fakten beruhen, sind freilich keineswegs den Amerikanern vorbehalten. Führende Politiker scheinen allgemein zu glauben, daß die militärtechnische Überlegenheit den potentiellen Gegner daran hindere, international Druck oder Epressung auszuüben, beziehungsweise daß sie im Kriegsfall zum Sieg verhelfe.

Das Streben nach militärischer Überlegenheit ist sowohl in den USA als auch in der UdSSR das bei weitem wichtigste Einzelmotiv für das ununterbrochene Wettrüsten auf nuklearem und konventionellem Gebiet. Dieser Rüstungswettlauf wird zweifellos so lange weitergehen, bis beide Seiten aufhören, der Erreichung und Erhaltung der technologischen Überlegenheit eine so große politische Bedeutung zuzumessen. In der Vergangenheit hat das Wettrüsten entweder zu Kriegen oder zu wirtschaftlichen Zusammenbrüchen geführt. Es gibt keinen Grund zu der Annahme, daß das moderne Wettrüsten einen Ausnahmefall darstellt.

Obwohl die dramatischsten waffentechnischen Fortschritte im Bereich der strategischen Waffen erzielt wurden, werden auch nahezu alle taktischen Waffen qualitativ ständig verbessert. In sehr vielen Fällen beruhen die bedeutendsten Fortschritte auf mikroelektronischen Entwicklungen.

Offiziellen westlichen Schätzungen zufolge sind die sowjetischen Streitmächte heute bei den antiballistischen Raketensystemen, bei den strategischen Abfangjägern sowie auf allen Gebieten der zivilen und industriellen strategischen Verteidigung und Wiederaufbauplanung, bei den taktischen Raketen zur Bekämpfung von Schiffen, bei Angriffsschiffen (mit Ausnahme von Flugzeugträgern), in der Luftabwehrartillerie, einigen gepanzerten Kampffahrzeugen, den Boden-Luft-Raketenabwehrsystemen für mittlere und große Höhen, den taktischen Boden-Boden-Raketen sowie bei den schweren Transporthubschraubern technisch überlegen. Annähernde technische Parität scheint auf dem Gebiet der stationierten Panzer und Panzerabwehrwaffen, der Satellitenkontrollsysteme, der Satellitennavigationssysteme und der Kleinwaffen zu bestehen. Aber noch beanspruchen die Amerikaner die technische Überlegenheit bei Leitsystemen und Geräten, die das Eindringen interkontinentaler ballistischer Raketen ermöglichen, bei strategischen Bombern, strategischen Unterseebooten sowie den von Unterseebooten gestarteten ballistischen Raketen, bei Jagdunterseebooten, Sensoren zur Unterseebootabwehr und Überwachungsflugzeugen, bei Satellitenkommunikationssystemen, fliegenden Frühwarn- und Überwachungssystemen, fliegenden Aufklärungssensoren, Anti-Abwehrwaffen und -systemen, taktischen Fernbombern, Flugzeugträgern, Lenkwaffen, Luft-Luft-Allzweckwaffen, beweglichen Luftabwehrsystemen, Kampfhubschraubern, Flugzeugwaffen, logistischen Ferntransportern und Artillerie. Diese Aufzählung macht deutlich, daß die Amerikaner in allen Bereichen der Mikroelektronik eindeutig überlegen sind.

Die Dynamik der Militärtechnologie der Supermächte kann an einem Beispiel, dem militärischen Einsatz von Hochenergielasern, illustriert werden. Die Beispiele ließen sich beliebig vermehren.

Der schnelle Fortschritt bei der Herstellung von Hochenergielasern (mit einer Dauerstrichleistung von einigen hundert Kilowatt) hat die Entwicklung von thermischen Laserwaffen interessant werden lassen. Mögliche Anwendungsbereiche für die erste Generation dieser revolutionären Waffen, mit entsprechender Elektronik kombiniert, wären Bodenabwehr von Tieffliegern, Raketen und ferngesteuerten Flugzeugen (durch thermische Zerstörung wichtiger Teile des angreifenden Flugkörpers) sowie der Luftkampf. Die militärischen Einsatzmöglichkeiten von Hochenergielasern werden zweifellos mit ihrer wachsenden Energieleistung zunehmen; dazu gehört vielleicht sogar die Entwicklung von weltraumgestützten Verteidigungssystemen gegen Gefechtsköpfe feindlicher ballistischer Raketen.

Globale militärische Kommunikationssysteme

Die Supermächte haben durch ihre gewaltigen Bemühungen auf dem Gebiet der militärischen Forschung und Entwicklung Militärapparate aufgebaut, die die der anderen Mächte weit übertreffen. So besteht eine breite Kluft zwischen den USA und der

UdSSR auf der einen und ihren nächsten Rivalen, den Franzosen, Briten und Westdeutschen etwa, auf der anderen Seite. Ein besonders drastisches Beispiel dafür ist das globale amerikanische militärische Kommando- und Leitsystem. Es beruht auf einem riesigen Netz von Systemen zur Informationsbeschaffung zu Land, zu Wasser, in der Luft und im Weltraum. Keine kleinere Macht könnte sich auch nur im entferntesten solch einen gewaltigen Apparat leisten. Die Vereinigten Staaten geben jährlich mehr als eine Milliarde Dollar für dieses System aus, das etwa 90.000 Menschen allein für den Betrieb der Kommunikations- und Kommandozentralen beschäftigt.

Zweck dieses Systems ist es, die amerikanische *National Command Authority (NCA),* bestehend aus dem Präsidenten, dem Verteidigungsminister und deren autorisierten Stellvertretern, in die Lage zu versetzen, die Aktionen der strategischen Streitkräfte auf allen Kommandostufen zu kontrollieren. Dazu gehört die Bereitstellung der technischen Mittel, mit deren Hilfe die *National Command Authority* rechtzeitig über gegnerische Aktionen informiert wird, um die notwendigen Entscheidungen zu fällen, entsprechende militärische Maßnahmen zu veranlassen und die verschiedenen militärischen Kommandostellen zu dirigieren.

Im Mittelpunkt dieses weltweiten Systems befindet sich das *National Military Command System,* zu dem wiederum die Kommandozentralen sowie die von der NCA benützten Kommunikationswege gehören. Die Hauptkommandozentrale befindet sich im Pentagon, außerdem gibt es aber noch eine Ausweichzentrale bei Fort Ritchie sowie eine fliegende Kommandozentrale. Zusätzlich verfügen die vier amerikanischen Oberbefehlshaber (des strategischen Lufwaffenkommandos sowie der Bereiche Europa, Atlantik und Pazifik) über stationäre und fliegende Kommandostellen, die von überall her mit den Nuklearstreitkräften Verbindung aufnehmen können. Der Oberkommandierende des strategischen Luftwaffenkommandos unterhält nur fliegende Kommandoposten.

Die fliegende Kommandozentrale soll es dem Stab der *National Command Authority* ermöglichen, den Atomkrieg auch dann fortzusetzen, wenn die festinstallierten Kommandozentralen und Nachrichtensysteme auf dem Boden zerstört worden sind. Dafür benützt man umgebaute Boeing 747, die einen Konferenzraum, einen Befehlsausgaberaum, einen Arbeitsraum für den Einsatzstab sowie eine Nachrichtenzentrale enthält. Drei dieser Flugzeuge sind im Einsatz, um der *National Command Authority* und dem Oberkommandierenden des strategischen Luftwaffenkommandos Befehls-, Kontroll- und Kommunikationsmöglichkeiten in der Luft zu bieten. Noch drei dieser Flugzeuge sollen eingesetzt werden. Diese Einheiten werden zur Zeit vor allem durch die Einführung neuer Superhochfrequenz- und Ultraniedrigfrequenzkommunikationssysteme sowie automatischer Datenverarbeitungsanlagen auf den modernsten Stand gebracht.

Es bestehen Direktverbindungen zwischen der fliegenden Kommandozentrale auf der einen Seite und den Interkontinentalraketeneinheiten sowie den Flugzeugen, die die Nachrichten an die strategischen Atomunterseeboote weiterleiten, auf der anderen Seite.

Die weltweiten Nachrichtenverbindungen zu den strategischen Atomstreitkräften und den Lagerstätten für taktische Kernwaffen werden von einem besonderen Satellitenkommunikationssystem gewährleistet. Das System besteht aus Ultrahochfrequenz-Antworteinrichtungen auf mehreren Kommunikationssatelliten. Entsprechende Empfangseinrichtungen befinden sich in den fliegenden und den bodengestützten Kommandostellen, den strategischen Bombern, Aufklärungsflugzeugen, den Startkontrollzentralen für Interkontinentalraketen usw.

Die amerikanische Marine hält ständig über dem Atlantik ein Flugzeug in der Luft, um zu gewährleisten, daß die Befehle der *National Command Authority* an die strategischen Atomunterseeboote auch dann weitergeleitet werden können, wenn die Sendeanlagen am Boden im Verlauf eines Atomkriegs zerstört worden sind. Ein ähnliches, stets in der Luft befindliches Kommandosystem soll bald über dem Pazifik in Dienst gestellt werden. Diese Flugzeuge sind mit starken Niederfrequenzsendern ausgerüstet, über die sie mit Unterseebooten Verbindung aufnehmen können.

Ein Frühwarn-Satellitensystem sowie bodengestützte Radarsysteme sollen die National Command Authority im Fall eines Angriffs von Interkontinentalraketen oder von Atomraketen, die von Unterseebooten aus gestartet werden, warnen. Radaranlagen zur Frühwarnung vor Interkontinentalraketen befinden sich in Grönland, Alaska und Großbritannien.

In den USA sind Rundum-Zielerfassungsradaranlagen installiert. Aufklärungsradaranlagen zur Überprüfung von Satellitenwarnungen im Fall eines Angriffs von Unterseeboot-Atomraketen sind entlang der amerikanischen Küste stationiert. Diese Systeme werden ständig verbessert und auf den neuesten Stand der Elektronik gebracht, vor allem durch neue Computer und neue phasengesteuerte Radarsysteme.

Über den Horizont tastende Reflexionsradarsysteme werden zum Zwecke einer Fernaufklärung von Flugzeugbewegungen und einer Warnung vor Bombenangriffen zur Zeit getestet. Ferner werden die Radaranlagen des vorgeschobenen Frühwarnsystems verbessert, um vor allem niedrig fliegende Maschinen aufspüren zu können.

Ein integriertes Nuklearortungssystem, mit dessen Hilfe die Amerikaner weltweit Kernexplosionen feststellen und schnell orten können, ist in Entwicklung. Dieses System soll der *National Command Authority* Schadensmeldungen während und nach Kernwaffenangriffen übermitteln. Heute befinden sich die Nuklearerkennungssensoren noch an Bord der Frühwarnsatelliten.

Zum weltweiten amerikanischen militärischen Kommunikationssystem gehört ein Stützpunktsnetz mit Stationen in North West Cape (Australien), auf der Insel Diego Garcia im Indischen Ozean, auf der Insel Guam im Pazifik und andernorts. Hinzu kommt ein weltumspannendes Radarnetz, wie das *US Air Force Satellite Control System,* das der Kursverfolgung, Überwachung und Befragung amerikanischer Militärsatelliten dient.

Zusätzlich gibt es noch Kommando-, Kontroll-, Kommunikations- und Aufklärungssysteme für taktische Zwecke und zur Unterstützung der Land-, See- und Luftstreitkräfte einschließlich der mit taktischen Kernwaffen ausgestatteten Formationen. Dazu gehören ein System von Radarstationen in den NATO-Staaten zur Ortung feindlicher Flugzeuge, mobile Satellitenkommunikationsanlagen der Bodenstreitkräfte mit Hunderten von verschiedenartigen transportablen Empfangsstationen und Ultrahochfrequenzanlagen zur Kommunikation mit Satelliten bei den mit taktischen Atomwaffen ausgerüsteten Streitkräften.

Das satellitengestützte Kommunikationssystem für Verteidigungszwecke, ein Superhochfrequenz-Kommunikationssystem, das aus sieben Satelliten besteht, verbindet die Vereinigten Staaten mit den amerikanischen Streitkräften im Ausland. Große stationäre und mobile Empfangsstationen in Übersee verbinden das weltweite militärische Kommando- und Kontrollsystem mit den taktischen Systemen.

Das Verteidigungskommunikationssystem bietet den amerikanischen Streitkräften einen weltweiten Sprechfunk-, Daten- und Telexdienst. Dieses Systeme wird nun flexibler gemacht und soll mit den Systemen der amerikanischen Bündnispartner in Einklang gebracht werden. Ständig werden neue elektronische Geräte eingesetzt, um die Hauptfunkverbindungen stärker gegen Störsender, Unterbrechungen und elektronisches Abhören abzusichern.

Angesichts der Anforderungen an die modernen militärischen Kommunikationsmittel überrascht es nicht, daß die Supermächte auf diesem Gebiet enorme Summen investieren. Das amerikanische Verteidigungsministerium gibt mehr als drei Milliarden Dollar jährlich allein für Computer-Software aus. Besondere Aufmerksamkeit gilt der qualitativen Verbesserung der Sofware-Produktion. Ferner gibt es ein mehrere Millionen Dollar kostendes Programm, durch das die Einführung hochentwickelter integrierter Schaltkreis-Techniken in die militärischen Systeme beschleunigt werden soll und das sich mit den dabei auftretenden Problemen auf dem Gebiet der Kompatibilität und der Software befaßt.

Außerdem wird ständig an der schnellen Entwicklung von überlebensfähigen computergestützten Kommunikationssystemen, gesicherten Nachrichten- und Informationsübermittlungssystemen, Krisenmanagement- und Kommandosystemen und Miniaturcomputern gearbeitet.

Für die umfangreichen militärischen Kommando-, Kontroll-, Kommunikations- und nachrichtendienstlichen Operationen müssen gewaltige Summen aufgebracht und ein Heer von Fachleuten bereitgestellt werden. Nur Supermächte können sich diesen Aufwand wirklich leisten.

Militärische Elektronik außerhalb der Supermächte

Jedes Land, das über eine nennenswerte Rüstungsindustrie verfügt, die Flugzeuge und Raketen herstellt, wird sicherlich auch eine Elektronikindustrie für militärische Zwecke bauen, besonders wenn es Waffen exportieren möchte.

Zu den Industriestaaten neben den USA und der UdSSR, die Militärflugzeuge herstellen, zählen Australien, Belgien, Kanada, die Tschechoslowakei, Finnland, Frankreich, die Bundesrepublik Deutschland, Italien, Japan, die Niederlande, Polen, Rumänien, Spanien, Schweden, die Schweiz, Großbritannien und Jugoslawien. In der dritten Welt produzieren folgende Länder Militärflugzeuge: Argentinien, Brasilien, China, Ägypten, Indien, Indonesien, Israel, Nordkorea, Südkorea, Pakistan, die Philippinen, Südafrika und Taiwan. Alle diese Länder, mit Ausnahme von Finnland, der Tschechoslowakei, den Niederlanden, Polen, Rumänien, Spanien, der Schweiz, Indonesien, Nordkorea, Südkorea und den Philippinen, stellen auch Raketen her.

Von den erwähnten Ländern der dritten Welt besitzen Argentinien, Brasilien, China, Indien, Israel und Südafrika nennenswerte Rüstungsindustrien und sind am weltweiten Waffenhandel beteiligt. Im großen und ganzen sind diese Länder der dritten Welt sowie die waffenproduzierenden Industriestaaten dabei, moderne militärische Elektroniksysteme zu entwickeln. Aber keines kann mit den Vereinigten Staaten und der Sowjetunion hinsichtlich der Vielfalt und der Qualität der Ausrüstung konkurrieren oder mit den Supermächten im Bereich der militärischen Elektronikforschung und -entwicklung Schritt halten.

Die meisten Staaten der dritten Welt und viele Industriestaaten kaufen ihre modernsten Waffen auf dem internationalen Waffenmarkt. Welchen Umfang dieser Waffenhandel hat, beweist die Tatsache, daß jährlich etwa 120 Milliarden Dollar für Waffenbeschaffung und davon mehr als 30 Milliarden für Waffenkäufe in anderen Ländern ausgegeben werden.

Häufig sind die Länder, die hochentwickelte Waffen kaufen, nicht imstande, sie entsprechend zu bedienen oder auch nur richtig zu warten. Das gilt besonders für die Waffen, die mit hochentwikkelter Elektronik ausgestattet sind.

So verfügen etwa vierzig Staaten der dritten Welt über moderne Kampfflugzeuge, deren effizienter Einsatz von hochentwickelter Flugelektronik abhängt. Viele dieser Länder sind nicht imstande, diese Ausrüstung effektiv zu nutzen. Ein extremes Beispiel dafür war, noch vor der Revolution, der Versuch des Iran, hochkomplizierte Frühwarnflugzeuge vom Typ E-3 AWACS zu bedienen.

Die Tatsache, daß nur die Supermächte in der Lage sind, die Ausrüstung für die automatisierte Kriegsführung zu produzieren und die neuesten Echtzeit-Kommando-, Kontroll-, Kommunikations- und nachrichtendienstlichen Systeme zu bedienen, bedeutet, daß bestimmte Arten der Kriegführung heute nur diesen Mächten möglich sind. Die gewaltige Überlegenheit, über die die Supermächte dank dem hohen Stand ihrer Militärtechnologie verfügen, verschafft ihnen in vielen Fällen erheblichen politischen Einfluß. Die Kampfkraft eines einzigen amerikanischen Flugzeugträgers z. B. entspricht der gesamten Kampfkraft vieler einzelner Länder, auch wenn man die von dem Flugzeugträger mitgeführten Atomwaffen nicht mitrechnet. Wenn also ein solches Schiff vor der Küste eines kleineren Landes auftaucht, vermag es durch sein bloßes Erscheinen die Handlungsweise dieses Landes zu beeinflussen.

Der Abstand zwischen dem militärtechnologischen Potential der Industriestaaten und dem der anderen Länder wird immer größer. Die Auswirkungen auf regionale und globale Machtverhältnisse sind offensichtlich.

Ein Beispiel für die wachsende Kluft in der taktischen Kriegführung ist die Navigation. Die Vereinigten Staaten entwickeln gegenwärtig ein Satelliten-Navigationssystem, das Navstar oder Global Positioning System, das 1984 in Betrieb genommen werden soll. Dieses System besteht aus 24 Satelliten, die Navigationsdaten von beispielloser Genauigkeit für Waffensysteme zu Lande, auf See und in der Luft liefern. Jeder Navigator kann dann fortlaufende dreidimensionale Standortbestimmungen mit einer Abweichung von nur etwa zehn Metern erhalten, und er wird seine Geschwindigkeit bis auf wenige Zentimeter pro Sekunde genau berechnen können. Mit Hilfe dieses Systems können Raketen genau auf ihre Ziele gelenkt werden, und es wird zu größerer Koordination auf dem automatisierten Gefechtsfeld beitragen. Ein Land, das über ein solches System verfügt, ist denen, die keinen Zugang dazu haben, militärisch eindeutig überlegen.

Natürlich werden immer wieder Zweifel laut, ob die außerordentlich hochentwickelten Techniken, die heute von den Militärs der Großmächte eingeführt werden, sich unter Gefechtsbedingungen bewähren werden. Man verweist darauf, daß die meisten Offiziere der mittleren Ränge, die sich heute mit taktischer Planung befassen, oft nur Technologieenthusiasten sind, aber wenig oder gar keine Kriegserfahrung haben. Sie sind auf technologische Neuerungen aus, nur um über die modernste Ausrüstung zu verfügen, ohne viel Gedanken daran zu verschwenden, inwieweit sie für den Ernstfall taugt. Es ist bezeichnend, daß kampferprobte Generale, die sich bereits im Ruhestand befinden oder den Gang der Ereignisse nur noch geringfügig beeinflussen können, häufig kritisieren, in welchem Ausmaß heutige Waffensysteme mit hochentwickelten technischen Apparaturen bestückt werden.

Defensive Abschreckung

Moderne Offensivwaffen sind abhängig von hochentwickelter Technologie. Daher sind sie äußerst kostspielig. Jede neue Generation ist erheblich teurer als die vorangegangene. Daher können sich nur große Mächte die kostspieligen Offensivwaffen leisten. Diese Entwicklung könnte im Lauf der Zeit die kleineren Mächte zu einer defensiven Abschreckungsstrategie zwingen, die sich auf verhältnismäßig billige Panzer- und Flugzeugabwehrraketen stützt. Die Kostendifferenz zwischen offensiven und defensiven Waffen ist bereits sehr groß und wächst immer mehr. Ein modernes Kampfflugzeug kostet heute etwa 60 Millionen Dollar, während sich die Kosten von Boden-Luft-Flugzeugabwehrraketen zwischen 10.000 und 500.000 Dollar bewegen. Ein moderner Kreuzer, der etwa 200 Millionen Dollar kostet, kann mit einer Schiffsabwehrrakete im Wert von etwa 500.000 Dollar vernichtet werden. Ein Kampfpanzer (1,5 Millionen Dollar) kann mit einer

Panzerabwehrrakete (weniger als 10.000 Dollar) zerstört werden. Eine Politik, die sich auf Defensivwaffen stützt, läßt sich mit einer totalen Zivilverteidigung kombinieren. Ihr Ziel wäre, eine militärische Besetzung des Landes so kostspielig zu machen, daß der potentielle Aggressor es vorziehen würde, gar nicht erst anzugreifen.

Schweden, die Schweiz, Jugoslawien und Rumänien haben sich ein derartiges Verteidigungskonzept bereits zu eigen gemacht. Die Spaltung der Welt in Großmächte mit massiven Offensivkräften und Staaten, die nur über Defensivkräfte verfügen, würde manche Sicherheitsprobleme lösen, aber auch neue schaffen. Einmal ist die Glaubwürdigkeit der defensiven Abschreckung fraglich, und außerdem könnten die stärkeren Mächte z. B. mit Hilfe ihrer Offensivkräfte politischen Druck ausüben.

Und doch könnte eine auf konventionellen statt auf nuklearen Waffen beruhende Defensivstrategie für manche Länder an Bedeutung gewinnen – auch für Länder innerhalb der Bündnissysteme der NATO und des Warschauer Paktes. Die Stationierung neuer Kernwaffen in Europa wird in der Öffentlichkeit wahrscheinlich auf erheblichen Widerstand stoßen. In einigen Ländern wird man sogar fordern, daß sie ganz von den jeweiligen Territorien abgezogen werden. Dann gibt man vielleicht einer Verteidigungspolitik den Vorzug, die auf Kernwaffen verzichtet und sowohl politisch als auch wirtschaftlich attraktiv wäre.

In einer solchen Verteidigungspolitik würde die Mikroelektronik eine fundamentale Rolle spielen – ihre Anwendungsmöglichkeiten könnten von der Errichtung elektronischer Sperriegel an den Grenzen bis zu Aufklärungssystemen, schnellen Kommunikationssystemen für kleine bewegliche Einsatzkommandos reichen, die mit Abwehrraketen zur Bekämpfung eindringender gegnerischer Offensivwaffen ausgerüstet sind.

Militärwissenschaft und die zunehmende Wahrscheinlichkeit eines atomaren Weltkriegs

Der wachsende Abstand zwischen der militärischen Macht der USA und der UdSSR im Vergleich zu allen anderen Staaten hat ernste Konsequenzen für die Weltsicherheit. Diese Entwicklung wird allerdings noch in den Schatten gestellt von der zunehmenden Wahrscheinlichkeit eines atomaren Weltkriegs, die durch Entwicklungen innerhalb der Supermächte, vor allem im Bereich der Militärtechnologie, heraufbeschworen wird.

In den Arsenalen der Welt liegen Zehntausende von Atomwaffen, möglicherweise mehr als 60.000. Die Sprengkraft dieser Waffen entspricht der von 1,250.000 Hiroshima-Bomben. Anders ausgedrückt: auf jeden Mann, auf jede Frau und jedes Kind auf dieser Erde kommen etwa vier Tonnen TNT. Wenn jemals alle oder auch nur ein wesentlicher Teil dieser Waffen eingesetzt würden, wären die Folgen jenseits aller Vorstellungskraft.

Alle größeren Städte der nördlichen Halbkugel, auf welche die meisten Atomsprengköpfe gerichtet sind, würden zerstört werden (im Durchschnitt ist auf *jede* dieser Städte die Sprengkraft von etwa 2000 Hiroshima-Bomben gerichtet). Die städtische Bevölkerung würde größtenteils durch Druck und Feuer getötet werden, die ländliche Bevölkerung käme durch radioaktiven Niederschlag um. Auch auf der südlichen Erdhälfte würden viele Millionen Menschen durch Strahlung getötet werden. Das wäre aber noch nicht das Ende der Katastrophe. Die unvorhersehbaren (und daher normalerweise ignorierten) langfristigen Auswirkungen könnten zu weltweiten Klimaveränderungen, schweren genetischen Schäden und einer Verminderung der Ozonschicht führen, die das Leben auf der Erde vor zu starker ultravioletter Strahlung schützt. Kein Wissenschaftler kann mit ausreichender Sicherheit sagen, ob menschliches Leben nach einem Atomkrieg noch möglich wäre.

Welche endgültige Katastrophe ein Atomkrieg auch wäre, seine Wahrscheinlichkeit nimmt ständig zu, weil die Militärwissenschaftler Waffen entwickeln, die sich eher zur *Führung* als zur *Verhinderung* eines Atomkriegs eignen. Wie wir gesehen haben, gehören zu diesen neuen Waffen sehr treffsichere und zuverlässige ballistische Raketen mit Gefechtsköpfen, die auf immer kleinere und daher auf sehr viel mehr militärische Ziele gerichtet werden können, als dies in der Vergangenheit möglich war. Anders ausgedrückt, es kommt der Tag, an dem ein Land womöglich glaubt, es könne die gegnerische nukleare Vergeltungskapazität dadurch ausschalten, daß es den ersten Schlag führt.

Den ersten Schlag führen heißt in diesem Zusammenhang nicht, die strategischen Kernwaffenkräfte der anderen Seite durch einen Überraschungsangriff total zu vernichten. Es heißt vielmehr, daß der Angreifer glaubt, er könne durch einen Überraschungsangriff die Vergeltungsmöglichkeiten der anderen Seite so weit zerstören, daß die Verluste durch einen Vergeltungsschlag auf ein Maß reduziert werden, das er im Rahmen einer bestimmten politischen Zielsetzung für »annehmbar« hält. (Wie in fast allen Fragen internationaler Politik sind auch in der Kernwaffenproblematik Vorstellungen ausschlaggebend, nicht Fakten.) Je rücksichtsloser eine politische Führung ist und je gespannter die Beziehungen zwischen den Supermächten sind, desto größer wird wahrscheinlich das Ausmaß dieser Verluste sein. Und wahrscheinlich wird der Angreifer bei seinen Berechnungen in bezug auf die Leistungsfähigkeit der eigenen und der gegnerischen Atomstreitkräfte zu Ergebnissen gelangen, die seine Argumentation stützen. Militärische Berechnungen beziehen sich vor allem auf die Anzahl der unmittelbar Getöteten und ignorieren die unbekannten, langfristigen Folgen eines Atomkriegs, die noch viel tödlicher sein können als die ersten Auswirkungen. Hinzu kommt, daß politische Führer in Krisenzeiten eher auf ihre Militärchefs als auf ihre wissenschaftlichen Berater hören.

Ein Atomkrieg muß nicht unbedingt mit dem direkten Angriff einer Supermacht auf die andere beginnen. Viel wahrscheinlicher ist die Eskalation eines künftigen Konflikts in der dritten Welt. Dieser könnte als konventioneller Krieg beginnen und dann nach Einsatz von Kernwaffen lokaler Mächte zum Atomkrieg eskalieren. Dieser wiederum könnte sich zu einem allgemeinen Atomkrieg zwischen den Supermächten ausweiten.

Eine solche Eskalation ist vor allem dann außerordentlich wahrscheinlich, wenn die Supermächte bereits in den Konflikt in der dritten Welt verstrickt sind, weil sie die für den Ausbruch des Konflikts notwendigen konventionellen Waffen geliefert haben. In einem modernen Krieg werden Munition, besonders Raketen, so schnell verbraucht, daß kriegführende Länder der dritten Welt sehr schnell Waffennachschub benötigen. Der Waffenlieferant ist also praktisch der Garant für das Überleben seines kriegführenden Kunden. So werden die Supermächte in regionale Konflikte verwickelt, die sich dadurch zu einem totalen Atomkrieg ausweiten können. Eben deshalb stellt der internationale Waffenhandel eine so große Gefahr dar, weil er zur Eskalation eines Krieges in der dritten Welt beiträgt.

Die Supermächte benutzen diese Konflikte, um ihre neuesten und modernsten Waffen auszuprobieren. Der massive Einsatz der neuesten Mikroelektronik in modernen Waffen spielt in dieser Situation eine große Rolle. Er steigert die Nachfrage nach modernsten Waffen in den Ländern der dritten Welt, weil sie in den Besitz der allerneuesten und, wie sie meinen, wirksamsten Waffen gelangen möchten. Damit wächst die Versuchung für die Supermächte, die Elektronik in ihren Raketen und in anderen Waffen durch deren Einsatz in Konflikten in der dritten Welt ständig zu überprüfen. Damit nehmen diese Kriege an Heftigkeit zu, und die Möglichkeit der Eskalation von Konflikten wächst.

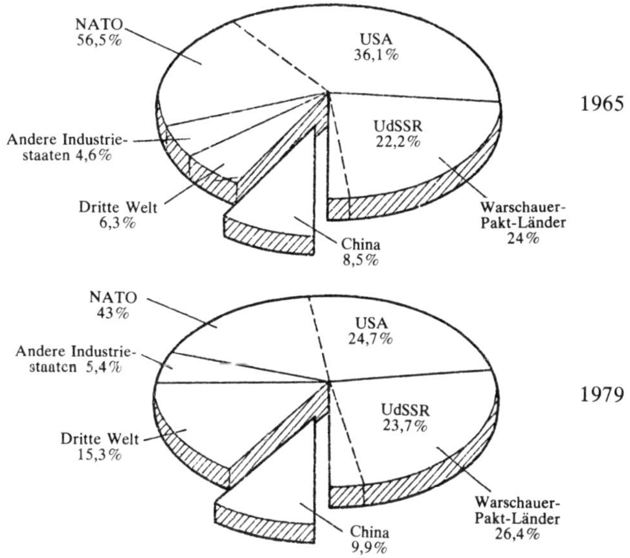

Abb. 1

Man kann sagen, daß die Supermächte dafür verantwortlich zu machen sind, wenn wir heute vor einer möglichen nuklearen Katastrophe stehen. Auf sie und ihre wichtigsten Verbündeten entfällt heute die Masse – etwa 80 Prozent – der globalen Militärausgaben, und sie verfügen bei weitem über die meisten Atomsprengköpfe in der Welt (Abb. 1). Auf die dritte Welt entfällt ein verhältnismäßig geringer Anteil – etwa 13 Prozent – der globalen Militärausgaben. Hinzu kommt, daß die Supermächte etwa 75 Prozent der in die dritte Welt gehenden Waffen liefern (Abb. 2). Nichtsdestoweniger spielen sich die meisten bewaffneten Konflikte in der dritten Welt ab – seit dem Zweiten Weltkrieg waren es etwa 140. Jeder künftige bewaffnete Konflikt in der dritten Welt könnte sich zu einem atomaren Weltkrieg ausweiten.

Die Verbesserungen der Gefechtsköpfe und der Treffsicherheit der Raketen, die praktisch die theoretisch möglichen Grenzen erreicht haben, sind nur zwei Beispiele für den unglaublichen Fortschritt der Militärtechnik seit dem Zweiten Weltkrieg. Für die nächsten dreißig Jahre ist mit einer Fülle weiterer militärtechnischer Umwälzungen zu rechnen. Viele dieser Entwicklungen werden zum guten Teil auf Fortschritten in der Mikroelektronik beruhen und überdies die Meinung bestärken, ein Atomkrieg sei zu

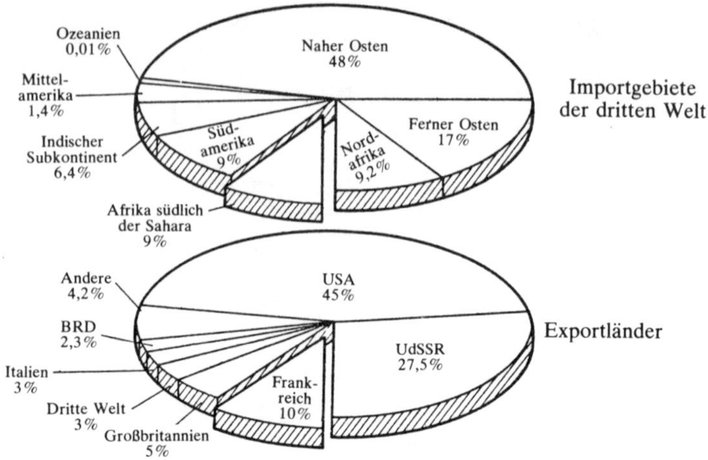

Abb. 2

führen und zu gewinnen; die Konzeption des »ersten Schlags« sei realisierbar, ja unentbehrlich angesichts des Arguments: »Wenn wir jetzt nicht zuschlagen, dann wird es bald die andere Seite tun.«

Ein ausgezeichnetes Beispiel ist die Unterseebootbekämpfung. Nachdem landgestützte interkontinentale ballistische Raketen durch einen Erstschlag mit Raketen gefährdet sind oder es bald sein werden, hängt die nukleare Abschreckung von der Unverletzlichkeit der unterseebootgestützten ballistischen Raketen ab. Die Tatsache, daß die Supermächte sich weiterhin energisch um die Verbesserung der Unterseebootbekämpfung bemühen, zeigt, daß sie nicht imstande sind, die militärische Wissenschaft und Technologie zu zügeln, obwohl deren Aktivitäten ihre Politik der nuklearen Abschreckung aufs Spiel setzen, eine Politik, die die Regierungen unter allen Umständen fortzuführen gedenken.

An dieser Stelle sollte noch darauf hingewiesen werden, welche militärische Rolle der Weltraum spielt. Die Anwendungsmöglichkeiten der Mikroelektronik sind der Hauptgrund für die rapide zunehmende Militarisierung des Weltraums. Besonders besorgniserregend ist die Entwicklung von Erstschlagtechniken, die vom Weltraum aus operieren. Dazu gehören, zusätzlich zu den Aufklärungssatelliten (Weltraumspionen), die Frühwarnsysteme, Navigationssysteme, Kommando-, Kontroll-, Kommunikations- und nachrichtendienstlichen Systeme sowie ballistische Raketenabwehrsysteme. Seit dem Beginn des Weltraumzeitalters im Jahr 1957 sind etwa 1200 Satelliten gestartet worden. Ungefähr 75 Prozent davon dienen militärischen Zwecken.

Die große Gruppe der Wissenschaftler, die ausschließlich aus Mitteln des Militärbudgets finanziert werden, stellen eine mächtige politische Lobby dar. Bei den Großmächten haben sich ferner riesige bürokratische Apparate gebildet, die sich mit militärischen Angelegenheiten befassen. (Die Zahl der Zivilisten, die aus Militärbudgets bezahlt werden, ist ebenso groß wie die der Uniformierten.) Akademiker und Bürokraten bilden zusammen mit den Militärs und der Rüstungsindustrie einen akademisch-bürokratisch-militärisch-industriellen Komplex, dem es darum geht, die Militärbudgets zu erhalten und auszuweiten, und der für den Einsatz jeder nur vorstellbaren technischen Neuerung für militärische Zwecke agitiert. Dieser Komplex verfügt über so viel politische Macht, daß er politisch nahezu unangreifbar ist. In Wirklichkeit ist das nukleare Wettrüsten der Kontrolle der politischen Instanzen bereits völlig entglitten. *Und das gilt für die Sowjetunion ebenso wie für die Vereinigten Staaten.*

Das unkontrollierte nukleare Wettrüsten stellt zweifellos die größte Gefahr für das Überleben der Menschheit dar.

Damit soll nicht geleugnet werden, daß große Anstrengungen unternommen worden sind, die Militärtechnologie unter Kontrolle zu bringen und dem atomaren Wettrüsten zwischen Amerikanern und Sowjets Einhalt zu gebieten. Seit dem Ende des Zweiten Weltkriegs haben sich viele der hervorragendsten Persönlichkeiten der Welt darum bemüht. Kein anderes Problem hat in den Vereinten Nationen und anderen internationalen Gremien soviel Aufmerksamkeit gefunden. Ganze Bibliotheken sind über dieses Thema geschrieben worden. Und trotz allem geht wegen des enormen politischen Einflusses der Gruppen, die ständig größere militärische Anstrengungen fordern, das nukleare und das konventionelle Wettrüsten so schnell weiter, wie es der amerikanischen und der sowjetischen Gesellschaft nur möglich ist. Die Eigengesetzlichkeit der Militärtechnologie ist es, die uns einem atomaren Weltkrieg entgegentreibt.

Ich will damit nicht sagen, irgendeine verschwörerische Organisation plane unsere Vernichtung. Aber ich will damit sagen, daß wir womöglich nicht intelligent genug sind, um politische und soziale Institutionen zu schaffen, die imstande wären, die Militärtechnologie in den Griff zu bekommen. Soweit ich sehe, treiben wir auf eine Katastrophe zu, nicht weil die Politiker die Augen verschließen oder weil sie die Katastrophe willentlich herbeiführen. Blindheit scheint in der Natur des Menschen zu liegen.

Die vielleicht einzige Hoffnung für die Zukunft ist, daß die Öffentlichkeit rechtzeitig mit den Tatsachen konfrontiert wird und daß eine wachgerüttelte öffentliche Meinung zaudernde Politiker dazu zwingt, dem nuklearen Wettrüsten Einhalt zu gebieten und abzurüsten. Ich bin überzeugt, daß die politischen Führer, wenn sie sich selber überlassen bleiben, nicht fähig sind, einen atomaren Holocaust zu verhindern, auch wenn sie sich noch so sehr darum bemühen. Aber ich bin auch überzeugt, daß die Öffentlichkeit, wenn sie die Wahrheit über das nukleare Wettrüsten erfährt, darauf bestehen wird, daß ihre politischen Führer diesem Wahnsinn ein Ende setzen. Die nukleare Katastrophe läßt sich nur dann verhindern, wenn die Öffentlichkeit rechtzeitig protestiert.

Klaus Lenk

Informationstechnik und Gesellschaft

Informationstechnik und Mikroelektronik

Anders als in den vorangegangenen Kapiteln dieses Buches steht im folgenden nicht die Mikroelektronik, sondern die Informationstechnik im Mittelpunkt. Unter »Informationstechnik« verstehen wir Technikbereiche und Technologien, die menschliche Kommunikationsprozesse sowie die Handhabung dessen betreffen, was bei diesen Prozessen übermittelt wird, nämlich Information. Anwendungen der Mikroelektronik im Produktionsprozeß und in Endprodukten wie Uhren, Radioapparaten usw. werden daher hier nicht behandelt.

Informationstechnik und Mikroelektronik überschneiden sich weitgehend. Informationstechnik umfaßt so verschiedenartige Bereiche wie Buchdruck, Reproduktionsverfahren, das Telefonnetz, den Rundfunk, die Schreibmaschine und den Computer. Vieles davon enthält mikroelektronische Bauteile oder bietet sich für den Einbau solcher Teile mehr oder weniger an. Es gibt aber einen Fall, in dem die Mikroelektronik so eng mit einer bestimmten Informationstechnik verbunden ist, daß sie in der Öffentlichkeit als geradezu identisch mit ihr angesehen wird. Und eben dieser Fall, die elektronische Datenverarbeitung (EDV), ist in unserem Zusammenhang von besonderem Interesse.

Ein weiteres Feld, auf dem die Mikroelektronik besonders wichtig ist, ist das der Nachrichtentechnik, nicht nur im Bereich der Massenmedien, sondern auch bei interaktiven Medien wie dem Telefon oder den Datenübertragungsnetzen.

Wenn wir uns auf die gesellschaftlichen Auswirkungen der Informationstechnik konzentrieren, dürfen wir gleichwohl nicht vergessen, daß nicht nur die Informationstechnik, sondern auch der Einbau der Mikroelektronik in Endprodukte und ihre Anwendungen im Produktionsprozeß bedeutende gesellschaftliche Auswirkungen haben können. Wie andere Technologien kann die Mikroelektronik im Kampf des Menschen um die Beherrschung der Natur von Nutzen sein. Wie die Technologien der industriellen Revolution kann sie die Gesellschaft nachhaltig beeinflussen, und zwar sowohl durch die Arbeitsbedingungen, die sie uns auferlegt, als auch durch die Produkte, zu deren Schöpfung sie beiträgt.

Dennoch bleibt ein wichtiger Unterschied bestehen. Die derzeitige Explosion der Informationstechnik und der Mikroelektronik steht mit den Strukturen und Abläufen der Gesellschaft als ganzer in viel engerer Beziehung als die industrielle Revolution. Die Mikroelektronik beeinflußt in viel höherem Maße das Wesen des sozialen Zusammenhalts, nämlich die Kommunikation. Information und Kommunikation stellen nicht nur in übertragenem Sinne das Bindegewebe der Gesellschaft dar. Sie bleibt nicht unbeeinflußt, wenn Kommunikationsprozesse von technischen Vorrichtungen vermittelt, kanalisiert und teilweise übernommen werden.

Es gibt mindestens vier Merkmale der Informationstechnik, die auf die eine oder andere Weise die Gesellschaft beeinflussen, indem sie ihre Informations- und Kommunikationsprozesse formen. Die Informationstechnik kann zunächst einmal ein Speichermedium liefern. Der Übergang von mündlicher zu schriftlicher Überlieferung ist wahrscheinlich die älteste gesellschaftliche Auswirkung der Informationstechnik.

Mit dem Telegrafen und dem Telefon hat die Informationstechnik im weiteren Verlauf neben der Zeit auch den Raum überbrückt. Das zweite wichtige Merkmal der Informationstechnik für die Gesellschaft ist also das Potential der Nachrichtentechnik, das den indirekten Erfahrungsbereich des Menschen vergrößert und die Welt schließlich zu einem »globalen Dorf« schrumpfen läßt.

Beide Merkmale bringen Veränderungen mit sich, die für die Gesellschaft nicht neu sind. In seinem Buch *The Bias of Communication* stellt Harold Innis treffende Belege für die gesellschaftlichen Auswirkungen vieler klassischer und neuer Informationstechniken zusammen. Um nur ein Beispiel zu nennen: Seiner Ansicht nach ist die Säkularisierung des europäischen Denkens eng mit der Verbreitung des Buchdrucks verbunden.

Die beiden anderen Merkmale der Informationstechnik waren belanglos, solange es die EDV noch nicht gab. Das eine Merkmal liegt in der Automation der Kontrolle, das andere in der Mechanisierung der Arithmetik und der Logik.

Die Automation der Kontrolle ist nicht auf die Informationstechnik im oben genannten Sinn beschränkt. Viel wichtiger als bei menschlichen Kommunikationsprozessen ist sie in Produktionsvorgängen. Automatische Überwachung von Patienten in Krankenhäusern oder die des Straßenverkehrs an Kreuzungen sind jedoch Fälle, in denen es um die Gesellschaft und das Individuum geht.

Von größter Bedeutung für unseren Zusammenhang ist aber die letztgenannte Eigenschaft der Computer, nämlich ihre Fähigkeit, formalisierte Operationen durchzuführen. Computer sind insofern mehr als bloße Rechenmaschinen. Das macht sie zu Anwärtern auf die Übernahme formalisierter (mathematischer und logischer) Denkvorgänge vom Menschen. Auf vielerlei Art verbindet die EDV diese Funktion mit den Funktionen der Informationsspeicherung und -übertragung sowie mit der Automation der Kontrolle.

Gerade diese Kombination hat zu den meisten EDV-Anwendungen geführt, welche gesellschaftliche Informations- und Kommunikationsprozesse betreffen. Computer dienen als Hilfsmittel für das Sammeln, Speichern, Verändern und Wiederauffinden sehr großer Datenmengen. Bei den meisten der derzeitigen Anwendungen in der Verwaltung fungieren sie ähnlich wie Schnellschreibmaschinen und Taschenrechner, oder aber als Medien zur Speicherung und zum Wiederauffinden von Information in vorgegebenen Formaten. Dazu kommen EDV-Anwendungen in Kommunikationssystemen und als Überwachungs- und Steuerungsvorrichtungen.

Die meisten dieser Anwendungen machen sich die besondere Eigenschaft der EDV, mit Hilfe von Rechenvorgängen und logischen Schlüssen Antworten auf gestellte Fragen zu geben, nur in beschränktem Maße zunutze. »Künstliche Intelligenz« ist für die Erörterung der Beziehungen von Informationstechnik und Gesellschaft gegenwärtig noch eine Randerscheinung.

Auswirkungen der EDV in Organisationen

Die greifbarsten gesellschaftlichen Auswirkungen der Informationstechnik gehen derzeit von EDV-gestützten Informationssystemen in privaten wie in öffentlichen Organisationen aus. Solche Informationssysteme unterstützen viele interne und externe Funktionen kommerzieller und öffentlicher Organisationen. Personalwesen, Buchhaltung, Bank- und Versicherungsgeschäfte, die Verwaltung der Sozialversicherungen, Statistik und Einwohnerregister sind einige der vielfältigen Anwendungsbereiche.

Wie weit die EDV in die öffentlichen und privaten Verwaltungen eingedrungen ist, ist von Land zu Land sehr verschieden, selbst wenn man hochindustrialisierte Länder untereinander vergleicht. Bei genauerem Hinsehen zeigt sich, daß das Tempo der Veränderungen weniger von der verfügbaren Technik als von kulturellen Faktoren bestimmt wird. Zu diesen gehören unter anderem die Auffassungen der Führungskräfte, die für die Einführung neuer EDV-Systeme zuständig sind. Oft lagen diesen Auffassungen in der Vergangenheit übertriebene Erwartungen zugrunde, was Wunder-Computer alles tun könnten. Als Nebenwirkung des massiven EDV-Einsatzes versprach die Tätigkeit von Untereinheiten für Regierung, Verwaltungsführung oder Firmenleitung leichter kontrollierbar zu werden. Viele der Verantwortlichen rechneten mit umwälzenden Veränderungen in der Arbeitsweise bürokratischer Organisationen und in deren Umgang mit dem Publikum wie auch mit dem eigenen Personal.

Gewiß, die gegenwärtige Situation der EDV in der öffentlichen Verwaltung, ebenso wie in der Privatwirtschaft, weicht merklich von diesen Erwartungen ab. Das heißt aber keineswegs, daß es in beiden Bereichen überhaupt keine Auswirkungen gegeben hätte. In den letzten Jahren wurden eine Reihe ernstzunehmender empirischer Untersuchungen über solche Auswirkungen durchgeführt. Sie befassen sich hauptsächlich mit der Bedeutung des EDV-Einsatzes für die Entscheidungsfindung für Organisationsstrukturen und Arbeitssituationen sowie für den Wandel der Machtstrukturen und den Einfluß der Organisationsspitzen[1]. Die vielleicht wichtigste Frage in diesen Forschungen ist die nach dem Beitrag der EDV zur Zentralisierung von Einfluß und Macht, also zur Verlagerung der Entscheidungsautorität weiter nach oben in der Befehlshierarchie.

Manche zunächst vermuteten Auswirkungen, wie Veränderungen der Größe und der formalen Organisationsstrukturen, konnten bislang noch nicht allgemein bestätigt werden. Zu den Organisationen, die als erste einen Großteil ihrer Routinearbeit automatisiert haben, gehören Banken und Versicherungsgesellschaften, Steuerbehörden und Sozialversicherungsträger. Untersuchungen bei Versicherungsgesellschaften ergaben eine Zentralisierung im Zuge der Automatisierung; die Entscheidungsfindung verlagerte sich nach oben in der organisatorischen Hierarchie. Umfang, Vielfalt und Selbständigkeit der Arbeitsvollzüge wurden eingeschränkt. Vielen Angestellten erschien die EDV als eine unbeeinflußbare Kraft, an die man sich zwangsläufig anpassen mußte.

Die Einführung und der Einsatz komplexer und zentralisierter EDV-Systeme zur Durchführung von Routine-Verwaltungsaufgaben gingen in der Vergangenheit oft Hand in Hand mit stärkerer Arbeitsteilung. Man war bestrebt, kontinuierliche Arbeitsvorgänge aufzuspalten, die bisher von ein und demselben Beamten ausgeführt worden waren. Jene Teile des Arbeitsvorganges, die nicht von einer Maschine erledigt werden konnten, wurden unterschiedlichen Personen zugewiesen. Kurzum, tayloristische Formen der Arbeitsteilung drangen zu einer Zeit in die Büroarbeit ein, als

1 Kritische Übersicht bei Rob Kling: *Social Analyses of Computing: Theoretical Perspectives in Recent Empirical Research,* in: *Computing Surveys,* 12 (1980), pp. 61–110.

sie auf dem Produktionssektor schon wieder an Boden verloren.

Die Folge davon ist, daß sich nicht nur die Verantwortung des einzelnen verflüchtigt, der nicht mehr für die volle Entscheidung zuständig ist. Auch die Anforderungen an das Entscheidungsverhalten können sich verändern, was oftmals den Strategien des *job-enrichment* zuwiderlaufen würde. EDV-Systeme können die Handlungsspielräume und den Abwechslungsreichtum der Tätigkeiten verringern, weil sie durchwegs das Ermessen der Mitarbeiter, sowohl hinsichtlich der Arbeitsabläufe als auch auf die Entscheidungsinhalte bezogen, einschränken. Auf vielen Arbeitsplätzen ist die Handlungsfreiheit im Schwinden. Es gibt durchaus Hinweise dafür, daß die mittleren Führungskräfte im Zuge der teilweisen Automatisierung der Büroarbeit Abstriche von ihrer herausgehobenen Position hinnehmen müssen.

Derartige Folgen treten nicht zwangsläufig in allen Organisationen auf, die die EDV einsetzen, aber sie sind weit verbreitet. Der technische Wandel in Organisationen wird oft zum Vorwand genommen, die Mitarbeiter auf genau umrissene Arbeitsrollen festzulegen. Dies hat ebenso zu einer strikteren Einhaltung organisatorischer Regelungen beigetragen wie dazu, das Handeln der Mitarbeiter besser auf die Organisationsziele auszurichten.

Es ist immer noch nicht ausgemacht, ob die auf den Fortschritten der Mikroelektronik beruhende gegenwärtige EDV-Entwicklung die Lage nicht völlig verändern wird. EDV-gestützte individuelle Arbeitsplätze könnten nämlich dazu beitragen, die Tendenz zu wachsender Arbeitsteilung umzukehren. Sie könnten die kontinuierlichen Arbeitsvorgänge wiederherstellen, die vor dem Aufkommen der EDV für die Büroarbeit weithin typisch waren. Dennoch dürfte es verfehlt sein, in diesem Zusammenhang von »personal computing« zu sprechen. Denn die Notwendigkeit, die Arbeitsplätze miteinander zu verbinden, bleibt zweifellos bestehen, was die Selbständigkeit des einzelnen einschränkt.

Im übrigen könnte gerade des »personal computing« in Organisationen die Autonomie des Mitarbeiters weiter untergraben, indem es zur Verschärfung der innerbetrieblichen Kontrolle und zur Überwachung des Arbeitsverhaltens beiträgt. Dezentrale Computer können so verbunden werden, daß Informationen aus vielen Teilbereichen der Organisation zentral verfügbar werden. Die Interaktion von Menschen mit elektronischen Anlagen ist oftmals so programmiert, daß sie eine Spur hinterläßt; besondere Vorkehrungen für deren Löschung werden nicht getroffen. Ein Beispiel ist die automatische Registrierung von Telefonanrufen, ein anderes die Überwachung der Einschaltzeit von Terminals. Schon heute kann die breitere Nutzung solcher Möglichkeiten einer vollständigen Kontrolle des individuellen Arbeitsverhaltens gleichkommen.

Es gibt mehrere Gründe dafür, daß Unternehmensleitungen sich solcher Kontrollmöglichkeiten bedienen. Zunächst kann bessere Leistungsbeurteilung genannt werden, etwa als Grundlage für Beförderungen. Hinzu kommt das Bestreben, Zeitverluste durch Tätigkeiten zu vermeiden, die die Unternehmensleitung als nutzlos betrachtet. Werden keine ausreichenden Vorkehrungen getroffen, um die Beschaffung von Informationen über menschliches Verhalten und ihren Gebrauch oder Mißbrauch für gewisse Zwecke zu verhindern, so könnte die strengere Überwachung des täglichen Verhaltens von Arbeitnehmern das Endergebnis einer Entwicklung sein, die ursprünglich mit dem Streben nach größerer Zufriedenheit am Arbeitsplatz gerechtfertigt wurde.

Der EDV-Einsatz in Organisationen hat seinen Höhepunkt noch nicht erreicht. Die erwähnten möglichen negativen Auswirkungen dezentralen EDV-Einsatzes in Organisationen deuten darauf hin, daß es irreführend sein könnte, die Konsequenzen der Informationstechnik im Büro der Zukunft aus der Art und Weise vorhersagen zu wollen, in der relativ schwerfällige und teure Computersysteme derzeit noch eingesetzt werden.

An der im folgenden näher zu behandelnden öffentlichen Verwaltung zeigt sich deutlich, wie eine Technik wie die EDV zunächst auf ziemlich phantasielose Weise eingesetzt wurde. Das führte zu gesellschaftlichen Auswirkungen, die vielleicht auf längere Sicht teilweise wieder verschwinden werden. Aber sie werden noch auf Jahre hinaus typisch bleiben. Zumindest in Westeuropa geht die öffentliche Verwaltung nur zögernd zur vollen Nutzung der neuen Möglichkeiten der arbeitsplatznahen Informationsverarbeitung über, also zur Installierung von dezentraler EDV-Kapazität in Verbindung mit Möglichkeiten zur Datenweitergabe sowie zur mündlichen und schriftlichen Kommunikation. Offensichtlich spielen hier Restriktionen eine Rolle, die nicht technischer, sondern verwaltungspolitischer Natur sind.

Der Fall der öffentlichen Verwaltung

Wider allgemeines Erwarten hat die EDV in der öffentlichen Verwaltung nicht dazu beigetragen, daß im Verwaltungshandeln völlig neue Wege beschritten wurden. Vielmehr wurden bestehende Verfahrensweisen beschleunigt und geglättet, ohne von bewährten bürokratischen Grundsätzen abzugehen. Die Anwendung der EDV beschränkt sich noch immer auf jene Zweige der Verwaltung, die Routineangelegenheiten wie Steuerveranlagungen oder Sozialversicherungsleistungen bearbeiten. Außerdem wurde bei den personenbezogenen öffentlichen Dienstleistungen, etwa im Gesundheitswesen, ein großer Teil der administrativen Hilfsfunktionen automatisiert.

Die meisten EDV-Anwendungen in der öffentlichen Verwaltung können auf einige typische Muster zurückgeführt werden:

a) *Operative Massensysteme,* die vor allem Berechnungen und logische Operationen in isolierten, wenn auch oft sehr komplexen Routineaufgaben durchführen. Ein Beispiel ist die automatisierte Einkommensteuerveranlagung.

b) *Integrierte Systeme,* die in der Regel Routineoperationen unterstützen, indem sie eine gemeinsame Datenbank für eine Vielzahl von Verwaltungsbehörden bereitstellen oder zumindest Möglichkeiten zu gemeinsamem Datenzugriff bieten. Im Vergleich zu Typ a) bedarf es dafür größerer Datenspeicherungskapazitäten und besserer Zugriffsmöglichkeiten. Anderen Stellen als den jeweils zuständigen Behörden kann Zugang zu den Daten für die Sachverhaltsaufklärung im Einzelfall oder für Zwecke der Planung bzw. Statistik eingeräumt werden. Ein gutes Beispiel ist das schwedische System der Motorfahrzeugregistrierung. Neben der automatischen Zulassungsprozedur erledigt es Steuer- und Versicherungsangelegenheiten, die Einberufung zur Sicherheitsinspektion, und es liefert sogar die Information für die Fertigungssteuerung der Kennzeichenschilder.

c) *Entscheidungshilfen* umfassen Informationssysteme vom Typus der Datenbank. Sie speichern große Datenmengen und ermöglichen gewöhnlich entweder raschen Zugriff zu den Daten (z. B. bei Polizei und Nachrichtendiensten) oder deren Kombination für statistische oder Planungszwecke. In beiden Fällen dienen sie als Entscheidungshilfen für Menschen, sei es für Polizisten oder für Politiker.

Selbst in Ländern, in denen die EDV in der öffentlichen Verwaltung schon weit verbreitet ist, sind derzeit alle drei Anwendungstypen nur als isolierte Systeme vorhanden. Weder erstrekken sie sich über die gesamte Verwaltungsorganisation, noch sind sie in größerem Maße miteinander verbunden. Anspruchsvolle Konzepte von »Management-Informationssystemen« für den öffentlichen Sektor wurden keineswegs in der Weise verwirklicht, wie man es in den sechziger Jahren erwartet hatte. Gleichwohl waren ihre Verheißungen für den gegenwärtig erreichten Stand der Automation in der öffentlichen Verwaltung mitbestimmend.

Verschiedene gesellschaftliche Auswirkungen der hier beschriebenen Typen von EDV-Systemen sind bereits deutlich hervorgetreten. Neben den schon erwähnten organisatorischen Konsequenzen betreffen sie:

– die Qualität der Verwaltungsleistungen sowie das Beziehungsgefüge von Bürger und Verwaltung;
– die Machtverteilung zwischen öffentlichen und privaten Organisationen (Bürokratien), also das Zentralisierungsproblem;
– die Machtverteilung zwischen staatlichen und privaten Bürokratien und dem Individuum, also das Datenschutzproblem.

Ehe wir uns mit diesen Konsequenzen im einzelnen befassen, ist eine allgemeine Vorbemerkung am Platze. Informationstechnik, insbesondere die EDV, darf nicht als Technik mit ein für allemal feststehenden Anwendungsmustern und Folgen betrachtet werden. Aus dem Spektrum der Möglichkeiten der EDV werden einige ausgewählt, und zwar vorzugsweise dann, wenn mittels dieser Möglichkeiten Strategien zur Organisation von Arbeit und Informationsflüssen verfolgt werden. Daher kann auch nicht allgemein von notwendigen Implikationen des Computereinsatzes gesprochen werden, sondern immer nur von Konsequenzen der derzeit üblichen Anwendungen in einem bestimmten Bereich. Was wir über die Automation der Verwaltung wissen, sagt viel mehr über die Strategien und verwaltungspolitischen Auffassungen von Einzelpersonen und Organisationen aus, die die Informationssysteme einführen, als über allgemeine Eigenschaften und Besonderheiten der jeweiligen Technik. Die politische Kultur eines Landes beeinflußt stark die Art und Weise, wie die Informationstechnik eingesetzt wird.

Der Wandel in der Qualität der Verwaltungsdienste

In vielen Ländern vermitteln die endlosen Beschwerden über eine sture automatisierte Verwaltung einen weitgehend negativen Eindruck. Zahlreich sind die Fälle von unleserlichen Computerausdrucken, von Schwierigkeiten, Fehler in automatisierten Registern korrigieren zu lassen, von Resultaten, für die niemand verantwortlich zu sein scheint. Man sollte darüber freilich nicht vergessen, daß es auch positive Auswirkungen gegeben hat, besonders im Hinblick auf Tempo und Zuverlässigkeit der Verwaltungsarbeit.

Es ist nicht ungewöhnlich, daß Behörden die Automation eines Teils ihrer Arbeit als Vorwand dafür nehmen, um Steuerzahler oder Leistungsempfänger noch längere Formulare noch sorgfältiger als bisher ausfüllen zu lassen. Diese Praxis, die Kosten und Unannehmlichkeiten auf den Klienten abzuwälzen, dürfte die bestehenden Ungleichheiten in den Zugangschancen zu Verwaltungsleistungen noch vertiefen.

EDV-Systeme verlangen tendenziell mehr Geschick und höheren finanziellen Aufwand beim Umgang mit Behörden. Zudem werden die Motivationsbarrieren höher, wenn die Gelegenheiten zum direkten Kontakt mit dem Verwaltungspersonal seltener werden. Vielfach hat dieser Abbau des direkten Kontaktes schon dazu geführt, daß die staatliche Verwaltung immer weniger auf die Wünsche und Nöte der Bürger eingeht.

Ein weiterer negativer Aspekt ist das übertriebene Vertrauen vieler Behörden in die Richtigkeit ihrer intern gespeicherten Informationen. Wenn Behörden auf die Probleme der Bürger nicht mehr so leicht eingehen, wenn die persönlichen Kontakte sich vermindern, so verlassen die Verwaltungen sich stärker auf gespeicherte Information und auf verwaltungsinternen Informationsaustausch. Immer mehr Information wird über die einzelne Person gesammelt, ohne daß diese etwas davon weiß. Der Bürger hat keine Möglichkeit, etwaige Irrtümer zu bemerken und zu verbessern; die Information wird dadurch unzuverlässig.

All das steht in scharfem Gegensatz zu dem Wunsch vieler Länder, die EDV als Allheilmittel gegen eine schlechte Verwaltung einzusetzen. In vielen Ländern Europas und der dritten Welt, wo die EDV noch weniger verbreitet ist, glaubt man noch immer, daß automatisierte Systeme zu einer gerechteren und objektiveren Behandlung der Staatsbürger beitragen, die Möglichkeiten der Steuerhinterziehung verringern und die Gesetzestreue der Bürger fördern könnten. Für diese Ansicht spricht, daß zentralisierte Systeme das Entscheidungsermessen der Beamten in der Regel einschränken. Es gibt Länder, wie etwa Italien, in denen manche Verwaltungsaufgaben auf diese Weise bedeutend besser erfüllt werden konnten. Derartige Erfolge könnten sich jedoch in vielen Ländern als kurzlebig erweisen, solange nicht ein Wandel der Wertbegriffe ein neues Klima in Verhältnis von Bürger und Verwaltung schafft.

Entscheidungszentralisierung in der Verwaltung

Bei der Erörterung von Zentralisierungseffekten des EDV-Einsatzes wird durchweg die Auffassung vertreten, daß Zentralisierung eine Machtverschiebung zur Organisationsspitze oder zu einer zentralen Organisation hin impliziere, während die Dezentralisierung das Gegenteil mit sich bringe.

Machtverschiebungen, ob beabsichtigt oder nicht, hängen oft davon ab, daß die Spitze einer Organisation bzw. das Zentrum eines Netzwerks von Organisationen besser informiert wird. Zentrale Datenspeicherung oder zumindest die ständige Möglichkeit, die dezentral gespeicherten Daten zusammenzuziehen, kann zur Stärkung der zentralen Leitung führen.

Die Erörterungen dieser Frage zeichnen sich jedoch in der Regel nicht durch begriffliche Klarheit aus. Zu viele Faktoren, die mit Informationstechnik nichts zu tun haben, spielen nämlich eine Rolle. Man macht sich nur wenig Mühe, den Anteil der Informationstechnik am sozialen Wandel und an den beobachtbaren Machtverschiebungen präziser zu bestimmen. Es scheint so, als lenkte das eingängige und scheinbar überzeugende Schlagwort »Information ist Macht« von einer genaueren Betrachtung eher ab.

Während Hinweise auf Machtverschiebungen *innerhalb* von Organisationen durchaus vorliegen, ist die Vermutung einer veränderten Machtbalance zwischen den Teilorganisationen eines Regierungs- und Verwaltungssystems noch kaum belegbar. Bezogen auf das Verhältnis zwischen Exekutive und Legislative wurde etwa wegen der zunehmenden Automation der Verwaltung eine Schwächung des Einflusses der Parlamente befürchtet.

Es kann leicht in die Irre führen, Machtverschiebungen zwischen und innerhalb von Organisationen mit den Begriffen der Zentralisierung und der Dezentralisierung erfassen zu wollen, wenn man nicht berücksichtigt, daß »Zentralisierung« sehr unterschiedliche Bedeutungen haben kann. Die Zentralisierung von Routineaufgaben aus Gründen der Zweckmäßigkeit ist etwas ganz anderes als eine Zentralisierung, die in einer Neuverteilung der Entscheidungsbefugnisse besteht, was einen Verlust an Selbständigkeit, Handlungsspielräumen und Macht auf den unteren Ebenen bedeutet. Eine weitere Form der Zentralisierung wäre die rein physische Zentralisierung der Datenspeicherung, des EDV-Betriebs oder der Systemanalyse und der Programmierung.

Lange Zeit wurden die Zentralisierungswirkungen der EDV auf die höhere Wirtschaftlichkeit großer EDV-Anlagen zurückgeführt[2]. Die Leistungsfähigkeit der frühen Computer wuchs mit zunehmender Größe überproportional. Das wiederum schien es erforderlich zu machen, daß zentrale EDV-Anlagen von verschiedenen Dienststellen gemeinsam benutzt werden, anstatt jedem Amt seine eigene kleinere Anlage zu überlassen. Ein zweites Merkmal der frühen EDV-Systeme war, daß sie nur in unmittelbarer physischer Nähe der EDV-Anlage genutzt werden konnten, was ebenfalls ein Zentralisierungsfaktor war.

Durch *Time-sharing* und Datenfernverarbeitung können aber inzwischen viele Benützer an verschiedenen Orten mit demselben Computer arbeiten. Der Entscheidungsprozeß kann somit räumlich fast vollständig von dem Ort abgelöst werden, an dem der Computer aufgestellt ist.

2 Herbert Simon: *The Consequences of Computers for Centralization and Decentralization,* in: Dertouzos und Moses (Hrsg.): *The Computer Age, a twenty year view,* Cambridge (Mass.), MIT Press 1979, pp. 212–228.

Das alles ist wichtig für die im Gang befindliche Debatte über die Umkehr der Tendenz der zunehmenden Zentralisierung, die bisher unausweichlich schien, wo immer die EDV in größerem Maße eingesetzt wurde. Wenn der Computereinsatz bisher zentrale Entscheidungsprozesse begünstigt hat, so braucht das jetzt nicht mehr der Fall zu sein. Es wäre jedoch irrig, zu glauben, daß die neue Technologie sich automatisch im Sinne einer stärkeren Dezentralisierung auswirke. Obwohl die technische Durchführbarkeit und die wirtschaftlichen Möglichkeiten für die Entscheidungsdezentralisierung eine wichtige Rolle spielen, ist eine dezentral arbeitende technische Anlage nicht gleichbedeutend mit dezentral getroffenen Entscheidungen im oben definierten Sinn. Dezentraler Computereinsatz im gebräuchlichen Sinn führt nicht von selbst zu mehr Selbständigkeit, Macht und Handlungsspielräumen auf den unteren Ebenen.

Mehr und mehr werden statt dessen die zentrale Kontrolle der Information und die Handlungsfreiheit dezentraler Körperschaften nebeneinander bestehen. Schon früher wurde die EDV nicht immer nur wegen ihrer größeren Leistungsfähigkeit eingesetzt. Vielmehr schien sie eine bessere Beherrschung wichtiger Operationen zu versprechen. Mit Hilfe automatisierter Systeme sind höhere Ebenen der Hierarchie besser in der Lage, die Arbeit in ihrem eigenen Bereich oder in dezentralen Einheiten unter ihrer Aufsicht zu steuern und zu überwachen; die Übertragung größerer Machtbefugnisse an dezentrale Einheiten schließt nicht aus, daß zur gleichen Zeit die Zentrale über die geleistete Arbeit besser unterrichtet wird. Wenn also die neue Technologie einen Dezentralisierungseffekt hat, könnte dies die zentrale Macht ebensogut vergrößern, wie es sie schwächen könnte.

Privatsphäre und Autonomie des machtlosen Individuums

Während die Zentralisierung des Informationsmanagements und der Informationsressourcen mit Machtverschiebungen zwischen und innerhalb von *Organisationen* einhergeht, verweist das Datenschutzproblem auf das Kräftegleichgewicht zwischen Organisation und Individuum. Das war nicht immer klar. Es geht in Wirklichkeit nicht um den Schutz der sogenannten Privatsphäre, ein schlecht definierter Begriff, der je nach dem kulturellen Umfeld stark variiert. Worum es geht, ist der Machtzuwachs von Bürokratien, sowohl des staatlichen als auch des privaten Sektors, auf Kosten des Individuums, des nichtorganisierten Sektors der

Gesellschaft, und zwar durch das Sammeln von Informationen mittels direkter Beobachtung und intensiverer Informationsspeicherung.

Zum Ursprung der Befürchtungen

Befürchtungen über die Verletzung der Privatsphäre durch Computer gab es schon in den sechziger Jahren. Man nahm an, daß Organisationen mit automatisierten Informationssystemen mehr vertrauliche Daten über Einzelpersonen sammeln würden als früher und diese Daten leichter untereinander austauschen könnten. Dies könnte, so die Erwartung, zu einer ernsten Bedrohung der Privatsphäre führen. Der in den USA geäußerte Vorschlag, ein nationales Datenzentrum zu schaffen, löste eine ganze Reihe mehr oder weniger spekulativer Studien aus. Diese befaßten sich mit den Gefahren, die entstehen, wenn Organisationen ein längeres und präziseres Gedächtnis erhalten und in die Lage versetzt werden, aus Datenbeständen zu schöpfen, die ihnen früher nicht zugänglich waren.

Dennoch war die Prognose ungewiß. Heute gibt es noch immer keine riesigen zentralen Datenbanken, die auf einen Knopfdruck hin detaillierte Lebensgeschichten einer großen Anzahl von Personen auswerfen können. In vielen Ländern gibt es aber zahlreiche bereichsspezifische Systeme dieses Typs. Beispiele sind

– Personalinformationssysteme, besonders in großen Firmen oder in der Verwaltung, zum Beispiel im britischen Staatsdienst, Gesundheitsinformationssysteme, zum Beispiel in Krankenhäusern,

– Sozialversicherungsinformationssysteme,

– Kriminalinformationssysteme mit Strafregister, Daten über Drogensüchtige, Steckbriefe etc.

Solche Systeme speichern oft auch nicht die gesamte Information in abrufbarer Form. Vielmehr vermerken sie nur, an welcher Stelle schriftliche Aufzeichnungen mit der gewünschten Information archiviert sind.

Nichtsdestoweniger bergen auch solche bereichsspezifischen Systeme die Gefahr einer Verwendung zum Nachteil der Personen, deren Daten darin gespeichert sind, gleichgültig, ob dies gewollt wird oder aufgrund von Nachlässigkeit geschieht. Das Individuum sieht sich zunehmend besser informierten Organisationen und Fachleuten gegenüber.

Die Möglichkeit des Zusammenschlusses solcher Systeme stellt eine erschreckende Perspektive dar. Bis vor kurzem konnte man in vielen Ländern mit einiger Sicherheit davon ausgehen, daß Individuen den verschiedenen Verwaltungsstellen nur in *einer* relevanten Eigenschaft bekannt waren, also zum Beispiel entweder als Steuerzahler oder als Patient oder als Schüler oder als Angestellter. In automatisierten Informationssystemen könnten Daten aus verschiedenen Quellen sehr leicht zusammengezogen werden, wenn keine Vorkehrungen dagegen getroffen werden. Wie ein Puzzlespiel würden sie ein ziemlich vollständiges, aber dennoch verzerrtes Persönlichkeitsbild ergeben. Mit der besseren Beherrschung der EDV und insbesondere mit EDV-Verbundsystemen wächst diese Gefahr.

Es bietet daher nur schwachen Trost, daß eine Untersuchung in den USA 1972 feststellte, daß die Informationspraktiken großer öffentlicher und privater Organisationen durch die bessere Technik kaum berührt wurden[3]. So seien beispielsweise die Praktiken von Kreditauskunfteien nicht wesentlich durch den EDV-Einsatz verändert worden. Die Verfasser stellen fest, daß die technische Machbarkeit von nur geringer Bedeutung dafür ist, welche Art von Informationen von großen Organisationen mit intensiven Informationstechnikeinsatz gesammelt und untereinander ausgetauscht werden.

Die Datenschutzgesetzgebung

Wieder geht es darum, die Befürchtungen mit der Wirklichkeit und mit den derzeit in dieser Wirklichkeit erkennbaren Trends zu konfrontieren. Das letzte Jahrzehnt hat durchweg gezeigt, daß EDV doch nicht oder noch nicht den ursprünglichen Erwartungen entspricht, die in ihr eine sehr effektive Regierungs- und Verwaltungstechnik sahen. Dabei wurde deutlich, daß viele Befürchtungen über die Verletzung der Privatsphäre durch die EDV in die falsche Richtung deuten. Maßnahmen zum Schutz des Individuums gegen die Herrschaft der Computer wurden oft überstürzt entworfen. Zweifellos haben sie zu einem gesteigerten Problembewußtsein beigetragen. Entgegen der erklärten Absicht der Gesetzgeber dienen die gegenwärtig geltenden Datenschutzgesetze aber eher dazu, das Mißtrauen zu zerstreuen, das die Vorstellungen einer kybernetischen Regierungstechnik in der Öffentlichkeit weckten, als daß sie einen wirksamen Schutz böten. Wenn nur die EDV-gestützte Informationsverarbeitung zum Regelungsgegenstand gemacht wird, wie es die meisten nationalen Datenschutzgesetze tun, so reicht dies zur Lösung von Problemen nicht aus, welche die EDV zwar akut hervortreten ließ, die aber selten von ihr verursacht wurden.

Viele Länder haben Gesetze geschaffen, um den Mißbrauch

3 Alan Westin und M. Baker, *Databanks in a free society*, New York: Quadrangle Books, 1972.

oder die Zweckentfremdung von EDV-gespeicherten Daten zu verhindern. Seit 1970 sind solche Gesetze in mehreren europäischen Ländern und in den USA entstanden. Dabei geht man durchweg davon aus, daß die Öffentlichkeit keinen Grund zur Beunruhigung hätte, wenn die erfaßten Personen selbst die Richtigkeit der sie betreffenden Informationen kontrollieren könnten und über die Verwendung ihrer Daten zumindest in der Mehrzahl der Fälle laufend informiert würden.

Sorgfältig erdachte Datensicherungsvorkehrungen sind typisch für Konzeption und Struktur der meisten Datenschutzgesetze. Nur gelegentlich regeln die Gesetze detailliert, welche Daten in welcher Weise und für welche Zwecke gespeichert und verarbeitet werden dürfen. Anstatt in dieser Weise die erlaubten Inhalte von neu einzurichtenden Informationssystemen zu regeln, befaßt sich der Großteil der Gesetze eher mit Regeln für die Datensicherung bei EDV-Anlagen.

Sehr genau geregelt werden auch die Fragen des Zugangs und der Korrektur von Daten durch die betroffenen Personen. Durchweg gelten die Gesetze nur für automatisch verarbeitete Daten, doch schließen manche Gesetzestexte auch konventionell archivierte und manuell verarbeitete Daten ein.

Man kann bezweifeln, daß die Gesetzgebung auf diese Weise der wachsenden Gefährdung der Privatsphäre und der Autonomie der Person Einhalt bieten kann. Im Hinblick auf die USA ist die These aufgestellt worden, daß ein nur auf der Einräumung von Individualrechten beruhendes Datenschutzkonzept dem Trend zur massenhaften Überwachung von Personen eher Vorschub leiste, als ihn verhindere[4].

In mehreren Ländern zeigten die ersten Erfahrungen bei der Durchführung der Datenschutzgesetze schon bald, daß diese oft Überschneidungen oder gar Widersprüche zu anderen Teilen der Rechtsordnung aufwiesen, welche ebenfalls den – automatisierten oder nichtautomatisierten – Umgang mit Informationen regeln. Die alte Debatte darüber, welches Maß an Geheimhaltung zum Schutz der lebenswichtigen Interessen eines Landes und seiner Machtstruktur notwendig ist, wurde durch die Datenschutzgesetzgebung neu entfacht. In manchen Fällen standen die Gesetz gewordenen Bestimmungen in direktem Widerspruch zum Grundsatz der Informationsfreiheit. In mancher Hinsicht schienen sie die Gelegenheit und das Recht des offenen Zugangs zu den Informationen der Verwaltung weiter einzuschränken; ein Recht, das in vielen Ländern als wesentliche Voraussetzung für einen freien und

4 James B. Rule, in: Lance J. Hoffman (Hrsg.) *Computers and Privacy in the Next Decade*, New York, Academic Press, 1980.

offenen demokratischen Prozeß betrachtet wird. Die Datenschutzgesetze über die Privatsphäre haben ferner in vielen Fällen dazu geführt, daß die Informationsbasis kritischer Sozialforschung geschmälert wurde, besonders im Hinblick auf politisch relevante Forschungsgegenstände.

In mehreren Ländern, darunter Großbritannien, Frankreich und die USA, schwingt das Pendel jetzt in die andere Richtung. Nach einigen Überreaktionen bei der Verschärfung bestehender Geheimhaltungsbestimmungen, von denen man angenommen hatte, daß sie zum Schutz der Privatsphäre erforderlich seien, gibt es inzwischen eine Tendenz zur größeren Offenheit beim Umgang mit Information, zumindest im öffentlichen Sektor.

Eine der Wirkungen der Datenschutzdebatte ist ein gesteigertes Problembewußtsein im Umgang mit Personendaten. Die Diskussion hat die Praxis der Informationsverarbeitung in Unternehmen und Behörden auf ein politisch sichtbares Niveau gehoben. Man wurde sich nicht nur der Bedeutung von Individualrechten der Betroffenen an ihren eigenen Daten bewußt; auch der Grundsatz der Öffentlichkeit von Verwaltungsinformationen wurde im Ergebnis bekräftigt. Verhältnismäßig vage Bestimmungen darüber, welche Informationen wem zugänglich sein sollen, werden nach und nach durch genauere Bestimmungen über die Verwendung von Gesundheitsdaten, Polizeidaten, Sozialverrsicherungsdaten usw. abgelöst oder ergänzt. Von der diffusen Befürchtung von Verletzungen der Privatsphäre durch die Informationstechnik verschiebt sich somit das Problembewußtsein allmählich hin zu wichtigen Sektoren des gesellschaftlichen Lebens, in denen Bürokratien Information über Einzelpersonen sammeln, zu Zwecken der Wohlfahrt und der sozialen Kontrolle des individuellen Verhaltens.

Die Privatsphäre und die Macht der Bürokratien

Ungeachtet solcher Diskussionen über Zweck und Ausmaß der Zuteilung von Informationen an Bürokratien betrachten viele namhafte Fachleute die durch die Informationstechnik aufgeworfenen Probleme mit dem Inkrafttreten einschlägiger Gesetze als gelöst. Nur allzu gern wird übersehen, daß die mit der besseren Verfügbarkeit von Informationen für Entscheidungsprozesse in Organisationen gegebene Problematik sehr vielschichtig ist. Die Datenschutzgesetze tragen dazu bei, davon abzulenken, gerade indem sie dem betroffenen Individuum Rechte geben, Daten zu überprüfen und deren zweckwidrige Sammlung und Nutzung zu verhindern. Die Frage, ob die leichtere Verfügbarkeit von Informationsressourcen nicht zu einer Machtverschiebung zugunsten der großen Bürokratien auf Kosten des Individuums führt, bleibt unbeantwortet. Wäre sie zu bejahen, so würden Rechte des Individuums bestimmt nicht ausreichen, um das Gleichgewicht wiederherzustellen. Statt dessen wären neue Formen der Kontrolle dieser großen Bürokratien zu entwickeln.

Kurzum, das Problem wurde vorschnell in rein individualistische Kategorien gefaßt, um in den nationalen Rechtsordnungen handhabbar zu werden. Sicherungsvorkehrungen wurden entworfen, noch ehe die eigentlichen Gefahren genügend klar erkannt waren. Man gab sich wenig Mühe, die relative Bedeutung der EDV bei Veränderungen in der Art der Informationsnutzung und des Informationsflusses abzuschätzen. Es wurde nicht geklärt, in welchem Ausmaß das Ausufern des Informationsflusses über die einstigen »natürlichen« Dämme hinweg auf die besseren technischen Mittel zur Überwindung dieser Barrieren zurückzuführen war, oder ob dieses Ausufern vor allem auf den deutlichen Wunsch zurückzuführen ist, mehr Informationen zu erlangen, um bessere Entscheidungen treffen zu können und die zentrale soziale Kontrolle zu intensivieren.

Die Folgen veränderter Informationsgleichgewichts sind mannigfach. Es geht um weit mehr als um das Eindringen in die Privatsphäre. Bürgerrechte, Meinungsfreiheit, die Möglichkeit, an politischen Diskussionen teilzunehmen, ohne negative Folgen befürchten zu müssen, bezeichnen nur einige der Bereiche, in denen eine veränderte Informationslage nachteilige Auswirkungen haben kann.

Eine gründlichere Analyse des Problems sollte mit der Feststellung beginnen, daß jede gesellschaftliche Interaktion die Übermittlung von Information über individuelles Verhalten impliziert. Das gilt unbeschadet dessen, ob eine solche Interaktion direkt, spontan und formlos erfolgt oder durch Verfahrensregeln gelenkt und durch Bürokratien vermittelt wird. Ein Verhalten, das von einigen an der Interaktion Beteiligten, und besonders den Mächtigeren, als abweichend angesehen wird, ruft Reaktionen der sozialen Kontrolle, also negative Sanktionen, auf den Plan.

Die Rolle der Informationstechnik besteht nun darin, daß sie entweder zu größerer unmittelbarer Sichtbarkeit des individuellen Verhaltens beitragen kann oder aber zur Erleichterung des Zugangs zu den gespeicherten Aufzeichnungen über ein solches Verhalten. Straßenüberwachungskameras und Monitoren à la Orwells *1984* wären ein Beispiel für ersteres, während der Zugang der Polizei zu EDV-gespeicherten persönlichen Gesundheitsdaten letzteres illustriert.

In beiden Fällen wird die Überwachung als Ausgangspunkt der

sozialen Kontrolle verschärft. Schließlich liegt noch eine weitere Auswirkung der Informationstechnik in der erleichterten Weitergabe von Daten über abweichendes Verhalten, etwa in automatisierten polizeilichen Informationssystemen. All diese Auswirkungen erleichtern die soziale Kontrolle und rufen Veränderungen in den Sanktionsmustern gegenüber abweichendem Verhalten hervor.

Es ist erstaunlich, daß man so wenig getan hat, um die Vor- und Nachteile des Wandels im Informationsfluß beziehungsweise in der Steuerung von Information und in den Überwachungstechniken zu untersuchen. Bezogen auf das Individuum, sind mache der potentiellen Gefahren sehr deutlich beschrieben worden, etwa die Diskriminierung durch Arbeitgeber oder Kreditinstitute, sowie die Unmöglichkeit, ein neues Leben zu beginnen. Ebenso bedeutsam sind jedoch gesellschaftliche und politische Konsequenzen. Veränderungen bei der Aufklärung von Straftaten, allgemein bei der Durchsetzung des Rechts, sind gewiß zu begrüßen, sofern sie dazu beitragen, daß alle Staatsbürger gleich behandelt werden oder daß Lücken dort geschlossen werden, wo in unseren westlichen Gesellschaften ein höheres Maß an sozialer Kontrolle dringend erwünscht wäre. Es besteht aber das Risiko eines übermäßigen Anwachsens sozialer Kontrolle in Fällen, in denen abweichendes Verhalten zwar nur von minderer sozialer Bedeutung ist, jedoch leicht beobachtet und registriert werden kann.

Polizei-Informationssysteme haben bislang vor allem bewirkt, daß Bagatellfälle schneller aufgeklärt, gestohlene Autos aufgefunden und unbezahlte Strafmandate eingetrieben werden konnten. Oft hat das dazu geführt, daß Zeit und Aufmerksamkeit hierfür auf Kosten anderer wichtiger Aufgaben der Polizei aufgewendet wurden. Zu erwarten steht nicht so sehr eine intensivere soziale Kontrolle als vielmehr eine Neuverteilung der Kontrollaktivitäten, besonders in Richtung auf eine stärker zentralisierte soziale Kontrolle. In vielen Fällen scheint sich, ganz unabhängig von der Informationstechnik, eine Verlagerung der Kontrolle weg von örtlichen Einrichtungen und informellen Gruppen und hin zu zentralen Verwaltungsstellen zu vollziehen. Es gibt aber auch Fälle, in denen offenbar erst die Informationstechnik die Gelegenheit bietet, soziale Kontrolle zu zentralisieren. Vor allem kann das dadurch geschehen, daß sie menschliches Verhalten sichtbarer macht und die Aufzeichnungen über dieses Verhalten vervielfacht, so daß es von der Kontrollinstanz nicht mehr so leicht »vergessen« wird.

Auf lange Sicht wird die Informationstechnik aber wahrscheinlich zur Intensivierung der sozialen Kontrolle beitragen, nicht nur zu deren Zentralisierung. Das ist freilich noch eine offene Frage.

Es könnten gesellschaftliche Kräfte auftreten, die dagegen erbitterten Widerstand leisten. Vielleicht gibt es sogar grundlegende Schranken einer Intensivierung der sozialen Kontrolle. Beseitigte man alle Vorkehrungen, die die volle Sichtbarmachung menschlichen Verhaltens verhindern, so könnte das letztlich einen Preis fordern, den keine Gesellschaft zu zahlen bereit ist. Lückenlose Kommunikation, die volle Sichtbarkeit des Verhaltens ist Bestandteil vieler utopischer Gesellschaftsmodelle. Sie ist auch das Ideal der Gefängnisarchitektur, aber sie funktioniert im wirklichen Leben nie. Man muß den Menschen immer irgendeine Möglichkeit bieten, sich zurückzuziehen.

Das Zusammenwachsen von EDV und Nachrichtentechnik

Die meisten der bisher erwähnten Implikationen der Informationstechnik sind der EDV zuzuschreiben. Andere Informationstechniken, besonders die Nachrichtentechnik, spielen nur gelegentlich eine Rolle. Das Spektrum der gesellschaftlichen Konsequenzen der Informationstechnik erweitert sich jedoch beträchtlich, sobald die Verbindung von Elementen der EDV und der Nachrichtentechnik ins Spiel kommt. Die vorhandenen Netze für schriftliche, mündliche und visuelle Kommunikation sind jetzt schon eines der wichtigsten Anwendungsgebiete der Mikroelektronik. Sie werden durch Datenübermittlungsnetze ergänzt. Geographisch von einander weit entfernte EDV-Anlagen werden durch sie untereinander verbunden und ihren Benützern über Datenendgeräte zugänglich gemacht.

Diese Entwicklung eröffnet die Perspektive, daß die EDV in Verbindung mit neuen Formen der Kommunikation in den Alltag Einzug hält, wie zuvor das Telefon und in manchen Ländern die Schreibmaschine. Nicht viel anders als die Gas- und Wasserversorgung könnten »Informationsversorgungseinrichtungen« jederzeit eine Vielzahl von Möglichkeiten des Zugangs zu Informationen eröffnen und Dienstleistungen an den privaten Haushalt liefern. Nach der Rationalisierung der Produktion und der Büroarbeit könnte diese Entwicklung eine neue Welle der Rationalisierung einleiten, die das Alltagsleben betrifft.

Derartige Informationsversorgungseinrichtungen befinden sich noch in einem sehr frühen Entwicklungsstadium. In manchen Ländern gibt es Versuchsanlagen für Zweiweg-Kommunikation über Breitbandkabelsysteme. Sie bieten eine Infrastruktur für eine Vielzahl von Kommunikationsprozessen und Informationsdiensten. Schon weiter fortgeschritten sind Informationssysteme über Telefon, die TV-Geräte als Bildschirm benutzen, wie etwa das britische PRESTEL (Bildschirmtext). Im Vergleich zu den wenigen verwirklichten Projekten gibt es enorm viele Spekulationen über die möglichen Vor- und Nachteile solcher Informationsversorgungseinrichtungen.

Wir nehmen davon Abstand, hier alle diese Mutmaßungen wiederzugeben. Es muß ernstlich bezweifelt werden, daß Informationsnetze, wie sie in gewissen Szenarien, etwa dem von der »verkabelten Gesellschaft«[5], dargestellt werden, tatsächlich so arbeiten würden, wie vielfach angenommen wird. Wir wissen zum Beispiel nicht, ob es eines Tages automatisierte Wahlen und Meinungsumfragen per Knopfdruck geben wird, mit den im folgenden beschriebenen Auswirkungen auf das politische Leben. Wir wissen auch nicht sehr viel über die neuen Formen von Heimarbeit, die durch Nachrichtenverbindungen zwischen dem privaten Heim und dem Büro beziehungsweise den Arbeitskollegen ermöglicht werden.

Wissenschaftliche und technische Informationssysteme

Ein Gebiet, auf dem Datenkommunikation bereits in größerem Umfang stattfindet, ist die Versorgung mit wissenschaftlicher und technischer Information aus großen Datenbanken. Informationssysteme für wissenschaftlich-technische Information, die über Datenendgeräte abgefragt werden können, gibt es bereits in mehreren Ländern. Obwohl sie sich nicht in dem Umfang durchsetzen konnten, der noch vor zehn Jahren erwartet wurde, werden wir uns dennoch bald daran gewöhnt haben, daß der Wissenschaftler an einem Terminal sitzt, um nach Daten, Literaturnachweisen und dem vollen Wortlaut von Artikeln zu suchen. Das Ausmaß, in dem diese Systeme schließlich genutzt werden, steht aber noch nicht fest. Ein Teil der Möglichkeiten könnte vielleicht auch durch Heimcomputer geboten werden, die mit Video-Recordern als Datenspeicher verbunden sind; die Nutzung der externen Datenbanken könnte sich dann auf aktuelle Informationen und Zweiweg-Dienstleistungen beschränken.

Jedenfalls werden die Wissenschaftler entgegen manchen Spekulationen auch weiterhin Bücher lesen. Damit werden viele Mußmaßungen über riesige Datenbanken, die Wissensmonopole darstellen, gegenstandslos. Das jeweilige Umschreiben der Geschichte nach den Anweisungen des Tages wird mit solchen Syte-

5 James Martin: *The Wired Society*, Englewood Cliffs, Prentice Hall, 1978.

men wahrscheinlich nicht leichter sein, als es heute ist. Allgemeiner gesagt, die vermuteten Folgen der »Einmaligkeit« automatisierter Informationssysteme werden zweifellos durch die fortdauernde Nutzung anderer Medien entsprechend relativiert werden.

Ein nicht unbedeutendes Problem bei wissenschaftlich-technischen Informationssystemen liegt in der Möglichkeit des mehr oder weniger leichten Zugangs. Gesetzliche oder finanzielle Hürden können ihm im Wege stehen. Privilegierte Benützer wie Regierungsstellen und große Unternehmen können Vorzugsrechte genießen, was ihnen natürlich Vorteile gegenüber den übrigen Benützern verschafft. Schon jetzt befindet sich die Forschung an den Universitäten gegenüber der unternehmensinternen Forschung und der staatlichen »Ressortforschung« im Rückstand. Die Lage könnte sich weiter verschlechtern. Ganz ähnliche Fragen ergeben sich im Hinblick auf den Zugang von Ländern der dritten Welt zu Informationssystemen, die sich noch immer fast ausschließlich in den USA und in Europa befinden.

Gesetzliche Zugangsrechte und wirtschaftliche Anreize und Anfragen, die den Zugang für alle Benützer sichern sollen, reichen aber nicht aus, um das Gleichgewicht wiederherzustellen. Oft genug sind die verfügbaren Informationssysteme so angelegt, daß sie Daten enthalten, die speziell auf den Bedarf bestimmter Benützer zugeschnitten sind. Außerdem sind die für den Umgang mit ihnen erforderlichen Kenntnisse und Fähigkeiten sehr ungleich verteilt. Wenn sich das Bildungssystem dieser Herausforderung nicht stellt, so ist formal gleicher Zugang zur Information sicherlich nicht gleichbedeutung mit der Gleichheit der Chancen zur Wissensaneignung. Vielmehr könnten neue Zugangsmöglichkeiten lediglich zu einer weiteren Informationsüberflutung führen, und das sogar für sehr gebildete Leute.

Die Bewältigung der Informationsüberflutung wird dadurch erschwert, daß die Aufmerksamkeit knapp ist, die der potentielle Empfänger der Information dieser zuwenden kann. Obwohl es grundsätzlich möglich wäre, daß die Informationssysteme selbst die Instrumente zur besseren Bewältigung des Informationsflusses liefern, dürften sich auch künftig die Kriterien, nach denen der einzelne Informationen auswählt, eher in der unmittelbar persönlichen Kommunikation bilden.

Zusammenfassend kann gesagt werden, daß der Nutzen wissenschaftlich-technischer Informationssysteme auch künftig nur selektiv zum Tragen kommen wird, wobei die großen Organisationen und die Fachleute stärker profitieren werden als der Bürger im Alltag.

Auch die Entwicklung solcher Informationssysteme, die sich nicht auf wissenschaftliche und technische Informationen beschränken, sondern sich nach dem richten, was ihre Urheber als den Bedarf der breiten Öffentlichkeit ansehen, wird vermutlich in obiger Hinsicht wenig ändern. Wenn diese Systeme so arbeiten, wie es beabsichtigt ist, werden sie wahrscheinlich die Kluft zwischen den Gebildeten und den weniger Gebildeten vertiefen. Die ersten Entwicklungen, die derartigen Informationsversorgungseinrichtungen gleichkommen, sind die nationalen »Videotex«-(Bildschirmtext-)Systeme, die derzeit in mehreren europäischen Ländern und in Kanada entstehen und von denen das britische PRESTEL am besten bekannt ist. Sie sollen Zugang zu Informationen und Dienstleistungen in vielen Bereichen bieten. Während die technischen Endvorrichtungen (Fernsehapparate, Telefon nebst Modem) bereits vielen Bürgern der westlichen Welt im Handel zu Verfügung stehen, muß sich erst zeigen, ob diese Systeme eine ebenso große Verbreitung finden werden wie das Fernsehen und das Telefon. Sie können die bestehende soziale Schichtung weiter akzentuieren, was ebensosehr durch das Bildungsniveau und die Geschicklichkeit im Umgang mit neuartigen Informationsversorgungseinrichtungen wie auch dadurch bedingt ist, ob man finanziell in der Lage ist, sich die verschiedenen Dienste zu leisten. Nur ein Bruchteil der Bevölkerung wird davon profitieren. Jene, die mit der neuen Technik nicht umgehen können, werden noch weiter ins Hintertreffen geraten.

Mit Informationssystemen für die Alltagsbedürfnisse der Bürger stellt sich das Problem des Zugangs zu Informationen in viel verzwickterer Form als bei wissenschaftlich-technischen Informationssystemen. Wenn die Angewiesenheit auf solche Systeme ein größeres Ausmaß annehmen sollte, dann würde ihr Potential zur Gestaltung des Informationsumfelds der Menschen mindestens gleichbedeutend sein mit dem der Massenmedien. Gesetzliche Rechte auf Zugang zur Information ebenso wie die bestehenden Regelungen für Massenmedien würden nicht ausreichen, um Schäden zu vermeiden. Vielmehr wäre es Sache des Bildungswesens, die Fähigkeit zu entwickeln, Information sinnvoll zu nutzen, um so dem Potential zur politischen Manipulation entgegenzuwirken.

Eine allgemein erwartete Implikation solcher Informationssysteme ist die Isolierung des Individuums. Viele Entwürfe von Informationsversorgungseinrichtungen implizieren eine atomistische Vorstellung der Gesellschaft; sie sehen den Menschen allein zu Hause am Informationsterminal. Konsequenterweise stünde zu befürchten, daß der Umgang mit Maschinen anstatt mit anderen Menschen ihn noch weiter isolieren würde.

Diese Vermutung ist jedoch noch kaum belegt. Im Gegenteil, das Fehlen des Kontaktes von Angesicht zu Angesicht führt in vielen Situationen wahrscheinlich nicht automatisch zu größerer Isolation. Forschungen über die Implikationen von Telefongesprächen weisen darauf hin, daß diese nicht eine abgeschwächte Version direkter Gespräche darstellen. Wider Erwarten macht das Telefon unvermutete Gaben der Beredsamkeit von den Hemmungen frei, die sich bei direkter Gegenüberstellung mit dem Gesprächspartner einstellen[6].

Politik in der »Informationsgesellschaft«

Unter den Spekulationen über den möglichen gesellschaftlichen Nutzen von Informationsversorgungseinrichtungen findet sich eine Reihe von Plänen zu deren Einbeziehung in das politische Leben. Wenn jeder Haushalt mit einem Terminal versehen wäre, der an einen nationalen Verbund angeschlossen ist, könnte der Kommunikationsfluß zwischen einfachen Bürgern und politischen Entscheidungsträgern verbessert werden. Auf dem Hintergrund dieser Zukunftsvision werden Vorstellungen entwickelt über Volksabstimmungen in regelmäßigen Abständen oder über andere Formen der Bürgerbefragung, durch die die Regierenden Reaktionen auf bestimmte Fragen ermitteln könnten.

Die verschiedenen Formen der »elektronischen Abstimmung« haben einige Implikationen, über die sich deren Verfechter im allgemeinen nicht im klaren sind. Anstatt die bestehenden horizontalen Kommunikationsstrukturen und die Artikulationsfähigkeit von gesellschaftlichen Gruppen zu fördern, würden vertikale Kommunikationsbeziehungen zwischen Bürgern und Regierenden gestärkt werden[7]. Dem liegt die atomistische Annahme zugrunde, daß isolierte Bürger die politischen Fragen zu Hause vorgesetzt bekommen und dort darüber entscheiden.

Die aktive politische Teilnahme an »Sofortabstimmungen« würde wahrscheinlich den bestehenden Machtstrukturen mehr nützen als den Bürgern. Die zu beantwortenden Fragen würden von den Herrschenden gestellt werden, die auch die erlaubten Antwortmöglichkeiten vorschreiben. Damit wären keinesfalls

6 Fred Emery: *Communication for a Sustainable Society,* in: *Telecommunications Policy,* 4 (1980), p. 306.

7 Kenneth Laudon: *Information Technology and Participation* in *the Political Process,* in: A. Mowshowitz (Hrsg.): *Computers and Human Choice* 2, Amsterdam, North Holland, 1980, pp. 167–191.

echte Mitbestimmungsmöglichkeiten gegeben, sondern es würde höchstens das Gefühl der Entfremdung beim Bürger verringert werden, wie dies bei den derzeit von Fernsehstationen praktizierten Formen der telefonischen Meinungsauswertung der Fall ist. Die Versuchung läge nahe, sofortige Reaktionen der Stimmbürger zu erhalten, wodurch die politische Diskussion eher abgewürgt als angeregt werden würde. Neue Impulse für die Gesetzgebung könnten sich dann weniger gut durchsetzen. Darüber hinaus würden erweiterte Formen der elektronischen Abstimmung der Gesetzgebung und den Regierungen Informationen über die Haltung der Öffentlichkeit liefern, sie besser in die Lage versetzen, die Wünsche und Reaktionen des Publikums vorauszusagen und negativen Reaktionen im voraus zu begegnen. Schließlich könnte die politische Teilnahmslosigkeit zunehmen, wenn jedermann befürchten müßte, daß seine politischen Ansichten nicht nur angehört, sondern auch automatisch registriert würden.

Wenn auch elektronische Abstimmungen im eigentlichen Sinn des Wortes in naher Zukunft nicht stattfinden werden, so könnte doch die Ermittlung von Meinungen über ein »Durchkämmen« von Telekommunikationsnetzen ebenso wie die Registrierung und statistische Erfassung des Konsumentengeschmacks bei Waren-Fernbestellungssystemen ähnliche Auswirkungen haben. Die Sozial- und Marktforscher hätten von diesen Daten besonders große Vorteile, wobei die Sozialforscher immer Gefahr laufen, mehr oder weniger direkt den Interessen der Regierungen und der Unternehmen zu dienen und unbeabsichtigt zur Durchsetzung schärferer Verhaltenskontrolle und zur Bestandserhaltung der bestehenden Machtstrukturen beizutragen. Gewiß wurde schon lautstark der Schutz der Privatsphäre gefordert. Weniger deutlich erkannt, aber vielleicht von größerer Relevanz für die Gesellschaft ist jedoch der Beitrag, den bessere Informationsressourcen zur Stabilisierung eines Gemeinwesens leisten, dessen Reaktionen zwangsläufig immer leichter vorherzusagen sind.

Größere politische Stabilität ist natürlich dort wünschenswert, wo schwache Regierungen durch Staatsstreiche oder Terroristenaktionen erschüttert werden oder sich gegen halbgeheime Organisationen vom Typ der Mafia nicht durchsetzen können. Aber das Maß an Stabilität, das letztlich mit Hilfe des intensiven Einsatzes fortgeschrittener Informationstechnik zu politischen Zwecken erreicht werden kann, kann so groß sein, daß friedlicher politischer Wandel und gesellschaftliche Innovation ernstlich auf dem Spiel stünden.

Zukunftsvisionen wie die eines elektronischen Plebiszits haben dennoch eine relative Berechtigung. Der demokratische Prozeß stellt organisatorische Probleme, und die Anwendung der Informationstechnik kann organisatorische Auswirkungen haben, die eine Lösung dieser Probleme erleichtern. Es gibt zwei klassische Antworten auf die organisatorischen Probleme der Demokratie: das Repräsentationssystem und die Rätedemokratie.

Während die wachsende Informationsverarbeitungskapazität für das Repräsentationssystem eher einen zweifelhaften Gewinn darstellt, könnten Experimente mit Formen der direkten Demokratie, etwa im »elektronischen Rathaus« (Etzioni) den Weg zu verbesserter politischer Mitbestimmung aufzeigen. Es wäre jedoch verfrüht, hier große Fortschritte zu erwarten. Alternative Formen des demokratischen Prozesses mit besserer Bürgerbeteiligung sind auch ohne technische Hilfsmittel denkbar. Es ist schwer vorstellbar, wie die Informationstechnik die bestehenden Strukturen unterlaufen könnte, die eine Realisierung solcher alternativer Formen bislang verhindert haben.

Grenzüberschreitender Datenfluß

Datenkommunikationsnetze greifen immer häufiger über nationale Grenzen hinaus. Der grenzüberschreitende Datenfluß stellt zwar an sich nichts Neues dar, nimmt damit aber erheblich zu. Für den Feuerwehrhauptmann einer schwedischen Stadt ist es ziemlich egal, ob seine Daten über Gebäude, Zufahrtswege usw. in unmittelbarer Nähe gespeichert sind oder in einem Computer in den USA. Vielleicht weiß er es nicht einmal.

Internationale Datenkommunikationsnetze dienen vor allem:

– der Daten-Fernverarbeitung (der gemeinsamen Nutzung von EDV-Ressourcen);

– der Unternehmensverwaltung (der Koordination von Produktion und Distribution sowie der Finanz- und Personalverwaltung multinationalen Unternehmen;

– für Transaktionen (im Bankwesen, bei Flugreservierungen usw.).

Mehr und mehr werden die möglichen Folgen der Existenz solcher Netze zum Gegenstand von Untersuchungen, aber auch von Mutmaßungen. Recht oft wird das mit Spekulationen über die Konsequenzen des Einsatzes von Fernmeldesatelliten in einen Topf geworfen: sie werden vor allem darin gesehen, daß Länder der Auskundschaftung durch Fernaufklärung sowie dem Einfluß ausländischer Massenmedien und Propaganda ausgesetzt sind.

Der grenzüberschreitende Datenfluß ist sicherlich zu begrüßen, insofern er kulturellen Austausch auf einer Grundlage der Gleichberechtigung ermöglicht. In vielen Ländern, vor allem in Frankreich und Südamerika, fürchtet man aber, daß die nationale Souveränität unter einseitigem Austausch leidet. Die Tätigkeit der multinationalen Unternehmen wäre nicht so leicht zu kontrollieren; Daten würden zur Verarbeitung und Speicherung in andere Länder exportiert werden. Die Einfuhr wissenschaftlich-technischer Daten, die in den Datenbanken der englischsprechenden Länder der ersten Welt aufbewahrt sind, würden die kulturelle Unabhängigkeit und Eigenart der Empfangsländer ebenso gefährden wie die Öffnung für im Ausland hergestellte Inhalte von Massenmedien.

Eine Gefahr für die nationale Souveränität, verstanden als Fähigkeit der Nation, ihr eigenes Schicksal zu gestalten, ist auch die hochgradige Verwundbarkeit der Volkswirtschaft und des politischen Systems. Drohungen mit dem Abschneiden der Informationsversorgung oder des Zugangs zu EDV-Kapazitäten könnten als politisches Druckmittel eingesetzt werden. Dies wäre gleichbedeutend mit dem Verlust des Zugangs zu Informationen, die für die Wirtschaft und die soziale Entwicklung lebenswichtig sind.

Die Abhängigkeit von ausländischen Informationsressourcen könnte die politische Stellung eines Landes schwächen und im Konfliktfall eine ernste Gefahr darstellen. Gegen Beschädigung, Vernichtung oder Mißbrauch von im Ausland gespeicherter Information kann es sich nicht schützen. Oft wird auch angeführt, daß die Geheimdienste des Landes, in dem die Daten gespeichert sind, Geheimmaterial für sich auswerten könnten.

Mindestens ebenso ernst zu nehmen ist die Möglichkeit, nationales Informationsrecht zu umgehen. Der schwer kontrollierbare grenzüberschreitende Datenfluß vermindert die Wirksamkeit von Gesetzen, die den Umgang mit Information betreffen. Restriktive Datenschutzgesetze können dadurch umgangen werden, daß die Daten in ein Land übermittelt werden, wo solche Gesetze nicht gelten. Auch das Urheberrecht sowie Zollbestimmungen können umgangen werden, indem die Information elektronisch übermittelt (importiert oder exportiert) wird, anstatt physisch (in Buchform, auf Bändern usw.) befördert zu werden. Obwohl internationale Organisationen im Hinblick auf den Datenschutz große Anstrengungen unternehmen, um internationale Regelungen zu schaffen, werden die mit der Regelung und Überwachung einer immer weniger greifbaren, flüchtigen Information verbundenen Fragen noch keineswegs präzise erfaßt, geschweige denn beantwortet.

Gefahren für die kulturelle Souveränität von Ländern dürften eher durch das Satellitenfernsehen drohen als seitens der Datenübermittlung. Der konzentrierte Einfluß des im Ausland hergestellten Inhalts der Massenmedien gefährdet die kulturelle Identität eines Landes, was vor allem in der dritten Welt nur allzu spürbar werden kann. Gefahren für die kulturelle Identität eines Landes können freilich auch darin liegen, daß man sich auf ausländische Datenbanken verläßt. Ein französischer Journalist, der die Nachrichtendatenbank der *New York Times* über Fakten der französischen politischen Geschichte konsultiert, wird eine Darstellung erhalten, die von den Ansichten seiner amerikanischen Kollegen gefärbt ist. Die Struktur solcher Information ist nicht ohne Einfluß auf die Folgerungen, die man aus ihr zieht.

Die Auswirkungen der Informationstechnik: Mythos und Wirklichkeit

Die Vielfalt der gesellschaftlichen Auswirkungen der Informationstechnik ist in diesem Kapitel keineswegs erschöpfend beschrieben. Es könnte noch eine ganze Reihe weiterer sozialer Probleme und Tatbestände erörtert werden. Griffen wir sie auf, so würde uns das bald einem Punkt näherbringen, von dem an mehr mit unbegründeten Mutmaßungen als mit auf Erfahrung beruhenden Schlüssen operiert werden muß. Vieles von dem, was in der rapid anwachsenden Literatur über die gesellschaftlichen Auswirkungen der Informationstechnik gesagt wird, kann nur auf spekulativem Denken beruhen, da viele neue Technikanwendungen noch gar nicht entwickelt bzw. noch nicht in ihr soziales Umfeld eingefügt worden sind.

Um Mutmaßungen kommt man natürlich nicht herum. Es wäre auch falsch, ihnen in jedem Fall auszuweichen. Die langfristigen Konsequenzen der Informationstechnik für die Gesellschaft sind ziemlich schwer vorherzusehen. Es gibt keinen Grund, zu vermuten, daß es zu bestimmten Auswirkungen nicht kommen wird, nur weil noch keine ausreichenden Beweise für sie vorliegen. Die EDV und ihre Verbindung mit der Nachrichtentechnik sind verhältnismäßig neue Entwicklungen, und ihre wahren und langanhaltenden Effekte zeigen sich nur sehr langsam. Die wirklich ernsten und schwer zu bewältigenden Probleme der Informationstechnik werden vielleicht erst in Jahrzehnten auftreten.

Anderseits besteht laufend die Gefahr, daß die Untersuchung der Auswirkungen der Informationstechnik durch verzerrte Auffassungen über die Möglichkeiten und Risken ihres Einsatzes irregeleitet wird. Immer wieder ist zu beobachten, daß neue Technologien als mächtige Wirkungsfaktoren begrüßt werden, welche tiefgreifende Veränderungen der Gesellschaftsstruktur und der Lebensbedingungen der Menschheit herbeiführen könnten. Wenn sich so viele gesellschaftliche Probleme offenbar bewußten Anstrengungen zu ihrer Lösung widersetzen, so fixieren sich viele Hoffnungen auf eine bessere Welt auf die Technik. Man darf sich also nicht wundern, daß neue Technologien als Allheilmittel für die unterschiedlichsten gesellschaftlichen Übel begrüßt werden. Aber in vielen Fällen folgte auf die Phase der Hoffnung die bittere Enttäuschung.

Mit dem Computer als dem Kernstück der mikroelektronischen Informationstechnik waren bereits solche Phasen der Hoffnung und der Enttäuschung verknüpft. Der einzige Unterschied im Vergleich zu früheren Technologien liegt darin, daß die Utopien, die er angeregt hat, eher negativ als positiv sind.

Es bedarf schon einer bestimmten analytischen Anstrengung, sich dem Dilemma zwischen den pessimistischen Befürchtungen über negative Auswirkungen und dem optimistischen Glauben an die Konvergenz von technischem und sozialem Fortschritt zu entziehen. Diese Anstrengung fehlt bei vielen Arbeiten, die entweder den Computer als Eindringling in das Privatleben darstellen oder ein elektronisches Paradies schildern, in welchem mühevolle Arbeit der Vergangenheit angehört. Unsere Denkfähigkeit wird von Ängsten und Hoffnungen buchstäblich überwältigt.

Der Computer als Projektionsfläche

Wie frühere Technologien wirkt die Informationstechnik und besonders die EDV als eine Art Projektionsfläche, auf der soziale und politische Probleme abgebildet werden[8]. Ein Diskurs über Computer kann von Gefühlen über politische und persönliche Dinge getragen sein, etwa von dem Gefühl der Unsicherheit in einer Gesellschaft, die man als zu komplex empfindet. Da die Macht der Bürokratie schon fast per definitionem unpersönlich ist, läßt sich in vielen Lebenslagen kein Urheber für die Unterdrückung menschlicher Wünsche ausmachen. Anonyme Strukturen, die die menschliche Freiheit beschränken, ersetzen immer öfter die direkte Machtausübung.

Das Gefühl, beobachtet, ja verfolgt zu werden, konzentriert sich somit auf den Computer, der immer mehr zum Symbol bürokratischer Macht wird. Angesichts ihrer leicht festzustellenden Rolle in den Bürokratien von Staat und Wirtschaft zieht die EDV den Groll und die Enttäuschungen auf sich, die das von Bürokratien beherrschte Leben durchziehen. Unser tiefverwurzelter Wunsch, kausale Zusammenhänge zu entdecken, veranlaßt uns, dem Computer die Schuld an der Entfremdung des Individuums zu geben;

8 Sherry Turkle: *Computer as Rorschach*, in: *Society* 17 (1980) Nr. 2 pp. 15–24.

die Schuld dafür, daß der Mensch von einer gefühllosen und unpersönlichen Gesellschaft im Stich gelassen wird.

Auf diese Weise kann der Computer auch zur Verschleierung beitragen. Die EDV kann Erklärungen für soziale Erscheinungen geben, die sonst Anlaß für peinliche Fragen bilden würden. Die Aufmerksamkeit wird von den grundlegenden Problemen abgelenkt und auf das Für und Wider des Einsatzes der EDV in bestimmten Bereichen konzentriert. Das kann durchaus des Nachdenkens über die zugrundeliegenden Sachprobleme entheben.

Ein weiterer Grund dafür, daß man die Rolle der Informationstechnik im gesellschaftlichen Leben überschätzt, liegt darin, daß sie das menschliche Selbstverständnis und Selbstwertgefühl von Grund auf in Frage stellt. Die Furcht vor dem Bedeutungsverlust des Menschen wird mit Computern und Robotern in Verbindung gebracht. Die Perspektive der »künstlichen Intelligenz« zwingt uns, unseren Glauben an die Einzigartigkeit der menschlichen Fähigkeiten neu zu überdenken[9]. Computerprogramme, die mathematische Lehrsätze beweisen oder Muster erkennen, zeigen Intelligenz. Die Liste der Attribute der menschlichen Einzigartigkeit wird immer kleiner. Am besten noch drückt die zeitgenössische Literatur diese Ängste aus, wenn in ihren Zukunftsvisionen intelligente Computer oder Roboter dem Menschen als dem Herrscher über die Erde Konkurrenz machen und ihn vielleicht aus dieser Rolle verdrängen.

Wenn somit der Glaube an die menschliche Einzigartigkeit erschüttert wird, so liegt das nur zum Teil an den sichtbaren Erfolgen der Informationstechnik. Vielmehr beeinflußt die Informationstechnik auch die Bilder und Begriffe, die wir zu unserer Selbstverständigung benützen. Unsere Bereitschaft, es auf einen Vergleich ankommen zu lassen, bei dem die Regeln des Computers gelten, wurzelt tief in der westlichen Tradition des Rationalismus. Die verbreitete Neigung, uns selbst als mechanische Apparate zu betrachten, beeinflußt auch die Verhaltenswissenschaften. Konzepte der Informatik haben die Erforschung der Wahrnehmung und des Denkens befruchtet; Gesellschaften werden als informationsverarbeitende Systeme betrachtet.

Der Einsatz der Technik verstärkt gesellschaftliche Tendenzen

Wenn wir der Technik gern die Schuld an sozialen Problemen zuschieben, so ist das allerdings nicht nur auf unseren Wunsch zurückzuführen, immer dann einen Sündenbock zu finden, wenn wir

9 Abbe Mowshowitz: *Inside Information – Computers in Fiction,* Reading (Mass.), Addison-Wesley, 1977.

gesellschaftliche Erscheinungen nicht gänzlich begreifen. Die EDV weist auch eine deutliche Tendenz dahin auf, die Dringlichkeit vieler sozialer Probleme zu erhöhen.

Paradoxerweise geht das so vor sich, daß gesellschaftlich akzeptierte Ideale durch den EDV-Einsatz noch fester in der Wirklichkeit verankert werden. Der Wunsch nach homogenen Lebensbedingungen, nach Gleichheit und besser geordneten gesellschaftlichen Verhältnissen ist ein starker Anreiz für eine immer perfektere Verwaltung. Die Informationstechnik ist in vieler Hinsicht sehr von Nutzen, um eine solche bessere Verwaltung zu verwirklichen. Sie kann dazu beitragen, den Traum von einer vollkommeneren Welt so wirksam zu erfüllen, daß die Schattenseiten dieser perfekten Welt erstmalig überhaupt sichtbar werden.

Ein gutes Beispiel ist die Verbrechensverfolgung. Die bessere Aufklärung von Straftaten ist ein allgemein anerkanntes Ziel. Und doch wissen wir nicht, in welchem Ausmaß Gesellschaften Spielraum für abweichendes Verhalten brauchen, um für Weiterentwicklung offen zu bleiben. Wir wissen auch nicht, ob nicht ein gewisser Grad des Verzichts auf Strafverfolgung für die Einhaltung gesellschaftlicher Normen erforderlich ist. Wenn jedermann wüßte, wie viele Normen dauernd verletzt werden, dann könnte es sehr wohl sein, daß deren Einhaltung stark nachließe.

Eine wichtige Frage lautet, ob die Informationstechnik alle gesellschaftlichen Trends gleichermaßen verstärkt oder ob sie selektiv wirkt. Anders gefragt, können alle gesellschaftlichen Kräfte die Informationstechnik zur Förderung ihrer eigenen Ziele einsetzen, oder ziehen manche Interessengruppen größeren Nutzen als andere?

Die Informationstechnik erweitert das Arsenal der gesellschaftlichen Kräfte

Auf die gestellte Frage scheint es eine klare Antwort zu geben. Sie beginnt mit der Feststellung, daß Technik im allgemeinen erst durch das Wirken gesellschaftlicher Kräfte, Ziele, Konflikte und Ideologien Gestalt annimmt und Anwendung findet. Es gibt in der Gesellschaft einen ständigen Kampf um Macht und Ansehen. Die Informationstechnik erweitert das Arsenal, das den widerstreitenden gesellschaftlichen Kräften zur Verfügung steht. Vergangene Kämpfe und bereits investierte Ressourcen entscheiden darüber, welche neuen Informationstechniken sich in der Gesellschaft ihren Weg bahnen. In dem so geschaffenen rechtlichen und institutionellen Rahmen führt die ungleiche Verteilung der wirtschaftlichen Möglichkeiten und Machtpositionen unvermeidlich dazu, daß die neue Technik zuerst von jenen aufgegriffen wird, die sie sich leisten können. Ihr Einsatz, ja sogar die Entwicklung dieser Technik selbst würde somit vor allem den Interessen und Zwecken der Mächtigen und Reichen dienen. Der »Matthäus-Effekt« (»Wer hat, dem wird gegeben werden«) scheint die wichtigste Auswirkung der neuen Informationstechnik zu sein; die Mächtigen werden noch mächtiger.

Diese Auffassung von den gesellschaftlichen Konsequenzen der Informationstechnik gewinnt zunehmend an Verbreitung. Sie entspricht dem Eindruck, den viele Menschen in den industrialisierten Ländern aus eigener Anschauung von den Veränderungen gewinnen, die sich in ihrer unmittelbaren Umgebung vollziehen. Sobald Verwaltungsangelegenheiten von Computern übernommen werden, scheinen die privaten und staatlichen Bürokratien noch entfernter und umzugänglicher zu sein als zuvor.

Darüber hinaus hat diese Auffassung die wichtige Nebenwirkung, daß die EDV als neutrales Werkzeug erscheint und dem Streit entrückt wird. Der Ingenieur kann sein Lieblingsspielzeug weiterhin einer Gesellschaft als Instrument anbieten, deren Funktionsgesetze er nicht kennt. Gleichzeitig kann er sich dagegen wehren, daß Computer als Sündenbock für Folgen verantwortlich gemacht werden, welche das Ergebnis der Politik jener sind, die die EDV eingeführt haben und sie benützen.

Schließlich hat diese Auffassung den weiteren Vorzug, daß das Problem innerhalb der in den Sozialwissenschaften üblichen Bezugsrahmen behandelt werden kann. Die Gesellschaft wird dabei als Arena betrachtet, in der Kämpfe stattfinden; diese führen zu einer Neuverteilung von materiellen Ressourcen und von Macht.

Diese Begriffsrahmen weisen freilich einen folgenschweren Mangel auf. Hinter der dauernden Umverteilung der Ressourcen kann sich eine Entwicklung verbergen, die sich mittels derartiger Umverteilungen allmählich durchsetzt, nämlich die Machtzusammenballung in den organisierten Strukturen der Gesellschaft. Betrachtet man Machtverschiebungen als sich ständig wiederholende politische Kämpfe, so kann man leicht die Möglichkeit übersehen, daß solche Kämpfe eines Tages aufhören oder doch zur Bedeutungslosigkeit herabsinken.

Das langfristige Ergebnis von Veränderungen, die jetzt erst Gestalt anzunehmen beginnen, könnte durchaus eine strenger geordnete Gesellschaft sein. Dahinter steht die große Frage, ob das Mehr an Ordnung sich auf das Reich der Notwendigkeit beschränken wird oder aber die Kreativität des Menschen, sein Urteilsvermögen und seine Freiheit in Mitleidenschaft zieht, was die Entstehung einer vollständig regulierten bürokratischen Gesellschaft zur Folge hätte.

Nach diesen kritischen Anmerkungen zu einer verbreiteten Auffassung von den gesellschaftlichen Folgen der Informationstechnik wenden wir uns jetzt einer anderen Denktradition zu. Hier gilt nicht die Macht als Hauptantriebskraft des gesellschaftlichen Wandels. Vielmehr spielt die Technik selbst die beherrschende Rolle. Eine bestimmte Technik kann nämlich feststehende Eigenschaften aufweisen, die sie zur Erreichung mancher Ziele gut geeignet sein läßt.

Um diese ihr innewohnenden Eigenschaften zu beurteilen, müssen wir auf den Unterschied zwischen EDV und Nachrichtentechnik zurückkommen. Massenkommunikationsmittel und andere Übertragungsmedien ermöglichen den menschlichen Dialog per Distanz, wiewohl einseitig im Fall der Massenkommunikation, in gesprochener oder schriftlicher Form bzw. durch Bilder. Wesentlich ist der vermittelte Charakter solcher Kommunikation. Daher können viele der möglichen gesellschaftlichen Auswirkungen mit der Isolierung des Individuums, mit dem Verlust des direkten zwischenmenschlichen Kontaktes in Verbindung gebracht werden.

Im Vergleich hierzu hat die EDV offensichtlich eine zusätzliche Eigenart. Sie dient der Verarbeitung (Speicherung, Kombination, Umwandlung und Übertragung) hochgradig formalisierter Information. Das bedeutet zwangsläufig, daß diese Information für die Verarbeitung aus ihrem pragmatischen Zusammenhang gerissen wird. Wenn dann das Ergebnis der Verarbeitung wieder in den konkreten Lebenszusammenhang eingebracht wird, kann es nur Nutzen stiften, wenn die Bedeutung der verarbeiteten Information zuvor klar und unzweideutig festgelegt wurde. Im Vergleich zu menschlichem Umgang mit Information entsteht ein enormer Verlust an Flexibilität. Das macht die Anwendung der EDV in allen gesellschaftlichen Lagen problematisch, in denen Informationsprozesse nicht formalisiert werden können oder dürfen. Es ist unvermeidlich, daß die EDV die physische Realität entstellt und in eine rationale Welt transponiert, die der wirklichen, nur teilweise rationalen Welt entrückt ist.

Die Einseitigkeit der EDV erschließt sich hieraus. Es werden nur formale Symbole gehandhabt, und zwar auf völlig rationale Weise. Das rationale Denken wird auf Kosten des nichtrationalen kreativen Denkens verstärkt. Menschliches Denken vollzieht sich auf zweierlei Art. Die rationale, analytische Denkweise steht etwa beim Rechnen, Lesen oder Schreiben im Vordergrund. Dagegen wird die intuitive, ganzheitliche Denkweise mit Formenerkennung und Musikalität in Zusammenhang gebracht. Die Einteilung macht deutlich, daß unsere Denkstrukturen durch die EDV zwangsläufig aus dem Gleichgewicht gebracht werden; eine dieser beiden einander ergänzenden Denkweisen wird gestärkt. Die Anwendung des Computers auf menschliche Belange führt eine mechanistische Rationalität in gesellschaftliche Beziehungen ein, die überwiegend irrationaler Natur sind und nicht formalisiert werden können.

Informationstechnik und Bürokratie

Betrachtet man die der Informationstechnik innewohnenden Eigenschaften, dann versteht man ihre Erfolge und gesellschaftlichen Auswirkungen besser, als wenn man sie nur als Werkzeug gesellschaftlicher Kräfte sieht. Das Ausmaß, in dem formalisierte Strukturen eine Gesellschaft beherrschen, ist nicht unbeeinflußt von der Technik, deren sich diese Gesellschaft bedient. Die vielleicht auffälligste Erscheinung der beginnenden »Informatisierung« der Gesellschaft ist die wachsende Bedeutung formaler Elemente innerhalb des sozialen Gefüges. Die Informationstechnik ist sowohl unmittelbare Ursache als auch Instrument der Einführung dieser Elemente.

Bürokratisierung und Informatisierung der Gesellschaft: zwei miteinander verknüpfte Vorgänge?

Der Siegeszug der EDV findet seine auffallende Parallele in der wachsenden Rolle, die formale Organisationen, Bürokratien in der Gesellschaft spielen. Eine Analyse der gesamtgesellschaftlichen Implikationen der EDV könnte durchaus die Bürokratisierung zum Ausgangspunkt haben. Unter Bürokratisierung wird dabei im folgenden mehr verstanden als die bloße Existenz großer Organisationen mit hierarchischen Strukturen und anderen Bürokratiemerkmalen. Bürokratisierung bedeutet vielmehr, daß ein wachsender Anteil der sozialen Beziehungen aus menschlichen Kontakten besteht, die durch Bürokratien vermittelt werden, mithin aus der Übernahme von Rollen innerhalb oder gegenüber von Bürokratien. Wenn Bürokratien immer mehr Funktionen sozialer Dienstleistungen und Kontrollen übernehmen, können sie als Knotenpunkte im sozialen Netz betrachtet werden und damit als bedeutender gesellschaftlicher Integrationsfaktor. In einer Gesellschaft, die von Bürokratien beherrscht wird, verlieren viele menschliche Beziehungen ihren direkten Charakter. Die dazwischengeschalteten Organisationen haben mehr oder weniger große Macht, das menschliche Verhalten zu regeln.

So gesehen ist die Bürokratie die entscheidende Kraft, die die

Elemente einer atomistischen Gesellschaft zusammenhält, welche ihrerseits für ihre lebenswichtigen Funktionen immer mehr von dieser abhängig wird. Bürokratisierung in diesem Sinne ist eine viel modernere Entwicklung als das Entstehen von Bürokratien als zweckgerichtete formale Organisationen. Die Präsenz staatlicher Bürokratien im Alltag, ihre Durchdringung aller politisch maßgebenden gesellschaftlichen Strukturen ist relativ jungen Datums. Selbst in dem Musterfall eines bürokratischen Staates, im Frankreich des neunzehnten Jahrhunderts, hatte das Eingreifen der öffentlichen Verwaltung, vom Standpunkt des Bürgers aus gesehen, immer noch Ausnahmecharakter.

Informatisierung und Bürokratisierung der Gesellschaft sind geistig verwandte Prozesse. Beide wurzeln in der offensichtlichen Überlegenheit formaler Strukturen, wenn es um die Erreichung bestimmter Ziele geht. Die deutliche Parallele zwischen Informatisierung und Bürokratisierung bestärkt den Verdacht, daß der Vorsprung von Organisationen beim Einsatz der Informationstechnik nicht ausschließlich auf wirtschaftliche oder politische Gründe zurückzuführen ist.

Durch ihre Fähigkeit, formalisierte Information zu verarbeiten, kann die EDV besonders Bürokratien nützen, die immer dazu neigen, sowohl ihre internen Strukturen als auch die Wahrnehmung ihrer Umgebung in formale Raster zu pressen. Die EDV trägt zur Steigerung der Macht der Bürokratien auf Kosten der unorganisierten Segmente der Gesellschaft bei, da sie den bürokratischen Formen von Warenerzeugung, Verwaltung, Dienstleistung und Problemlösung größere Effizienz verleiht.

Die EDV ist für Bürokratien deshalb so wichtig, weil sie die Verkörperung rationalen Verwaltungshandelns darstellt, das auf effiziente Zielerreichung ausgerichtet ist. Sie ist ein wirkungsvolles Instrument im Dienste bürokratischer Methoden zur Bewältigung sozialer Probleme aller Art. Die EDV verstärkt tendenziell den Prozeß der Bürokratisierung der Gesellschaft, weil sie bürokratische Organisationen befähigt, mit erhöhter Beanspruchung und zunehmender gesellschaftlicher Komplexität besser fertig zu werden. Damit aber verstärkt sie die Abhängigkeit sowohl des Individuums als auch der gesamten Gesellschaft von den bürokratischen Organisationen, die die zwischenmenschlichen Beziehungen prägen und auf vielen Gebieten die Versorgung übernommen haben.

Informationstechnik macht die Gesellschaft verwundbarer

Die Abhängigkeit der Gesellschaft von großen Bürokratien bei der Erfüllung lebenswichtiger Funktionen und Dienstleistungen bringt auch eine größere Verwundbarkeit mit sich. Es könnten Ereignisse eintreten, die manche oder alle Bürokratien lahmlegen. Die Perspektive eines plötzlichen Zusammenbruchs zentralisierter EDV-Systeme, auf die sich die Bürokratien inzwischen vollständig verlassen, steigert die Anfälligkeit einer Gesellschaft noch beträchtlich, die in vieler Hinsicht vom Arbeiten zentralisierter Bürokratien abhängt. Ihre Verwundbarkeit ist ungleich größer, wenn sie in vielen Bereichen von großen integrierten Netzen versorgt wird. Die Folgen eines Zusammenbruchs von Verbundnetzen sind weit ernster als die eines Zusammenbruchs dezentraler Dienste mit nur geringem Verflechtungsgrad.

Die automatische Abwicklung von Geldgeschäften ist ein gutes Beispiel für einen Bereich, in dem die Informationstechnik den Grad der Vernetzung von Dienstleistungen entscheidend erhöhen kann. Elektronische Geldüberweisungssysteme mit automatischen Bankkontenbuchungen werden mit dem Ziel entwickelt, die bestehenden Girosysteme zu verbessern und ihnen noch größere Verbreitung zu verschaffen. Dahinter steht die Vorstellung, durch Datenübermittlung von automatischen Kassen zu den Banken das Einkaufen ohne Bargeld, Scheck oder Kreditkarte möglich zu machen.

Systeme, wie man sie für die elektronische Geldüberweisung entwickelt, bringen in verschiedener Hinsicht Gefahren mit sich[10]. Sie ermöglichen neue Formen der Kriminalität und bieten neue Ziele für Terrorüberfälle. Der Vernichtung von gespeicherten Datensätzen von einem Datengerät aus ist nur ein Beispiel für die vorsätzliche Zerstörung eines solchen Systems, dessen Zusammenbruch ernste wirtschaftliche oder soziale Folgen haben könnte.

Eine sehr wichtige Ursache der technischen Verwundbarkeit liegt allein in der enormen Größe und Komplexität vieler automatisierter Informationssysteme. Viele Systeme mit hochgradiger Interdependenz werden entwickelt, ohne daß man vorher die Frage beantwortet, wieviel Schutz vor einem Riesenbetrug oder einem bewaffneten Angriff erforderlich und wieviel Redundanz nötig ist, damit das Netz oder ein Teil von ihm erforderlichenfalls wieder in Betrieb genommen werden kann.

Die Unverständlichkeit großer Systeme läßt Zweifel daran aufkommen, ob die Anwendung der EDV wirklich menschlicher Kontrolle unterliegt. 1980 haben zwei Systempannen, die militärischen Alarm auslösten, erneut die Frage aufgeworfen, inwieweit

10 Donn Parker: *Vulnerabilities of EFT Systems to Intentionally Caused Losses*, in: Kent W. Colton und Kenneth Kraemer (Hrsg.): *Computers and Banking*, New York, Plenum Press, 1980, pp. 91–102.

es sinnvoll ist und Sicherheit bietet, wenn man sich für die Steuerung und Überwachung lebenswichtiger Vorgänge auf hochautomatisierte und komplexe Systeme verläßt.

In manchen Bereichen, vor allem bei Entscheidungsprozessen, die tief in das Leben des Individuums eingreifen, wäre eine Denkpause hinsichtlich der Entwicklung großer, unverständlicher und Abhängigkeit schaffender Systeme in der gegenwärtigen Lage die angemessene Reaktion.

Entscheidungen, die für das Überleben oder die Lebenssituation von Menschen einschneidende Folgen haben, sollten nicht Maschinen allein überlassen bleiben. Sie bedürfen nach wie vor des Dazwischentretens von Menschen.

Auf dem Weg zu einer perfekten Verwaltung?

Stellt man die Informationstechnik als Faktor dar, der zu erhöhter sozialer Anfälligkeit beiträgt, so ist das nur eine Seite des Problems. Es gibt viele andere Technologien, wie etwa die Atomenergie oder die Gentechnik, die vielfache Gefahren mit sich bringen und somit geeignete Maßnahmen gegen ihren Mißbrauch erfordern. Die Informationstechnik spielt allerdings eine besondere Rolle, weil sie auch dazu dienen kann, von anderen Technologien hervorgerufene gesellschaftliche Risiken zu bekämpfen.

Ein wichtiges Beispiel hiefür ist die Zugangskontrolle und Überwachung von Atomkraftwerken, etwa mittels automatischer Stimmen und Fingerabdruckerkennung. Vielfach glaubt man, daß Atomkraftwerke besser abgesichert werden können, wenn so viele Maßnahmen wie möglich kein menschliches Eingreifen mehr verlangen.

Dieser Glaube ist verhängnisvoll. Er könnte zu der Annahme verleiten, daß Anlagen gesichert werden können, die nach dem gegenwärtigen Wissens- und Erfahrungsstand eigentlich nicht zu sichern sind. Das wiederum könnte zur Folge haben, daß die Risiken der »Plutonium-Wirtschaft«, die durch den »schnellen Brüter« geschaffen werden, gröblichst unterschätzt werden. Da wenige Kilogramm Plutonium ausreichen, um eine Atombombe für den Terroristeneinsatz zu bauen, darf es keine Ausnahme für die genaue Evidenz über die zunehmenden Plutoniummengen geben, die bei diesen Reaktoren anfallen.

Das erforderliche Überwachungssystem ist ohne Parallele. Wenn jede soziale Instabilität die physische Vernichtung ganzer Gesellschaften bedeuten könnte, dann wird ein stabiles Regierungssystem zu einem unbedingten Erfordernis, und das für Zeiträume, die jenseits jeder politischer Vorstellungskraft liegen. Der

Einsatz der Informationstechnik zu Zwecken der Überwachung und Kontrolle individueller Handlungen würde sich stark erweitern. Strengere Kontrollen einschließlich des Zugangs der Polizei zu allen Datenbanken, die Personaldaten speichern, würden eine hinreichende Rechtfertigung erhalten.

Die von einer »Plutonium-Wirtschaft« hervorgerufenen Probleme sind hier deswegen von Bedeutung, weil sie sehr deutlich illustrieren, wie der Zwang zur Beherrschung technischer Risiken, die Ausdehnung der Bürokratien und der Einsatz der Informationstechnik in einer einzigen Entwicklung zusammenfließen. Der Zwang zu größerer gesellschaftlicher Stabilität stellt sich als eine starke Triebkraft für die weitere Expansion bürokratischer Macht dar.

In der Vergangenheit ging das Wachstum der Bürokratien Hand in Hand mit der Rationalisierung von Produkten und Verwaltung sowie mit der sozialstaatlichen finanziellen Umverteilung. Inzwischen ist klar erkennbar geworden, daß eine solche Rationalisierung und Zentralisierung auf menschliche Grenzen stößt. Das findet seinen Ausdruck in dem Ruf nach einer »Entbürokratisierung« großer Organisationen. Dennoch nehmen die Bürokratien an Bedeutung zu. Die Straffung und Zentralisierung der sozialen Kontrolle übernimmt nun die Rolle eines Motors bürokratischen Wachstums. Dessen Legitimität wird kaum in Frage gestellt, solange es mit Dezentralisierung und Entbürokratisierung an der Oberfläche einhergeht, sowie mit mehr Selbständigkeit und Entscheidungsfreiheit des Individuums in Bereichen, von denen keine Bedrohung für das Überleben der Gesellschaft ausgeht.

So gesehen, scheint die Bürokratisierung der Gesellschaft unentrinnbar zu sein. Die Verwundbarkeit der Gesellschaft infolge technischer Risiken läßt keine andere Wahl. Die Informationstechnik, insbesondere die EDV, liefert die geeignete Technologie für die Stabilisierung der Gesellschaft und für die Expansion bürokratischer Macht.

Die bislang festzustellenden Auswirkungen der Informationstechnik kulminieren zweifellos in der Erhöhung des Wirkungsgrads großer Organisationen sowie in besseren Gelegenheiten zur Überwachung des Verhaltens von Individuen und sozialen Systemen sowohl innerhalb als auch außerhalb von Organisationen. Hinzu kommt die wachsende Fähigkeit, künftiges Verhalten von Individuen und sozialen Systemen vorwegzunehmen oder vorherzusagen, wodurch diese leichter manipulierbar werden.

Das alles deutet darauf hin, daß das Zukunftsbild einer »organischen« Gesellschaft nicht zu weit hergeholt ist. Eine solche Gesellschaft wäre dadurch gekennzeichnet, daß individuelle Handlungen so koordiniert und kontrolliert werden, wie es einem externen Nervensystem entspricht, in welchem Sensoren und Monitoren ständig Impulse an die Kontrollzentren abgeben. Durch die Dezentralisation der Überwachungs- und Eingriffsmechanismen werden diese Steuerungsmöglichkeiten nicht in Mitleidenschaft gezogen, solange die Informationsverbindungen zu den zentralen Bürokratien nicht unterbrochen werden.

Vielleicht liegt die Hauptwirkung der vereinten Kraft bürokratischer und EDV-technischer Rationalität gerade in dieser erhöhten Steuerungsfähigkeit von Bürokratien. Sowohl neue, von der EDV bereitgestellte Hilfsmittel der Informationsverarbeitung als auch neue Informationsquellen wie Meinungsumfragen und elektronische Abstimmungen können zu leichterer Vorwegnahme menschlichen Verhaltens beitragen. Zu den Schattenseiten der Vorhersage und Gestaltung zukünftiger Ereignisse gehören schwerere Gefährdungen der Demokratie als jene, welche aus offener Einschüchterung oder aus der Überwachung politischen Verhaltens resultieren.

Noch einmal: es geht nicht so sehr um den Einsatz der Informationstechnik an sich als um deren Einsatz nach den Vorstellungen der Machtgruppen in der Gesellschaft, der großen Bürokratien, die jetzt schon, ganz unabhängig vom jeweiligen Regierungssystem, weitgehend die Gesellschaft beherrschen. Ebenso wie ihre verschiedenen Anwendungen wird die Technik selbst von dem Wunsch dieser Kräfte nachhaltig geformt, mit ihrer Hilfe an der Macht zu bleiben und ihre eigene Position weiter zu festigen. Die Art und Weise des Technikeinsatzes wird durch die jeder Machtausübung innewohnende Tendenz zur Selbstverstärkung entscheidend geprägt.

Man meint nur allzuoft, daß billige Heimcomputer und das Aufkommen von Informationsversorgungseinrichtungen der damit umrissenen Tendenz entgegenwirken werden. Das rührt daher, daß häufig gesellschaftliche Machtverschiebungen auf die wirtschaftlichen Implikationen des EDV-Einsatzes zurückgeführt werden. Wegen ihrer wirtschaftlichen Stärke zögen große Organisationen mehr Nutzen aus der EDV als machtlose einzelne. Auf dieser Grundlage wird dann vermutet, daß der Machtzuwachs von Organisationen vorübergehender Natur sei. Sobald die Technik die Privathaushalte erreicht habe, wäre das Machtgleichgewicht wiederhergestellt, und es eröffneten sich sogar neue, ungeahnte Chancen der politischen Mitbestimmung der Bürger oder der persönlichen Selbstverwirklichung. Solche Spekulationen entbehren jeder Grundlage. Um es an einem Beispiel aus der Rundfunktechnik zu verdeutlichen: Die leichte Zugänglichkeit des CB-Funks, einer wirklichen interaktiven Technik, hat den überkommenen Wirkungsbereich und den Einfluß der Massenmedien in keiner Weise geschwächt.

Vielleicht liegt die größte Gefahr darin, daß Gegenkräfte es entschieden schwerer haben werden, auf der politischen Bühne aufzutreten und sich Gehör zu verschaffen. Bislang bestand das Tätigkeitsfeld bürokratischer Verwaltung vorwiegend in wirtschaftlichen Fragen, einschließlich der sozialen Sicherheit. Sie war ausgerichtet auf die Gewährleistung der Grundregeln des staatsbürgerlichen Zusammenlebens und des Wirtschaftens. Mit besseren informationstechnischen Hilfsmitteln kann sie bald auf praktisch alle Aspekte des gesellschaftlichen Lebens Einfluß nehmen und das menschliche Verhalten in Bereichen überwachen, vorhersagen und gestalten, die bisher als privat galten. Ausgehend vom Bildungswesen auf der einen Seite, von der Polizei und personenbezogenen sozialen Diensten auf der anderen, durchdringt sie langsam den Vorgang der Sozialisation des Individuums, seine Identitätsfindung. Das Endergebnis wäre eine perfekte Verwaltung, die das menschliche Verhalten ganz und gar vorstrukturiert und kontrolliert.

Zweifellos macht sich in der ganzen Welt eine Tendenz in Richtung auf eine besser geordnete, gut geregelte Gesellschaft bemerkbar. Seit Max Webers früher Analyse der drohenden Bürokratisierung der Gesellschaft ist dies ein immer wiederkehrendes Thema im westlichen Denken. Webers angstvolle Frage, ob wir als Folge unseres Wunsches nach bürokratischer Verwaltung aller Angelegenheiten uns in ein »Gehäuse der Hörigkeit« dereinst ohnmächtig zu fügen hätten[11], ist heute viel dringlicher als vor sechzig Jahren, als er nämlich befürchtete, daß der Sozialismus zu bürokratischen Strukturen führen, Innovation und gesellschaftlichen Wandel ersticken würde.

Dennoch ist kein »harter« Determinismus der Technik am Werk. Der Einsatz der Informationstechnik wird von gesellschaftlichen Kräften gestaltet. Daher ist der Ausgang des Prozesses noch offen. Die Informationstechnik bewirkt nicht automatisch das Entstehen einer von Bürokratien beherrschten Gesellschaft, die wie eine »Megamaschine« (Lewis Mumford) funktioniert. Sie macht aber den Widerstand gegen eine solche Entwicklung schwerer.

11 Max Weber: *Wirtschaft und Gesellschaft,* Studienausgabe, Köln, 1964, pp. 1059 ff.

Alexander King

Mikroelektronik und globale Interdependenz

Zu Beginn wurde aufgezeigt, daß die Mikroelektronik, als Ergebnis der wissenschaftlichen Forschung und technologischen Entwicklung einiger Länder der ersten Welt, die sie auch sofort in den Industrie- und Dienstleistungsbetrieben anwendeten, anfangs Bedenken hinsichtlich möglicher Auswirkungen auf die Industrien des Nordens hervorrief. Bis heute ist man sich noch keineswegs klar über die eigentliche Bedeutung der Mikroelektronik für die Gesellschaft, und dies wird sicherlich noch viele Jahre Gegenstand von Kontroversen bleiben. Schon heute ist jedoch sicher, daß diese neue Technik mit ihren weitreichenden Anwendungsmöglichkeiten sowohl die industrielle Entwicklung des Nordens als auch das wirtschaftliche Wachstum des Südens aus dem Gleichgewicht bringen wird. Ihr Einfluß wird weltweit zu spüren sein, und es ist unwahrscheinlich, daß sie an irgendeiner Gesellschaft spurlos vorübergeht. Aus diesem Grund sollen in diesem Schlußkapitel einige der politischen Aspekte dieser Entwicklung besprochen werden, besonders – aber nicht ausschließlich – der Einfluß, den sie möglicherweise auf die internationale Verteilung der Industrie haben.

Mikroelektronik und Industrialisierung

Drei Aspekte sind zu unterscheiden: 1. das Wachstum und die Aussichten der Mikroelektronikindustrie als solcher, einschließlich ihrer wichtigen Software-Elemente; 2. die Entwicklung neuer oder die Umrüstung bereits vorhandener Produkte, um die Vorteile der integrierten Schaltkreise auszunutzen; 3. der volle Einsatz solcher im eigenen Land hergestellten oder importierten Geräte bei der Automation von Industrie und Dienstleistungen sowie bei automatischen Steuerungen und integrierten Funktionsabläufen. Die normale Ausbreitung technischer Entwicklungen über Staatsgrenzen hinweg wird, wie gesagt, allen Ländern Zugang zu den Anwendungen der Mikroelektronik verschaffen; in den Ländern, die bereits über eine hochentwickelte Industrie verfügen, wird dies schnell geschehen; in denen, die sich in einem früheren Entwicklungsstadium befinden, wird es langsamer vor sich gehen. Allerdings werden die Staaten, die bereits über eine eigene Herstellung von Siliziumchips und integrierten Schaltkreisen sowie über eine solide Softwarekapazität verfügen, durch die umfassende Kenntnis der technischen Methoden und deren rascher und effektiver Anwendung gegenüber den Ländern im Vorteil sein, die gezwungen sind, ganze »Technologie-Pakete« zu kaufen.

Die Einführung von Produktionsmethoden, die auf mikroelektronischen Schaltkreisen mit einem hohen Grad an künstlicher Intelligenz basieren, erfordert verfeinerte Planungsmethoden und die Ausbildung von Personal in verschiedenen neuen Fachkenntnissen. Man wird völlig neue Führungssysteme entwickeln und möglicherweise erhebliche Teile der Industrie außerhalb der herkömmlichen Standorte ansiedeln müssen. Damit wird sich der Trend der letzten Jahrzehnte verstärken, hochentwickelte Fabrikationszweige in der Nähe wichtiger Forschungs- und Ausbildungszentren anzusiedeln und nicht, wie zur Zeit der industriellen Revolution, in der Nähe von Erz- und Kohlevorkommen oder von Flußmündungen, von denen aus die schweren Erzeugnisse verschifft werden können.

Es muß auch daran erinnert werden, daß die bestehende Unterscheidung zwischen herkömmlichen Industrien und den von hochentwickelter Technologie und Forschung abhängigen Industrien in dem Maß verschwinden wird, in dem die Mikroelektronik dazu führt, daß die herkömmlichen Produktionsweisen durch die inzwischen eingebaute »Intelligenz« und die zu ihrer erfolgreichen Anwendung notwendigen Systemkenntnisse ein immer größeres Maß an Spezialwissen verlangen. Während solche Veränderungen der Industriestruktur im Fall hochindustrialisierter Staaten naheliegen, wird man, wenn auch in langsamerem Tempo, bei der Industrialisierung der dritten Welt ähnlichen Kriterien folgen, zumindest in den Bereichen, die sich eine führende Rolle auf dem Weltmarkt erobern wollen. Selbstverständlich werden die vorhandenen Produktionsweisen häufig den Bedürfnissen der Entwicklungsländer genügen, besonders wenn es gilt, Importe zu verringern und Waren für den eigenen Konsum herzustellen, wenn Transportkosten usw. Importe erschweren.

Wir haben die Auffassung vertreten, daß viele der gesellschaftlichen Konsequenzen des Mikroprozessors und der Automation eher langfristige Auswirkungen haben würden, daß es aber in den Anfangsphasen zu Konflikten zwischen den Wettbewerbsvorteilen, welche die neuen Technologien international verschaffen, und der durch sie hervorgerufenen strukturellen Arbeitslosigkeit kommen könnte. Dies wird jedoch die Einführung neuer Techniken kaum beeinträchtigen, vor allem nicht in den Industrieländern, in denen Rohstoff- und Energieknappheit besteht, denn sie brauchen die technologische Innovation, den Wertzuwachs bei ihren Erzeugnissen und eine hohe Produktivität, wenn sie ihre wirtschaftlichen Positionen aufrechterhalten wollen. Während unserer Auffassung nach in den nächsten Jahren drastische Maßnahmen in bezug auf Beschäftigung und Arbeitslosigkeit und weitgehende soziale Veränderungen notwendig wären, wird man wahrscheinlich eher zu althergebrachten Methoden greifen. In den letzten Jahrzehnten ergab sich ein günstiges Zusammentreffen von schnellem technologischem Wandel, starkem Wirtschaftswachstum und billiger Energie, wodurch die Industrieländer den expandierenden Weltmarkt befriedigen konnten. Es ist jedoch höchst unwahrscheinlich, daß das Wirtschaftsklima auch in naher Zukunft noch so günstig sein wird. Viel wahrscheinlicher ist, daß die heutigen hochentwickelten Industriestaaten in einer Zeit geringeren Wachstums und größerer Einschränkungen miteinander konkurrieren werden, um sich einen Anteil an dem anspruchsvolleren, aber möglicherweise begrenzteren Markt zu sichern. Eine solche Entwicklung könnte sich ernsthaft auf die weltweite Beschäftigungslage auswirken. Zugleich macht sie aber deutlich, daß der maschinenstürmerische Widerstand gegen die Einführung neuer mikroelektronischer Produktionsweisen produktionshemmend sein könnte, was von den Arbeitnehmern und ihren Gewerkschaften auch erkannt wird. Trotzdem sind ernstliche Unruhen in den Industriezweigen zu erwarten, in denen die Einführung automatisierter Produktionsverfahren zu einem plötzlichen und einschneidenden Personalabbau führt. Tatsächlich ist es in mehreren Ländern im Zusammenhang mit der Einführung computergesteuerter Arbeitsverfahren in bestimmten Wirtschaftszweigen wie dem Druckereigewerbe bereits zu heftigen Auseinandersetzungen gekommen, doch können derartige Schwierigkeiten verhältnismäßig gering gehalten werden, wenn die Einführung der neuen Techniken Hand in Hand geht mit entsprechenden Vorankündigungen, vernünftiger Aufklärung der Arbeitnehmer und der Schaffung von Einrichtungen zur Umschulung überflüssig gewordener Arbeitskräfte. Zu wirklichen Schwierigkeiten wird es dann kommen, wenn offensichtlich wird, daß keine alternativen Beschäftigungsmöglichkeiten vorhanden sind, für die man Personal umschulen könnte.

Angesichts dieser Probleme ist es wichtig, daß die Gewerkschaften im allgemeinen wie im besonderen Fall zur Lösung der Konflikte herangezogen werden. In einigen Ländern wurde bereits damit begonnen. So wurde beispielsweise 1975 ein Abkommen zwischen dem norwegischen Arbeitgeberverband und den Gewerkschaften geschlossen, das vor der Einführung computergesteuerter Arbeitsverfahren umfassende Konsultationen zwischen Firmenleitung und Gewerkschaft vorsieht. Man erkennt in zunehmendem Maße, daß man sich in einigen extrem wettbewerbsintensiven Industrien mit den Problemen des Personalabbaus und der Wiedereingliederung überflüssig gewordener Arbeitskräfte gründlich auseinandersetzen muß, wenn eine stabile Arbeitsmarktsituation gewährleistet sein soll. Die unausweichlichen Beschäftigungsprobleme bei der Einführung der neuen Mikroelektronik sollten zum Anlaß genommen werden, ein höheres Maß an industrieller Demokratie zu erreichen.

Die hier angestellten und andere Überlegungen machen deutlich, daß es allen Ländern darum gehen muß, die Möglichkeiten der Mikroelektronik in den Griff zu bekommen. Deren Anwendung kann durch allgemeine wirtschaftliche Schwierigkeiten verlangsamt werden, aber derartige Schwierigkeiten lassen diese neue Entwicklung als Bedrohung und als Ansporn zugleich erscheinen. Die internationalen Wettbewerbsbedingungen werden das Tempo der Einführung bestimmen, und kein einzelnes Land wird imstande sein, allein das Tempo zu bestimmen. Es handelt sich hier um eine wirklich weltweite Erscheinung, bei der, wie wir später aufzeigen werden, die Vereinigten Staaten und Japan wohl in noch stärkerem Maße die Schrittmacher sein werden.

Die Entwicklung der Mikroelektronikindustrie

Kommen wir noch einmal auf die Unterscheidung zwischen der Mikroelektronikindustrie als solcher und der durch sie hervorgerufenen allgemeinen Umformung des industriellen Bereichs und anderer Sektoren zurück. Fast alle frühen Innovationen fanden in den Vereinigten Staaten statt, und immer noch sind es amerikanische Firmen, die etwa 70 Prozent aller integrierten Schaltkreise produzieren. Allerdings ändert sich die Lage angesichts der schnellen technologischen Fortschritte der japanischen und in geringerem Maß auch der europäischen Unternehmen, so daß die amerikanische Vorherrschaft bedroht ist. Die Entwicklung in den Vereinigten Staaten wurde weitgehend durch umfangreiche Forschungs- und Entwicklungsaufträge sowie andere finanzielle Zuschüsse gefördert, die von der amerikanischen Regierung über das Verteidigungsministerium und die NASA vergeben wurden, wodurch gleichzeitig ein gesicherter Absatzmarkt für die ersten integrierten Schaltkreise geschaffen wurde. Das ermöglichte es den amerikanischen Unternehmen, bereits zu einer Zeit neue Halbleitergeräte herzustellen, als es noch keinen kommerziellen Markt dafür gab. Ein weiterer Vorteil war die vorherrschende Stellung von IBM im Computerbereich, die somit schnell ein Großkunde für die neuen Schaltkreise wurde. Wiewohl der amerikanische Rüstungsbedarf heute nur einen verhältnismäßig geringen Anteil des Marktes für integrierte Schaltkreise ausmacht, verschaffen Rüstungsaufträge der Forschung immer noch einen entscheidenden Vorsprung in diesem Bereich. So stellt beispielsweise das Pentagon der Industrie an die 200 Millionen Dollar zur Verfügung für die Entwicklung von integrierten Hochleistungsschaltkreisen (*Very High Speed Integrated Circuits* – VHIC), die Hunderttausende von Komponenten auf engstem Raum enthalten, eine Entwicklung, die sich selbstverständlich auch im zivilen Anwendungsbereich auswirken wird.

In Japan verlief die Entwicklung der Mikroelektronik zwangsläufig anders, da man sich dort nicht auf umfangreiche Forschungsaufträge des Verteidigungsministeriums stützen konnte. Der Erfolg der herkömmlichen japanischen Elektronikindustrie konzentrierte sich auf einige wenige Großfirmen, die die Bedeutung der neuen Möglichkeiten der Mikroelektronik und der amerikanischen Fortschritte auf diesem Gebiet voll erkannten. Früher als andere Länder erkannte Japan die weitreichenden Möglichkeiten und gelangte dadurch zur Überzeugung, daß für die Zukunft mit einer von Elektronik beherrschten Industriewirtschaft zu rechnen sei. Und so wurden vor etwa fünfzehn Jahren mit Bedacht Richtlinien für eine »Informationsgesellschaft« festgelegt, und gleichzeitig beschloß die Regierung Maßnahmen zur Förderung der starken heimischen Computerindustrie, und das Ministerium für Außenhandel und Industrie (MITI) traf Maßnahmen zum Schutz der heimischen Industrie gegen ausländische Konkurrenz. Zu diesem japanischen Programm gehört ein von Staat und Industrie gemeinsam durchgeführtes Forschungsprojekt zur Entwicklung der erforderlichen Techniken für hochintegrierte Schaltkreise, zu dem der Staat einen Zuschuß von 250 Millionen Dollar, das waren 40 Prozent der Gesamtkosten, zur Verfügung stellte. Dieses Projekt war sehr erfolgreich. Heute stellen die Japaner nicht nur eine starke Konkurrenz für die amerikanischen Unternehmen dar, sondern sind auf einigen Gebieten der technologischen Entwicklungen in Führung gegangen. Die japanische Situation ist unter anderen dadurch gekennzeichnet, daß ihre Mikroelektronikunternehmen in große Elektro- und Elektronikunternehmen eingebettet sind, anders als in den Vereinigten Staaten, wo die ersten

Innovationen von einer geringen Anzahl kleiner unternehmender Firmen ausgingen, die mit verhältnismäßig bescheidenen Investitionen im kalifornischen »Silicon Valley« angefangen hatten. In bezug auf die Kapitalbeschaffung befanden sich die japanischen Vorhaben also in einer günstigen Lage, ein erheblicher Vorteil, wenn man bedenkt, daß neue Produktionsbänder für die Herstellung hochentwickelter Schaltkreise bis zu vierzig Millionen Dollar kosten können. Es überrascht daher nicht, daß in den letzten Jahren einige der erfolgreichen amerikanischen Halbleiterfirmen von Großfirmen übernommen worden sind. Dies ruft in den Vereinigten Staaten einige Besorgnis hervor, weil man befürchtet, daß diese innovativen Firmen, die jeden technologischen Durchbruch schnell bis zur kommerziellen Marktreife entwickelten und damit die traditionellen Elektronikkonzerne schlugen, anders als in Japan im Rahmen von Großunternehmen ihre Flexibilität verlieren könnten.

Die europäische Industrie, die weder über jene Märkte der Weltraumforschung und Verteidigung verfügte, welche die schnelle Entwicklung der Mikroelektronik in den Vereinigten Staaten ermöglichte, noch über die gemeinsame Strategie von Staat und Industrie der Japaner, hat auf diesem Gebiet langsamer Fuß gefaßt. 1979 etwa wurde nur ein Drittel der in der europäischen Industrie verwendeten integrierten Schaltkreise in Europa hergestellt, der Rest kam überwiegend aus den Vereinigten Staaten. Zu dieser Zeit aber erkannten die wichtigsten Industriestaaten Europas die Bedeutung der Mikroelektronik für die Zukunft der Industrie, und so wurden, wenn auch zögernd, umfassende Maßnahmen ergriffen, um einen Platz in dieser Schlüsselentwicklung zu erobern. So investierte beispielsweise in Großbritannien der Staat an die 120 Millionen Dollar in ein Unternehmen namens »Inmos«, das die nächste Generation von Speicherchips herstellen soll. Man hofft dabei, daß eine hochentwickelte Industrie für die Herstellung integrierter Schaltkreise nicht nur auf einen expandierenden Markt für ihre Produkte stoßen, sondern auch das Interesse potentieller Anwender wecken und damit die Modernisierung der Industrie im allgemeinen fördern wird. Ähnliche Maßnahmen zur Stimulierung von Forschung und Entwicklung auf diesem Gebiet sowie zur Errichtung und Erweiterung von Halbleiterfirmen werden von den Regierungen der Bundesrepublik Deutschland und Frankreich durchgeführt.

Während bei Herstellung und Vermarktung integrierter Schaltkreise ein starker Wettbewerb unter den wichtigsten Industrieländern herrscht, werden in Zukunft im Bereich der Anwendung solcher Komponenten in Produkten und Verfahren für die Automation der Industrie und im Tertiärsektor die Gewinnaussichten wahrscheinlich wesentlich größer sein. Wie die folgende Tabelle zeigt, liegen die Vereinigten Staaten bei der Anwendung integrierter Schaltkreise an erster Stelle:

Verteilung der Halbleiteranwendungen in den OECD-Staaten, 1965–1978, in Prozenten

	1965	1970	1974	1978
Vereinigten Staaten	66	53	48	46
Westeuropa	18	22	25	23
Asien (hauptsächlich Japan)	14	22	24	28
Andere	2	3	3	3

Quelle: Charles Rover Associates: *Innovation, Competition and Government Policy*

Äußerst zügig führt Japan mikroelektronische Technologie in möglichst vielen Industriezweigen ein, und europäische Länder wie Frankreich, die Bundesrepublik Deutschland, Italien und Großbritannien bemühen sich intensiv darum, ihren Unternehmern begreiflich zu machen, welche Bedeutung die integrierten Schaltkreise für ihre Wettbewerbschancen haben, und fördern die Anwendung der neuen Geräte. Insgesamt wenden die europäischen Regierungen etwa eine Milliarde Dollar für derartige Projekte auf, und die Privatwirtschaft investiert etwa die gleiche Summe. Zum Vergleich soll darauf hingewiesen werden, daß in den Vereinigten Staaten eine einzige Firma, nämlich IBM, etwa eine Milliarde Dollar jährlich für Forschung ausgibt. Für die europäischen Staaten ist das schwieriger, weil sie auf diesem Gebiet später aktiv geworden sind. Jedenfalls ist der Wettlauf im Gange, ein Wettlauf, der infolge des internationalen wirtschaftlichen Drucks die meisten Industriestaaten zur Konkurrenz zwingt, obwohl sie auf die Regeln und auf den Verlauf dieses Wettbewerbs kaum Einfluß nehmen können. Noch beunruhigender ist jedoch die Tatsache, daß die Bemühungen aller konkurrierenden Länder, diese Technologie so schnell wie möglich einzuführen, nicht von entsprechenden Maßnahmen oder auch nur von gründlichen Untersuchungen hinsichtlich der sozialen Folgen und negativen Nebenwirkungen, vor allem in bezug auf den unausweichlichen Konflikt zwischen Produktivität und Beschäftigung, begleitet werden.

Betrachtet man die wahrscheinlichen Einflüsse sozialer Faktoren bei der Entwicklung der Mikroelektronik und die Art und Weise, wie die verschiedenen Staaten mit ihnen fertig werden, dann kommt man zu dem Schluß, daß der Schrittmacher vermutlich Japan heißen wird. Im Hinblick auf die mikroelektronische Industrialisierung hat Japan jedenfalls heute schon eine starke technologische Grundlage und ein einheitliches mittel- und langfristiges Konzept; es besitzt mindestens die Hälfte der heute vorhandenen Industrieroboter. Das Wesen der japanischen Gesellschaft, die Reaktionen ihrer Institutionen, ihre industriellen und menschlichen Strukturen sowie ihr Talent für Entscheidungsfindung auf gemeinschaftlicher Basis könnten sich, langfristig gesehen, allerdings als noch wichtiger herausstellen.

Die Regierungen Europas und Nordamerikas fördern nach besten Kräften diese neue, überlegene Technologie. Für eine innovative Politik, die mit der neuen Situation fertig werden muß, ist die eingehende Berücksichtigung der sozialen Folgen dieser Technologie aber mindestens ebenso wichtig wie das technische Stimulans selber.

Mikroelektronik und Nord-Süd-Gefälle: Risken und Chancen

An anderer Stelle dieses Buches ist bereits im einzelnen dargelegt worden, wie sich die Mikroelektronik wahrscheinlich auf die Entwicklung der Länder der dritten Welt auswirken wird. Daher wiederholen wir hier nur einige der wesentlichen Schlußfolgerungen in bezug auf die allgemeine internationale Situation. Die zu erwartenden Auswirkungen lassen sich in zwei Punkte zusammenfassen. Erstens und grundsätzlich wird die Automation in vielen Industriezweigen der Industriestaaten durch mikroelektronisch gesteuerte Produktionsverfahren und computergesteuertes Assembling den wichtigsten Wettbewerbsvorteil der Entwicklungsländer hinfällig werden lassen, nämlich ihre niedrigeren Lohnkosten. Dies ist gerade jetzt besonders besorgniserregend, weil das weltweit rückläufige Wirtschaftswachstum die Unternehmen in den Industriestaaten darin bestärken wird, die neuen Automationsmethoden zugunsten einer Wiederbelebung von Wirtschaftszweigen wie der Textil- und Bekleidungsindustrie einzusetzen, die in den Zeiten der Expansion in den fünfziger und sechziger Jahren vernachlässigt wurden, weil man in die Billiglohnländer Südostasiens ausweichen konnte.

Zweitens wird die Konzentration einer neuen und entscheidenden Technologie in den Hauptindustrieländern mitsamt ihren umfassenden Forschungs- und Entwicklungsarbeiten und des damit einhergehenden Aufschwungs in vielen Bereichen der Wirtschaft wahrscheinlich die Kluft zwischen reichen und armen Ländern vertiefen. Die mikroelektronische Revolution kann insgesamt sehr wohl der Weltindustrie zu einem höheren Niveau verhelfen, allerdings nur in den Ländern, die über die erforderlichen wissenschaftlichen und technischen Fähigkeiten verfügen. Umgekehrt wird die Mikroelektronik, indem sie diese heute schon großen Fähigkeiten noch erweitert, die relative Ohnmacht der Länder auf dem Gebiet der industriellen Entwicklung noch deutlicher machen, deren wissenschaftliche und technologische Infrastruktur weit unterhalb der kritischen Schwelle liegt. Es ist dies ein klassisches Beispiel für den Bibelspruch, daß dem, der hat, noch gegeben wird. Allerdings sollte, wie gesagt, im Zusammenhang mit Entwicklung nicht verallgemeinert werden. Es gibt einige zur sogenannten dritten Welt gehörende Länder, wie Indien, die über ein erhebliches Maß an wissenschaftlicher Kapazität und Umsicht verfügen und sich an der neuen Entwicklung beteiligen können. Die Mehrzahl der Entwicklungsländer wird allerdings nicht Schritt halten können. Computerisierte und automatisierte Verfahren werden natürlich allmählich auch in diese Wirtschaften einziehen, aber wesentlich später als in den heute schon industrialisierten Ländern. Den wirksamsten Mechanismus für den Technologietransfer stellen gegenwärtig die multinationalen Konzerne dar, trotz der Verdächtigungen, denen ihre Tätigkeit in Ländern der dritten Welt ausgesetzt ist. Hier ist nicht der Ort, die Stichhaltigkeit dieser Kritik zu untersuchen, die an den multinationalen Konzernen geübt wird, einer mächtigen Gruppe von Unternehmen, deren Firmenpolitik, Richtlinien und Beweggründe ebenso verschieden sind wie die heterogene Gruppe der Entwicklungsländer selber. Zweifellos sind viele dieser Unternehmen im Interesse ihres eigenen Überlebens und ihrer langfristigen Prosperität bemüht, sich mit den Zielen der Länder, in denen sie tätig sind, zu identifizieren.

Da kaum zu erwarten ist, daß sich in naher Zukunft alternative und wirksame Methoden für einen umfassenden Technologietransfer zeigen werden, werden die multinationalen Konzerne – auch wenn sie in den Entwicklungsländern noch so unbeliebt sind – dennoch die Hauptträger der Einführung mikroelektronischer Produkte und Systeme sein.

Ein großer Teil dieses Transfers wird wahrscheinlich in Form kompletter Technologie-»Pakete« vor sich gehen; dies mag zwar zur Schaffung von Reichtum, aber sicherlich nicht zur Schaffung von Arbeitsplätzen führen, was eines der Hauptprobleme in den meisten Entwicklungsländern ist, welches durch das Bevölkerungswachstum noch erheblich verschärft wird. In solchen Ländern verdrängt die Mikroelektronik weniger ausgebildete Arbeitskräfte zugunsten einer kleineren Anzahl höher ausgebildeter, wodurch es in vielen Ländern immer schwieriger wird, ungelernte Arbeitskräfte unterzubringen und Facharbeiter auszubilden. In manchen Kreisen wird die Meinung vertreten, die schnelle Einführung komplexer mikroelektronischer Verfahren sei das Allheilmittel für die Lösung des Nord-Süd-Problems. Sie könnte es diesen Ländern ermöglichen, gleichsam mit einem Sprung in die hochentwickelte Industriewelt des 21. Jahrhunderts zu gelangen. Diese Betrachtungsweise wird von den Verfassern des vorliegenden Buches als unrealistisch, irreführend und als Ablenkungsmanöver zurückgewiesen. Zweifellos *kann* die Mikroelektronik bei der Entwicklung der dritten Welt von Nutzen sein; will man sie aber sinnvoll einsetzen, dann wird dies ein langsamer, vorsichtiger und kostspieliger Prozeß sein, in dem es nicht nur ökonomische, sondern auch viele soziale und kulturelle Faktoren zu berücksichtigen gilt.

Das eigentliche Problem besteht jedoch nicht darin, daß eine überstürzte Einführung der neuen Technologie soziokulturelle Probleme aufwirft, sondern vielmehr darin, daß diese bei der Ausarbeitung der Strategien nicht in ausreichendem Maß berücksichtigt werden. Es ist bezeichnend, daß die Möglichkeiten und Probleme der Einführung der Mikroelektronik und anderer Techniken in letzter Zeit in den Konferenzen über die Industrialisierung der dritten Welt kaum besprochen wurden. Es wäre tragisch, wenn diese neuen Entwicklungen ignoriert würden, denn die Folge wäre, daß man in vielen Ländern veraltete Industrien bauen würde.

Ein Sachverhalt von großer psychologischer und politischer Bedeutung soll hier nicht unerwähnt bleiben. Wenn der Süden hochentwickelte Technologien vom Norden übernimmt – und zwar nicht nur die Halbleitertechnik, sondern auch die Kerntechnik sowie moderne Informations- und Kommunikationsmethoden, einschließlich des Betriebs von Satelliten, Erdölraffinerien und vielem anderen – werden sie in zunehmendem Maße abhängig vom Norden und seinen multinationalen Konzernen. Das macht den Aufbau eigenständiger Technologien schwieriger und untergräbt letztlich die eigenen kulturellen Wertvorstellungen. Und viele Menschen in der dritten Welt werden darin eine neue Welle des technologischen Kolonialismus sehen.

Die dritte Welt befindet sich heute, technologisch gesehen, in einer kritischen Situation; daher ist eine Überprüfung der Entwicklungsstrategien ebenso dringlich wie die Suche nach neuen Wegen, welche die Chancen und Gefahren der neuen Technologie gleichermaßen berücksichtigen. Ein Vertreter der dritten Welt, der an der Diskussion über die erste Fassung dieses Buches teilnahm, formulierte das so: »Man muß laut und deutlich eine Überprüfung der beiden möglichen Optionen fordern: Entweder will man den *status quo* beibehalten und eine Vergrößerung der Kluft zwischen den Industriestaaten und den Entwicklungsländern in Kauf nehmen, oder man ergreift die revolutionären Möglichkeiten der neuen Technologie und setzt sie rasch in eine neue Entwicklungsstrategie um. Wir dürfen nicht abwarten, was die erste Welt tut, um es dann nachzumachen. Die gegenwärtige Chance wird sich nicht ein zweites Mal bieten. Wir dürfen sie nicht verpassen.«

Die Ausbreitung des Mikroprozessors, des Computers und der Automation kann sich innerhalb des weltweiten Entwicklungsprozesses als ein durchaus kritisches Moment mit einer Fülle sozialer Konsequenzen erweisen. Die Techniken, die im Zuge der ersten industriellen Revolution entwickelt wurden, führten zu einer im wesentlichen materialistisch geprägten Entwicklung, von der die Länder des Nordens mit ihrem puritanischen Arbeitsethos stark profitierten. In der Folge hielt sie überall auf der Welt Einzug und bedrohte viele der bodenständigen Kulturen, die nicht stark genug waren, sich ihr zu widersetzen. In den letzten Jahren hat man immer stärker erkannt, daß kulturelle Vielfalt einen Wert darstellt, nicht nur um ihrer selbst willen, sondern aus vernünftigen biologischen Gründen. So sind in verschiedenen kulturellen und religiösen Bereichen viele Stimmen laut geworden, darunter besonders eindringlich die Stimme Gandhis, die auf die Notwendigkeit hinwiesen, nach anderen als den materialistischen Lebensformen des Nordens Ausschau zu halten. Auch in den Industriestaaten gibt es viele, vor allem junge Menschen, die angesichts ihrer von Technik beherrschten Zivilisation das Gefühl der Entfremdung haben; sie suchen nach neuen Lebensformen und bemühen sich um die Schaffung von »Gegenkulturen«. Auch in einigen Entwicklungsländern möchten viele denkende Menschen, die zwar die Notwendigkeit des technischen Fortschritts zur Hebung des Lebensstandards und zur Beseitigung von Armut und Hunger akzeptieren, lieber ihren eigenen Weg der technischen Entwicklung finden und besonders die Entwicklung arbeitsintensiver Verfahren gefördert sehen, die nicht nur Reichtum, sondern auch Arbeitsplätze schaffen. Materieller Wohlstand scheint jedoch überall im gleichen Maße begehrenswert zu sein, ungeachtet der kulturellen Faktoren, die dem vielleicht entgegenstehen, und in fast allen Entwicklungsländern scheinen die Eliten so ziemlich die gleichen Wünsche zu haben wie die Menschen in den wohlhabenden Ländern. Sie neigen daher zu auffälligem Konsum, etwa in Form von

Luxusautos und dem Verzehr von großen Mengen tierischen Eiweißes. Auf viele Menschen in diesen Ländern übt auch die Gerätevielfalt des Nordens große Anziehungskraft aus. Die durch die Mikroelektronik hervorgerufene Verfeinerung der Industrie und ihrer Produkte lassen den Kontrast zu den regionalen Produkten noch augenfälliger werden. Wenn sie in den Entwicklungsländern Einzug halten, wird der kulturelle Zwiespalt offensichtlich und wahrscheinlich unüberbrückbar werden.

Bisher haben wir uns hauptsächlich mit den Problemen beschäftigt, welche die durch die Mikroelektronik hervorgerufenen Entwicklungen den Entwicklungsländern bescheren werden. Die Auswirkungen werden jedoch nicht nur negativ sein. Besonderes Augenmerk gilt hier der neuen Informationstechnik, die den Zugang zu dem gesamten oder fast dem gesamten Wissen der Menschheit durch den Anschluß an internationale Datennetze und Informationsdienste ermöglichen wird. Die einzige Einschränkung stellt die Fähigkeit der Entwicklungsländer dar, aus dieser enormen Menge von Fakten und Ideen diejenigen auszusuchen, die für das jeweilige Land von spezifischer Bedeutung sind. Es muß in diesem Zusammenhang immer wieder betont werden, daß in jedem Fall der kritische Umgang mit Wissenschaft, Technik und Management von ausschlaggebender Bedeutung ist. Darüber hinaus gibt es in den Entwicklungsländern viele spezifische Möglichkeiten für die Anwendung von Mikroelektronik, die mit sinkenden Kosten noch zunehmen werden. So gibt es beispielsweise viele Möglichkeiten für computergesteuerte Systeme, die bei einem weiteren Rückgang der Preise für Kleincomputer auch für Gemeinden und Einzelpersonen erschwinglich werden, was wiederum zu einem erheblichen Effizienzzuwachs in vielen Bereichen, etwa bei der Überwachung von Gewässereinzugsgebieten, bei Bewässerungskontrolle, Telemetrie, städtischen Ordnungsproblemen, Erziehung und ländlicher Systemoptimierung, führen wird. In einigen Jahren wird es vielleicht selbstverständlich sein, daß ein Dorfcomputer die Arbeiten einteilt, die erforderlich sind, um sicherzustellen, daß die verfügbare Biomasse voll ausgenutzt und für die Erzeugung von Nahrungsmitteln und Energie erhalten wird. Auch in der Landwirtschaft ist der umfassende Einsatz von Computern nicht auszuschließen. In Venezuela zum Beispiel wird ein interessantes Projekt durchgeführt, bei dem die regionalen Klimaverhältnisse und andere Daten in örtlich stationierte Kleincomputer eingegeben und dann zentral analysiert werden, um Auskunft zu geben über den richtigen Zeitpunkt für Aussaat, Düngung, Schädlings- und Pilzbekämpfung und Ernte. Diese Möglichkeiten sind noch nicht genügend in der Praxis erprobt, aber sie könnten zu steigenden Erträgen führen, und zwar in solchem Maß, daß die entstehenden Extrakosten bei weitem ausgeglichen würden.

Mikroelektronik und Industrie in Staaten verschiedenen Typs

Es wird allgemein anerkannt, daß die Industrialisierung in der dritten Welt der Schlüssel zur weiteren wirtschaftlichen Entwicklung ist. Trotz merklicher Fortschritte in den neu industrialisierten Ländern Südostasiens und einigen größeren Ländern wie Brasilien und Mexiko, die sich um ihren Aufstieg bemühen, ist der Anteil an der Weltindustrieproduktion außerhalb der ersten und zweiten Welt weiterhin sehr gering. Die Vereinten Nationen haben optimistische Zielvorstellungen für die allgemeine Industrialisierung der dritten Welt ausgearbeitet, doch sind diese ohne weltweite Übereinkommen hinsichtlich einer veränderten internationalen Arbeitsteilung kaum als realistisch zu bezeichnen. Dies würde einen erheblichen mengen- und wertmäßigen Zuwachs der Warenimporte der Industriestaaten aus den weniger entwickelten Ländern erfordern, was wiederum negative Auswirkungen auf ihre eigenen herkömmlichen Industriezweige hätte. Selbst in den Jahren des starken Wirtschaftswachstums hat der Dumpingeffekt massiver Importe aus asiatischen Ländern auf die Textil- und Bekleidungsindustrie in den Vereinigten Staaten und in einigen europäischen Staaten Verärgerung in den betroffenen Branchen hervorgerufen; angesichts der gegenwärtigen Konjunkturprobleme wird sich die Situation sicherlich noch verschärfen. Aus demselben Grund befinden sich die Nord-Süd-Gespräche in einer Sackgasse. Es sind kaum Fortschritte in Hinblick auf eine neue internationale Wirtschaftsordnung zu verzeichnen, die seit langem in den Vereinten Nationen erörtert wird und zu mehr Gleichheit zwischen den reichen und den armen Ländern führen soll. Das Vordringen der Mikroelektronik vergrößert die Ungewißheiten, aber dennoch gibt es Fortschritte verschiedener Art. Es ist sehr wahrscheinlich, daß die ölproduzierenden Staaten in zunehmendem Maß das Erdöl selber verarbeiten werden und daß dies mit dem Aufbau einer effektiven petrochemischen Industrie einhergehen wird. Wo dies geschieht, wird man wahrscheinlich integrierte Produktionsanlagen mit mikroelektronischer Verfahrenssteuerung errichten. Die meisten dieser Entwicklungen werden natürlich mit Hilfe multinationaler Konzerne in Angriff genommen, zugleich aber bieten sie günstige Voraussetzungen für die

Ausbildung und Einarbeitung junger Wissenschaftler und Ingenieure in den jeweiligen Entwicklungsländern und tragen letztlich zur Weiterverarbeitung mikroelektronischer Einsatzmöglichkeiten in anderen Industrien und Systemen bei.

Die hohen Energiekosten dürften allgemein dazu führen, daß ein zunehmender Teil der heute von der dritten Welt exportierten Rohstoffe in größtmöglicher Nähe ihrer Herkunftsstätten verarbeitet werden wird. Dies könnte vor allem bei der Aufschließung von Mineralien der Fall sein und wäre besonders dort günstig, wo fossile Brennstoffe oder hydroelektrische Energie zur Verfügung stehen. Schließlich ist es in höchstem Maße unwirtschaftlich, ganze erzhaltige Berge, deren Metallgehalt gering ist, abzutragen und über Tausende von Kilometern in die Industrieländer zu transportieren, die sie verarbeiten können. Eine Anzahl von »Schwellenländern«, in denen derzeit rapide industrialisiert wird, werden diesen Weg zweifellos mit Erfolg beschreiten. Indien ist ein besonders gutes Beispiel für ein Land, das eine Vielzahl von Ausrüstungen, wie Werkzeugmaschinen, selber herstellt, über viele gut ausgebildete wissenschaftliche und technische Fachkräfte verfügt und daher in der Lage sein sollte, von den Entwicklungen im Bereich der Mikroelektronik zu profitieren, wenn auch in einem langsameren Tempo als die älteren Industriestaaten. Auch Mexiko und Brasilien nähern sich wahrscheinlich schon der entscheidenden Schwelle zu wissenschaftlicher und technologischer Kompetenz und dürften angesichts ihrer großen Rohstoffvorkommen einer glänzenden Zukunft entgegengehen. Wenn es ihnen gelingt, eine integrierte Wissenschafts- und Technologiepolitik zu entwickeln, dann dürften sie wohl auch in der Lage sein, unter Verwendung mikroelektronischer Geräte eine moderne Industrie aufzubauen. Alle drei Länder verfügen über ein hohes Softwarepotential.

Die Gruppe der Ölländer befindet sich in einer anderen Position. Durch Förderung, Exploration und Verarbeitung haben sie bereits einen hochentwickelten technischen Sektor hervorgebracht, der aber in den meisten Fällen den multinationalen Konzernen aus dem Ausland zu verdanken ist. Aber sie besitzen kaum andere Industrien und verfügen bisher nur über marginale Forschungs- und Entwicklungskapazitäten. Im Fall der islamischen Staaten können in bezug auf die Vereinbarkeit von Kultur und Technik viele schwierige Probleme auftauchen, wie der Fall des Iran gezeigt hat. Da sie jedoch wissen, daß ihre Erdölreserven begrenzt sind, und da ihnen das Erdöl eine hohe Kapitalakkumulation ermöglicht, werden sie wahrscheinlich eine viel weitergehende Industrialisierung anstreben, bei der Mikroprozessorverfahren eine wichtige Rolle spielen könnten. Die neue Technologie dürfte hier wohl überwiegend in »Paketform« durch die multinationalen Konzerne eingeführt werden. Bei den arabischen Ölstaaten, mit Ausnahme Algeriens, spielt die geringe Bevölkerungszahl eine große Rolle. Auch heute noch müssen viele Gastarbeiter aufgenommen werden. Eine weitergehende Industrialisierung würde ihre Zahl erheblich ansteigen lassen und möglicherweise politische Probleme heraufbeschwören. Alle diese Länder müssen vor allem ihr Erziehungswesen ausbauen und zu eigenen Forschungs- und Entwicklungseinrichtungen kommen. Kuwait unternimmt derzeit besondere Anstrengungen in dieser Richtung, ebenso ein weiteres OPEC-Mitglied, Venezuela, aber im allgemeinen sind die Bemühungen der arabischen Ölstaaten auf wissenschaftlichem und technischem Gebiet eher bescheiden.

Wir wenden uns nun den besonderen Problemen zu, die die Technik der integrierten Schaltkreise in den »neu industrialisierten« Ländern Südostasiens mit sich bringt. Diese Länder sind sicherlich unmittelbar von den Auswirkungen betroffen, denn sie hatten vor allem in den Produktionszweigen Exporterfolge zu verzeichnen, in denen billige Arbeitskräfte einen Wettbewerbsvorteil gegenüber den Industrieländern darstellten, nämlich bei Textilien, Bekleidung und dem Zusammenbau elektronischer Erzeugnisse im Auftrag multinationaler Konzerne. Die wahrscheinlichen Auswirkungen des Mikroprozessors sind bereits in früheren Kapiteln ausführlich behandelt worden, und so wollen wir hier nur einige Tendenzen der künftigen Entwicklung des internationalen Arbeitsmarkts rekapitulieren. Textilien, Bekleidung, Schuhe und Lederwaren stellen mehr als 40 Prozent der Ausfuhren aus Hongkong, Singapur, Südkorea und Taiwan dar. Mengenmäßig sind diese Exporte in den sechziger und frühen siebziger Jahren drastisch gestiegen, allerdings sind diese Zuwachsraten in den letzten Jahren erheblich gesunken. Für die achtziger Jahre wird nur ein bescheidener Zuwachs von fünf Prozent im Jahr erwartet, falls die Auswirkungen der Mikroelektronik nicht allzu einschneidend sind. In den Industriestaaten haben die von einer Automation dieser arbeitsintensiven Branchen zu erwartenden Gewinne manche Unternehmer in den traditionellen Industrieländern bereits zu einer Umrüstung ihrer Produktion veranlaßt. Man schätzt, daß die amerikanische Textilindustrie in den achtziger Jahren jährlich etwa zwei Milliarden Dollar in neue, vielfach computergesteuerte Ausrüstungen investieren wird, von denen sie sich sowohl eine Steigerung ihres Weltmarktanteils als auch eine Verringerung ihrer 300.000 Arbeitskräfte erhofft. Da die Effektivität integrierter Schaltkreise in zunehmendem Maße erkannt wird und die Hersteller von Textilmaschinen immer mehr Erfahrung in bezug auf Anwendungsmöglichkeit sammeln, ist es durchaus möglich, daß die Automation in dieser Branche noch schneller fortschreitet, als heute angenommen wird. Auch die europäische Textilindustrie zeigt sich den neuen Möglichkeiten aufgeschlossen. Ein englisches Spinnereiunternehmen, das vor kurzem teilautomatisiert wurde, berichtet, daß sein neues Werk, das mit kostspieligen Produktionsanlagen und nur 95 Arbeitskräften ausgestattet ist, ebensoviel produzieren wird wie drei veraltete Anlagen mit 435 Mitarbeitern. Ein ähnliches Bild zeigt die Bekleidungsindustrie, doch geht die Entwicklung dort wesentlich langsamer vor sich als in der Textilerzeugung, was auf die branchenspezifische Komplexität sowie auf Anzahl und Vielfalt der Arbeitsvorgänge zurückzuführen ist. In diesen und anderen Bereichen wird die Automation im Norden den relativen Wettbewerbsvorteil, den die Länder des Südens aufgrund der niedrigen Lohnkosten genießen, hinfällig werden lassen.

Die Situation beim Elektronikassembling in den »neu industrialisierten« Ländern unterscheidet sich etwas von der Lage in den soeben genannten Bereichen, denn sie hängt noch stärker mit den Entwicklungen in den Vereinigten Staaten, Japan und Europa zusammen. Sie hat verhältnismäßig wenig mit der einheimischen Industriestruktur der betreffenden Länder zu tun, die z. B. alle über viel Erfahrung im Bereich der Textilindustrie verfügen. Die gegenwärtige Situation läuft im wesentlichen darauf hinaus, daß die hochentwickelten Industrieländer über die multinationalen Konzerne die in den asiatischen Ländern reichlich vorhandenen billigen Arbeitskräfte und deren manuelle Geschicklichkeit ausbeuten. Elektronische Bauteile werden nach Singapur, Taiwan usw. verfrachtet, wo sie zu größeren Aggregaten zusammengelötet und schließlich zum Endprodukt zusammengebaut werden, das dann entweder in das Ursprungsland der Bauteile reimportiert oder an dessen Exportkunden geliefert wird.

Dieses Auslandassembling hat den asiatischen und einigen lateinamerikanischen Ländern bedeutende Einkünfte gebracht, aber es hat auch fragwürdige Aspekte: Viele schlechtbezahlte, ungelernte Arbeitskräfte müssen stark reglementierte und repetitive Tätigkeiten ausüben, bei denen sie stundenlang bestimmte Handgriffe ausführen und gleichzeitig durch ein Mikroskop blicken müssen. Derartige Tätigkeiten sind in den Ländern des Nordens nicht nur teurer, sondern unterliegen dort erheblich strengeren Arbeits- und Gesundheitsvorschriften. Die auf diese Weise geschaffenen Arbeitsplätze werden erheblich zurückgehen und vielleicht bald ganz verschwinden. Die Elektronikunternehmen, die von diesen Verhältnissen profitieren, werden sicherlich unter den ersten sein, die die integrierten Schaltungen zur Automation ihrer eigenen Industrie einsetzen. Angesichts sinkender Reallöhne geht jetzt die Tendenz dahin, das Löten und Prüfen integrierter Schaltkreise sowie das Endassembling durch Automation in heimischen Werken durchzuführen. Diese Art des weitgehend automatisierten inländischen Assembling wird vermutlich für den internationalen Wettbewerb bestimmend werden, und bereits jetzt werden Investitionen für neue Werke eher in Industrieländern getätigt als in Entwicklungsländern. So wird beispielsweise aus Japan berichtet, daß man durch ein gewisses Maß an Automation bei der Herstellung von Fernsehgeräten sowohl Produktionssteigerungen als auch einen beträchtlichen Abbau der Arbeitskräfte erreichen konnte.

Wahrscheinlich werden die neu industrialisierten Länder Asiens die ersten in der dritten Welt sein, die die Auswirkungen der Mikroelektronik zu spüren bekommen, aber gleichzeitig sind sie darauf auch am besten vorbereitet. Umfangreiche Veränderungen werden in den Wirtschaftsstrukturen dieser Länder vorgenommen werden müssen, wobei die Zeiten für einen reibungslosen Übergang nicht gerade günstig sind angesichts des allgemeinen Zustands der Weltwirtschaft, der hohen Energiekosten, der verbreiteten Inflation, der protektionistischen Tendenzen im Norden und der Änderungen der Konsumentengewohnheiten, denn all diese Faktoren spielen eine Rolle. Kennzeichnend für diesen Teil der Welt ist die Nähe zu der aufstrebenden japanischen Technologie. Japan erzielt bereits wichtige technologische Einbrüche in der dritten Welt, vor allem in den nahegelegenen neu industrialisierten Ländern. Die japanischen Mikroprozessoren und Industrieroboter werden wahrscheinlich größere Bedeutung erlangen als die Technologiepakete der westlichen multinationalen Konzerne. Allerdings haben diese Länder aus ihren Erfahrungen der letzten beiden Jahrzehnte viel profitiert und sehr viel gelernt in bezug auf industrielle Strategie, den Betrieb moderner Industrieanlagen, Managementmethoden und internationales Marketing. Ferner verfügen sie über einen ausgeprägten Unternehmersinn. Obwohl sie noch keineswegs die entscheidende Schwelle zu wissenschaftlicher und technologischer Leistungsfähigkeit erreicht haben, erkennen sie deren Notwendigkeit und haben bereits gewisse Infrastrukturen dafür geschaffen. Dadurch sind sie stets über die Bedeutung neuester wissenschaftlicher Entdeckungen, wo immer sie gemacht werden, auf dem laufenden. In Singapur beispielsweise ist man stets auf dem neuesten Stand der Wissenschaft. Es gibt dort Forschungsorganisationen mit ausgezeichneten Verbindungen zu den entsprechenden Organisationen des Nordens. Vor allem aber ist man sich in diesen Ländern der Bedeutung von Unterricht und Ausbildung in allgemeiner wie in technischer Hinsicht bewußt.

Die oben besprochenen Länder umfassen jedoch weniger als die Hälfte der normalerweise als »dritte Welt« bezeichneten Staaten. Für die übrigen stellen die Aussichten, die die Entwicklung der Mikroelektronik eröffnet, ferne, lediglich mittelbare Möglichkeiten, ja sogar relative Nachteile dar. Einigen Nutzen werden auch sie sozusagen aus den Nebenprodukten der allgemeinen globalen Entwicklung ziehen: durch den Zugang zu Informationen im Kommunikations- und Verkehrswesen und hoffentlich auch bei der Entwicklung neuer arbeitsintensiver Techniken, die mit hochentwickelten wissenschaftlichen Methoden arbeiten, aber nicht, wie bisher üblich, Menschen durch Maschinen ersetzen. Die Intensität der Sonneneinstrahlung in den tropischen Ländern läßt hoffen, daß sie imstande sein werden, neue Mittel zur Ausnützung dieser Energie zu entwickeln, dieser einzigen Zufuhr von außen, die verhindert, daß unser Planet ein geschlossenes System ist. Jüngste Fortschritte in der Biologie eröffnen reale, wenn auch nicht bald zu verwirklichende Möglichkeiten für Verbesserungen in den am wenigsten entwickelten Ländern. Neue Entwicklungen im Bereich der genetischen Manipulation und Fortschritte in der Enzymtechnik könnten wichtige chemische Industrien entstehen lassen. Diese müssen nicht unbedingt etwas mit der Mikroelektronik zu tun haben, aber zu ihrer Verwirklichung wird man sicherlich mikroelektronische Steuerungen und integrierte Systeme benötigen.

Der Mikroprozessor und eine rasche Automation der Industrien des Nordens wird wohl, zumindest in den Anfangsjahren dieser Entwicklung, die Kluft zwischen den reichen und den armen Ländern weiter vertiefen. Es ist daher unbedingt notwendig, neue Entwicklungsstrategien im Rahmen der globalen Entwicklung zu erarbeiten und dabei die Möglichkeiten und Gefahren der Mikroelektronik und anderer künftiger technischer Entwicklungen zu berücksichtigen. Für die am wenigsten entwickelte Hälfte der Nationen dieser Welt müßten folgende Prioritäten gelten:

1. Angesichts der technologischen und industriellen Tendenzen, wie sie in dem vorliegenden Buch dargestellt werden, müssen diese Länder ihre Politik im Bereich der Industrialisierung, aber auch in anderen Bereichen überprüfen und nach neuen Wegen der Entwicklung suchen, welche die neuen Möglichkeiten auszuschöpfen, aber ihre Gefahren so weit wie möglich zu vermeiden trachten.

2. Diese Länder müßten sich um ein kritisches Bewußtsein in bezug auf Wissenschaft und Technik bemühen und eigene An-

strengungen auf diesem Gebiet unternehmen, ohne die eine substantielle eigenständige Entwicklung unwahrscheinlich ist.

3. Dabei sollten sie sich regional zusammenschließen, weil die Wahrscheinlichkeit, diese entscheidende Schwelle in nicht allzuferner Zukunft gemeinsam überschreiten zu können, größer ist, als wenn es jedes Land allein versucht.

4. Diese Gruppierungen wiederum sollten Verbindung untereinander und mit befreundeten Gruppen aus den Industriestaaten aufnehmen; solche Verbindungen könnten in Form gegenseitiger Abkommen zustande kommen, zum Beispiel Abkommen über die gemeinsame Ausarbeitung von Entwicklungsstrategien, über verstärkte wissenschaftliche und technische Zusammenarbeit und die Verteilung der Aufgaben, über den Zugang zu Datenbanken und Informationszentren, aber auch hinsichtlich der Ausbildung von Technikern und Führungskräften.

Segen oder Fluch?

Die Mikroelektronik erweist sich als neue Kraft in einer Welt, die, wenn sie sich auch nicht in einer Krise befindet, ihrer selbst, ihrer Werte, ihrer Ziele und Bestimmung nicht mehr sicher ist. Wir leben unter dem Damoklesschwert der atomaren Vernichtung, umgeben von zahlreichen »kleinen« konventionellen Kriegen, inmitten wirtschaftlicher Schwierigkeiten, bedroht von dem allmählichen Vordringen der Wüsten und anderen Arten der Umweltverschlechterung, die Gesundheit und Klimabedingungen gefährden; da sind die Bevölkerungsexplosion, die Zunahme von Gewalt und die Entfremdung des einzelnen von der Gesellschaft. Die Menschheit wird sich grundsätzlich fragen müssen, ob zugelassen werden darf, daß diese neue Kraft, auch wenn sie vielleicht den materiellen Wohlstand einiger weniger mehrt, diese Situation noch weiter verschärft, oder ob wir sie besonnen einzusetzen verstehen, so daß sie zur Schaffung neuer, gerechterer Gesellschaftsformen beiträgt, die allen Menschen ein Leben in Würde und bescheidenem Wohlstand sowie die Möglichkeit eines erfüllten Daseins gewährleisten. Ohne zu zögern, halten wir die zweite Option für durchaus realisierbar, selbst wenn ein Wandel dieser Art der privilegierten Minderheit Opfer abverlangt.

Die These des Buches lautet, daß die Entwicklung der Mikroelektronik und deren verbreitete Anwendung in der Wirtschaft und anderen Bereichen innerhalb der nächsten Jahrzehnte zu einem bedeutenden politischen Faktor werden wird, der bei der internationalen Arbeitsteilung eine erhebliche Rolle spielen und sich letztlich, ungeachtet ihrer ideologischen und kulturellen Traditionen, auf alle Staaten auswirken wird. Allerdings dürfen die Technologie im allgemeinen und die Mikroelektronik im besonderen nicht isoliert, gleichsam als autonome Kräfte, betrachtet werden, sondern müssen in ihrem wechselseitigen Bezug zu anderen Kräften, Tendenzen und Situationen gesehen werden. Bis jetzt beherrscht das makroökonomische Denken die Pläne der einzelnen Staaten, auch die Entwicklungskonzepte von Staaten der dritten Welt, während technologische Faktoren gewöhnlich ignoriert werden. Die Auswirkungen der neuen Technologie sind jedoch so gewaltig, daß eine solche Auffassung nicht mehr akzeptabel ist. Verschiedene andere Faktoren, welche wiederum die Entwicklung der Mikroelektronik beeinflussen, hängen mit den besonderen Schwierigkeiten der gegenwärtigen Periode zusammen: langsames Wirtschaftswachstum, hohe Energiekosten, die Tendenz zum Protektionismus auf den internationalen Märkten, die restriktive Geldpolitik zur Bekämpfung der Inflation und die allgemeine strukturelle Arbeitslosigkeit. Das Tempo, in dem die Mikroelektronik und ihre Anwendungen eingeführt werden, könnte durch diese Schwierigkeiten gebremst werden; anderseits werden die Länder, die sich im Hinblick auf diese Entwicklung in einer günstigeren Ausgangsposition befinden, sich natürlich besondere Mühe geben, sie so schnell wie möglich voranzutreiben, um sich einen entscheidenden Anteil am Weltmarkt zu sichern. Diejenigen, die diese Technologie nicht schnell genug entwickeln und anwenden, werden eine Verschlechterung ihrer Wettbewerbsposition und ihres Anteils am internationalen Handel in Kauf nehmen müssen. Selbst wenn die Mikroelektronik also in manchen Bereichen eine wirtschaftliche Belebung bringen wird, ist sie kein Patentrezept für einen allgemeinen Wirtschaftsaufschwung.

Eine ihrer bereits spürbaren Auswirkungen ist die zunehmende Härte des internationalen Wettbewerbs zwischen den höchstentwickelten Industrieländern. Die Vereinigten Staaten liegen aufgrund ihres Innovationsvorsprungs im Bereich der integrierten Schaltkreise in diesem Rennen zur Zeit an der Spitze, aber Japan wird, wie gesagt, aus technologischen, industriellen, strukturellen und kulturellen Gründen wahrscheinlich eines Tages das Tempo bestimmen, vor allem bei der schnellen und breitgestreuten Anwendung dieser Technik in zahlreichen Wirtschaftszweigen. Die europäischen Länder befinden sich derzeit noch im Hintertreffen, sind sich aber der Probleme und der Chancen sehr wohl bewußt und geben sich große Mühe, aufzuholen. Einige andere Industrieländer werden in bezug auf die Mikroelektronik praktisch unterentwickelt bleiben.

Die möglichen sozialen Auswirkungen der Mikroelektronik

sind es jedoch, die den meisten Grund zur Besorgnis geben. Über die möglichen Auswirkungen auf die Beschäftigungslage ist man sich im klaren, aber die Maßnahmen, die zur Bewältigung einer vielleicht endemischen hohen Arbeitslosigkeit vorgeschlagen worden sind, wurden eigentlich für weniger komplizierte Gesellschaftsstrukturen entwickelt, die heute überholt erscheinen; es gibt aber kaum Hinweise darauf, daß irgendeines der Länder mit hoher Arbeitslosigkeit sichtbare Erfolge aufzuweisen hätte. Das vorliegende Buch will daher zum Ausdruck bringen, daß radikalere Maßnahmen erforderlich sind, und es appelliert an Regierungen, Gewerkschaften und Unternehmerverbände, die Auswirkungen der Mikroelektronik gründlicher zu untersuchen, um eine Grundlage sowohl für etwa erforderliche Notmaßnahmen als auch für längerfristige und grundlegendere Ansätze zu erhalten, die starke gesellschaftspolitische Auswirkungen haben werden. Wir haben hier einige Wege aufgezeigt, die vielleicht eingeschlagen werden könnten, vordringlich ist jedoch gründliche Forschung auf diesem Gebiet. In der Vergangenheit ist von seiten der Gesellschaft kaum Einfluß auf die technologische Entwicklung genommen worden. In den letzten Jahren entstanden jedoch Bewegungen zum Schutz und zur Erhaltung der Umwelt, und es formierten sich Lobbies für alternative Energien sowie die Gegner von Atomenergie und Überschallflugzeugen. All dies ist Beweis genug dafür, daß in der Öffentlichkeit hinsichtlich der Anwendung und des Mißbrauchs der Technik Besorgnis laut wird. Die Regierungen wären gut beraten, wenn sie sich über die sozialen Folgen der Mikroelektronik gründliche Gedanken machten, ehe diese akut werden. Andernfalls könnten sie sich von einer Opposition überrascht sehen, die zwar fanatsich und uniform erscheinen mag, deren Beweggrund jedoch instinktive Besorgnis ist.

Dies führt zu der Frage, ob staatliche Maßnahmen, Strukturen und Methoden geeignet sind, die Probleme zu lösen, die die Mikroelektronik wahrscheinlich mit sich bringen wird. Die staatlichen Strukturen stammen aus Zeiten, die weniger kompliziert waren. Und obwohl die öffentlichen Aufgaben seit dem Ende des Zweiten Weltkriegs erheblich zugenommen haben, sind diese Strukturen nur unwesentlich modifiziert worden. Was in den meisten Ländern fehlt, ist ein den Erfordernissen genügender oder genügend anerkannter Apparat für eine allgemeine Koordination und Planung der Politik. Formal gesehen, ist das natürlich Aufgabe der Premierminister und ihrer Kabinette, in der Praxis aber überfordern die Fülle der Entscheidungen, die getroffen werden müssen, und die Last der innen- und außenpolitischen Probleme die Spitzen der Regierungen, so daß den Aufgaben der politischen

Koordination der Entscheidungen nicht genug Aufmerksamkeit geschenkt werden kann. Fast alle großen Probleme der Gegenwart sind horizontal, das heißt, sie betreffen alle Bereiche staatlicher Tätigkeit. Die Regierungen hingegen sind durch ihre Ministerien, die für bestimmte Aufgabenbereiche zuständig sind, vertikal strukturiert. Folglich stellt die staatliche Politik eher eine Addition als eine Integration der Politik der einzelnen Ressorts dar, von denen einige einander ergänzen mögen, andere aber durchaus, ausgesprochen oder unausgesprochen, im Gegensatz zueinander stehen. Die Energieproblematik, die so viele Teile des Staatsapparats in Mitleidenschaft zieht, hat diese Schwäche klar aufgezeigt, und viele Regierungen suchen nun nach Mitteln und Wegen, um mit diesem Problem fertig zu werden. Auch die Entwicklungen im Bereich der Mikroelektronik samt ihren Anwendungsmöglichkeiten und deren wahrscheinlich tiefgreifende soziale und kulturelle Folgeerscheinungen bedürfen einer integrierenden Politik.

Gerade dann sind institutionelle Innovationen erforderlich, wenn die Mikroelektronik bewußt und konstruktiv zur Verbesserung der Gesellschaft eingesetzt werden soll. Gerade dann muß sichergestellt werden, daß unvermeidliche, wenn auch nicht immer vordringlich erscheinende Veränderungen langfristig geplant werden. Es ist keineswegs leicht, besonders für demokratische Regierungen, die sich alle vier Jahre einer Wahl stellen müssen, langfristige Probleme in Angriff zu nehmen. Man neigt dazu, Fragen von übergeordneter Bedeutung zugunsten aktueller Tagesprobleme, auch wenn sie noch so trivial sind, beiseite zu schieben, weil diese den Wähler mehr interessieren. Die Auswirkungen der Mikroelektronik werden so groß und ihre wahrscheinlichen Folgen für die Gesellschaft so tiefgreifend sein, vor allem im Zusammenhang mit den anderen Aspekten der großen Umwälzung, die in der Einführung beschrieben wurden, daß politische Entscheidungen nicht nur auf Jahre, sondern auf Jahrzehnte hinaus getroffen werden müssen, wenn sie die positiven Entwicklungen, die für die Menschheit als Ganzes möglich wären, herbeiführen sollen. Die üblichen kurzfristigen Perspektiven der Regierungen bringen es mit sich, daß man sich mit diesen Fragen erst dann befaßt, wenn sie unausweichlich werden und in ein politisches Konzept passen. So kommt es, daß man sich erst *nachträglich* um Hilfsmaßnahmen und um einen marginalen Ausgleich bemüht, anstatt durch zukunftsweisende Maßnahmen die Entwicklung zugunsten des größtmöglichen allgemeinen Nutzens zu beeinflussen.

Wenden wir uns nun wieder internationalen Fragen zu, vor allem dem Nord-Süd-Problem und der Notwendigkeit, daß die Interdependenz der Nationen, die durch die neue Welle technologischer Veränderungen noch deutlicher zutage treten wird, allgemein erkannt wird. Die Entwicklung und Anwendung der Mikroelektronik ist ein neues und wichtiges Moment innerhalb des internationalen Wettbewerbs, das zunächst nur von den wissenschaftlich höchstentwickelten Ländern genutzt werden kann. Dies wird zu einer zusätzlichen Vertiefung der technischen und damit auch der wirtschaftlichen Kluft zwischen den Industriestaaten und den Entwicklungsländern führen, vor allem, weil dabei einer der wenigen Vorteile der letzteren, ihre niedrigen Lohnkosten, geschmälert wird. In der Tat wird der durch die mikroelektronischen Geräte und Systeme zustande gekommene Durchbruch auf dem Gebiet der Information die Forschungskapazität in den wissenschaftlich hochentwickelten Ländern erheblich steigern, die der weniger entwickelten Länder, die weitgehend unterhalb der entscheidenden Schwelle wissenschaftlicher Kenntnis und Leistungsfähigkeit liegen, allerdings nur in geringem Maß. Es besteht daher die Gefahr, daß die Einführung mikroelektronischer Verfahren die Abhängigkeit der Entwicklungsländer von den Industriegiganten des Nordens noch mehr steigern wird. Eine Welt, die gerade den Kolonialismus überwunden hat, nun aber von einer Art wissenschaftlichem Imperialismus beherrscht wird, ist kaum als sinnvoll zu bezeichnen.

All dies und viele andere Faktoren, darunter die zunehmende Diskrepanz der Bevölkerungszahlen zwischen den reichen und den armen Ländern, erfordern eine neue Betrachtungsweise des Nord-Süd-Problems. Gegenwärtig befinden sich die Diskussionen über die globale Grundsatzfrage in einer Sackgasse; der derzeitige Stand der Diskussionen erweckt den Eindruck, daß da ein Dialog zwischen Gehörlosen stattfindet. Viele Politiker und auch ein großer Teil der Öffentlichkeit im Norden sehen in der Entwicklungshilfe humanitäre Hilfsaktionen, die sich freilich recht gut mit der Wahrung eigener Interessen in Form kommerzieller Vorteile verbinden läßt. Dazu gehören auch Waffenverkäufe, politischer Einfluß und kulturelle Expansion. Im Süden wiederum meinen viele, die Geberländer seien oder sollten doch von Schuldgefühlen wegen ihres früheren politischen und wirtschaftlichen Kolonialismus motiviert sein, und erheben, angeblich oder tatsächlich, Anspruch auf solche Hilfe, ja, sie sehen darin eine völlig unzureichende Wiedergutmachung.

In den meisten Diskussionen über Entwicklungshilfe wird das Problem ausschließlich vom wirtschaftlichen Standpunkt gesehen, nämlich in bezug auf den Kapitaltransfer und neuerdings auch auf den Technologietransfer, der ja nur eine andere Form von Kapitaltransfer darstellt. Viele schwerwiegende strukturelle, soziale und kulturelle Probleme werden einfach ignoriert, wie das iranische Beispiel nur allzu deutlich gezeigt hat, während tiefergehende Fragen der Technologie, wie ihre Assimilierbarkeit, häufig ebenfalls ignoriert werden. Es ist kennzeichnend, daß man anläßlich der 1979 abgehaltenen UN-Konferenz über Wissenschaft und Technologie zu Entwicklungszwecken die Notwendigkeit der Schaffung einheimischer Institutionen im Bereich von Wissenschaft und Technologie zwar anerkannte, die Industrialisierung aber im wesentlichen als ein statisches technisches Problem ansah. Die Auswirkungen der neuen technologischen Durchbrüche auf die Industrialisierung der dritten Welt wurden kaum erwähnt. Auch der jüngste Bericht der Brandt-Kommission vertritt die traditionelle wirtschaftspolitische Linie und schweigt zu den Auswirkungen der Technologie.

Es scheint, daß in bezug auf die Bedeutung der neuen Entwicklungen in politischen Kreisen entweder große Unwissenheit herrscht oder daß man sie nicht zur Kenntnis nehmen will. Notwendig wäre also, daß die entsprechenden Informationen auf breitester Basis zugänglich gemacht würden. Ferner ist es notwendig, daß den Ländern der dritten Welt neueste, gut aufbereitete Daten über die wichtigsten Entwicklungen in Wissenschaft und Technologie und deren Bedeutung für die Entwicklungsplanung zugänglich gemacht werden. Einen solchen Informationsdienst könnten die Vereinten Nationen, eventuell im Rahmen ihres Entwicklungsprogramms, zur Verfügung stellen. Er dürfte nicht auf die Mikroelektronik beschränkt sein, sondern müßte auch andere aktuelle Entwicklungen auf technologischem Gebiet miteinbeziehen, die bei der nationalen Planung zu berücksichtigen sind, aber gewöhnlich vergessen werden. Beispiele dafür sind die Möglichkeiten der Anwendung der Glasfasertechnik, besonders wichtig für kupferproduzierende Länder, oder die neueste Entscheidung amerikanischer Gerichte, die das Patentieren neuer organischer Spezies zuläßt, die durch Genmanipulation entwickelt wurden.

Bei der Diskussion darüber, wie künftig vorzugehen ist, sollte das Schwergewicht auf einer globalen Strategie liegen und nicht nur auf Entwicklungspolitik im heute üblichen Sinn. Die Anhebung des wirtschaftlichen Niveaus in der dritten Welt, vor allem bei der Masse der Armen in diesen Ländern, zu denen wirtschaftliche Verbesserung nur in qualvoller Langsamkeit vordringen, kann nicht von der dritten Welt allein geleistet werden. Es handelt sich hier um ein globales Problem, das besonders angesichts der Bevölkerungsexplosion weitreichende Auswirkungen auf Länder aller Entwicklungsstufen haben wird. So wird sich kein Industrieland den zunehmenden Forderungen der Entwicklungsländer nach Energie, mineralischen Rohstoffen, Nahrungsmitteln und Kapital entziehen können. Und obwohl man sich neuerdings lautstark zur Inderdependenz der Nationen bekennt, wird die Realität von der Öffentlichkeit in den Industrieländern nur oberflächlich zur Kenntnis genommen. Zwar haben die jüngsten Ölkrisen diese Länder allmählich erkennen lassen, wie verwundbar sie durch politische Entwicklungen in fernen Ländern sind, die ihrem Zugriff entzogen und daher unabhängig sind, aber diese Erkenntnis ist noch nicht ins allgemeine Bewußtsein gedrungen, noch ist ihre politische Bedeutung voll begriffen worden. Die Industriestaaten haben immer noch nicht erkannt, wie zerbrechlich ihr materieller Wohlstand ist, wie verletzbar sie sind, wenn ihnen lebenswichtige Rohstoff- und Energieimporte, von denen ihre Industrie abhängig ist, verweigert werden, oder welche Konsequenzen die enorme Bevölkerungszunahme für die Länder haben wird, von denen sie in bezug auf Importe und Exporte abhängig sind. Regierungen, politische Parteien und Öffentlichkeit sind außerdem nicht bereit, einzugestehen, wie ohnmächtig sie angesichts innenpolitischer Probleme sind, die doch in Wirklichkeit von weltweiten Entwicklungen bestimmt werden, welche sich dem Einfluß einzelner Staaten entziehen. Wie aber könnte es anders sein in einer Welt, ind er es ungefähr 150 souveräne Staaten gibt und in der Souveränität als sakrosankt gilt? Während alle Staaten immer noch auf der Unverletzlichkeit ihrer Souveränität bestehen, wird diese Souveränität in Wirklichkeit allmählich durch die Gesetzmäßigkeiten des internationalen Handels, durch internationale Abkommen, die für die Organisierung und Bewirtschaftung einer interdependenten Welt erforderlich sind, durch die Tätigkeit der multinationalen Konzerne und, was vielleicht noch wichtiger ist, durch die technologischen Entwicklungen ausgehöhlt. Die Anwendungsmöglichkeiten der Mikroelektronik, wie wir sie dargestellt haben, werden diesen Aushöhlungsprozeß zwangsläufig beschleunigen. Oder, wie der Staatswissenschaftler Stanley Hoffman es ausdrückte: »Das Schiff der Souveränität hat ein Leck.«

Bei der Suche nach einer Globalstrategie, die durch die neuen Technologien noch notwendiger wird, geht es vor allem um die allgemeine Einsicht, daß die nationale und die internationale Politik den Begriff der Interdependenz zum Grundsatz erheben muß. Um das zu erreichen, sind umfangreiche Aufklärungsmaßnahmen nötig, damit die Masse der Menschen erkennt, daß eine harmonische Welt und ein dauerhafter Friede nur dann möglich sind, wenn alle Nationen sich *gemeinsam* ihrer eigenen Interessen bewußt werden. Dafür werden manche Opfer bringen müssen; die Industriemodelle, die gesellschaftlichen Werte und der jeweilige Lebensstil müssen sich entsprechend ändern. Erst wenn diese Interdependenz allgemein anerkannt ist, wird es möglich sein, Fortschritte im Hinblick auf eine neue internationale Wirtschaftsordnung zu erreichen. Eine solche neue Ordnung darf jedoch nicht bloß ökonomische Inhalte haben, sondern muß alle Belange des Menschen, auch die technischen, berücksichtigen.

Abschließend sei noch einmal darauf hingewiesen, daß wir bereits, auf Gedeih und Verderb, mit den Entwicklungen der Mikroelektronik, die sich in allen Bereichen des Lebens bemerkbar machen werden, zu leben haben. Sie kann der Menschheit zum Segen gereichen, weil sie dazu beitragen kann, die Lebensbedingungen der Menschen zu verbessern und die Armut abzuschaffen. Wird sie falsch eingesetzt, kann sie im selben Ausmaß zum Verfall der Gesellschaft beitragen. Die Möglichkeiten sind noch offen, und man wird sich bald entscheiden müssen, welchen Weg man beschreiten will: entweder einen gut vorbereiteten Weg in Richtung auf eine bessere Gesellschaft, oder den Weg des *Laissez-faire*, der immer nur um eine Angleichung der Politik bemüht ist, um die Konsequenzen dieser Entwicklung aufzufangen. In der unmittelbaren Zukunft wird es vor allem darum gehen, sich ausführlicher mit der Problematik als solcher zu befassen und sich um eine genauere Definition des Wesens und des Ausmaßes der möglichen Auswirkungen zu bemühen, um für kommende Entscheidungen gewappnet zu sein.

Sollte der weltweite Einsatz dieser Technologie eine »Gesellschaft ohne Arbeit« ermöglichen, dann wird man sich ernsthaft mit der Frage befassen müssen, wie die Früchte des neuen Aufschwungs zu verteilen wären. Die herkömmlichen Methoden würden bloß die wenigen davon profitieren lassen, und die frustrierte Mehrheit hätte wieder einmal das Nachsehen. Die Revolution der Mikroelektronik wird erst dann wirklich revolutionär sein, wenn es ihr gelingt, eine gerechte Gesellschaft herbeizuführen, eine Gesellschaft mit einem hohen Maß an industrieller Demokratie und der Chance der kreativen Verwirklichung für die Mehrheit. In diesen wie in anderen Aspekten dieses komplizierten Geflechts aus Verheißung und Zweifel werden konventionelle Weisheiten, die Politik des *status quo* und lineares Denken nicht den Durchbruch zu der neuen Gesellschaft bringen, die prinzipiell möglich ist. Die Entwicklung der Mikroelektronik muß zu neuen Ansätzen und neuen Formen des Denkens führen. Entweder führt sie in eine mechanisierte Welt der Entfremdung und Ablehnung, oder aber in eine Welt der Bereicherung des individuellen Lebens und zu größerer kultureller Vielfalt. Die Entscheidung liegt bei uns; wir können sie nicht unseren Nachkommen überlassen.

Adam Schaff

Beschäftigung kontra Arbeit

Dies ist das letzte Kapitel dieses Buches, aber es hat weder die Aufgabe einer Zusammenzufassung, noch will es Schlußfolgerungen ziehen. Dieses Buch beschränkt sich absichtlich darauf, die wahrscheinlichen Entwicklungen der nächsten zehn Jahre aufzuzeigen, während der wirklich entscheidende Durchbruch der Mikroelektronik im Bereich der gesellschaftlichen Entwicklungen sich sicherlich erst jenseits dieses Zeitraums bemerkbar machen wird. Daher erstrecken sich die Überlegungen in diesem Kapitel mindestens auf dieses und die beiden darauffolgenden Jahrzehnte. Soll damit einer Art spekulativer Futurologie oder gar Sciencefiction das Wort geredet werden?

Die Antwort lautet: weder – noch. Innerhalb der Autorengruppe stimmten wir darin überein, daß wir zwar in unseren Prognosen sehr zurückhaltend und nüchtern sein wollten, daß wir aber angesichts einer Welt, die sich infolge der Auswirkungen der Mikroelektronik auf das gesellschaftliche Leben in einer Übergangsphase befindet, auch einer Zukunftsvision bedürfen. Auch wenn es uns an präzisen Daten mangelt, ist diese Zukunftsvision gerade heute besonders notwendig, weil es hier um Probleme geht, die für die künftige Entwicklung der Gesellschaft von entscheidender Bedeutung sind. Zu dieser Problematik gehört das grundlegende Bedürfnis des Menschen nach Arbeit und Beschäftigung.

Was sich dazu sagen läßt, ist verhältnismäßig einfach: Die mikroelektronische Revolution wird zweifellos den Stellenwert der Arbeit im Leben des Menschen verändern, die Notwendigkeit von Arbeit verringern und in manchen Fällen sogar völlig eliminieren. Das wirft die Frage auf, wodurch das ersetzt werden soll, was die Menschen traditionell als den »Sinn des Lebens« angesehen haben, der sich ja, besonders in den Industriestaaten des Nordens, mit der Arbeit verbindet. Es fragt sich also, wie man pathologische Zustände im Leben der Gesellschaft, vor allem im Hinblick auf die jungen Menschen, vermeiden kann, wenn diese Leerstelle nicht rechtzeitig mit entsprechendem Inhalt gefüllt wird.

Wir können darüber diskutieren – heftige Auseinandersetzungen sind bereits im Gange –, ob die mikroelektronische Revolution die Arbeit auf diesem oder jenem Gebiet, in dieser oder jener Sparte eliminieren wird; ob die neue Technik genügend neue Arbeitsplätze schaffen wird, um den Verlust von den alten Arbeitsplätzen auszugleichen, und so weiter. All diese Fragen bleiben offen, aber angesichts der herrschenden Tendenz leugnet niemand, daß künftig weniger physische Arbeit gebraucht werden wird und daß auf lange Sicht, also etwa in zwanzig bis dreißig Jahren, wenn die heutigen Kinder in der Gesellschaft aktiv sein werden, die Arbeitszeit in der Produktion und den traditionellen Dienstleistungsbetrieben immer kürzer werden wird. Dieser Zukunftsaspekt ist bereits so nahegerückt, daß die Diskussion darüber, ob man diese Menschen als »arbeitend« ansehen soll oder nicht, sinnlos wird. Das soziale Problem des Verlustes an »Lebenssinn« betrifft nicht nur diejenigen, die überhaupt nicht arbeiten (im traditionellen Sinn des Wortes), sondern auch diejenigen, die einen Tag oder einige Stunden pro Woche arbeiten werden. Das Problem – und es ist ein gewaltiges Problem – bleibt bestehen.

Sicherlich könnte man sagen: Laßt diese Menschen doch in Ruhe, sie werden schon ihre eigene Lebensform entwickeln. Eine solche Auffassung kann jedoch nur jemand äußern, der wenig oder nichts von Psychologie versteht. Wir werden auf dieses »Argument« noch zurückkommen. Bei der Arbeit an diesem Buch hatte ich das Gefühl, daß man sich heute schon mit diesem Problem auseinandersetzen müßte – schließlich bleibt nicht mehr viel Zeit. Sollte die Zukunft zeigen, daß das Problem gegenstandslos ist, dann dürfen wir es getrost vergessen. Sollte sich aber herausstellen, daß wir es hier mit einem realen und dringlichen sozialen Problem zu tun haben, dann wäre es unverzeihlich, es nur aus Gründen der Zurückhaltung unerwähnt zu lassen. Deshalb lassen wir uns in diesem Buch auf das Risiko einer »Zukunftsvision« ein, vermeiden allerdings, wie mir scheint, jede Spekulation oder Science-fiction. Es handelt sich um eine Voraussage mit hohem Wahrscheinlichkeitsgrad. Und das sollte genügen.

Es ist selbstverständlich, daß die durch die Anwendung der Mikroelektronik verursachten Veränderungen in den verschiedenen Bereichen des gesellschaftlichen Lebens in den Anfangsphasen dieses Prozesses andere sind, als wenn der Prozeß in vollem Gang ist. Aber auch diese spätere Phase ist nicht allzu weit entfernt, nämlich nur zwanzig bis dreißig Jahre, das heißt, sie betrifft die nächste Generation. Das Problem muß durchdacht werden, zumal es darum geht, die möglichen und vorhersehbaren negativen Auswirkungen dieses Prozesses im gesellschaftlichen Bereich zu verhindern. Schon frühzeitig müßten ausgleichende Maßnahmen ausgearbeitet werden, denn die Entwicklung eines entsprechenden Programms und dessen Durchführung werden viel Zeit und Aufwand erfordern. Dies gilt vor allem für die zugrundeliegende soziale Problematik, die in der weitgehenden Eliminierung menschlicher Arbeit im herkömmlichen Sinn des Wortes durch die Vollautomatisierung besteht. Die ist von besonderer Bedeutung, denn hier geht es um die Aushöhlung, wenn nicht gar um die Abschaffung jener Zielvorstellung, die heute das Tun der meisten Menschen bestimmt. Dieses Ziel regiert das Tun des Menschen und stellt den wesentlichen Inhalt dessen dar, was man in der gehobenen Sprache oft als »Sinn des Lebens« bezeichnet. Dieser Aspekt der Auswirkungen der Mikroelektronik auf das Leben der Gesellschaft ist angesichts der möglichen nachteiligen Folgen besonders schwer zu bewältigen. Will man diesem Problem mit Erfolg begegnen, müssen sowohl Phantasie als auch ausreichende Informationen vorhanden sein, die nur durch gemeinsame und interdisziplinäre Bemühungen zustande kommen. Selbstverständlich wollen wir hier nicht mehr tun, als das Problem aufzeigen und bestimmte Lösungsmethoden vorschlagen.

Arbeit und Beschäftigung

Ehe wir entsprechende Vorschläge vorlegen, sind einige einleitende Bemerkungen notwendig, um die hier verwendeten Termini zu präzisieren und die Probleme darzustellen, selbst auf die Gefahr hin, einige Formulierungen zu wiederholen, die explizit oder implizit in vorangegangenen Kapiteln enthalten sind, wenn auch in anderer Art und Weise und zu einem anderen Zweck. Das gilt vor allem für die Kapitel über die technologische Problematik im Zusammenhang mit der Mikroelektronik.

Wie gesagt, wird auf lange Sicht die Vollautomatisierung die menschliche Arbeit im herkömmlichen Sinn des Wortes weitgehend eliminieren. Was bedeutet diese hervorgehobene Einschränkung, und warum wurde sie hinzugefügt? Sie ist bewußt hinzugefügt worden, und zwar aufgrund der Überzeugung, daß eine *Voll*automatisierung der Produktion und der Dienstleistungen zwar die menschliche Arbeit, nicht aber die verschiedenartigen menschlichen Beschäftigungen eliminieren kann. Um den Sinn dieser Aussage zu verdeutlichen, müssen wir definieren, was wir unter Arbeit verstehen. Das Wort *Arbeit* bedeutet hier, in Übereinstimmung mit dem allgemeinen Sprachgebrauch, die Tätigkeit des Menschen, die in der Produktion (Herstellung von Gütern) oder in den Dienstleistungsbereichen (Befriedigung bestimmter anderer Bedürfnisse des Menschen) durch Anwendung physischer oder geistiger Kraft bestimmte Wirkungen erzielen will. Von dieser Grundlage ausgehend, unterscheiden wir zwischen manueller und geistiger Arbeit. Im Fall von Gesellschaften, die auf Warenaustausch und Lohnarbeit basieren, muß diese Definition auch die Absicht einschließen, im Austausch für die Beschäftigung in der Produktion oder im Dienstleistungsbereich Geld zu verdienen. Jede Arbeit ist Tätigkeit, da sie, wie jede Tätigkeit, einen bewußten Aufwand an Energie voraussetzt. Allerdings ist nicht jede Tätigkeit mit Arbeit gleichzusetzen, denn nicht jede Tätigkeit geschieht in der Absicht, durch die Herstellung von Waren zur Befriedigung der materiellen Bedürfnisse des menschlichen Lebens oder durch die Verrichtung bestimmter Dienstleistungen Geld zu verdienen: sie kann auch schöpferische (künstlerische, wissenschaftliche usw.) Tätigkeit sein oder eine Tätigkeit, mit der man seine Freizeit verbringt.

Um verbale Mißverständnisse zu vermeiden und den Gang der Diskussion zu erleichtern, betonen wir ausdrücklich, daß die Vollautomatisierung weitgehend die *Arbeit* in der Produktion und im Dienstleistungsbereich eliminieren wird, nicht aber das Ende menschlichen *Tätigseins* und, so gesehen, nicht das Ende der *Beschäftigung* des Menschen bedeutet. Sie wird vielmehr das, was früher »Arbeit« war, durch kreative und unterhaltsame Beschäftigung ersetzen. Auf diese Weise ist unsere später noch zu formulierende Forderung durchaus realistisch, daß die Arbeit ersetzt werden sollte durch andere Formen der Tätigkeit (Beschäftigung), die dem Menschen den Lebensinhalt oder, mit anderen Worten, den »Sinn des Lebens« wiedergeben werden.

In welchen Bereichen wird Beschäftigung nicht von der Automation erfaßt?

Wenn wir realistisch denken, müssen wir uns die Frage vorlegen, ob auf lange Sicht *alle* Menschen infolge der voraussehbaren Entwicklungen (das heißt, der Vollautomatisierung) der Chance beraubt werden, sich irgendeiner nützlichen und angenehmen Arbeit widmen zu können. Die Antwort lautet, daß dies selbstverständlich nicht der Fall sein wird. Wir wollen daher näher untersuchen, was uns erwartet, um diese Frage besser beantworten zu können.

Es besteht kein Zweifel, daß sich die Automation, trotz aller Fortschritte, vor allem auf die Herstellung materieller Güter sowie auf einen Teil der Dienstleistungen, einschließlich bestimmter Büroarbeiten, erstrecken wird. Aber verschiedene gesellschaftlich »höherrangige« Tätigkeiten und organisatorische Aufgaben werden bestehen bleiben und in manchen Fällen sogar erheblich zunehmen. Ein großer Teil der Gesellschaft wird also immer noch Beschäftigung finden, allerdings im Rahmen einer veränderten Beschäftigungsstruktur. Diese Veränderungen betreffen die herkömmlichen Bereiche, aber neue Bereiche werden sich herausbilden und herkömmliche ausgebaut werden, den Bedürfnissen der Gesellschaft und ihrem größeren Wohlstand entsprechend. Mit anderen Worten, die traditionelle Arbeiterklasse wird kleiner werden oder verschwinden (wie Marx um die Mitte des 19. Jahrhunderts voraussagte), und zwar infolge der Automation. Das gleiche gilt weitgehend auch für Landarbeiter, Bürokräfte und einen beträchtlichen Teil der heute in Dienstleistungsberufen tätigen Menschen. Aber viele traditionelle Bereiche, vor allem auf intellektuellem Gebiet, werden bestehen bleiben und in manchen Fällen zusätzlich Menschen aufnehmen. Überdies werden sich neue Betätigungsbereiche eröffnen, in denen ein großer Teil, wenn nicht gar die Mehrzahl der Bevölkerung Beschäftigung finden wird. Zahlenmäßige Schätzungen sind schwierig, selbst im Rahmen einer gewagten Futurologie, aber ein flüchtiger Blick auf die Aufzählung der überlebenden, expandierenden und neu entstehenden Bereiche menschlichen Tuns muß auch diejenigen beruhigen, die angesichts einer strukturellen Arbeitslosigkeit beunruhigt sind. Hier also diese Aufzählung, die weit davon entfernt ist, vollständig zu sein. Die einzelnen Punkte sollen lediglich als Beispiele dienen.

Die erste Beschäftigungsgruppe, die sicherlich weiterbestehen und sogar noch eine bedeutende Ausweitung erfahren wird, sowohl aufgrund eines immer größer werdenden Bedarfs in dieser Hinsicht als auch wegen der wachsenden Anzahl von Menschen, denen dieses Gebiet zugänglich wird, umfaßt alle Gebiete *kreativer* Arbeit (Beschäftigung). An erster Stelle steht hier die Forschung, die, gesellschaftlich gesehen, in zunehmendem Maß das wichtigste Produktionsmittel werden wird. Dann kommt die Kunst in all ihren Formen und Spielarten, deren Popularisierung die Zahl der Menschen, die sich mit ihr befassen, anwachsen lassen wird (dieses Gebiet umfaßt auch Film, Fernsehen, Rundfunk usw.). Hinzu kommen die Architektur und die angewandten Künste, die bei der Gestaltung der Privatsphäre eine Rolle spielen, und das Kunsthandwerk, wie Mode- und Designerberufe.

Der zweite und vielfältig verzweigte Bereich menschlicher Betätigung, der nicht automatisiert werden wird, obwohl er, wie auch die vorhin genannten, weitgehend mit Automaten aller Art, vor allem mit Computern, arbeitet, ist die Organisation des gesellschaftlichen Lebens. Auch wenn das gesellschaftliche Leben in manche Hinsicht dezentralisiert wird, zeichnen sich in einigen Bereichen, besonders in der Volkswirtschaft, in regionalem und globalem Maßstab übergreifende Entwicklungen ab. Dazu gehören Planung und Leitung verschiedener gesellschaftlicher Einrichtungen; die Untersuchung der Bedürfnisse der Öffentlichkeit und ihrer Tendenzen; die Befriedigung dieser Bedürfnisse durch die Ausweitung des Geschäfts- und Bankwesens; Gesundheitswesen; Rechtshilfe; Schulen verschiedener Art; Verkehrswesen; verschiedene Formen des Umweltschutzes; Restaurants und Hotels; Polizeiwesen usw.

Der dritte Bereich, der weitgehend innovativ ist und erst durch den zunehmenden sozialen Wohlstand und ein größeres Personalangebot erschlossen wird, umfaßt das sehr ausbaufähige System der Sozialberufe. Hier werden Sozialarbeiter gebraucht, die sich vor allem mit alten Menschen befassen, mit Behinderten und Invaliden, mit jungen Menschen, die beruflichen Rat suchen und durch das Angebot an Spezialstudien (außerhalb der festgesetzten Lehrpläne) über Familienplanung und ähnliches informiert werden möchten.

Der vierte Bereich umfaßt Produktion und Dienstleistungen sowie die Überwachung dieser Gebiete. Hier finden wir hochqualifizierte Techniker, die den Arbeiter früherer Zeiten ersetzen werden, und bestimmte Verwaltungsberufe. Ferner dürfen die Wartungsdienste und das Heer derer, die sich mit den Problemen der Automation befassen, nicht übersehen werden.

Der fünfte Bereich betrifft die Freizeitgestaltung, vor allem die verschiedenen Sportarten, den Fremdenverkehr und kulturelle Einrichtungen.

Folglich bleibt noch eine Vielzahl von Beschäftigungen in den klassischen Arbeitsbereichen. Und doch wird die Automation Probleme mit sich bringen.

Mikroelektronik und Automation

Unsere zweite Überlegung bezieht sich auf die Frage, ob die Entwicklung der Mikroelektronik und ihre Anwendung im gesellschaftlichen Leben zwangsläufig zur Automation von Produkten und Dienstleistungen führen wird und damit stufenweise zur Eliminierung menschlicher Arbeit in den entsprechenden Sektoren. Wie wir aus dem vorigen Kapitel wissen, muß diese Frage positiv beantwortet werden. Die Automation eines bestimmten Produktions- oder Dienstleistungsbereichs verdrängt menschliche Arbeit und führt zu struktureller Arbeitslosigkeit in diesem Bereich. Der

Grund dafür liegt nicht in vorübergehenden Konjunkturschwankungen, sondern bei den Automaten, die sich dauerhaft auf die Güter- und Dienstleistungsproduktion auswirken.

Dieser Trend wird in dem Maße zunehmen, in dem immer mehr neue Bereiche des gesellschaftlichen Lebens in den Automationsprozeß einbezogen werden.

Lassen wir es zunächst einmal dabei bewenden, in der Hoffnung, daß die Analysen in den vorangegangenen Kapiteln die Problematik verdeutlicht haben: daß nämlich der Einsatz von Mikroelektronik in der Produktion und bei Dienstleistungen zwangsläufig zur Automation und letztlich zur Vollautomatisierung führt. Daran ist nichts zu ändern, und außerdem besteht kein Grund, dieser Tendenz entgegenzuwirken, da sie bereits vielfältige positive Auswirkungen in verschiedenen Lebensbereichen zeigt. Diese Entwicklung läßt sich also nicht mehr aufhalten. Wenn es sich so verhält, sollten wir uns sorgfältig mit den gesellschaftlichen Folgen dieses Prozesses und besonders mit der Gefahr der zunehmenden strukturellen Arbeitslosigkeit auseinandersetzen.

Es gibt zwei Kategorien von Menschen, die dieser Aussage widersprechen. Zur ersten gehören die Befürworter einer Politik des »Laissez-faire«. Sie argumentieren etwa folgendermaßen: Diese Aussichten sollten uns nicht beunruhigen, habe die Vergangenheit doch gezeigt, daß bei radikalen Veränderungen der Produktionsweise die Menschheit sich oft in ähnlichem Maße bedroht gesehen und mit den Gefahren fertig geworden sei. Immer wieder seien neue Produktionszweige und Dienstleistungen entstanden und angewachsen, und damit seien auch neue Arbeitsplätze angeboten worden, die nicht nur die Arbeitslosen aufgenommen, sondern sogar zu einer Nachfrage nach weiteren Arbeitskräften geführt hätten. Als Beispiel nennen sie die Auswirkungen der ersten industriellen Revolution.

Hier handelt es sich jedoch um einen Irrtum, der gefährliche Folgen haben könnte. Die Tatsache, daß die Folgen derartiger Krisen in der Vergangenheit spontan bewältigt wurden, bedeutet nicht, daß es auch diesmal so sein muß. Diese Schlußfolgerung ist mit einem logischen *non sequitur* belastet, denn da der gegenwärtige Prozeß völlig anderer Natur ist, beeinflußt er nicht nur die bestehenden, sondern auch die künftigen Produktions- und Dienstleistungsbereiche. Den Menschen, die durch Automation ihre Arbeitsplätze verlieren, müssen Beschäftigungen anderer Art angeboten werden. Wenn dieses Problem einfach in Bausch und Bogen geleugnet wird, was oft auf der Furcht beruht, sich mit ihm auseinandersetzen zu müssen, oder wenn es sich dabei einfach um eine bewußte Lüge zum Schutz der gegenwärtigen Interessen bestimmter Wirtschaftskreise handelt, so bewirkt dies lediglich eine Demoralisierung der Gesellschaft und hält sie davon ab, die notwendigen Analysen durchzuführen und entsprechende Vorkehrungen zu treffen. Und das ist gefährlich.

Wie es scheint, neigt also die erste Kategorie der Gegner unserer Auffassung dazu, dieses Problem zu verharmlosen.

Zur zweiten Kategorie gehören die echten Befürworter der Politik des »Laissez-faire«, die zum Programm erheben, daß man alles der spontanen Entwicklung überlassen und nicht versuchen solle, diesen Prozeß zu lenken. Die Anhänger dieser Auffassung argumentieren folgendermaßen: Es hat primitive Gesellschaften gegeben, in denen die nicht mit produktiven Beschäftigungen (Jagd, Nahrungssammeln usw.) ausgefüllte Zeit spontan mit Spiel und Ruhepausen verbracht wurde, und dabei seien keinerlei Probleme aufgetaucht. Der moderne Mensch solle daher mitsamt seiner Freizeit sich selbst überlassen werden, und er werde dann schon Wege finden, sie zu nutzen . Diese Leute behaupten sogar, dies sei ein *konkreter* Vorschlag zur Lösung der Problematik.

Erstens mußten und müssen die Menschen in weniger entwikkelten Gesellschaften, in der Vergangenheit und heute noch, sehr hart arbeiten, um ihre elementaren Bedürfnisse zu befriedigen, und sie können nur die wirklich arbeitsfreie Zeit voll genießen. Im Gegensatz dazu sieht sich der heutige Mensch in den hochindustrialisierten Gesellschaften um den Wert seiner Freizeit gebracht, wenn er, von der Notwendigkeit der Arbeit befreit, ausschließlich Freizeit hat. Freizeit wird also nicht mehr das Intervall zwischen Arbeitsperioden sein, sondern das ganze Leben ausfüllen. Außerdem bedrohen die Auswirkungen der Automation seine Tätigkeit, sein Denken und seine Lebensweise.

Der zweite Punkt nun ist der wichtigste: Der Mensch von heute hat, wenn wir das Problem *konkret* und nicht spekulativ angehen, andere Bedürfnisse als der primitive Mensch früherer Zeiten, und wer diesen Faktor der »kulturellen Gesetzmäßigkeit« in der Evolution des Menschen nicht begreift, versteht das vorliegende Problem überhaupt nicht. Zu der Problematik, um die es hier geht, gehört auch der soziale Status, den der Mensch genießen, und die gesellschaftliche Rolle, die er in seiner Gesellschaft spielen möchte, und beides hängt wiederum mit den im Lauf der menschlichen Geschichte ausgebildeten Kulturformen zusammen. Beschäftigung ist notwendig, um dem Leben ein Ziel zu geben. Worauf es ankommt, vor allem für junge Menschen, ist, daß der Einzelne innerhalb der Gesellschaft unabhängig wird und seinen Platz und seine Rolle in ihr findet. Es ist sinnlos, auf primitivere Gemeinschaften in der Vergangenheit zu verweisen und eine *Rückwärts-*

bewegung der Menschheitsgeschichte zu befürworten. Außer im Fall großer Katastrophen gibt es in der Geschichte nie ein Zurück. Wir müssen uns vorwärts, das heißt, von der Arbeit zu neuen, höheren Formen menschlicher Tätigkeit bewegen. Wenn die Arbeit heute Lebenszweck des Menschen ist und den Kontext bildet, in dessen Rahmen der Mensch sein Streben nach Unabhängigkeit innerhalb der Gesellschaft, nach Erreichung eines angemessenen gesellschaftlichen Status und einer angemessenen sozialen Rolle verwirklicht, dann wird man, wenn die Arbeit durch den Einsatz neuer Technologien verschwindet, einen neuen Weg und einen neuen Kontext für die Verwirklichung dieser Ziele finden müssen. Und dies muß auf gesellschaftlicher Grundlage geschehen und darf nicht dem Einzelnen überlassen bleiben. Mit anderen Worten, die Gesellschaft muß neue alternative Zielsetzungen für das menschliche Leben entwickeln, unter denen der Einzelne auswählen und so zu einem »Sinn« in seinem Leben gelangen kann. Das ist stets ein *gesellschaftlicher* Prozeß gewesen und wird es weiterhin bleiben. Das Problem läuft letztlich darauf hinaus, ob dieser Prozeß spontan einsetzen oder bewußt durch gesellschaftliche Überlegungen und Gestaltung bestimmt werden soll.

Ich selber befürworte natürlich die zweite Lösung. Wenn man zuläßt, daß dieser Anpassungsprozeß spontan erfolgt, dann kann uns dies zu teuer zu stehen kommen und zu weitreichenden pathologischen Erscheinungen in der Gesellschaft führen. Diejenigen, die durch das Übermaß an Autorität und Bürokratie in der heutigen Gesellschaft frustiert sind, sollten erkennen, daß es hier nicht darum geht, irgend jemandem irgendein neues Lebensziel aufzuzwingen, sondern – angesichts der Tatsache, daß die alten, traditionellen Ziele verschwinden – ihm alternative Lösungen anzubieten und neue Möglichkeiten zu zeigen und es jedem mündigen Menschen zu überlassen, unter diesen verschiedenen Möglichkeiten zu wählen. Diejenigen, die der Spontaneität den Vorzug geben, sollten sich der Gefahren bewußt sein, die ihre Auffassung nach sich zieht.

Konkret gesprochen: Sollten wir in vierzig oder fünfzig Jahren Dutzende, wenn nicht gar Hunderte Millionen von *strukturell* ganz oder zeitweise Arbeitslosen in den Industriestaaten haben, dann wird es sich bei ihnen um Frauen, ältere Menschen, Körperbehinderte und vor allem um *junge* Menschen handeln. Wenn man sich angesichts dieser Millionen vor allem junger Menschen auf eine spontane Anpassung verläßt, dann verurteilt man sie zu Frustration, sozialer Pathologie und Rebellion. Diese Tendenz manifestiert sich bereits in Drogenabhängigkeit, Alkoholismus, Gewalt und Verbrechertum. Wir müssen erkennen, daß diese jungen

Menschen, mit Ausnahme der besonders Gebildeten und für besondere Berufe Geschulten, feststellen werden, daß ihnen die Welt verschlossen ist. Ihre Chancen, die übernommenen Lebensformen zu verwirklichen, werden zerstört sein. Wenn ihnen die Gesellschaft keine realen Alternativen bietet, verurteilt sie sie zu pathologischem Verhalten. Es geht darum, Maßnahmen zu entwickeln, die diese Gefahr vermeiden helfen.

Wenn wir über arbeitslose Menschen in dieser künftigen Gesellschaft sprechen, müssen wir uns über die veränderte Bedeutung des Wortes »arbeitslos« im klaren sein. Diese Gesellschaft wird nicht nur eine Wohlfahrtsgesellschaft sein, auch die Vermögensverteilung, die Sozialstruktur und die gesellschaftliche Mobilität ihrer Mitglieder werden sich erheblich verändert haben. Vom gesellschaftlichen System her gesehen muß man sich, der verschiedenartigen Ursachen wegen, pluralistische Lösungen vorstellen. Aber bei all diesen Lösungen wird die Gesellschaft die Verwirklichung der Bedürfnisse ihrer Mitglieder übernehmen müssen, und zwar auf dem geschichtlich gegebenen Niveau dieser Bedürfnisse, gerade weil es eine strukturelle Arbeitslosigkeit geben wird. Die Gesellschaft könnte sonst nicht überleben. Das aber bedeutet, daß, anders als heute, alle materiellen Bedürfnisse des Arbeitslosen befriedigt werden müssen, daß er also durch seine Arbeitslosigkeit nicht materielle Not leiden darf. Das einzige, woran er Mangel leiden wird, ist Arbeit. Angesichts des menschlichen Bedürfnisses nach einem aktiven Leben und wegen des Problems des mit der Arbeit verbundenen sozialen Status – besonders bei jungen Menschen – wird dieser Mangel schwierige Situationen heraufbeschwören.

Fortwährende Bildung als eine Form universeller Beschäftigung

Wie wir gesehen haben, ist die Liste künftiger nichtautomatisierter Beschäftigungen durchaus eindrucksvoll, und dies um so mehr – und das möchte ich nochmals betonen –, als sie bei weitem nicht vollständig ist. Es stimmt, daß die Zahl der in einem bestimmten Bereich formell Beschäftigten im Vergleich zu heute oft sehr gering sein wird, weil verbesserte Maschinen und Automaten zur Verfügung stehen werden. Zutreffend ist aber auch, daß der Umfang der Tätigkeit in vielen Bereichen wesentlich erweitert werden wird, was wiederum die Zahl der dort Beschäftigten vergrößern wird.

Als ein weiteres Element sollten wir auch eine neue Form der Arbeitsverteilung berücksichtigen, das heißt, Arbeitsmöglichkeiten für mehr Menschen durch verminderte Arbeitszeit. Allerdings sind dieser Entwicklung Grenzen gesetzt (zum Beispiel eine Arbeitszeit von nur einem Tag oder nur einigen Stunden pro Woche) jenseits deren die Arbeit ihren Sinn verliert und der Mensch sich psychologisch in derselben Situation befindet, wie wenn er überhaupt nicht arbeitete.

Zusätzlich ließe sich eine Reihe von Tätigkeiten auf Amateurbasis beträchtlich ausbauen. Die Unterstützung von seiten des Staates oder der regionalen Behörden in Form von Ausbildungseinrichtungen oder Hilfsmitteln könnte dies wesentlich erleichtern. Diese Möglichkeit ließe sich bei einer Vielzahl von Tätigkeiten anwenden – künstlerischen, wissenschaftlichen, handwerklichen, sportlichen usw. Es wäre beispielsweise vorstellbar, daß der Durchschnittsmensch der Zukunft einen verhältnismäßig großen Teil seines Lebens mit einer oder mehreren Nebenbeschäftigungen verbringen wird, die Befriedigung und Selbstverwirklichung gewähren. Die Aussichten sind also gar nicht so düster, wie es zunächst den Anschein haben könnte. Nicht allen Menschen wird durch die Automation die Möglichkeit zur Aktivität genommen, ja, es werden ihnen in dieser Hinsicht sogar viele neue Möglichkeiten geboten. Eines allerdings ist alarmierend: In vielen Fällen werden diese Tätigkeitsbereiche hohe, ja sehr hohe Qualifikationen erfordern, daher wird nicht jedermann die erforderlichen Bedingungen erfüllen können. Außerdem wird es, weltweit gesehen, Millionen von Menschen geben, für die es nur wenig oder überhaupt keine Arbeit im traditionellen Sinn des Wortes geben wird, weil die Arbeiterklasse und die Angestellten fast völlig verschwinden werden. Sicherlich können wir mit einer erheblichen Verkürzung der Arbeitszeit rechnen, wodurch wieder neue Arbeitsplätze entstehen: dies wird aber, wie gesagt, den Verfall des Freizeitwertes nicht aufhalten. Was soll mit diesem Teil der Bevölkerung geschehen, und wie kann man Beschäftigung für alle finden? Die einfachste Lösung wäre die Einführung einer ständigen Fortbildung in differenzierter Form und nach alternativen Modellen, einer Fortbildung, die mit Arbeit im herkömmlichen Sinn oder anderen Beschäftigungen abwechselt und an der alle Menschen bis zur Pensionierung teilnehmen sollten.

Damit wären zwei soziale Anliegen zugleich bewältigt. *Alle* Menschen würden eine sinnvolle Beschäftigung und damit auch einen neuen »Lebenssinn« finden, und die Gesellschaft als ganzes hätte damit die Möglichkeit, das alte humanistische Ideal des »Universalmenschen« zu verwirklichen, das heißt des vielseitig gebildeten Menschen, der in der Lage wäre, seine Beschäftigung, wenn die Situation es fordert, zu wechseln. Das Modell der ständigen Fortbildung ließe sich realisieren, wenn den Menschen, die heute strukturbedingt arbeitslos sind, von seiten der Gesellschaft ein dem allgemeinen Lebensstandard entsprechender Lebensunterhalt gewährleistet würde. Die Gesellschaft ihrerseits wäre dann berechtigt, von ihnen bestimmte Gegenleistungen zu verlangen, die während einer bestimmten Zeit des Lebens für alle obligatorisch wären, vergleichbar etwa der Schulpflicht bei jungen Menschen, die in vielen Ländern bereits verwirklicht ist.

Der Gedanke der fortwährenden Weiterbildung bringt natürlich auch die Modifizierung aller Lehrpläne der Schulen mit sich. Das wiederum wäre Sache der Pädagogen, welche die Bedürfnisse und die spezifischen kulturellen Gegebenheiten der verschiedenen Regionen und Länder zu berücksichtigen hätten.

Die folgenden Bemerkungen sollen lediglich zur Diskussion beitragen.

Sieht man einmal von all den möglichen Veränderungen im Bildungswesen ab, so bleibt doch unbestritten, daß eine gewisse Grundausbildung gewährleistet bleiben muß, um den jüngeren Generationen allgemeines und kulturelles Wissen zu vermitteln und sie mit geistiger Arbeit vertraut zu machen, damit ihnen auch höhere Bildungsbereiche offenstehen. Es gilt also, ein Instrumentarium zur Verfügung zu stellen, das es ermöglicht, den Lernprozeß ein ganzes Leben lang fortzusetzen. Wenn wir das Ziel dieser allgemeinen Ausbildung sowie die Erfordernisse und Möglichkeiten der Gesellschaft betrachten, dann kommen wir zu dem Schluß, daß diese Ausbildungszeit wesentlich länger sein müßte als die obligatorische Schulzeit heute. Da eine solche allgemeine Ausbildung Disziplinen umfassen müßte, die heute vernachlässigt oder sogar aufgegeben werden, wie zum Beispiel das Fach »Ästhetik«, das in die verschiedenen Bereiche künstlerischer Arbeit einführt, »Rhetorik« als Vorbereitung auf die aktive Teilnahme am öffentlichen Leben usw., sowie eine Einführung in die Informationstechnik, dann ist die Forderung nach einer längeren Dauer für eine solche allgemeine Ausbildung wohl nicht übertrieben.

Selbstverständlich müßten Lehrplan und Schulsystem reformiert und vielfältiger gestaltet werden und dürften keinesfalls nur akademisch ausgerichtet sein. Der Lehrplan müßte den sozialen und kulturellen Erfordernissen des jeweiligen Gebiets oder Landes angepaßt werden. Das Gedächtnis des Studenten sollte nicht über Gebühr belastet werden, besonders angesichts der Möglichkeiten, welche die Computerspeicherung in dieser Hinsicht bietet. Später könnten die Studenten dann ihren Lernprozeß individueller gestalten, und zwar durchaus im Rahmen der jeweils üblichen nationalen Unterrichtssysteme. Wenn dieses System funktionieren soll, muß es sich radikal vom traditionellen unterscheiden: die Lehrmethoden müssen vielfältig sein; theoretischer und praktischer Unterricht müssen einander ergänzen, aber auch manuelle Arbeit darf nicht fehlen; die Förderung der individuellen Begabung des Einzelnen muß gewährleistet sein.

Die zweite Phase der Ausbildung (auch hier wären Reformen notwendig) sollte Studien in einer bestimmten Disziplin mit der Lehrtätigkeit in einem Bereich der öffentlichen Bildung oder einem anderen Bereich kombinieren. Kommt es doch darauf an, daß ein Mensch sich nach Abschluß der obligatorischen allgemeinen Ausbildung aktiv am gesellschaftlichen Leben beteiligt und zugleich weiter studiert; das würde ihm größere Reife als Mitglied der Gesellschaft und als Student auf höherer Ebene bringen.

Je nach Studienrichtung sollte diese zweite Phase bis zum Alter von 25 bis 30 Jahren reichen. Art und Umfang der Lehrtätigkeit sollten dieser zweiten Lernstufe gemäß sein.

Wenn ein Mensch dann die entsprechenden Voraussetzungen mitbringt, setzt die dritte Phase, die des Beschäftigtseins, ein. Auch dann könnten Studien in frei gewählten Gebieten fortgesetzt werden, verbunden mit einer höherrangigen Lehrtätigkeit, falls der Betreffende nicht einer Dauerbeschäftigung nachgeht.

Die Lehrpläne für solche fakultativ ausgerichteten Fortbildungskurse müßten selbstverständlich von zuständigen Expertengruppen ausgearbeitet werden. Sie könnten entweder einer Vertiefung des Wissens im Hauptstudiengebiet oder, je nach Interesse, anderen Studien dienen.

Es müssen also verschiedene Modelle entwickelt und in die Tat umgesetzt werden, die Beschäftigung und zusätzliche Studien miteinander vereinen.

Fassen wir die Vorzüge eines solchen Programms zusammen:

Erstens: eine grundlegende und gesellschaftlich nützliche Lösung des Problems der strukturellen Arbeitslosigkeit.

Zweitens: die Verwirklichung des Prinzips der permanenten gesellschaftlichen Dynamik: das Niveau des gesellschaftlichen Lebens wird angehoben, und der »umfassend gebildete Mensch« wird zum erstrebenswerten Ziel für jedermann.

Drittens: eine grundlegende Veränderung der Gesellschaft als solcher: der *homo laborans* wird zum *homo studiosus,* ohne die Eigenschaft des *homo ludens* einzubüßen. Und das wäre ein nicht zu bezweifelnder Fortschritt.

Aus heutiger Sicht mag das alles wie eine Utopie anmuten. Allerdings sollten wir erkennen und auch die Phantasie dazu aufbringen, daß eine Änderung der Perspektive schon oft die Utopie hat Wirklichkeit werden lassen. Die vorliegenden Überlegungen, so vorläufig und andeutend sie auch sein mögen, machen eines deutlich: Auf dem Weg zur Verwirklichung solcher Pläne steht uns weltweit noch eine immense begriffliche und organisatorische Arbeit bevor. Das, was heute geplant wird, wird in etwa dreißig Jahren eine Notwendigkeit sein. Es ist also höchste Zeit, daß entsprechende Vorbereitungen getroffen werden. In der Praxis hinken wir bereits hinter den Erfordernissen unserer Zeit nach, und Verzögerungen dieser Art können für die Gesellschaft kostspielig und gefährlich werden.

Die Autoren

Frank Barnaby
ehemaliger Direktor des Stockholmer Internationalen Instituts für Friedensforschung, Hampshire, England

Ray Curnow und Susan Curran
Probit Consultations Inc., Norwich, England

John Evans
Europäisches Gewerkschaftsinstitut in Brüssel

Günter Friedrichs
IG Metall, Frankfurt, Bundesrepublik Deutschland

Thomas Ranald Ide
T. R. Ide Consultants Inc., Scarborough, Ontario, Kanada

Alexander King
Internationale Föderation der Institute für Höhere Studien, Paris

Bruno Lamborghini
Abteilung für Wirtschaftsforschung, Olivetti Co., Ivrea, Italien

Klaus Lenk
Professor für Verwaltungswissenschaft, Universität Oldenburg, Bundesrepublik Deutschland

Juan F. Rada
Zentrum für Internationale Management-Ausbildung, Genf

Adam Schaff
Europäisches Koordinationszentrum für sozialwissenschaftliche Forschung und Dokumentation, Wien